JN418432

금융의 이해와 실무

이재민 저

도서출판 두남

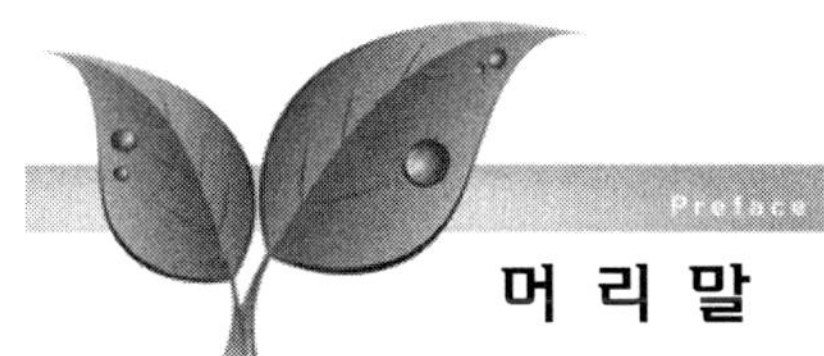

머 리 말

필자는 금융기관에서 30여 년간 근무하고 대학에서 금융관련 강의를 8년째 하고 있다. 금융관련 강의를 하면서 항상 겪는 고민은 마땅한 교재가 없다는 거였다.

금융을 접하는 주체에 따라 관심의 대상과 범위가 많이 달라 시중에 나와 있는 금융관련 서적들도 주로 다루고 있는 내용들이 상당히 다르다. 즉 경제학이나 경영학 교재들은 대부분 다루는 이슈가 동일하고 정형화 되어 있는데 금융 교재는 그렇지가 못하다는 것이다.

그럴 수밖에 없는 것이 금융은 경제학적 측면과 경영학적 측면에서 각기 다루어지고 있기 때문에 어느 쪽이 강조되는 가에 따라 금융 교재에서 주로 설명되는 내용들은 달라질 수밖에 없다. 예를 들어 경제학적인 측면에서의 금융은 화폐금융론에서 주로 다루는 금융의 이론과 정책 등 거시적 내용을 주로 담당하고 있다면, 경영학적인 측면에서의 금융은 재무관리론에서 다루는 기업의 재무 및 금융활동에 대한 내용 즉 금융의 미시적 내용을 주로 담당하고 있다고 말할 수 있다.

결국 금융을 공부하려는 목적에 따라 그에 맞는 교재를 선택해야 되는데 금융을 처음 공부하려는 사람이 금융을 전반적으로 이해하기 위해서는 이 두 가지 측면을 함께 다루는 것이 필요하다는 생각이 든다. 또 한 가지는 금융은 주로 실무에서 활용되는 것이기 때문에 이론과 더불어 실무적 이해가 필요하다는 점이다. 여기서 실무라 함은 기업에서의 자금조달, 같은 의미로 금융시장에서 기업에 대한 자금 제공과 관련해서 일어나는 사항들을 의미한다.

따라서 필자는 본 책자를 만드는 데 있어 두 가지 점을 염두에 두었다. 한 가지는 경제학과 경영학에서 다루는 금융 중 함께 알아야 할 부분을 결합하고 또 한 가지는 금융이 실무에 어떻게 적용되는 지를 알아보고자 하는 것이다.

필자는 본 책자를 만드는 데 있어 시중에 나와 있는 많은 국내외 금융관련 교재를 참조하거나 또는 내용을 발췌하였다. 앞서 얘기한 데로 실무적인 측면에서 금융을 폭넓게 이해하는 데 도움이 되는 핵심적인 내용들을 발췌하여 체계적으로 정리하는 데 주력했다.

본 책자는 크게 4부로 나뉘어 진다. 제1부 '금융의 기초'에서는 금융에서 기본이 되는 이자율, 위험과 수익에 대한 이론과 실제 응용사례를 다루었는데 경제학에서 나오는 이자율이론과 재무관리론에서 나오는 현재가치, 만기수익률 등의 개념 등을 함께 설명하였다.

제2부 '기업투자와 금융'에서는 기업들의 재무제표와 사업타당성을 위한 현금흐름분석에 대한 내용이 포함되었다. 이는 기업들은 실물투자를 위해 금융시장에서 자금을 조달하고, 금융기관은 이러한 기업에 대출을 실시하는데 이 때 기업의 신용상태와 기업이 추진하는 투자 프로젝트의 사업타당성 분석이 전제가 되기 때문에 이와 관련한 내용들을 살펴볼 필요가 있다.

제3부 '금융시장'에서는 기업이 자금을 조달하는데 알아야 할 금융상품과 금융제도 등에 관해 설명하고 있다. 제7장 '대출시장'에서는 실제 은행에서 취급하는 기업대출제도를 포함하고 있고, 기업들이 국제거래에서 많이 활용하는 무역금융과 프로젝트파이낸스를 설명하고 있는 것이 특징이다. 제8장 '자본시장'에서는 채권과 주식발행 이외 펀드시장에 대한 설명 추가하였다. 이는 최근의 국내외 자금시장에서 펀드를 통한 자금 운용과 조달이 활발하게 이루어지고 있어 펀드의 개념과 실제 시장에서의 활용사례 등에 대한 이해가 필요하기 때문이다. 또한 제9장 '핀테크와 금융'에서는 최근 4차 산업혁명에서의 금융혁신 내용들을 설명한다.

마지막 제4부에서는 '국제금융'을 다루고 있다. 대부분 금융관련 기존 교재에서 국제금융 파트는 별도 교재로 다루어지고 있으나, 본 책자에서는 국제금융에서 핵심적인 사항들을 '외환시장과 환율', '파생금융상품', '국제자금조달' 등 3개의 장으로 구성하여 포함시켰다. 이는 글로벌 경제시대에서 국제금융과 국내금융을 구별하는 것은 무의미하며 금융의 전반적인 이해를 위해서는 함께 설명되어야 일관성을 가질 수 있기 때문이다. 예를 들어 국제금융에서 가장 핵심적으로 다루는 환율은 이자율과 더불어 금융의 가장 기본 요소가 되고 있으며 기업들은 국내금융시장에서 처럼 국제금융시장에서의 자금조달과 운용을 보편화하고 있다.

본 책자는 금융관련 이론서가 아니고 학생들이 실무에서의 금융을 이해하는 데 도움을 주기 위해 마련된 책이다. 향후 금융계에 종사하기를 희망하는 학생, 그리고 대학시절 전공이 금융과는 전혀 관계없는 직장인이 금융을 공부하고자 할 때 도움을 줄 수 있을 것으로 생각된다.

앞서 언급한데로 본 책자는 기존의 많은 금융관련 서적들에서 필요한 내용들을 발췌 또는 참조함으로써 기술방법이나 표현들이 다소 일관적이지 않을 수 있다. 이 점 독자들의 양해를 바란다.

2019년 1월
저자 씀

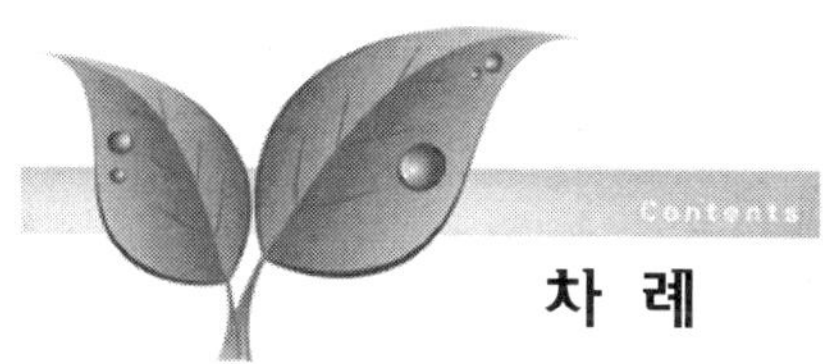

차 례

제1부 금융의 기초

제1장 화폐의 시간가치 / 13

제1절 화폐의 시간가치와 이자율 ······ 13
1. 화폐의 시간가치 / 13
2. 화폐의 시간가치와 이자율과의 관계 / 14
제2절 화폐가치와 현금흐름 분석 ······ 20
1. 복수의 현금흐름 / 20
2. 연금현금흐름 / 26
3. 대출금의 분할상환 / 28

제2장 이자율 / 33

제1절 채권가격과 이자율 ······ 33
1. 무이표채 / 34
2. 이표채 / 36
3. 이자율과 채권가격과의 관계 / 37
제2절 이자율결정요인에 관한 이론 ······ 40
1. 이자율의 결정에 대한 두 접근 방법 / 40
2. 대부자금이론 : 채권시장의 수요공급모형 / 42
3. 유동성선호이론 : 화폐의 수요공급모형 / 49
제3절 이자율의 구조 ······ 55
2. 이자율의 기간구조 / 60
3. 실질 대 명목이자율 / 64
4. 자본비용 / 65

제3장 위험관리와 포트폴리오 이론 / 70

제1절 위험관리 ···· 70
1. 위험이란 무엇인가? / 70
2. 위험관리 과정 / 73
제2절 포트폴리오 이론 ···· 75
1. 수익과 위험간의 관계 / 76
2. 포트폴리오의 수익과 위험 / 78
3. 분산효과와 포트폴리오 위험 / 82
4. 체계적 위험과 베타 / 84
5. 자본자산가격결정모형(CAPM) / 86

제2부 기업투자와 금융

제4장 재무제표와 재무비율분석 / 95

제1절 재무제표 ···· 95
1. 재무제표의 기능 / 95
2. 대차대조표 / 96
3. 손익계산서 / 98
4. 현금흐름표 / 99
제2절 재무비율분석 ···· 102
1. 표준비율 / 102
2. 주요 재무비율분석 / 103
3. 비율들 간의 관계 / 107

제5장 기업투자안 분석 / 111

제1절 자본예산 ···· 111
1. 자본예산 수립과정 / 111
2. 회계적 이익의 추정 / 113
3. 현금흐름 추정 / 118
4. 현금흐름의 직접 계산 / 123
5. 순현재가치(NPV) 계산 / 123
6. 투자안 결정 / 124
7. 투자 의사결정 기법 / 126
제2절 자본비용 ···· 132
1. 가중평균 자본비용 개요 / 132
2. 기업의 부채 및 주식 자본비용 / 135

3. 가중평균 자본비용 산출 요약 / 137
4. 프로젝트의 가치평가를 위한 WACC 사용 / 138
5. 프로젝트 기반 자본비용 / 139

제3부 금융시장

제6장 금융시스템 / 149

제1절 금융시스템 개관 149
1. 금융의 의미 / 149
2. 금융시스템의 역할 / 150
제2절 금융시장 155
1. 금융시장의 상품 / 155
3. 금융시장의 분류 / 158
제3절 금융회사 162
1. 금융회사의 역할 / 162
2. 금융회사의 분류 / 164

제7장 대출시장 / 167

제1절 은행대출 167
1. 유통금융 / 168
2. 일반대출 / 171
3. 대출한도 거래 / 172
4. 텀론 / 173
5. 신용의 보강과 담보 / 174
6. 대출금리의 결정 / 177
7. 대출의 유동화 / 181
제2절 리스(Lease) 금융 182
1. 리스의 의의 / 182
2. 금융리스와 운용리스의 구분 / 183
3. 리스금융의 장단점(리스이용자 측면) / 185
4. 판매후리스 / 188
제3절 무역금융 188
1. 무역대금 결제 방법 / 189
2. 무역금융 형태 / 196
제4절 프로젝트 파이낸스(Project finance) 209
1. 프로젝트 파이낸스의 개요 / 209
2. 기업금융과의 비교 / 209

3. 프로젝트 파이낸스의 구조와 구성요소 / 211
4. 프로젝트 파이낸스의 유용성 / 215
5. 자금조달의 원천 / 216

제8장 자본시장 / 227

제1절 채권시장 ······ 227
1. 채권시장의 기능 / 227
2. 채권의 종류 / 228
3. 채권발행시장제도 / 235
4. 채권의 가치평가 / 238

제2절 주식시장 ······ 241
1. 주식의 개념 및 종류 / 241
2. 주식발행제도 / 242
3. 주식의 가치평가 / 251

제3절 펀드시장 ······ 253
1. 펀드시장의 발달 / 253
2. 펀드의 종류 / 255
3. Private Equity Fund(PEF) / 261
4. 헤지펀드 / 269
5. 국부펀드 / 271

제4절 투자은행 ······ 273
1. 투자은행업 / 273

제9장 핀테크와 금융 / 281

제1절 핀테크 : 금융혁신의 새로운 조류 ······ 281

제2절 핀테크와 금융의 변모 ······ 283
1. 개관 / 283
3. 디지털 화폐 / 286
4. 지급결제서비스 / 290
5. 크라우드펀딩 및 P2P 대출 / 293
6. 기타 : 로보-어드바이저와 인터넷 전문은행 / 296

제3절 핀테크 혁신과 금융의 미래 ······ 298
1. 편익요인 / 301
2. 미시금융적 위험요인 / 302
3. 거시금융적 위험요인 / 303

제4부 국제금융

제10장 외환시장 및 환율 / 307

제1절 외환시장 ························ 307
1. 외환시장의 개념과 구조 / 307
2. 외환시장의 결제 시스템 / 310
2. 외환동시결제 / 311

제2절 환율 ························ 313
1. 환율의 기초 / 313
2. 환율결정이론 / 319
3. 환위험의 측정 및 관리 / 337

제11장 파생금융상품 / 351

1. 파생금융상품시장의 개요 / 351
2. 선도시장 / 352
3. 선물시장 / 356
4. 옵션(option) / 361
5. 스왑(swap) / 367
6. 신용파생상품 / 373

제12장 국제자금조달 / 379

제1절 유로커런시시장 ························ 379
1. 유로커런시의 탄생 / 379
2. 신디케이티드 론 / 381
3. 리보와 리보 스프레드 / 384

제2절 국제채권시장 ························ 386
1. 외국본드와 유로본드 / 387
2. 국제본드의 발행 / 389
3. 국제본드의 발행조건 / 395

제3절 국제자금조달 계약서 ························ 398

참고문헌 / 405

찾아보기 / 407

제 1 부

금융의 기초

제1장 화폐의 시간가치
제2장 이자율
제3장 위험관리와 포트폴리오이론

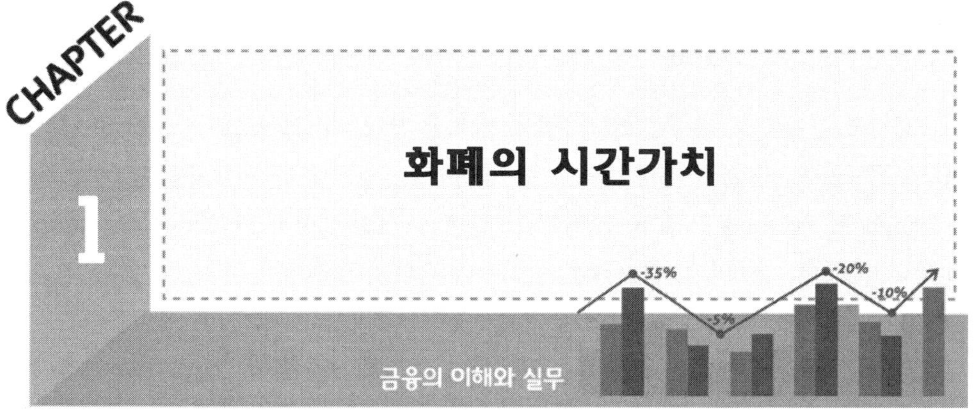

제1절 화폐의 시간가치와 이자율

대부분의 재무 의사결정에는 여러 기간에 걸쳐서 비용과 편익이 수반된다. 즉 비용과 편익이 서로 다른 시점에 발생한다. 예를 들어, 투자 기회의 비용은 당장 발생하지만 편익은 미래에 발생한다. 미래의 기대편익이 현재의 투자비용을 커버할 수 있는지를 판단해야 한다. 즉 현재와 미래라는 서로 다른 시점에서의 화폐가치를 비교해야 하는 것이다.

화폐의 시간가치, 즉 화폐가 시간가치를 갖는다는 것은 현 시점에서 보유하고 있는 화폐의 가치가 미래의 동일한 금액의 화폐가치보다 더 크다는 것을 의미한다. 여기에는 세 가지 이유가 있다. 첫째, 현 시점에서의 투자를 통해 이자수입을 얻을 수 있으므로 미래에는 현재보다 더 많은 화폐액을 보유하게 된다. 둘째, 인플레이션이 존재하기 때문에 화폐의 실물구매력이 변한다. 셋째, 일반적으로 미래는 불확실하다.

이 장에서는 이 중 첫 번째 이유인 이자율에 대해 살펴볼 것이다.

1. 화폐의 시간가치[1)]

다음과 같은 현금흐름을 갖는 기업의 투자 기회가 있다.

---

1) 1장은 Jonathan Berk · Peter DeMarzo · Jarrad Harford, 기본재무관리 (PEARSON, 2013), Robert c. Merton, Zvi Bodie, David L. Cleeton, 재무의 이해 (시그마프레스, 2009) 참조

비용 : 오늘 $100,000
편익 : 1년 후 $105,000

동일하게 미 달러로 표시된 투자 기회의 비용과 편익을 직접적으로 비교할 수 있는가? 비교할 수 없다. 만약 이 투자 기회의 순가치를 $5,000(=$105,000−$100,000)으로 계산한다면, 이 계산은 옳지 않다. 왜냐하면 이러한 계산은 비용과 편익의 발생시점을 전혀 고려하지 않았기 때문이다. 즉 오늘의 돈을 1년 후의 돈과 동일하게 취급했다. 은과 금이 같지 않은 것처럼 오늘의 돈과 1년 후의 돈은 같지 않다.

경쟁시장가격을 이용하여 은과 금을 비교했던 것처럼 유사한 방식으로 서로 다른 시점에 발생하는 돈을 비교할 수 있다. 그러면 돈에 대한 가격은 무엇인가? 오늘의 돈을 1년 후의 돈으로 교환하는 데 있어서 사용되는 가격이 바로 이자율(interest rate)이다.

우리가 상품의 가치를 결정하기 위하여 시장가격을 이용했던 것과 동일한 방식으로 돈의 가치를 결정하기 위하여 이자율을 사용한다. 일반적으로 오늘 $1은 1년 후 $1보다 더 높은 가치를 갖는다. 그 이유는 오늘 $1을 투자하면 1년 후에 $1보다 더 많은 금액을 얻을 수 있기 때문이다. 예를 들어 여러분이 10%의 이자를 지급하는 은행계좌에 $1을 예치하면, 1년 후에 $1.1을 갖게 된다. 이처럼 오늘의 돈과 미래의 돈이 서로 다른 가치를 갖게 되는 현상을 화폐의 시간가치(time value of money)라고 부른다.

2. 화폐의 시간가치와 이자율과의 관계

우리는 이제부터 $100,000 투자 기회의 가치를 올바르게 평가하기 위해 기존의 방법을 좀 더 발전시켜보기로 한다. 우리는 은행의 저축예금 계좌에 돈을 예치함으로써 위험 없이 오늘의 돈을 미래의 돈으로 전환할 수 있다. 또한 우리는 은행으로부터 대출을 받음으로써 미래의 돈을 오늘의 돈으로 전환할 수 있다. 오늘의 돈과 미래의 돈 간의 교환비율은 현재의 이자율에 의해 결정된다.

환율은 한 나라의 화폐를 다른 나라의 화폐로 교환할 때 적용되는 교환비율이다. 한편, 이자율은 한 시점의 화폐를 다른 시점의 화폐로 교환할 때 적용되는 교환비율이다. 한마디로, 이자율은 오늘 돈의 미래 시점에서의 시장가치를 알려주는 시점 간 교환비율(exchange rate across time)인 것이다.

현재 연간 이자율이 10%라고 가정하자. 이 이자율로 은행에 예금하면 오늘의 $1을 1년 후의 $1.10으로 전환할 수 있다. 또한 이 이자율로 은행에서 대출하면 1년 후의 $1.10을 오늘의 $1로 전환할 수 있다.

주어진 기간(예: 1년)에 대한 이자율 r은 주어진 기간 동안 돈을 빌리거나 빌려줄 때 적용되는 이자율로 정의된다. 이를 일반화하면 "오늘의 $1은 1년 후의 $(1+r)과 교환할 수 있고 1년 후의 $(1+r)은 오늘의 $1로 교환할 수 있다"라고 표현된다. 여기서 (1+r)은 현금흐름에 대한 이자율 요소(interest rate factor)라고 하는데, 화폐의 시점 간 교환비율을 나타낸다.

다른 시장가격과 마찬가지로 이자율도 수요와 공급에 의존한다. 대부자금이론[2]에 따르면 이자율은 저축의 공급이 대출의 수요와 같아지는 수준에서 결정된다. 이자율이 어떻게 결정되는 지에 상관없이 일단 이자율을 알기만 하면 발생 시점이 서로 다른 비용과 편익을 갖는 투자 건에 대해 의사결정을 내릴 수 있다.

2-1. 복리

먼저 복리(compounding)의 개념을 가지고 화폐의 현재가치(present value, PV), 미래가치(future value, FV)에 대해 살펴보기로 한다.

미래가치는 현재의 투자금액에 미래 특정 시점까지의 복리이자를 더한 금액이 된다. 예를 들어 연이자율 10%로 $1,000를 은행에 예치했다고 가정하자. 중간에 예금인출이 전혀 없다고 하면 5년 지난 시점에서 은행으로부터 받게 되는 금액이 $1,000에 대한 5년 후의 미래가치가 되는 것이다.

이와 관련해서 몇 가지 용어를 정의해 보면 다음과 같다.

PV = 현재가치로서 여기서는 $1,000
r = 이자율로서 일반적으로 연 단위로 표현되며 여기서는 10%
n = 이자가 계산되어 원금에 합산되는 기간
FV = n기간 말 미래가치

위의 예를 이용하여 계산과정을 살펴보자. 첫째, 1년 후에 예금을 인출한다면 얼마를 받게 될까? 원금 $1,000에다 1년간 발생한 이자 $100(=0.1×$1,000)를 더한 금액이 될 것이다. 따라서 첫번째 연도말 기준의 미래가치는 $1,100가 된다.

FV = $1,000×1.10 =$1,100

둘째, 만일 $1,100를 인출하지 않고 은행에 그대로 예치해 둔다면 2차연도 말에는 얼마를 찾을 수 있을까? 2차연도에는 $1,100에 대해서 10%의 이자, 즉 $110(=0.1×$1,100)가

---

2) 2장에서 상세히 설명

발생하므로 2차연도 말 은행에서 찾을 수 있는 금액은 $1,210가 된다.

복리이자에 대한 이해를 돕기 위해 $1,210를 세 부분으로 구분해 보면 다음과 같다. 첫째, 원금 $1,000가 있고, 원금에 대한 1차연도의 이자 $100와 2차연도의 이자 $100가 있다. 여기서 원금에 대한 이자 $200를 단리이자(simple interest)라고 한다. 마지막으로 1차연도의 이자 $100에 대해 2차연도에 발생한 이자 $10가 있다. 이미 발생한 이자에 대한 이자를 복리이자(compound interest)라고 한다. 따라서 총 이자발생액 $210은 단리이자 $200와 복리이자 $10를 합한 금액이다.

실제에 있어서 총 이자발생액 $210 중 얼마만큼이 단리이자이고 복리이자인지에 대해서 구분할 필요는 없다. 중요한 것은 미래에 은행계좌에 남게 되는 금액, 즉 미래가치가 얼마인지를 계산할 수 있으면 되는 것이다. 2차연도 말 미래가치를 직접적으로 구하는 방법은 원금에 1.1을 두 번 곱하면 된다. 즉,

FV = $1,000×1.1×1.1 = 1.12 = $1,210

같은 방법으로 5차연도 말의 미래가치는

FV = $1,000×1.1×1.1×1.1×1.1×1.1 = $1,000×1.15 = $1,610.51

결론적으로 연이자율이 10%일 때 $1,000의 5차연도 말 미래가치는 $1,610.51가 된다. 5년 동안의 총이자액은 $610.51인데, 이것은 단리이자 $500와 복리이자 $110.51를 합한 금액이 되는 것이다.

이를 일반화시키면 다음과 같이 표현할 수 있다. 시장 이자율이 r로 일정하게 유지된다고 가정하면, 현재의 현금 C의 n년 후 미래가치는 C를 n번 복리 계산함으로써 즉, 현금 C에 이자율 요소를 n번 곱함으로써 구해진다.

현금의 미래가치

(1-1) $$FV_n = C\times(1+r)\times(1+r)\times\cdots\times(1+r) = C\times(1+r)^n$$

▌그림 1-1▐ 시간에 따른 이자 구성의 변화

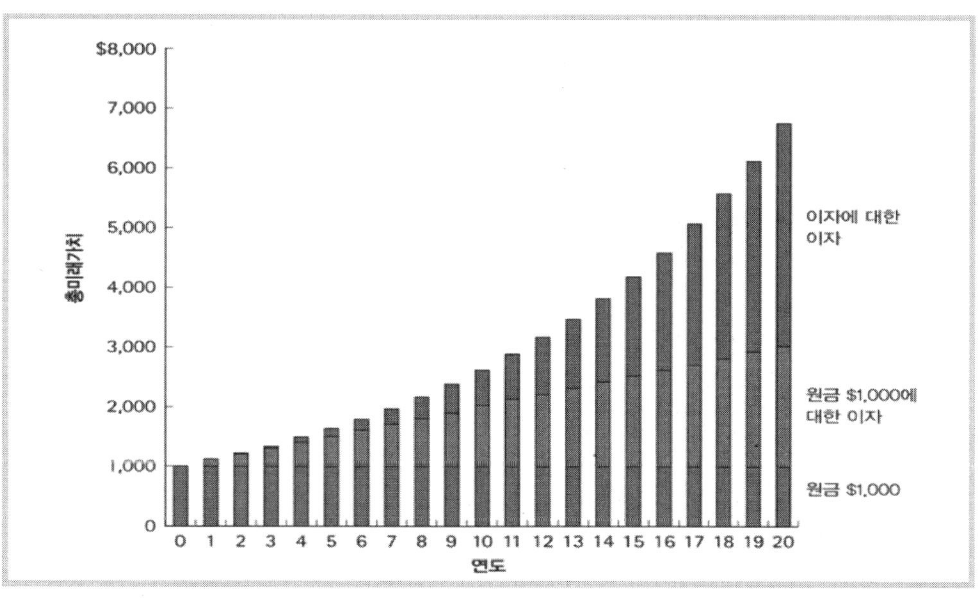

2-2. 복리의 빈도

대출금리와 예금금리는 일반적으로 연이자율(annual percentage rate, APR)로 표시된다. 그러나 복리의 경우 이자는 일정 기간(월, 분기 또는 년)마다 나누어서 계산을 한다. 동일한 이자율을 적용하는 경우에도 복리계산의 빈도에 따라 실질적인 이자율이 달라지게 되는데, 이것을 실효이자율(effective annual rate, EAR)이라고 한다. 만일 복리계산이 1년에 한번만 이루어진다면 연이자율과 동일하게 된다.

예를 들어, 연이자율이 6%이고 복리계산은 월마다 이루어진다고 가정하자. 이것이 의미하는 것은 표시된 연이자율의 1/12씩을 월마다 적용해서 이자계산을 한다는 것이다. 즉 월 이자율이 0.5%라는 것이다. 연초 $1가 연말에 가지는 미래가치를 구함으로써 실효이자율을 구할 수 있다. 위의 예를 적용해 보면,

$$FV= \$1 \times (1.005)^{12} = \$1.061678$$

실효이자율은 위에서 구한 값에서 1을 빼면 된다. 즉 EAR은 6.1678%이다. 이자가 가산되는 복리효과로 6% APR보다 높은 6.1678%의 이자율을 실제로 얻게 된다.

실효이자율을 구하는 일반식을 나타내 보면 다음과 같다.

$$(1\text{-}2) \qquad 1 + EAR = (1 + \frac{APR}{m})^{m} \ (m = \text{연간 복리계산 기간 횟수})$$

〈표 1-1〉은 6% APR에 상응하는 EAR을 서로 다른 복리계산 기간에 대해 나타내고 있다. 이 표에서 1년 동안 복리계산의 빈도가 높아질수록 EAR이 높아지는 것으로 나타나는데, 그 이유는 복리계산의 빈도가 높을수록 이자가 이자를 낳는 기회가 더 많아 전체적으로 불어나는 이자 금액이 더 많아지기 때문이다.

▌표 1-1▐ 복리에 따른 실효이자율

복리계산기간	실효이자율
년	$(1+\frac{0.06}{1})^{1}-1=6\%$
반년	$(1+\frac{0.06}{2})^{2}-1=6.09\%$
월	$(1+\frac{0.06}{12})^{12}-1=6.1678\%$
일	$(1+\frac{0.06}{365})^{365}-1=6.1831\%$

2-3. 현재가치와 할인

이제까지 현재 금액의 미래가치에 대해 살펴보았다. 그런데 만일 미래의 한 시점에서 특정금액을 얻고자 한다면 현재 얼마를 투자해야 하는가라는 질문에 대한 답은 어떻게 구할 수 있는가? 예를 들어 지금부터 8년 후 자녀의 대학등록금으로 $15,000가 필요하다면 현재 얼마를 저축해야 하는가? 이에 대한 답을 구하기 위해서는 주어진 미래의 특정 금액을 현재의 가치로 계산해야 한다.

현재가치를 구하는 것은 미래가치를 구하는 방법을 역으로 적용하면 된다. 이렇게 해서 구한 현재가치는 미래의 특정금액을 얻기 위해 현재 투자해야 하는 금액이 된다. 지금부터 현재가치(PV)를 구하는 방법을 살펴보기로 하자.

1년 후 $1,000가 필요한데 현재 적용되는 연이자율이 10%라고 가정하자. 현재 투자해야 하는 금액은 $1,000의 현재가치가 된다. 이자율이 10%이므로 현재의 $1는 1년 후 $1.1가 됨을 알 수 있다. 그러므로 다음과 같이 쓸 수 있다.

$$PV \times 1.1 = \$1,000$$

따라서 현재가치는

$$PV = \frac{\$1,000}{1.1} = \$909.09$$

결국 연이자율이 10%일 때 1년 후 $1,000를 얻기 위해서는 현재 $909.09를 투자해야 하는 것이다.

그렇다면 2년 후 $1,000가 필요하다면 얼마를 투자해야 할까? 마찬가지로 현재가치를 구하기 위해 미래가치를 구하는 방법을 이용한다.

$$\$1,000 = PV \times 1.1^2 = PV \times 1.21$$

따라서 현재가치는 $PV = \dfrac{\$1,000}{1.1^2} = \$826.45$

즉, 현재 10% 이자율로 $826.45를 투자하면 2년 후 미래가치는 $1,000가 될 것이다.

현재가치를 구하는 것을 할인한다고 하며, 이 때 적용되는 이자율을 할인율이라고 한다. 금융에서 할인이라는 개념은 어떤 물건을 살 때 가격을 할인하는 것과는 다른 것으로 미래의 특정 금액을 현재가치로 계산하는 것을 의미한다. 앞의 계산에서 사용된 $\dfrac{1}{1+r} = \dfrac{1}{1.10} = 0.90909$는 할인요소(discount factor) 또는 현가계수라 불리며, 1년 후 $1의 현재 가격으로 해석된다. 미래가치에 할인요소를 곱함으로써 미래가치가 현재가치로 전환된다. 할인요소가 1보다 작은 값을 갖는 것은 미래 $1의 현재가치가 $1보다 작다는 것을 의미한다.

할인율이 r이고, 기간이 n일 때 $1의 현재가치를 구하는 일반식을 나타내 보면

(1-3) $PV = \dfrac{1}{(1+r)^n}$ 이다.

▌표 1-2▌ 상이한 기간과 이자율에 따른 $1의 현재가치

기간, n	이자율, r					
	2%	4%	6%	8%	10%	12%
1	0.9804	0.9615	0.9434	0.9259	0.9091	0.8929
2	0.9612	0.9246	0.8900	0.8573	0.8264	0.7972
3	0.9423	0.8890	0.8396	0.7938	0.7513	0.7118
4	0.9248	0.8548	0.7921	0.7350	0.6830	0.6355
5	0.9057	0.8219	0.7473	0.6806	0.6209	0.5674
10	0.8203	0.6756	0.5584	0.4632	0.3855	0.3220
15	0.7430	0.5553	0.4713	0.3152	0.2394	0.1827
20	0.6730	0.4564	0.3118	0.2145	0.1486	0.1037

〈표 1-2〉를 보면 이자율 10%, 기간이 5년인 경우의 현재가치요소는 0.6209임을 알 수 있다. 위 표에서 행을 따라 밑으로 갈수록 $1의 현재가치가 감소함을 볼 수 있다. 예를 들어, 1년 후 $1의 현재가치는 $0.9091인 반면 20년 후의 $1의 현재가치는 $0.1486에 불과하다.

한편 매년 1회 이상 복리로 할인해야 하는 경우에는 할인을 하는 방법에 변화를 주어야 한다. 이 경우 식은 다음과 같다.

$$(1\text{-}4) \qquad PV_m = \frac{FV}{(1+\dfrac{APR}{m})^{mn}}$$

여기서 APR은 연이자율, m은 매년 복리가 계산되는 횟수이다. 예를 들어 5년 뒤의 $500가 10%의 연이자율로 반기마다 복리로 계산될 경우 현재가치는 다음과 같다.

$$PV = \frac{\$500}{(1+\dfrac{10\%}{2})^{10}} = \$306.96$$

☞ 현재가치 또는 미래가치를 구할 때, 할인율의 기간과 현금흐름의 기간, 즉 현금흐름이 발생하는 간격을 일치시켜 주여야 한다. 예를 들어, 현금흐름의 발생주기가 1개월이면 할인율도 1개월간의 할인율을 사용하여야 한다.

제2절 화폐가치와 현금흐름 분석

1. 복수의 현금흐름

이제까지는 미래의 현금흐름이 한 시점에서만 발생하는 경우를 살펴보았다. 그렇다면 현금흐름이 한 번 이상 발생하는 경우는 어떻게 될까? 예를 들면 자녀의 학자금이나 노후생활자금을 위해 매년 일정액을 저축하는 경우, 미래 몇 년 동안 현금흐름을 수반하는 경우, 또는 미래에 일정액씩 상환을 조건으로 차입하는 것을 고려 중인 경우들이 있다.

1-1. 시간선

시간별 현금흐름을 분석하는 유용한 도구 중 하나가 시간선(time line)을 이용하는 방법이다. 시간선(timeline)이란 발생할 것으로 기대되는 현금흐름의 시점과 크기를 나타내는 직선으로 정의할 수 있다.

(1) 시간선의 구성

시간선에 대한 예시를 위해 당신이 은행에서 대출을 받았다고 가정하자. 당신은 앞으로 2년 동안 매년 말에 $10,000씩을 지급함으로써 오늘 빌린 돈을 갚기로 약정한다. 이러한 정보는 시간선에 다음과 같이 표시된다.

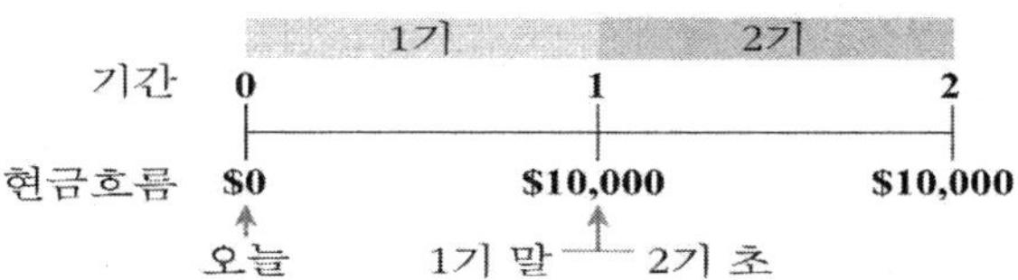

(2) 날짜의 표시

시간선상 각 점은 특정한 날짜를 나타낸다. 날짜 0과 날짜 1 사이의 공간은 대출기간 중 첫 번째 기(1기)를 의미한다. 날짜 0은 오늘이자 첫 번째 기의 첫째 일을, 날짜 1은 첫 번째 기의 마지막 일을 각각 의미한다. 날짜 1 밑에 표시된 $10,000의 현금흐름은 당신이 첫 번째 기의 마지막 일에 받는 금액이다. 그리고 날짜 1은 두 번째 기(2기)의 첫 번째 일을, 날짜 2는 두 번째 해의 마지막 일을 각각 의미한다. 날짜 2 밑에 표시된 $10,000의 현금흐름은 당신이 두 번째 기의 마지막 일에 받는 금액이다. 여기서 날짜 1은 첫 번째 기의 마지막 일인 동시에 두 번째 기의 첫 번째 일로 표시되는데, 그 이유는 사실 상 이 두 날짜를 같은 시점으로 보아도 큰 무리가 없기 때문이다.

(3) 현금 유출과 현금 유입의 구부

앞에서는 시간선에 현금 유입만 표시되었다. 하지만 많은 재무 의사결성들에서는 현금유입과 현금유출이 동시에 발생하다. 현금의 유입과 유출을 구분하기 위하여 우리는 현금유입에는 양(+)의 부호를, 현금유출에는 음(−)의 부호를 각각 붙인다.

예를 들어, 당신이 오늘 $10,000을 빌리고 앞으로 2년간 매년 말에 $6,000씩을 지급함으로써 빌린 돈을 갚기로 약정하다고 가정해 보자. 이러한 정보는 시간선에 다음과 같이 표시할 수 있다.

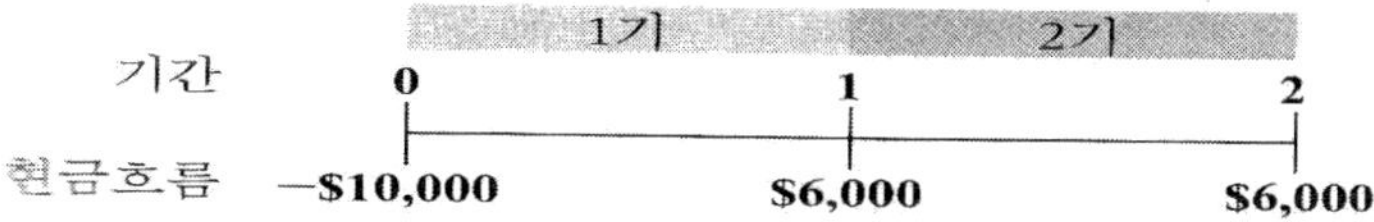

오늘(날짜 0) 발생하는 −$10,000의 현금흐름은 현금 유출이므로 음(−)의 부호가 붙어 있다. 하지만 미래에 두 차례에 걸쳐 발생하는 $6,000의 현금흐름은 현금 유입이므로 양(+)의 부호가 붙어 있다.

(4) 여러 가지 기간의 표시

우리는 지금까지 매년 발생하는 현금흐름들을 나타내기 위해 시간선을 활용하였다. 하지만 우리는 현금흐름의 발생주기(예: 연, 월, 일 등)에 관계없이 발생하는 현금흐름들을 나타내기 위해 시간선을 활용할 수 있다. 만약 당신이 매월 집 임대료를 낸다면 이 경우 연을 월로 바꾸어 매월 발생하는 현금흐름들을 시간선에 나타낼 수 있다.

1-2. 여러 기간 현금흐름의 가치평가

(1) 현금흐름의 미래가치

투자 기회들은 여러 기간에 발생하는 현금흐름을 가지고 있는 경우가 대부분이다. 예를 들어, 당신이 오늘(0기) $1,000을 예금하고, 앞으로 2년간 매년(1기와 2기) 말에 각각 $1,000을 예금한다고 가정하자. 연간 이자율이 10%라고 가정하고, 오늘부터 3년 후(3기)에 당신의 은행계좌에 들어 있는 금액의 가치를 계산해 보자.

우리는 이 문제에 대한 접근 역시 시간선을 가지고 시작해야 한다.

시간선은 0기부터 2기에 걸쳐 당신이 하고자 하는 3번의 예금을 보여준다. 이 예금들의 3기 시점 가치를 계산하는데 다음 2가지 방식으로 적용될 수 있다.

첫 번째 방식은 다음과 같다. 0기의 예금을 1기의 가치로 환산한 후, 이를 1기의 예금과 합산하여 1기에 은행계좌에 들어 있는 금액($2,100)을 구한다.

그리고 다시 1기에 은행계좌에 들어 있는 금액을 2기의 가치로 환산한 후, 이를 2기의 예금과 합산하여 2기에 은행계좌에 들어있는 금액($3,310)을 구한다. 마지막으로 2기 은행계좌에 들어 있는 금액을 3기의 가치로 환산한 값으로 3기에 은행계좌에 들어있는 금액($3,641)을 구한다.

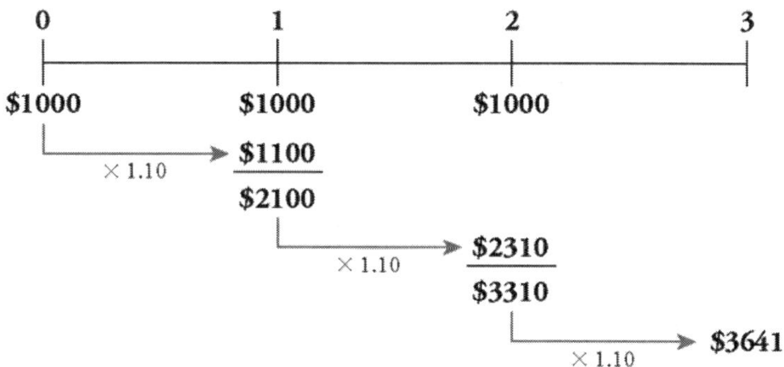

두 번째 방식은 다음과 같다. 0기부터 2기까지의 예금을 각각 3기 시점의 가치로 환산한다.(0기:$1,331, 1기:$1,210, 2기:$1,100) 그리고 이들 모두 합산한 값으로 3기에 은행계좌에 들어 있는 금액($3,641)을 구한다.

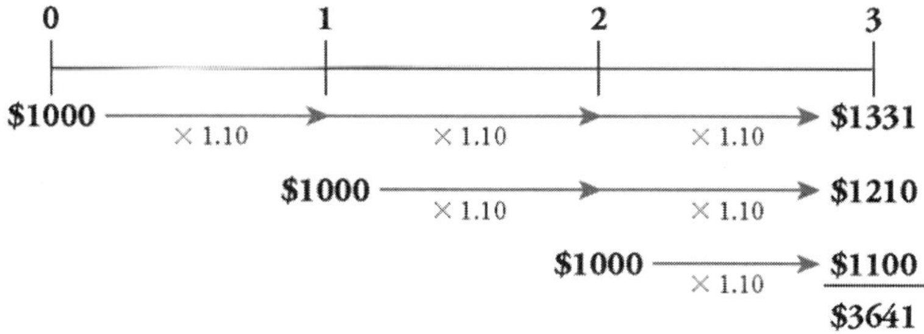

두 가지 방식 모두 $3,641이라는 동일한 계산 결과를 가져온다.

(2) 현금흐름의 현재가치

0기에 C_0, 1기에 C_1, · · · · , N기에 C_N 각각 발생하는 여러 기간 현금흐름이 있다고 가정하자. 이 현금흐름은 시간선에 다음과 같이 나타낼 수 있다.

우리는 이러한 현금흐름의 현재가치를 다음 2 단계로 구할 수 있다. 첫째, 각 기의 현금흐름의 현재가치를 구한다. 둘째, 모든 현금흐름들이 오늘의 달러라는 동일한 단위로 전환되었으므로 이들을 합산한다. 이자율이 r로 주어졌을 때, 이러한 과정들을 시간선에 나타내면 다음과 같다.

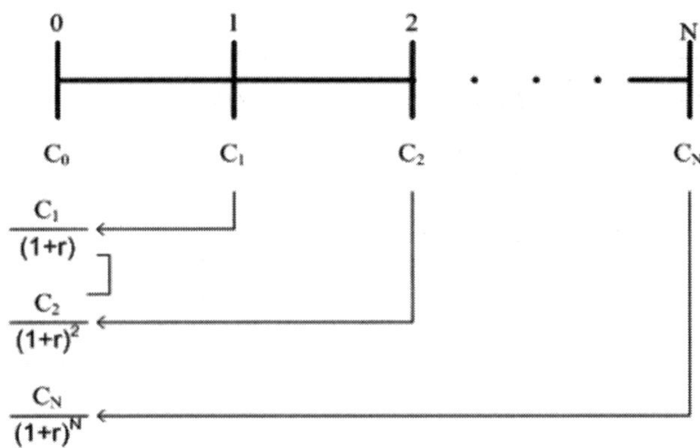

이 시간선은 여러 기간 현금흐름의 현재가치를 구하는 일반적인 공식을 제공한다.

(1-5) $$PV = C_0 + \frac{C_1}{(1+r)} + \frac{C_2}{(1+r)^2} + \cdots + \frac{C_N}{(1+r)^N}$$

즉, 여러 기간 현금 흐름의 현재가치는 각 기간에 발생하는 현금흐름 현재가치의 합계이다. 앞에서 현재가치를 미래의 단일 현금흐름을 창출하기 위하여 현재 투자해야 하는 금액이라고 정의했다. 이 정의는 여러 기간에 발생하는 현금흐름에도 적용된다. 여러 기간 현금흐름의 현재가치는 미래에 $C_0, C_1, \cdots, C_N$의 연속적인 현금흐름을 창출하기 위하여 오늘 투자해야 하는 금액이다. 즉 이러한 연속적인 현금흐름을 받는 것과 오늘 은행에 예치되어 있는 금액이 가치면에서 동등하다고 할 수 있다.

예제 1-1 여러 기간 현금흐름의 현재가치

문제

A 해운사는 선박펀드에서 차입하여 선박을 구입하고자 한다. 해운사는 선박펀드가 은행에 예금할 때 얻을 수 있는 이자율로 이자를 지급하기로 선박펀드에게 제시했다. 해운사는 운임수입을 고려할 때 첫 해 $5,000, 그 다음 3년간은 $8,000을 선박펀드에게 지급할 수 있을 것 같다.

만약 선박펀드가 해운사에 돈을 빌려주지 않고 은행에 예금하면 연 6%의 이자를 받을 수 있다고 한다. 해운사가 선박펀드에서 빌릴 수 있는 금액은 얼마인가?

풀이

해운사가 선박펀드에게 지급하기로 약속한 현금흐름은 다음과 같다.

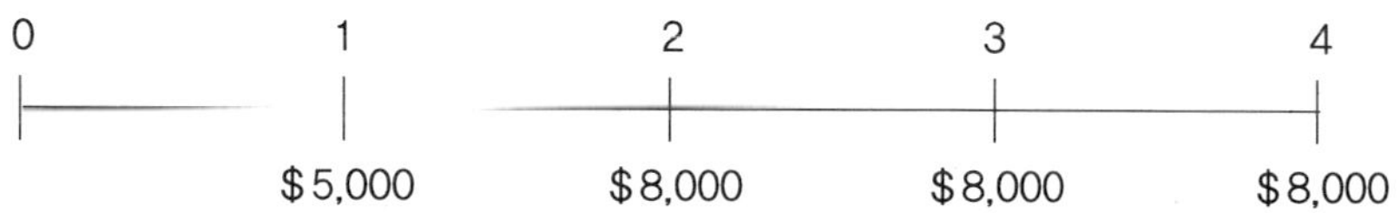

선박펀드는 해운사가 약속한 이러한 일련의 현금흐름에 대한 대가로 현재 해운사에 얼마의 금액을 빌려 줄 것인가? 선박펀드는 이러한 현금흐름들의 현재가치에 해당되는 금액을 줄 것이다. 이 금액은 선박펀드가 은행에 예금하여 4년 후에 창출할 수 있는 현금흐름과 동일한 금액이다.

1. 우리는 여러 기간 현금흐름의 현재가치를 다음과 같이 구할 수 있다.

$$PV = \frac{5,000}{1.06} + \frac{8,000}{1.06^2} + \frac{8,000}{1.06^3} + \frac{8,000}{1.06^4}$$
$$= 4,76.98 + 7,119.97 + 6,716.95 + 6,336.75 = \$24,890.65$$

이제는 선박펀드가 해운사에 돈을 빌려주고, 해운사는 선박펀드에게 지급할 돈을 4년 동안 매년 선박펀드의 은행계좌에 예금한다고 가정하자. 4년 후에 선박펀드의 은행계좌의 잔고는 얼마나 될까?

이에 대한 답을 얻으려면 매년 예금하는 금액들의 4년 후의 미래가치를 구해야 한다. 이를 위한 한 가지 방법은 매년 은행 잔고를 계산하는 것이다.

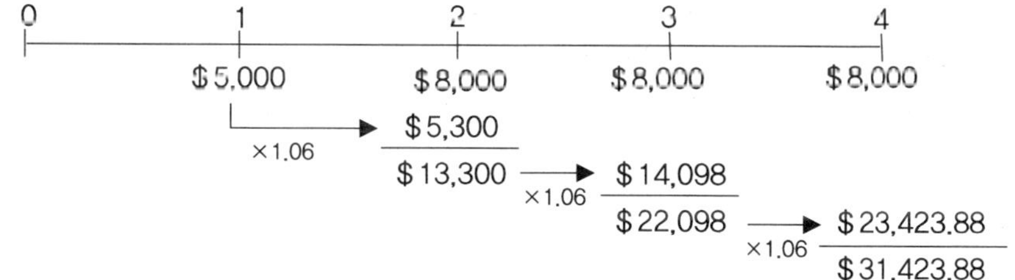

2. 답이 맞는지를 확인하기 위해 해운사가 $24,890.65를 은행에 연간 이자율 6%로 예금하였을 때, 4년 후 은행 잔고를 구해보자.

$FV = \$24,890.65 \times (1.06)^4 = \$31,423.87$(4년 후)

우리는 앞에서 구한 4년 후 은행잔고와 동일한 계산 결과를 얻는다.

선박펀드는 해운사가 지급하기로 약속한 금액에 대한 대가로 $24,890.65를 빌려 줄 것이다. 이 금액은 화폐의 시간가치로 인해 해운사가 지급하는 금액의 합계인 $29,000(=$5,000+$8,000+$8,000+$8,000) 보다 작다.

2. 연금현금흐름

저축, 투자 그리고 대출금 상환과 같은 경우 매년 발생하는 현금흐름액이 동일한 경우가 있는데 이와 같이 일정한 현금흐름을 연금현금흐름(annuity)이라고 한다. 이러한 용어는 보험에서 나온 것인데, 연금현금흐름계약은 일정 기간 보험계약자에게 일정액의 현금흐름을 약속한다. 금융에서는 보다 일반화해서 적용하게 된다. 즉 대출금의 상환, 할부금의 상환 그리고 부동산담보대출과 같은 일정한 금액의 현금흐름을 연금이라고 한다.

2-1. 연금의 미래가치

예를 들어, 3년간 매년 $100씩 저축하는 것을 가정하자. 이자율이 매년 10%라고 하면 3년 말에 가서 받게 되는 금액은 얼마가 될까? 매년 초에 $100씩 저축을 한다면 3년 후에는 다음의 금액이 될 것이다.

$$FV = \$100 \times 1.1^3 + \$100 \times 1.1^2 + \$100 \times 1.1$$

위 식을 정리하면

$$FV = \$100 \times (1.1 + 1.1^2 + 1.1^3)$$

계산결과는 $364.10가 된다. 위 식에서 괄호 안에 있는 값은 3년간 매년 $1씩 예금했을 때의 미래가치를 의미한다. 이를 일반식으로 표시하면 다음과 같다.

(1-6) $$FV = C \times \left(\frac{1}{r}\right)[(1+r)^n - 1]$$ [3)]

3) 연금의 미래가치를 구하는 식은 다음과 같다.

2-2. 연금흐름의 현재가치

대부분의 경우 연금현금흐름의 미래가치보다는 현재가치를 구하게 되는 경우가 많다. 예를 들어, 연 이자율이 10%일 때 3년간 매년 $100씩 받기 위해서는 현재 얼마를 저축해야 하는가? 이러한 질문에 대한 답은 3회의 현금흐름의 현재가치를 구하면 되는 것이다.

연금현금흐름의 현재가치는 각각의 $100에 대한 현재가치를 구해서 더하넌 된다.

$$PV = \frac{\$100}{1.1} + \frac{\$100}{1.1^2} + \frac{\$100}{1.1^3}$$

위 식을 정리해 보면

$$PV = \$100 \times \left(\frac{1}{1.1} + \frac{1}{1.1^2} + \frac{1}{1.1^3}\right)$$

계산한 결과 현재가치는 $248.69가 된다. $100에 곱하는 현재가치요소는 이자율 10%일 때 3년간 매년 $1씩 지급하는 연금의 현재가치가 된다.

이를 일반식으로 나타내면 다음과 같다.

(1-7) $$PV = C\left[\frac{(1+r)^n - 1}{r(1+r)^n}\right] = C \times \frac{1}{r}\left(1 - \frac{1}{(1+r)^n}\right)$$ [4)]

2-3. 영구연금의 현재가치

연금의 형태 중 특별한 종류 중의 하나가 바로 영구연금현금흐름(perpetuity)이다. 영구연금현금흐름은 현금흐름이 무한히 계속되는 경우이다. 예를 들면 채권의 경우 액면가액에 대한 이자를 지급하는 데 만기가 없이 무한히 계속 지급하는 경우를 들 수 있다. 다른 예로는 우선주를 들 수 있는데 이는 매년 일정액의 배당금을 만기 없이 계속해서 지급하게 된다.

이 같은 영구연금현금흐름의 경우는 만기가 없고 무한히 현금흐름이 발생하기 때문에 미래가치를 계산하는 것이 불가능해 보일 수도 있다. 그러나 현재가치는 쉽게 계산이 된다.

$FV = C[1 + (1+r) + (1+r)^2 + (1+r)^3 + \dots\dots + (1+r)^{n-1}]$

이는 다음과 같이 나타낼 수 있다. $FV = C(1 + x + x^2 + x^3 + \dots x^{n-1})$

여기서 $x = (1+r)$이다. 고등학교에서 배운 등비수열의 합을 계산하는 공식을 이용하면

$FV = C(\frac{x^n - 1}{x - 1})$이 되어 $FV = C\frac{1}{r}[(1+r)^n - 1]$이 된다.

4) 연금의 현재가치를 구하는 식은 연금의 미래가치를 $(1+r)^n$으로 할인하거나 등비수열의 합의 공식을 이용하면 된다.

매년 $100씩의 현금흐름이 무한히 계속되는 경우를 생각해 보자. 이자율이 10%라면 이러한 현금흐름의 현재가치는 얼마가 되어야 할까?

답은 $1,000가 된다. 이유를 살펴보기 위해, 매년 $100씩 영구적으로 지급받기 위해서 연 10%의 이자를 지급하는 은행에 얼마를 저축해야 할지를 생각해 보자. 지금 $1,000를 저축한다면 1년이 경과한 후 은행잔고는 $1,100가 될 것이다. $100를 인출하고 나머지 $1,000는 그대로 둔다면 다음 해에도 $100를 찾을 수 있을 것이다. 결국 이러한 행동을 영구적으로 반복한다고 생각하면 되는 것이다.

이러한 과정을 좀 더 일반화해 보면, 영구연금의 현재가치를 구하는 식은

(1-8) 영구연금현금흐름의 현재가치 = $\frac{C}{r}$ [5)]

이때 C는 매 기간 지급되는 금액이고, r은 이자율을 의미한다.

3. 대출금의 분할상환

3-1. 대출분할금 계산

주택이나 자동차 구입을 위한 대출금 등은 일반적으로 매 기간 일정 금액을 분할해서 상환하는 경우가 많다. 상환금에는 대출원금에 대한 이자와 원금의 일부가 포함된다. 따라서 매기 상환함에 따라서 원금은 계속 줄어들게 되므로 상환금에서 이자가 차지하는 비중은 줄어들고 원금의 비중은 증가하게 된다.

예를 들어 주택구입을 위해 $100,000를 차입했는데 이자율은 연 9%이고 3년간 원리금 균등분할 상환하기로 했다고 가정하자. 첫째, 매년 상환액을 계산해야 하는데 기간이 3년이고 할인율이 9%일 때 $100,000의 현재가치를 갖기 위한 연간 지급액(C)을 구하면 된다.

$$PV=\sum_{i=1}^{n}\frac{C}{(1+r)^i} \rightarrow \$100,000=\sum_{i=1}^{3}\frac{C}{(1+0.09)^3}$$

연금의 현재가치 공식을 이용하여 계산해 보면 연간 상환액은 $39,505.48임을 알 수 있다. 그렇다면 첫해 상환액 $39,505.48에서 이자는 얼마이고 원금상환액은 얼마인가? 이자율이 9%이므로 첫 번째 상환액 중 이자액은 0.09×$100,000=$9,000가 되므로 순

---

5) 영구연금현금흐름의 현재가치는 앞의 연금현금흐름의 현재가치 식에서 n을 무한대로 놓거나 무한등비수열의 합의 공식을 이용하면 된다.

수한 원금상환액은 $30,505.48가 된다. 따라서 대출금 중 앞으로 상환해야 할 잔액은 $100,000−$30,505.48=$69,494.52가 된다.

두 번째 연도 상환액 $39,505.48에는 얼마의 이자와 원금이 포함될까? 이자율이 9%이므로 두 번째 연도에 해당하는 이자는 0.09×$69,494.52=$6,254.51가 된다. 따라서 원금에 해당하는 금액은 $39,505.48−$6,254.51=$33.250.97가 되므로 남아 있는 대출금은 $69,494.52−$33,250.97=$36,243.51가 된다. 마지막 연도의 상환액에는 잔액 $36,243.55에 대한 이자와 원금 상환액이 모두 포함되게 된다.

3-2. 월간 분할상환금 계산

주택담보대출, 자동차대출 등 많은 대출들은 매월 분할하여 납부하는 분할상환금을 갖고, 월복리 APR로 이자율이 표시된다. 월간 원리금 균등상환대출은 차입자가 매월 이자와 대출잔액의 일부분을 합산한 금액을 분할상환금으로 지불하는 대출의 형태이다. 매월 상환하는 금액은 동일하고, 마지막 지불시점에 대출이 전액 상환된다.

예를 들어 $30,000의 신차를 '6.75% APR로 60개월' 대출조건으로 구입하는 경우 매월 지급해야 할 분할상환금은 다음과 같이 구해진다.

분할상환금의 현금흐름이 연금의 형태를 취하므로 연금 공식을 이용하여 분할상환금(C)을 구할 수 있다. 여기서 월이자율(r)은 $\frac{0.0675}{12} = 0.005625$이고 기간(n)은 60이다.

$$C = \frac{P}{\frac{1}{r}\left(1 - \frac{1}{(1+r)^N}\right)} = \frac{30,000}{\frac{1}{0.005625}\left(1 - \frac{1}{(1+0.005625)^{60}}\right)} = \$590.50$$

[그림 1-2]는 원리금 균등상환 대출의 잔액이 매월 달라짐을 보여주고 있다.

▌그림 1-2▐ 원리금 균등상환대출

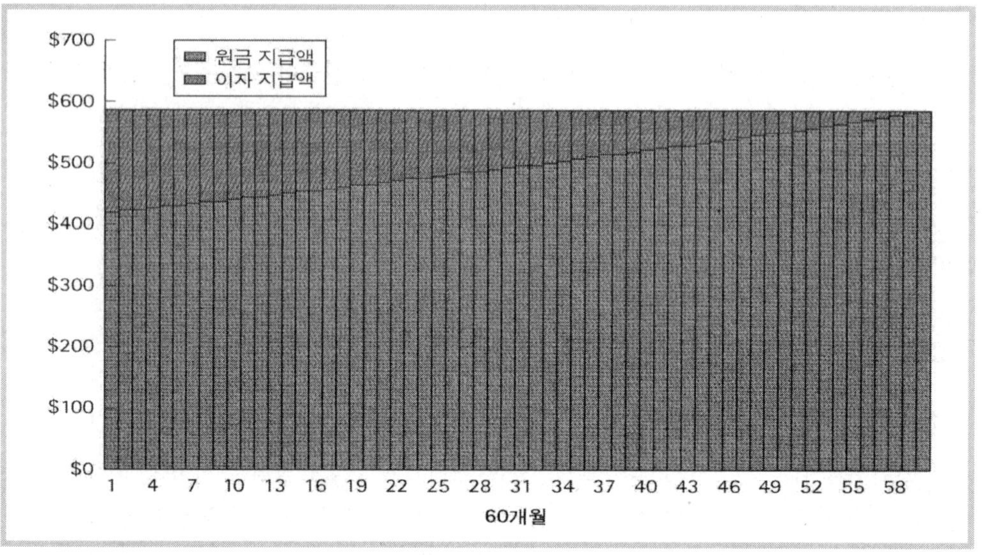

어느 특정 시점의 대출잔액은 미래 대출에 대해 부담하여야 할 금액들의 현재가치로 계산된다. 따라서 대출잔액은 대출이자율로 평가한 미래 분할상환금의 현재가치와 일치한다. 남아 있는 분할상환금의 현재가치를 대출이자율을 할인율로 사용하여 평가하면 대출잔액을 계산할 수 있다.

연습문제

1. 당신은 오늘 은행에서 대출을 받고 1년 후에 원금과 이자 합계 $1,000을 갚으려고 한다. 은행은 당신에게 6%의 연간 이자율의 대출을 제안하고 있다면 당신이 오늘 빌릴 수 있는 최대 금액은 얼마인가?

2. 연간 이자율이 4%라고 가정하자.

a. 오늘 $200과 동일한 가치를 갖는 1년 후의 금액은 얼마인가?
b. 1년 후의 $200과 동일한 가치를 갖는 오늘의 금액은 얼마인가?

3. 당신이 8%의 연 이자를 지급하는 계좌에 $1,000을 투자하려고 한다.

a. 3년 후에 이 계좌의 잔고는 얼마인가? 잔고 중 얼마의 금액이 이자의 이자에 해당되는가?
b. 25년 후에 이 계좌의 잔고는 얼마인가? 잔고 중 얼마의 금액이 이자의 이자에 해당되는가?

4. 당신은 퇴직 후 즉시 $250,000을 받는 퇴직연금과 퇴직 후 5년 후에 $350,000을 받는 퇴직연금 두 가지 중 어떤 것을 선택할 지를 고민하고 있다. 이자율이 아래와 같이 각각 주어질 경우 당신은 어떤 퇴직연금을 선택하는 것이 좋은가?

a. 연 0%　　b. 연 8%　　c. 연 20%

5. 당신 아버지는 당신이 태어난 날 당신을 위해 약간의 돈을 계좌에 예치했다. 당신은 지금 18세이고 처음으로 계좌에 예치된 돈을 인출하는 것이 허용되었다고 하자. 이 계좌의 잔고는 $3,996이고, 이 계좌는 연 8%의 이자를 지급한다고 한다.

a. 당신의 아버지는 이 계좌에 얼마의 금액을 예치하였겠는가?
b. 만약 당신이 25번째 생일까지 이 계좌에서 돈을 찾지 않는다면, 이 계좌의 잔고는 얼마가 되겠는가?
c. 만약 당신이 65번째 생일까지 이 계좌에서 돈을 찾지 않는다면 이 계좌의 잔고는 얼마가 되겠는가?

6. 당신은 친구의 회사에 투자하여 투자소득을 얻게 되었다. 당신의 친구는 올해 말에 $10,000, 내년 말에 $20,000, 내후년 말(오늘부터 3년 후)에 $30,000을 각각 지급할 것이다. 연간 이자율은 3.5%이다.

a. 3년 동안 얻게 되는 투자소득의 현재 가치는 얼마인가?
b. 3년 동안 얻게 되는 투자소득의 3년 후(마지막 지급일) 미래가치는 얼마인가?

7. 당신은 대학에 기부를 하고자 한다. 당신의 기부금은 1년 후부터 시작하여 영구히 매년 $10,000이 장학금으로 지출될 것이다. 대학 기부금에 적용되는 할인율이 7%라면 당신은 오늘 대학에 얼마를 기부해야 하는가?

8. 당신이 오늘 기부를 하지만 첫 장학금의 지급은 오늘부터 10년 후에 이루어진다고 하면 7번 문제의 정답은 어떻게 달라지는가?

9. 연간 이자율이 7%일 때, 앞으로 100년 동안 매년 말에 $1,000을 지급하는 현금흐름의 현재가치를 구하면?

10. 당신이 은행에 $1,000을 예금하는데 6년 뒤에는 $2,000이 된다고 들었다. 이자는 분기별로 지급되며 재투자된다고 가정하자. 연간 이자율은 얼마인가?

11. 당신은 자동차를 구입하면서 연간 이자율 6%, 만기 5년의 대출을 받았다. 대출금 원리금 상환을 위해 당신은 매년 $5,000의 분할상환금을 지불해야 한다.

a. 만약 당신이 1년 동안 차를 소유하였다고 하면(즉 남은 대출기간이 4년이라면) 대출잔액은 얼마인가?
b. 만약 당신이 4년 동안 차를 소유하였다고 하면(즉 남은 대출기간이 1년이라면) 대출잔액은 얼마인가?

12. 사회보장보험은 오늘부터 45년 후인 당신이 은퇴한 시점부터 시작하여(즉 첫 $40,000의 지급은 오늘부터 45년 후에 발생한다) 매년 $40,000을 지불하기로 약속한다고 가정하자. 당신의 할인율은 연 7%이고, 매년 복리계산이 이루어지고, 당신이 은퇴한 후 15년 동안 생존한다고(첫 지급액을 포함해서 총 16번 지급받는다고) 가정하면 사회보장 보험이 약속하는 금액의 현재가치는 얼마인가?

CHAPTER 2 이자율

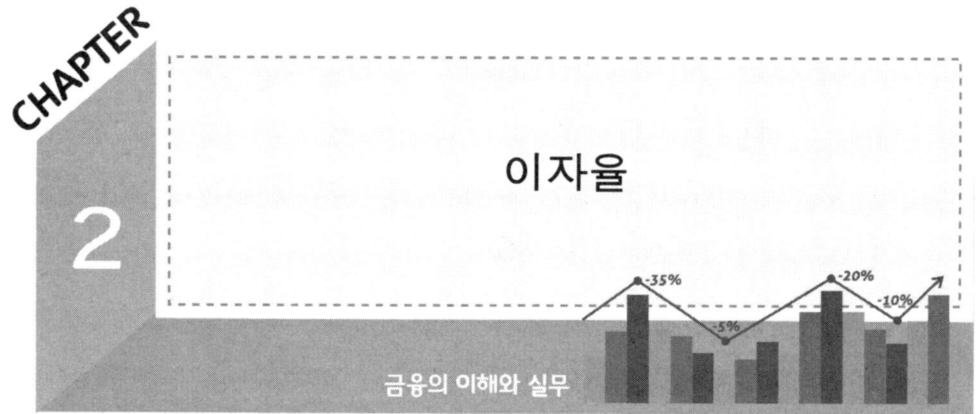

제1절 채권가격과 이자율[1)]

채권은 원금 또는 액면가치(face value)와 이표(coupon)라는 두 가지 유형의 현금흐름을 보유자에게 지급한다. 원금 또는 액면가치는 이자 지급을 계산하는데 사용되는 명목상의 금액이다. 대개 액면가치는 만기일(maturity date)에 상환된다. 채권의 원금이 상환되는 만기일까지 남아 있는 기간을 채권의 잔존만기(term to maturity)라고 한다.

어떤 채권은 액면가치 이외에 이표라는 추가적인 지급을 약정한다. 채권증서(bond certificate)는 대개 만기일까지 이표가 정기적으로(예: 매 6개월마다) 지급될 것이라는 사실을 명기한다. 과거에는 채권보유자가 이자 지급일에 채권에 붙어 있는 이표를 뜯어서 제시하면 발행자가 이자를 지급하였다.

매 이자 지급일에 정기적으로 지급되는 이표 지급액(coupon payment, 이하 CPN)은 채권의 이표율 또는 표면 이자율(coupon rate)에 의해 결정된다. 이표율은 채권의 발행자에 의해 설정되며, 채권증서에 표시된다. 관례적으로 이표율은 연율(APR)로 표시된다. 예를 들어 '액면가치가 $1,000이고 이표율 10%로 반년마다 이표가 지급되는 채권'의 CPN은(10%×$1,000)/2 = $50이 된다. 즉 이 채권의 보유자는 매 6개월마다 $50의 이표를 지급받게 된다.

---

1) 2장 1절은 Jonathan Berk · Peter DeMarzo · Jarrad Harford, 기본재무관리 (PEARSON, 2013), Robert c. Merton, Zvi Bodie, David L. Cleeton, 재무의 이해 (시그마프레스, 2009) 참조

1. 무이표채

이표를 지급하는 채권을 이표채(coupon bond), 이표를 지급하지 않는 채권을 무이표채(zero-coupon bond)라고 한다. 무이표채의 보유자가 지급받는 유일한 현금흐름은 만기일에 상환되는 액면가치 뿐이다. 미재무부 단기채(Treasury bills)는 미국 정부가 발행하는 만기 1년 이내의 채권으로 무이표채이다.

1-1. 무이표채의 현금흐름

무이표채를 매입하여 보유하면 두 가지 현금흐름만이 발생한다. 첫 현금흐름은 매입시점에서 지불하는 시장가격이다. 두 번째로 발생하는 현금흐름은 만기일에 상환되는 액면가치이다. 예를 들어 만기가 1년이고 액면가치 $100,000인 무이표채를 $96,618.36의 가격으로 매입하였다고 가정하면 다음과 같은 현금흐름이 발생한다.

이 채권은 채권 보유자에게 직접적인 이자를 지급하지 않는 점에 유의해야 한다. 이 채권의 보유자는 액면가치보다 할인된 금액으로 채권을 구입함으로써 화폐의 시간가치에 대한 보상을 받는다. 앞에서 보았듯이 미래 현금흐름의 현재가치는 그 현금흐름 자체보다 더 적은 금액을 갖는다. 그 결과 만기일 이전에는 무이표채의 가격이 항상 액면가치보다 작게 된다. 만기일 이전에는 항상 액면가치보다 더 낮은 가격, 즉 할인가(discount)를 갖는 무이표채의 이러한 특성 때문에 무이표채를 순수할인채(pure discount bond)라고도 부른다.

1-2. 무이표채의 만기수익률

이제 무이표채를 매입하여 만기일까지 보유할 때 얻게 되는 수익률을 계산할 수 있다. 앞에서 본 바와 같이 투자 기회의 수익률은 항상 투자로 인해 발생하는 미래 현금흐름의 현재가치와 투자비용이 일치하는 할인율로 구할 수 있다. 무이표채를 매입하는 가격은 무이표채의 비용이다. 무이표채의 수익률은 미래 현금흐름인 액면가치의 현재가치와 투자비용을 같게 하는 할인율이다. 무이표채의 경우 채권가격이 채권에 대한 비용이다. 무이표채의 수익률은 채권으로부터 발생하는 미래 현금흐름(즉 채권의 액면금액)과 채권의 비용을 같게 하는 할인율이다. 우리는 이 개념을 이표채에도 확장할 수 있다. 이표채의 수익률은 채권으로부터 발생하는 모든 미래 현금흐름의 현재가치와 채권가격을 같게 하는 할인율이다. 채권 투자로부터 얻게 되는 수익률은 만기수익률(yield to maturity : YTM) 또는 줄여서 수익률(yield)이라는 특별한 명칭을 가지고 있다.

☞ 채권의 만기수익률은 채권이 약정하는 지급액의 현재가치를 현재 채권의 시장가격과 같게 하는 할인율이다.

직관적으로 표현하면, 무이표채의 만기수익률은 현재 가격에 무이표채를 구입하여 만기일까지 보유하여 약정한 액면가치를 수취할 때 얻게 되는 수익률이다.

이제 앞서 논의 한 1년 만기의 무이표채의 만기수익률을 구해 보자. 만기수익률의 개념에 따르면 1년 만기 무이표채의 만기수익률은 다음 등식의 해를 구함으로써 얻을 수 있다.

$$96{,}618.36 = \frac{100{,}000}{1 + YTM_1}$$

이 경우,

$$1 + YTM_1 = \frac{100{,}000}{96{,}618.36} = 1.035$$

즉 이 채권의 만기수익률은 3.5%다. 이 채권은 무위험 채권이므로, 이 채권에 투자하여 만기까지 보유하면 투자금액에 대해 3.5%의 이자를 얻는다.

n년 만기 무이표채의 만기수익률의 경우는

(2-1) $$1 + YTM_n = \left(\frac{\text{액면가치}}{\text{가격}}\right)^{1/n}$$

식(2–1)에서 만기수익률(YTM_n)은 오늘부터 만기일 n년 후까지 채권을 보유할 때 얻게 되는 연간 수익률이다.

예제 2-1 채권의 만기수이률

현재 $80,000에 채권을 매입하여 5년 뒤에 $100,000의 액면금액을 지불받는 경우 만기 수익률을 계산하면 5년 뒤 $100,000의 현재가치를 현재 채권의 시장가격 $80,000과 같게 하는 할인율을 구하면 된다.

$$\frac{100{,}000}{(1 + YTM)^5} = 80{,}000 \Rightarrow YTM = \left(\frac{100{,}000}{80{,}000}\right)^{\frac{1}{5}}$$

2. 이표채

이표채도 무이표채처럼 만기일에 액면가치를 상환한다. 하지만 이표채는 무이표채와 달리 정기적으로 이표를 지급한다.

2-1. 이표채의 현금흐름

투자자가 이표채로부터 얻은 수익은 두 가지 경로를 통해 발생한다. 그 중 하나는 매입가격과 액면가치의 차이이고, 다른 하나는 정기적인 이표 지급액이다. 이표채의 만기수익률을 계산하기 위해서는 이표채의 모든 현금흐름을 알아야 한다. 이를 위해서는 이표의 지급액과 지급되는 시기를 파악할 필요가 있다.

2-2. 이표채의 만기수익률

이표채의 현금흐름이 결정되면 주어진 시장가격을 이용하여 만기수익률을 구할 수 있게 된다. 만기수익률은 채권에 투자하여 만기일까지 보유할 때 얻게 되는 수익이다. 이러한 투자로부터 발생하는 현금흐름을 아래의 시간선에 다음과 같이 나타낼 수 있다.

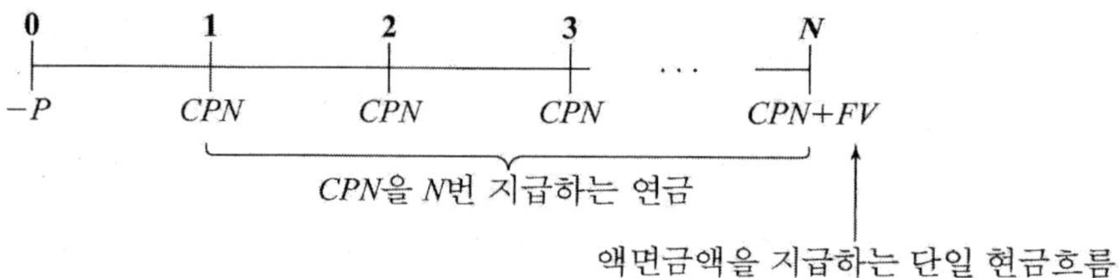

이표채의 만기수익률은 이 채권이 앞으로 지급하게 될 현금흐름과 이 채권의 가격을 같게 하는 단일의 할인율이다. 무이표채는 채권가격과 액면가치라는 두 개의 현금흐름만을 가지고 있다. 하지만 이표채는 이보다 훨씬 더 많은 현금흐름들을 가지고 있다. 따라서 이표채의 만기수익률 계산은 무이표채의 만기수익률 계산보다 훨씬 복잡하다. 위 시간선으로부터 이표 지급액이 연금형태를 취하는 것을 알 수 있다. 따라서 연간 이표 지급횟수가 1회일 경우 아래 식의 등식을 성립시키는 y가 이표채의 만기수익률이다.

이표채의 만기수익률

$$P = \overbrace{CPN \times \frac{1}{y}\left(1 - \frac{1}{(1+y)^N}\right)}^{\text{YTM}(y)\text{를 이용한 연금의 현재가치요소}}_{\text{모든 이표 지급액의 현재가치}} + \underbrace{\frac{FV}{(1+y)^N}}_{\text{YTM}(y)\text{를 이용한 액면금액의 현재가치}} \tag{2-2}$$

상기 식의 등식을 성립시키는 y는 연간 이표 지급 횟수가 1회일 경우 이표채의 만기수익률이다. 하지만 연간 이표 지급 횟수가 1회보다 많으면, 만기수익률을 구하기 위해서는 위 식에서 구한 y에 연간 이표 지급 횟수를 곱해 주어야 한다. 그 이유는 만기수익률은 APR로 표시되어야 하기 때문이다.

3. 이자율과 채권가격과의 관계

3-1. 이자율 변동과 채권가격

만약 어떤 채권이 액면가에 팔렸다면, 이 채권에 투자한 투자자가 얻은 수익은 전부 이 채권이 지급하는 이표로 인해 발생한다. 따라서 이 채권의 이표율은 정확하게 만기수익률과 같게 될 것이다. 시장이자율이 변동하면 채권 투자자들의 요구수익률도 변동하게 될 것이다. 당신의 회사가 시장이자율 8% 상황에서 8%의 이표율로 채권을 발행하였는데 시장이자율이 상승하여 만기수익률이 9%가 되었다고 가정해 보자. 시장이자율이 낮을 때 발행되었던 기 발행 채권은 이표율이 8%로 고정되어 있어 만기일까지 매년 $80의 이표를 지급한다. 채권으로부터 발생하는 현금흐름이 더 낮기 때문에 이표율 8%의 채권가격은 이표율 9%의 채권가격보다 낮아야 한다.[2] 이표율 8% 채권의 가격은 투자자들이 두 채권 중 어떤 채권을 사는지에 대해 무차별하게 느낄 때까지 하락할 것이다.

앞의 예에서 시장이자율이 9%일 때, 이표율이 8%인 채권은 액면가 이하의 가격으로 거래된다. 즉 이 채권은 할인가에 거래된다. 할인가에 거래된 채권에 투자한 투자자는 이표와 자본이익(액면가치와 매입가격간의 차이) 두 가지 경로를 통해 수익을 얻게 된다. 따라서 할인가에 거래된 채권의 만기수익률은 반드시 이표율을 상회한다고 할 수 있다.

한편 이표채는 할증가에 거래될 수도 있다. 앞의 예에서 시장 이자율이 9%로 상승하는 대신 7%로 하락한다고 가정해 보자. 이표율 8%의 채권을 보유한 투자자는 액면가에 이 채권을 팔려고 하지 않을 것이다. 가격이 올라(만기수익률이 떨어져서) 만기수익률이 7%가 될

2) 만약 8%의 채권과 9%의 채권이 동일한 가격을 갖는다면 8%의 채권을 팔고 9%의 채권을 사는 차익거래기회가 발생하게 된다.

때까지 이 채권을 팔지 않을 것이다. 투자자가 할증가에 거래된 채권에 투자하면, 이 투자자가 이표로부터 얻는 수익은 자본손실(매입가격과 액면가치 간의 차이)에 의해 줄어들게 된다. 따라서 할증가에 거래된 채권의 만기수익률은 반드시 이표율을 하회한다고 할 수 있다.

☞ 시장이자율 및 채권의 만기수익률과 채권가격은 반대방향으로 움직인다고 할 수 있다.

3-2. 시간과 채권가격

시간이 채권가격에 미치는 영향을 살펴보자. 다음 이표 지급일이 다가올수록, 그 현금흐름의 현재가치가 증가하여 채권가격은 상승한다. $50의 반년 이표를 지급하는 채권을 대상으로 이표 지급이 이루어진 그 다음 날부터 이표 지급일까지 6개월 동안 이 채권의 가격을 추적해 보자. 이 채권의 가격은 $50의 이표를 지급받는 날이 다가올수록 상승할 것이다. 채권가격은 6개월 동안 다음 이표 지급이 이루어지기 바로 직전에 가장 높게 형성될 것이다. 그 이유는 이 시점에 채권을 구입하면 바로 $50을 받을 수 있지만, 이표 지급이 이루어지고 난 다음 채권을 구입하면 $50을 받을 수 있는 권리를 갖지 않기 때문이다. 그러므로 이표 지급이 이루어지기 전과 후의 채권가격의 차이는 $50이다. 채권가격이 이표 지급일 이전에 상승하고 이표 지급일 이후에 하락하는 이런 추이는 채권의 발행일부터 만기일까지 채권의 수명주기 동안 계속된다.

3-3. 이자율 위험과 채권가격

시간이 채권가격에 미치는 영향은 예측 가능하지만, 예측 가능하지 못한 이자율 변동도 채권가격에 영향을 미친다. 게다가 서로 다른 특성을 갖는 채권들은 이자율 변동에 다른 방식으로 반응한다. 어떤 특성들을 갖는 채권들은 다른 채권들에 비해 더 강하게 반응한다. 투자자들은 장기 대출을 단기 대출보다 더 위험하다고 인식하였다. 채권은 단지 대출의 한 형태이므로, 투자자들이 장기채권이 단기채권보다 더 위험하게 인식한다.

〈예제 2-2〉은 채권가격의 이자율 변동에 대한 민감도가 채권의 만기에 따라 어떻게 달라지는지를 예시한다. 하지만, 동일한 만기라고 하더라도 이표율이 달라지면 채권가격의 이자율 변동에 대한 민감도가 달라진다. 높은 이표율을 갖는 채권은 낮은 이표율을 갖는 채권에 비해 전체 현금흐름 중 가까운 미래시점에 지급하는 현금흐름의 비중이 더 크므로 채권가격이 이자율 변동에 대해 덜 민감하게 반응한다.

예제 2-2 채권의 만기와 이자율 민감도

문제

만기가 10년인 이표채와 만기가 30년인 이표채를 고려해 보자. 두 채권은 이표율 10%로 매년 이표를 지급한다. 시장이자율(만기수익률)이 5%에서 6%로 상승하면 각 채권의 가격변동률은 몇 %이겠는가?

풀이

각 시장이자율에 대해 각 채권의 가격을 구한 다음 각 채권의 가격 변동률을 구해야 한다. 두 채권은 액면가치 $100당 매년 $10의 이표를 지급하고 만기 시에 $100의 액면가치를 지급한다. 두 채권의 차이는 만기가 10년과 30년으로 다른데 있다. 이러한 채권의 현금흐름과 이표채의 만기수익률 식을 이용하여 각 채권의 가격을 계산한다.

YTM	만기 10년, 이표율 연 10% 채권	만기 30년, 이표율 연 10% 채권
5%	$10\times\frac{1}{0.05}(1-\frac{1}{1.05^{10}})+\frac{100}{1.05^{10}}=\$138.61$	$10\times\frac{1}{0.05}(1-\frac{1}{1.05^{30}})+\frac{100}{1.05^{30}}=\$176.86$
6%	$10\times\frac{1}{0.06}(1-\frac{1}{1.05^{10}})+\frac{100}{1.05^{10}}=\$129.44$	$10\times\frac{1}{0.06}(1-\frac{1}{1.06^{30}})+\frac{100}{1.06^{30}}=\$155.06$

만기수익률이 5%에서 6%로 상승하면, 10년 만기 채권의 가격변동률은 (129.44−138.61)/138.61 = −6.6%이다. 30년 만기 채권의 가격변동률은 −12.3%로 장기의 경우가 2배 더 민감하다.

예제 2-3 채권의 이표와 이자율 민감도

문제

반년마다 이표를 지급하고 잔존만기가 5년인 두 채권을 고려하자. 두 채권의 이표율은 각각 5%와 10%로 다르지만, 만기수익률은 8%로 동일하다. 만기수익률이 8%에서 7%로 하락하면, 각 채권의 가격변동률은 몇 %이겠는가?

풀이

〈예제 2-2〉에서처럼 만기수익률이 8% 및 7%일 때 각 채권의 가격을 계산하여야 한다. 그 다음에는 가격 변동률을 계산한다. 각 채권은 10개의 반년 이표 지급액과 만기에 상환되는 액면가치가 있다. 첫 번째 채권의 액면가치 $100당 현금흐름은 매 6개월마다 $2.5, 만기일에 $100이 발생한다. 두 번째 채권의 액면가치 $100당 현금흐름은 매 6개월마다 \$5와 \$100이 발생한다. 현금흐름이 반년마다 발생하므로 만기수익률도 반년 복리 APR로 표시되어야 한다. 따라서 만기수익률을 현금흐름의 발생 주기와 일치시켜야 하며, 이를 위해서는 만기수익률을 2로 나누어 주어야 한다. 반년 이표율은 각각 4% 및 3.5%이다. 이표채 만기수익률 식을 이용하면 채권가격을 구할 수 있다.

YTM	만기 5년, 이표율 연 5% 채권	만기 5년, 이표율 연 10% 채권
8%	$2.5\times\frac{1}{0.04}(1-\frac{1}{1.04^{10}})+\frac{100}{1.04^{10}}=\$87.83$	$5\times\frac{1}{0.04}(1-\frac{1}{1.04^{10}})+\frac{100}{1.04^{10}}=\$108.11$
7%	$2.5\times\frac{1}{0.035}(1-\frac{1}{1.035^{10}})+\frac{100}{1.035^{10}}=\$91.68$	$5\times\frac{1}{0.035}(1-\frac{1}{1.035^{10}})+\frac{100}{1.035^{10}}=\$112.47$

이표율 5% 이표채의 가격은 \$87.83에서 \$91.68로 상승하여 가격 변동률이 4.4%가 된다. 한편 이표율 10% 이표채의 가격은 \$108.11에서 \$112.47로 상승하여 가격 변동률이 4.0%가 된다.

이표가 작은 채권의 변동율이 더 큰 이유는 이표가 작은 채권은 만기 원금회수 비중이 크므로 현재가치가 더 작아 이자율 변동에 영향을 더 받게 되기 때문이다.

제2절 이자율결정요인에 관한 이론[3)]

이 절에서는 이자율의 시장전체(경제전체) 수준이 어떻게 결정되며 그 움직임에 영향을 미치는 요인들에는 어떤 것이 있는지에 대해 살펴보고자 한다.

한 나라의 이자율 수준이 어떻게 결정되는가에 대해서는 많은 이론이 있지만 이 장에서는 채권시장과 화폐시장에서의 수요공급분석을 이용하여 이자율의 결정문제에 접근한다.

1. 이자율의 결정에 대한 두 접근 방법

여기서 살펴보는 이자율 이론은 채권시장의 수요공급에 의해 이자율이 결정되는 대부

3) 2절과 3절은 안철원, 금융경제학 (한경사, 2013) 145~221쪽 참조

자금이론(채권시장모형)과 화폐시장에서의 수요공급에 의해 이자율이 결정되는 케인즈의 유동성선호이론(화폐시장모형)이다.

케인즈에 따르면 사람들의 심리적 시간선호가 완전하게 수행되기 위해서는 두 단계의 의사결정과정을 필요로 한다. 첫째, 각 개인이 그의 소득 중에서 얼마를 현재 소비하고 얼마를 장래의 소비를 위해 유보할 것인가 하는 의사결정이다. 둘째, 이 결정이 끝나고 나면 두 번째의 의사결정이 기다리는데 이것은 그의 현재 저축 또는 이전의 저축으로부터 유보된 재산을 장래의 소비를 위해 어떤 형태로 보유할 것인가 하는 의사결정이다. 각 개인은 그것을 직접적이고 유동적인 지배력의 형태(화폐)로 보유할 것인가, 아니면 특정 기간 또는 불확정기간 동안 그러한 직접적인 지배력을 포기할 용의(화폐 이외의 다른 형태로 보유)가 있는가 하는 것이다.

케인즈는 고전학파의 이자율이론(대부자금이론)은 심리적 시간선호의 상기 두 가지 의사결정과정 중에서 첫 번째 과정만으로 이자율을 설명하려고 시도함으로써 두 번째의 의사결정과정을 무시하는데 오류가 있다고 비판한다.

고전학파는 현재 소비를 할 것인가, 아니면 미래에 소비하기 위하여 현재 소비를 미루고 저축을 할 것인가에 의해 이자율이 결정된다고 보는 것이다. 이들은 이자율을 저축에 대한 보상, 즉 소비를 연기하는데 대한 보상이라고 본다. 지금 내가 갖고 있는 화폐(자금)을 현재 소비하지 않고 미래에 소비하기 위하여 빌려준 데 대한 대가가 이자율이라고 보는 것이다. 따라서 이들은 이자율을 시간선호(time preference)에 대한 대가로 본다. 이와 같이 소비지연을 통하여 나타나는 저축(자금의 대부)과 미래의 소비에 필요한 자본재의 생산을 위한 투자(자금의 차입)와 같은 실물적인 요인에 의해 이자율이 결정된다고 보기 때문에 이자율을 실물적 현상으로 보는 것이다.

반면 케인즈는 이자율이 이러한 과정에서 결정되는 것이 아니라 심리적 시간선호의 두 번째 의사결정인 저축(재산)을 화폐형태로 보유하는가, 아니면 다른 형태(채권)로 보유하는가에 의해 결정된다고 보는 것이다. 케인즈는 이자를 화폐의 사용에 대해 지불하는 금액이라고 본다. 케인즈는 사람들이 다른 자산 대신 화폐를 보유하는 것은 불확실한 미래에 대한 불안감이 지출에 대한 두려움을 유발하기 때문이며 이로 인해 화폐를 가치저장 수단으로 보유하게 만든다고 보고 있다. 케인즈에 있어서 이자는 유동적인 형태의 재산(화폐)에 대한 지배를 포기하고 이에 따른 위험을 수용한데 대한 보상이다. 다시 말하면 이자는 유동성을 포기한데 대한 대가이며 유동성선호(liquidity preference)에 대한 보상이다. 이자가 붙느냐의 여부는 소비를 연기한 다음 단계에서 그것을 현금으로 보유하느냐 아니면 현금으로 지니지 않고 빌려주느냐(채권으로 보유하느냐)의 여부에 달려 있다. 유동성선호가 강하면 강할수록 더 높은 이자율이 제공되어야 한다. 화폐를 보유하려는 대중의 욕구가 증가하는 경우 은행이나 통화당국이 화폐량을 증가시켜 이러한 욕구를 충족시켜 줄 수 있으나 그렇게 하지 못한다면 이자율은 상승한다. 이 욕구가 증가하면 자기의 화폐를 내놓는 사람들에게 더 높은 보상을 지불해야 한다. 따라서 케인즈에 의하면 이자는 순전히 화폐적 현상이며 화폐포기에 대한 대가로 지불하는 금액이다. 그러나 화폐를 빌리는데 지불해야 하는 이자율이 올라가면 이자율이 낮은 경우에 수행할 수 있는 다양한 신규투자활동이 전혀 수행되지 못할 것이며 따라서 이자율의 상승은 유효수요를 감소시키고 통상 실업을 증가시키는 경향이 있다.

2. 대부자금이론 : 채권시장의 수요공급모형

한 나라의 이자율수준은 그 나라 경제의 건전성정도를 나타내는 중요한 지표이다. 대부자금이론은 채권시장에서 채권에 대한 수요(대부)와 공급(차입)에 의해 채권가격이 어떻게 결정되는지를 살펴보고 채권가격과 이자율이 1:1로 대응된다는 점을 이용하여 이자율의 결정과정을 살펴보는 것이다. 채권에는 다양한 형태가 있지만 여기서는 한 나라의 이자율수준이 어떻게 결정되는가를 보기 위하여 하나의 채권만이 있다고 가정하고 이 채권에 대한 수요와 공급에 의해 채권가격과 이자율수준이 어떻게 결정되는지를 살펴본다.

2-1. 채권시장의 수요공급모형

(1) 채권수요곡선

먼저 채권의 수요곡선을 유도해 보자. 채권의 수요공급곡선을 통상적 수요공급곡선과 유사하게 유도할 수 있다. 채권수요곡선은 채권가격의 변화에 따른 채권수요량의 관계를 나타낸다.

채권가격의 변화에 따른 채권수요량의 변화를 나타낸 것이 채권수요곡선이므로 채권가격에 따른 채권수요량을 찾아보면 된다. 시장에는 위험이 없는 국채 하나만이 존재한다고 가정한다. 편의상 액면가격이 100만원인 1년 만기 이표채(coupon bond, 표면금리 연 10%)를 대상으로 살펴본다. 이 채권의 가격이 105만원인 경우 시장 전체의 투자자들의 이 채권에 대한 수요량이 100억원이라고 가정하자. 투자자들의 총재산(total wealth)은 현재 주어져 있다고 가정하고 있다. 이 점이 [그림 2-1]의 A 점이다. 이제 채권가격이 100만원으로 하락한다면 어떻게 될까? 정상적인 자산이라면 다른 요소들이 변화하지 않는 경우 수요량은 분명 증가할 것이다. 이 가격에서 채권수요량은 200억원이라고 가정하자. [그림 2-1]의 B점이 이러한 상황을 나타낸다. 이 들 점을 모두 이으면 채권수요곡선이 된다. 이것이 [그림 2-1]의 채권수요곡선(Bd)이다. 채권가격과 채권수요량의 관계를 나타낸 채권수요곡선은 일반적인 수요곡선과 마찬가지로 가격에 대해 우하향 한다.

▌그림 2-1▌ 채권시장모형

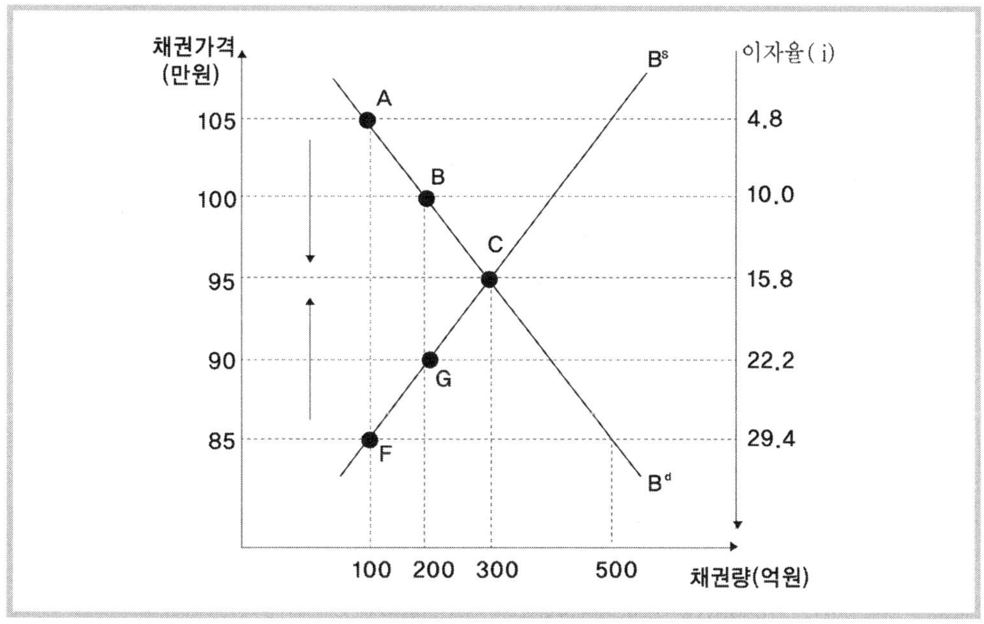

(2) 채권공급곡선

채권수요곡선의 유도에서와 마찬가지로 채권공급곡선도 채권가격과 채권공급량을 제외한 모든 다른 변수들이 주어져 있는 상태에서 채권공급량과 채권가격의 관계를 나타내는 것이다. 일반 재화의 공급과 마찬가지로 채권공급도 채권가격에 따라 변화한다. 채권가격이 85만 원인 경우 채권의 공급량은 100억원이라고 하자. 이 점을 나타낸 것이 [그림 2-1]의 F점이다. 만약 채권가격이 90만원으로 상승한다면 채권의 공급자(주로 기업이나 정부)는 동일한 채권을 발행하여 더 많은 자금을 조달할 수 있기 때문에 채권공급량은 증가한다. 채권가격이 90만원인경우 채권공급량은 200억원이라고 가정하면 G점이 채권공급곡선 상의 점이 된다. 이와 같이 각각의 채권가격에 대응하는 채권공급량을 모두 연결하면 채권공급곡선을 구할 수 있다. 채권가격이 상승할수록 채권공급량은 늘어나기 때문에 채권공급곡선은 우상향한다. 이것을 나타낸 것이 [그림 2-1]의 채권공급곡선(Bs)이다.

(3) 채권시장의 균형

모든 수요공급모형에서와 마찬가지로 채권시장에서도 채권수요곡선과 채권공급곡선이 만나는 점에서 채권의 균형가격이 결정된다. 즉, 시장균형조건은 다음과 같다.

(2-3) $Bd = Bs$

[그림 2-1]에서는 C점이 균형점이며 균형채권가격은 95만원이 된다. 시장균형(균형가격)의 개념은 매우 중요하다. 왜냐하면 시장은 이 균형점으로 향하는 경향이 있기 때문이다. 만약 채권가격이 균형상태에서 벗어나면 이것은 균형점으로 수렴한다. 예건대, 채권가격이 85만원이라면 400억 원의 초과수요가 있으며 초과수요가 없어질 때까지 채권가격은 상승하여 균형을 이룬다. 가격이 상승하면서 채권수요는 감소하고 채권공급은 증가하여 결국 수요와 공급이 같아지는 균형가격(95만원)으로 수렴한다.

(4) 채권시장의 수요공급분석과 대부자금시장의 수요공급분석

이 채권시장모형을 이용하여 채권의 균형가격을 결정할 수 있다. 채권의 경우 채권가격과 이자율은 서로 1 대 1로 대응이 되기 때문에 이 모형을 이용하여 균형이자율도 구할 수 있다. 예컨대, 앞에서 가정한 1년 만기 이표채(액면가격 100만원, 표면금리 10%, 따라서 이표금액은 10만원)의 경우 이자율(만기수익률)은 다음과 같이 된다.[4)]

(2-4) $$r = \frac{(C+F) - P_b}{P_b} = \frac{110 - P_b}{P_b}$$

여기서 r는 이자율(만기수익률)이며 F는 액면가격, C는 이표(이자), Pb는 이표채의 시장가격이다. 이 식에 의하면 F와 C가 주어져 있으므로 이자율과 채권가격은 각각 1:1로 대응한다는 것을 알 수 있다. 따라서 균형가격 95만원은 균형이자율 15.8%에 대응된다. 그런데 사람들은 통상 채권가격보다는 이자율에 관심이 더 많기 때문에 채권가격보다는 이자율이 직접적으로 결정되는 모형을 선호하는 경향이 있다.

식(2-4)를 이용하여 채권의 수요량 및 채권의 공급량과 이자율의 관계를 나타내면 [그림 2-2]로 나타낼 수 있다. 이제 이자율을 수직축으로 하면서 수요곡선은 우하향하고 공급곡선은 우상향하는 통상적인 것으로 전환하려면 수평축을 채권량에서 대부자금(loanable fund, 대출규모)으로 바꾸면 된다.

채권을 공급하는 기업은 자금이 필요하여 자금을 빌리려는 것이므로 채권의 공급은 바로 자금(대부자금)에 대한 수요와 같은 것이 된다. 따라서 채권의 공급곡선은 대부자금의

---

4) 앞 절 참조

수요곡선이 되며 이자율을 수직축으로 하는 경우 우하향의 채권공급곡선은 우하향의 대부자금의 수요곡선(Ld)이 된다. 마찬가지로 채권의 수요는 대부자금의 공급과 같은 것이며 이에 따라 이자율을 수직축으로 하는 경우 우상향하는 채권수요곡선은 우상향의 대부자금 공급곡선(Ls)이 된다.

▌그림 2-2▐ 대부자금 모형

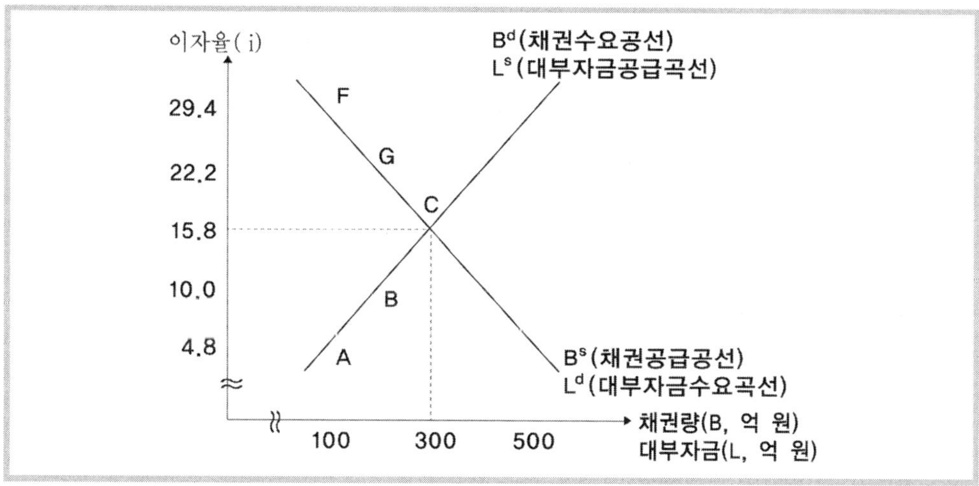

이자율을 수직축으로 하여 이자율의 결정을 설명하는 수요공급곡선은 결국 대부자금에 대한 수요공급곡선이므로 이 분석모형을 흔히 대부자금이론이라고 한다. 그러나 두 가지 분석, 즉 채권에 대한 수요공급분석(채권가격과 채권량의 관계)과 대부자금에 대한 수요공급분석(이자율과 대부자금의 관계)은 동일한 것이며 편의와 목적에 따라 선택하여 사용할 수 있다.

2-2. 균형채권가격(균형이자율)의 변동요인

이제 채권의 수요공급모형(대부자금이론)을 이용하여 왜 채권가격(이자율)이 변화하는지를 분석해 볼 수 있다. 앞에서 채권의 수요곡선과 공급곡선을 유도할 때 많은 변수들이 주어져 있다고 가정하였다.

그런데 채권의 수요공급곡선을 유도할 때 주어져 있다고 가정한 요소들은 계속 주어져 있는 상태로 가만히 있는 것이 아니라 이들도 당연히 변화한다. 주어져 있다고 가정한 변수들(이들을 외생변수라고 함)이 변화하는 경우는 곡선의 이동에 해당되며 채권수요곡선과 채권공급곡선이 이동한다. 채권수요곡선이나 채권공급곡선이 이동하는 경우에는 새로운 균형점이 생기게 된다. 다음에서는 채권수요곡선과 채권공급곡선을 이동시키는 주요한 요인들과 이러한 요인들이 곡선을 어느 방향으로 이동시키는 지에 대해 살펴본다.

(1) 채권수요곡선의 이동

채권수요곡선을 이동시키는 요인으로는 현재 투자자들의 재산, 모든 자산의 기대수익, 위험, 유동성 그리고 정보수집비용 등을 꼽을 수 있다.

① 재산

투자자의 재산이 증가한다면 이것은 채권수요곡선(대부자금공급곡선)을 오른쪽으로 이동시키는 요인이 된다.

그러면 어떤 경우에 재산이 증가하는가? 먼저, 경제가 성장하거나 경기가 좋아지는 경우에 통상 소득이 증가하며 이에 따라 저축이 늘어 재산이 증가한다. 재산에 영향을 미치는 또 하나의 중요한 요인은 민간의 저축성향이다. 비록 소득이 증가하지 않는다 하더라도 저축성향이 증가하면 가계가 저축을 더 많이 하여 재산도 증가하며 이에 따라 채권수요곡선(대부자금공급곡선)은 오른쪽으로 이동한다. 또한 외국자본의 유입과 유출은 재산의 증가나 감소의 한 형태로 볼 수 있다. 국내에서 형성된 재산은 아니지만 외국에서 들어오는 자본은 국내에서의 재산 증가와 같은 영향을 미친다고 볼 수 있다. 통상 투자자들은 이자율이 높고 통화가 절상될 것으로 예상되는 나라의 채권에 투자(채권수요증가)를 한다.

② 상대적 기대수익

채권의 상대적 기대수익이 증가(감소)하면 채권에 대한 수요는 증가(감소)하며 그래서 채권수요곡선은 오른쪽(왼쪽)으로 이동한다. 앞에서 예로 든 1년 만기 이표채에서 만약 보유기간이 1년이면 기대수익률(기대보유수익률)과 이자율은 동일하며 따라서 현재의 이자율(채권가격)외에는 기대수익률에 영향을 미치지 않는다. 그러나 통상 만기가 보유기간보다 길면 기대보유수익률은 이자율(만기수익률)과 다르며 이 경우 이자율의 상승은 채권의 가격을 크게 떨어뜨리며 보유수익률을 크게 하락시킨다. 그러므로 예상이자율이 상승(하락)하면 채권의 기대수익률은 하락(상승)하며 따라서 채권수요곡선을 왼(오른쪽)으로 이동시킨다. 예컨대, 만약 사람들이 미래에 주식가격이 더 높아질 것이라고 예상한다면 주식에 대한 예상자본이득과 기대수익은 모두 증가하며 이 경우 채권의 상대적인 기대수익(주식투자에 대한 상대적인 기대수익)은 하락하며 따라서 채권수요곡선을 왼쪽으로 이동시킨다. 또한 예상인플레이션의 변화는 주택과 같은 실물자산에 대한 기대수익률을 변화시키며 따라서 채권수요에 영향을 미친다. 예컨대, 예상인플레이션의 상승은 미래의 주택가격을 상승시켜 높은 명목자본이득을 유발하며 주택과 같은 실물자산에 대한 기대수익을 증가시킨다. 이것은 채권의 상대적인 기대수익률의 하락을 의미하므로 채권수요곡선을 왼쪽으로 이동시킨다.

③ **상대적 위험**

만약 채권가격이 더 가변적이 된다면 채권의 위험(시장위험)은 증가하며 이것은 채권수요를 감소시키며 채권수요곡선을 왼쪽으로 이동시킨다. 반면 다른 자산시장(예컨대, 주식시장)에서의 자산가격의 가변성(위험)의 증가는 채권의 상대적 위험을 줄이므로 채권수요곡선을 오른쪽으로 이동시킨다.

④ **상대적 유동성**

채권의 상대적 유동성의 증가는 채권에 대한 수요를 증가시키며 따라서 채권수요곡선을 오른쪽으로 이동시킨다. 만일 사람들이 더 많이 채권시장에 참여하고 따라서 채권이 더 쉽게 거래가 가능하다면 이것은 채권의 유동성을 증가시키는 것이며 이것은 채권수요곡선을 오른쪽으로 이동시킨다. 반면 다른 자산의 유동성의 증가는 채권이 상대적인 유동성의 감소를 의미하므로 채권수요를 감소시킨다.

⑤ **채권에 대한 정보수집비용 등**

투자자들이 자산을 평가하기 위하여 지불하여야 하는 정보비용은 투자자들이 그러한 자산을 구매하려고 하는 의사에 영향을 미치기 때문에 채권에 대한 정보수집비용의 증가는 채권수요곡선의 왼쪽 이동을 유발한다. 반면 정보수집비용의 감소는 채권수요곡선을 오른쪽으로 이동시킨다. 또한 중앙은행의 공개시장매입이나 양적완화정책(quantitative easing, 자산매입)과 같은 통화정책활동도 채권수요곡선을 오른쪽으로 이동시킨다. 채권수요곡선의 이동요인을 그림으로 보면 [그림 2-3]과 같다.

▌그림 2-3▐ 채권수요곡선의 이동요인

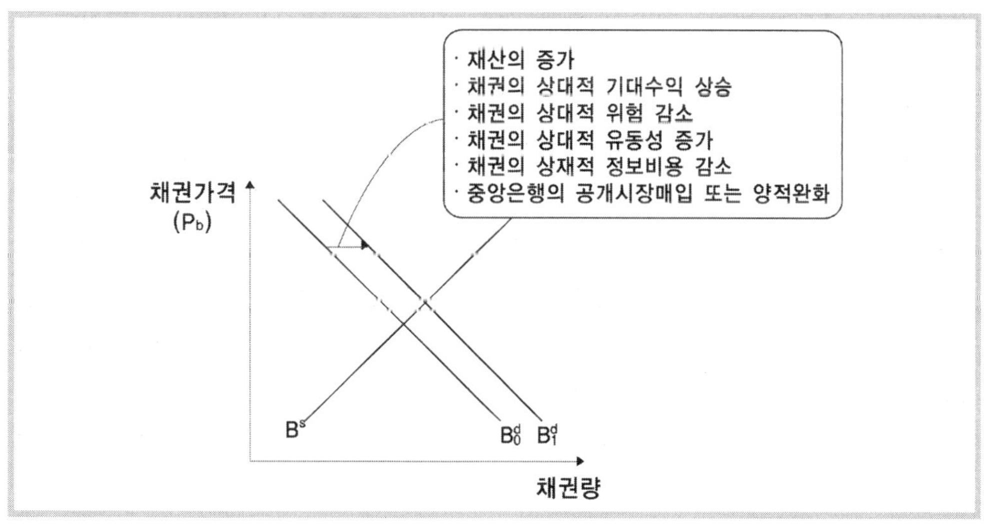

(2) 채권공급곡선의 이동

채권의 공급은 주로 기업과 정부의 자금조달과 관련된 것이므로 채권공급곡선(대부자금수요곡선)을 이동시키는 요인은 기업의 투자활동과 정부의 재정활동과 밀접한 관련이 있다.

① 투자의 예상수익성

투자의 수익성이 앞으로 더 좋아질 것으로 예상된다면 기업은 투자를 하기 위해 자금을 조달할 필요가 생길 것이며 따라서 채권공급곡선은 우측으로 이동한다. 일반적으로 경기상승이 예상되는 경우에는 유망한 투자기회가 더 늘어나며 이를 위한 투자자금을 조달하기 위해 채권발행을 증가시키며 따라서 채권공급은 증가한다. 또 경기가 아주 좋은 상태가 아니더라도 새로운 기술혁신이 등장하는 경우에는 높은 수익성이 기대되는 많은 새로운 투자기회가 생기며 따라서 채권공급이 늘어나게 된다.

② 예상인플레이션

예상인플레이션의 상승은 채권공급곡선을 우측으로 이동시킨다. 자금차입의 실질비용은 실질이자율인데 이것은 '명목이자율 - 예상인플레이션'으로 측정된다. 그런데 주어진 명목이자율에서 예상인플레이션이 상승하면 실질차입비용은 감소하며 따라서 주어진 이자율(채권가격)에서 채권의 공급량은 증가하므로 채권공급곡선은 우측으로 이동한다.

③ 기업조세

기업에 대한 조세제도는 기업의 투자활동에 큰 영향을 미친다. 기업조세가 기업에 유리하게 변하면 기업의 투자활동이 활성화되고 이에 따라 자금조달을 위해 채권(회사채)공급이 증가할 것이며 반대로 기업에 불리한 조세제도는 채권공급을 감소시킬 것이다.

④ 정부활동

정부도 여러 가지 활동을 하면서 시장에서 민간부문으로부터 자금을 조달할 필요가 있으며 정부가 자금조달을 위해 발행하는 것이 국공채이다. 정부활동은 몇 가지 형태로 채권공급곡선에 영향을 미칠 수 있다. 먼저 정부는 정부의 재정적자를 보전하기 위해 국채를 발행한다. 따라서 정부의 재정적자의 증가는 채권공급곡선을 오른쪽으로 이동시킨다. 또 지방정부나 정부관련기관도 지출을 보전하기 위해 채권을 발행하며 이것도 채권공급곡선에 영향을 미친다. 또한 중앙은행은 통화정책의 수행과정에서 채권을 팔며(공개시장매각) 이것도 채권공급에 영향을 미친다. 채권공급곡선과 관련된 이동요인을 정리하면 [그림 2-4]와 같다.

▮그림 2-4▮ 채권공급곡선의 이동요인

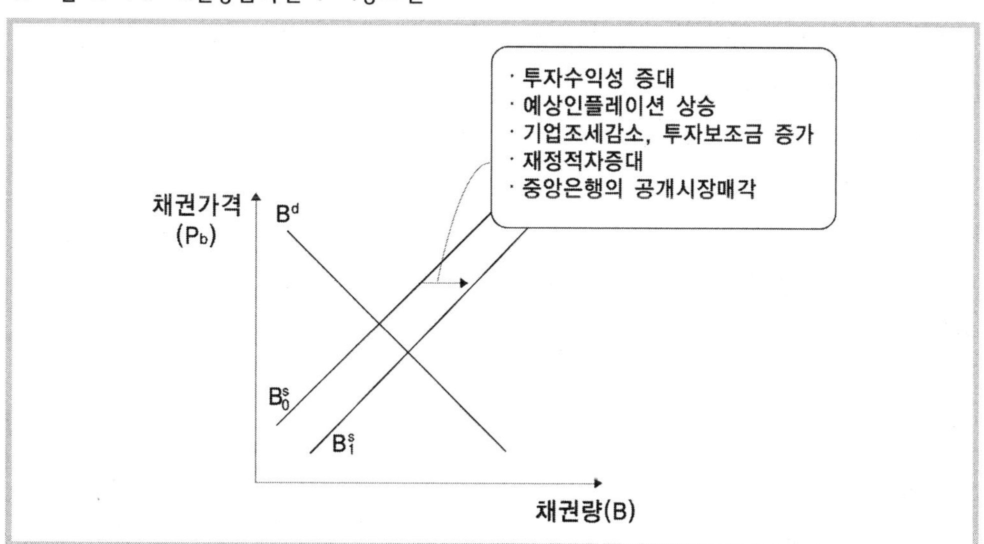

3. 유동성선호이론 : 화폐의 수요공급모형

이자율의 결정문제에 대한 또 하나의 접근방법은 케인즈(John Maynard Keynes)가 1936년 일반이론(General Theory of Employment, Interest, and Money)에서 제시한 유동성선호이론(liquidity preference framework)이다. 채권에 대한 수요와 공급에 의해 이자율의 결정문제를 살펴본 대부자금이론과는 달리 이 이론에서는 자산으로서의 화폐에 대한 수요와 공급을 통해 균형이자율의 결정문제를 살펴본다.

케인즈가 갖는 이자율의 개념은 전통적 이론이 갖는 개념과 다르며 따라서 케인즈는 이자율의 결정과정을 보기 위해 사람들이 재산을 축적하는 자산의 형태는 두 가지뿐(화폐와 채권)이라고 가정하고 화폐시장을 토대로 분석하고 있다. 이러한 가정 하에서는 식(2-3)에서 보듯이 외형적으로 대부자금이론과 유사하다. 그럼에도 불구하고 우리가 이자율의 결정에 대해 두 가지 접근방법을 모두 살펴보는 이유는 다음과 같다. 첫째, 이론의 구조에서 차이가 나기 때문이다. 즉, 대부자금이론은 화폐와 채권의 두 자산이외에도 주식도 있고 자동차나 주택과 같은 실물자산도 있다고 가정하지만 유동성선호이론은 화폐와 채권의 두 가지 자산만 있다고 가정함으로써 암묵적으로 실물자산 등 기타자산의 기대수익의 변화가 이자율에 미치는 영향을 고려하지 못한다. 둘째, 분석목적에 따라 어느 한 이론이 더 적합한 경우나 이용하기에 더 편리한 경우가 있기 때문이다. 예컨대, 대부자금이론은 예상인플레이션의 영향과 정부의 재정정책(경기부양정책)의 영향을 분석할 때 또는 저축이나 자본유출입의 영향을 분석할 때 사용하기 적합하다. 반면 유동성선호이론은 소득, 물가수준 그리고 화폐공급의 변화와 같은 통화정책의 영향을 분석할 때 더 적합하다. 또 대부자금이론은 경기팽창(소득증가)이 이자율에 미치는 영향을 분석하는데 한계가 있으며 유동성선호이론은 예상인플레이션의 영향을 살펴보는데 어려움이 있다. 또한 대부자금이론(채권시장 수요공급모형)은 주로 채권시장을 대상으로 분석하므로 채권가격의 변화를 살펴보는 경우에 편리하고 유동성선호이론은 이자율의 변화를 직접 살펴보는데 편리한 면이 있다. 그러므로 두 이론은 서로 보완적이며 분석의 목적과 대상에 따라 적합한 이론을 잘 선택하는 것이 매우 중요하다. 그러나 대부분의 경우에 양이론은 같은 예측 결과를 제시하고 있다.

3-1. 화폐시장의 수요공급모형

(1) 화폐수요곡선

케인즈는 그의 화폐수요이론인 유동성선호이론에서 왜 사람들이 화폐를 보유하는가 하는 문제를 제기하였다. 즉, 케인즈는 개인의 선택차원에서 화폐수요를 접근하고 있다. 그러나 케인즈는 개인들의 의사결정에 영향을 미치는 요인들에 관하여 그의 선구자들보다 더 정밀하였다. 그는 당시 금융시장에서 발생하는 투기에 대한 실제적 경험을 토대로 사람들이 왜 화폐를 보유하는가 하는 이유에 대해 정밀한 분석을 한 결과 개인들의 화폐수요의 이면에는 세 가지 동기가 있다고 생각하였다.

① 거래적 화폐수요동기와 예비적 화폐수요동기

화폐는 일상의 거래에 필요한 교환수단이기 때문에 사람들이 거래를 위해 화폐를 소지(수요)한다. 이러한 화폐수요의 동기를 케인즈는 거래적 동기(transaction motive)라고 부른다. 거래적 동기(목적)의 화폐수요는 주로 사람들의 거래수준에 의해 결정되는데 거래수준은 명목소득(Y)에 비례적이기 때문에 거래적 화폐수요는 실질소득(y)과 물가(P)에 의존한다고 보았다. 실질소득과 물가가 상승하면 화폐수요도 증가한다.

또 케인즈는 사람들이 거래를 수행하기 위해 화폐를 보유하는 외에 예상치 않은 상황에 대비하여 화폐를 소지한다고 생각하였다. 이러한 화폐보유(수요)를 예비적 동기(precautionary motive)의 화폐수요라고 부른다. 예비적 목적으로 화폐를 보유할 필요성은 현재의 다양한 사회적 안전장치로 볼 때 많이 줄었지만 케인즈의 당시 상황에서는 매우 중요한 화폐수요요인이라고 볼 수 있다. 이러한 예비적 동기의 화폐수요는 불확실성에 대한 개인들의 대비성향과 같은 심리적 요인에 크게 의존할 것이다. 그러나 개인 간의 성향 차이에도 불구하고 역시 소득이 많은 사람이 대비도 더 많이 할 것으로 볼 수 있으므로 케인즈는 예비적 화폐수요도 장래에 사람들이 예상하는 실질소득과 물가에 의해 주로 결정된다고 보았다. 그러므로 거래적 동기와 예비적 동기의 화폐수요는 모두 실질 소득과 물가에 의해 영향을 받는다고 볼 수 있다.

② **투기적 화폐수요동기**

케인즈는 화폐가 재산의 저장수단이라는 켐브리지학파의 의견을 발전시켜 18세기의 중상주의시대 이후 경제이론에서 추방되었던 화폐를 다시 되살렸다. 케인즈는 사람들이 다른 자산 대신 화폐를 보유하는 것은 불확실한 미래에 대한 불안감이 지출에 대한 두려움을 유발하기 때문이며 이로 인해 화폐를 가치저장수단으로 보유하게 만든다고 보고 있다. 그리고 당시 사람들이 가치저장수단으로서 화폐를 이용하여 투기를 하는 광범위한 현상을 관측하면서 투자(투기)목적으로 화폐를 보유하는 것을 크게 중시하였으며 화폐수요의 이러한 동기를 투기적 동기(speculative motive)라고 불렀다.

케인즈는 앞에서 언급한 바와 같이 재산을 저장하기 위해 사용될 수 있는 자산을 화폐(money)와 채권(bond)의 두 가지로 나누었다. 그리고 왜 사람들은 그들의 재산을 채권이 아니라 화폐의 형태로 보유하려고 하는가 하는 질문을 하였다. 사람들은 자산선택에 있어 화폐의 기대수익이 채권의 기대수익보다 더 크다면 화폐를 보유하기를 원할 것이다. 케인즈는 화폐가 현금과 요구불예금으로 구성된다고 보았기 때문에 화폐의 기대수익은 0%라고 가정하였다. 그러나 채권의 경우 기대수익은 두 부분, 즉 채권이자율과 예상자본이득률로 구성이 된다. 채권의 경우 이자(coupon)는 주어져 있으며 채권이자율은 개략적으로 '이자/채권가격'으로 주어진다. 자본이득률도 채권의 가격변화와 관련이 된다. 채권가격과 이자율의 대응관계에서 보았듯이 이자율의 상승은 채권가격의 하락을 의미한다. 이자율이 상승할 것이라고 예상되면 채권가격이 하락할 것이라고 예상되며 따라서 자본손실(capital loss)을 보게 된다. 만약 이자율의 상승이 매우 크다고 예상하면 자본손실률이 이자율을 능가할 것이며 채권의 기대수익률은 마이너스가 될 것이다. 이 경우에는 재산을 화폐로 보유하기를 원할 것이다. 왜냐하면 화폐의 기대수익률(0%)이 채권의 기대수익률보다 더 높기 때문이다.

케인즈의 투기적 화폐수요를 정형화하여 살펴보자. 우선 케인즈가 말하는 투기적 화폐수요란 수익성 있는 자산(채권)에 투자하기 위해 기회를 기다리면서 일시적으로 갖고 있는 화폐를 말한다. 그리고 케인즈는 투기적 수요가 존재하는 이유는 각 개인이 미래의 이자율의 움직임에 대해 믿을만한 예상을 갖고 있지만 그 예상이 사람에 따라 모두 달라서 사회 전체적으로는 미래의 이자율예상이 다양하게 나타나기 때문이라고 보았다.

그러나 경제전체적으로 볼 때 이자율이 높아질수록 많은 투자자들이 앞으로 조만간 이자율이 낮아질 것(채권가격이 높아질 것)으로 보고 채권을 구매하여 화폐수요를 줄이며 이자율이 낮아질수록 많은 투자자들이 앞으로 이자율이 올라갈 것(채권가격이 낮아질 것)으로 예상하고 채권을 매각하여 화폐수요(보유)를 늘린다. 이로 인해 경제 전체적으로는 화폐수요곡선은 우하향하는 형태를 가지게 된다. 그러므로 이자율의 함수로 화폐수요곡선을 유도하면서 주어져 있다고 가정한 모든 변수(예컨대 소득, 물가 등)가 주어져 있는 상태에서 화폐수요곡선은 [그림 2-5] 에서 보듯이 이자율에 대해 우하향하는 기울기를 가진다.

▌그림 2-5▐ 유동성선호모형

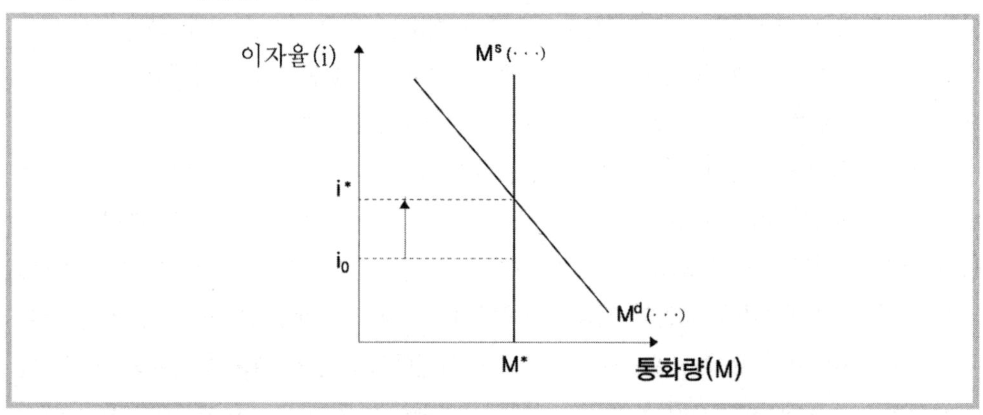

그러나 만일 현재의 이자율이 매우 낮아(예컨대 1%)(채권의 가격이 매우 높아) 모든 투자자들이 생각하는 정상이자율보다 낮다면 모든 투자자들이 앞으로 이자율이 상승(채권가격이 하락)할 것이라고 생각할 것이며(모든 투자자의 이자율 예상이 한 방향으로 나타남) 따라서 모두 투기적 자산을 화폐로 보유하려고 할 것이며 이 경우 화폐수요곡선은 이자율 1% 수준에서 수평선이 될 것이다. 이러한 현상은 경기가 매우 나쁜 상황에서 이자율이 매우 낮을 때 나타날 수 있는 현상이며 이것을 케인즈는 유동성함정(liquidity trap)이라고 부른다. 이 경우 모든 투자자들의 모든 투기적 자산이 전부 화폐형태로 보유되는 것이다. 이러한 상태에서는 이자율이 조금만 올라도 화폐수요가 크게 감소하기 때문에 화폐수요는 이자율에 매우 민감하게 된다. 이것을 그림으로 나타내면 [그림 2-6]과 같다. 그러나 이자율이 매우 낮은 경우가 아닌 통상적인 범위에서는 투자자들의 예상(정상이자율)은 다양하므로 우하향한다.

▮그림 2-6▮ 화폐수요곡선 : 유동성함정의 경우

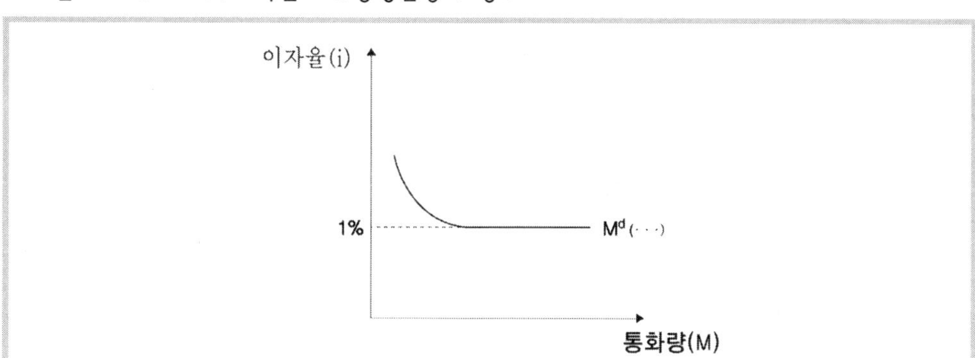

(2) 화폐공급곡선

화폐공급이 중앙은행에 의해 통제되고 있다고 가정하면 화폐공급은 정책변수로 간주될 수 있다. 이것이 의미하는 것은 화폐공급이 이자율이 높고 낮음에 따라 변동하는 것이 아니라 이자율과는 무관하게 정책적으로 결정된다는 것이다. 따라서 화폐공급곡선은 일정한 통화량수준(M*)에서의 수직의 기울기를 갖는다. 통화당국에 의해 결정된 화폐공급곡선을 나타낸 것이 [그림 2-5]의 Ms선이다. 화폐공급곡선이 정책적, 외생적으로 결정되지만 많은 요인들이 이에 영향을 미치며 이러한 많은 요인들이 변화하면 화폐공급곡선은 이동한다.

(3) 화폐시장의 균형

이제 화폐수요곡선과 화폐공급곡선이 만나는 점에서 균형이 되고 [그림 2-5]에서 보듯이 균형이자율(i*)이 결정된다. 즉, Md = Ms 인 점에서 균형이 이루어진다. 만일 현재의 이자율이 균형이자율보다 낮다면 현재의 이자율에서 화폐수요가 화폐공급을 초과하여 화폐시장에 초과수요가 발생한다. 이 경우 사람들은 더 많은 화폐를 보유하기 위해 가지고 있는 채권을 팔아서 화폐로 교환하려고 한다. 그러므로 채권공급이 증가하여 채권가격은 하락하고 따라서 이자율은 상승하게 된다. 이러한 이자율의 상승과정은 이자율이 균형이자율에 도달할 때까지 지속된다. 만일 이자율이 균형이자율보다 더 높아 화폐의 초과공급이 있다면 이것은 사람들이 원하는 것보다 더 많은 화폐를 보유하고 있다는 것을 의미하며 따라서 사람들은 화폐로 채권을 구매(채권수요 증가)하려고 할 것이며 이 과정에서 채권가격은 상승하며 따라서 이자율은 하락한다. 이러한 과정을 거쳐 결국 이자율은 균형수준으로 수렴한다.

3-2. 균형이자율의 변동요인

균형이자율의 변동을 보기 위해서는 화폐수요곡선과 화폐공급곡선을 이동시키는 요인들을 살펴보아야 한다.

(1) 화폐수요곡선의 이동요인

케인즈의 유동성선호이론에서는 소득과 물가수준 등의 요인이 화폐수요곡선을 이동시키는 중요한 요인들이다.

① 소득

실질소득의 상승은 화폐수요를 증가시켜 화폐수요곡선을 오른쪽으로 이동시킨다. 케인즈는 소득증가가 화폐수요에 미치는 영향을 두 가지로 보고 있다. 우선 소득이 증가하면 재산도 증가하므로 사람들은 가치저장수단인 화폐를 보다 많이 보유하려고 한다. 또한 경제가 확대되고 소득이 증가하면 사람들은 거래적 또는 예비적 목적으로 더 많은 화폐를 보유하려고 한다. 전자는 투기적 자산규모의 크기가 증가하는 것을 나타내고 후자는 거래적 및 예비적 화폐수요의 증가를 나타낸다.

② 물가수준

케인즈는 사람들이 실질통화량(M/P), 즉 명목통화량(M)으로 구매할 수 있는 재화 및 서비스의 양에 관심이 있다고 본다. 그러므로 물가(P)가 상승하면 같은 명목통화량으로는 이전과 동일한 양의 재화와 서비스를 구매할 수 없게 되며 따라서 더 많은 화폐를 수요하게 되며 화폐수요곡선을 오른쪽으로 이동시킨다. 그리고 실질통화량에 관심이 있으므로 물가의 상승이 있는 경우 명목화폐에 대한 수요는 물가의 상승과 동일한 비율로 증가한다. 따라서 화폐수요함수는 일반적으로 다음과 같이 표현된다. 즉,

(2-5) $$\frac{M^d}{P} = L(i, y)$$

여기서 Md 는 명목화폐수요, P는 물가,(Md/P)는 실질통화량에 대한 수요, L은 화폐수요함수, 는 i 는 이자율, 그리고 y는 실질소득을 나타낸다.

③ 예상인플레이션

예상인플레이션(π^e)의 상승은 화폐의 실질기대수익의 감소를 의미하므로 화폐의 상대적 기대수익의 감소를 유발하고 이것은 화폐에 대한 수요를 감소시키므로 화폐수요곡선

을 왼쪽으로 이동시킨다. 이 경우 화폐수요함수는 다음의 식(2-6)과 같이 나타낼 수 있다. 여기서 예상인플레이션은 화폐수요에 마이너스 영향을 미친다. 여기서 r 은 실질이자율이다.

(2-6) $$\frac{M^d}{P} = L(r+\pi^e, y) = L(r, y, \pi^e)$$

(2) 화폐공급곡선의 이동

화폐공급은 중앙은행에 의해 통제가 가능하다고 가정하고 있다. 따라서 중앙은행이 화폐공급을 증가시키면 화폐공급곡선은 오른쪽으로 이동한다. 반대로 중앙은행이 화폐공급을 감소시키면 화폐공급곡선은 왼쪽으로 이동한다. 예컨대, 중앙은행의 공개시장매입조작, 할인율인하, 지급준비율인하, 외환시장에서의 달러매입 등은 모두 화폐공급을 증가시키며 따라서 이러한 조치들이 있으면 화폐공급곡선이 오른쪽으로 이동한다.

제3절 이자율의 구조

앞의 2절에서 이자율의 결정요인을 거시경제적 측면에서 살펴보았다. 2절에서는 이론의 단순화를 위해 시장에 존재하는 이자율은 하나로 간주하였다. 그러나 시장에는 많은 형태의 이자율이 존재한다. 저축예금 이자율, 자동차대출금리, 국채이자율을 비롯하여 수십 개가 넘는 이자율을 발견할 수 있다. 채권의 경우도 다양한 채권이 존재하기 때문에 이자율도 다양하다. 이 절에서는 왜 각 이자율에 차이가 발생하는 가, 즉 왜 어떤 이자율은 높고 어떤 이자율은 낮은가 하는 이자율의 구조문제를 살펴본다.

이자율의 구조문제는 이자율의 위험구조와 이자율의 기간구조를 통해 살펴볼 수 있다. 먼저 동일한 만기를 가진 채권간의 이자율의 차이를 살펴보는데 이러한 차이를 유발하는 요인을 이자율의 위험구조라고 한다. 채권의 수익구조(이자를 언제 얼마나 지급하는가의 구조)는 채권발행자의 채무불이행위험, 채권의 유동성, 세제상의 혜택, 정보비용 등과 같은 발행조건을 고려하여 결정되는데 이러한 발행조건이 변화함에 따라 이자율의 구조(위험구조)가 달라지는 것이다. 또 채권의 만기도 이자율의 영향을 미치는데 이러한 관계를 이자율의 기간구조 또는 이자율의 만기구조라고 한다. 채권의 만기가 얼마나 남아 있느냐 하는 것이 이자율의 차이를 유발하는 중요한 요소가 되는데 다른 조건에는 차이가 없고 만기까지의 기간의 차이로 이자율의 차이를 설명하는 것이 이자율의 기간구조이다.

1. 이자율의 위험구조

장기간에 걸친 이자율의 움직임을 관찰하면 같은 만기라도 채권에 따라 이자율이 다르며 따라서 이자율 간의 차이인 스프레드(spread)도 변화한다. [그림 2-7]은 우리나라의 만기가 동일한 몇몇 장기채권(3년만기 국고채, 장외 3년 만기 AA- 등급 회사채, 장외 3년 만기 BBB- 등급 회사채)의 이자율(만기수익률)을 보여준다. 이 그림은 동일 만기의 이자율의 움직임에 대해 두 가지 사실을 보여준다. 첫째, 주어진 시점에서 채권의 이자율이 서로 다르다. 둘째, 이자율 간의 스프레드는 계속 변화한다. 예컨대, 국고채이자율은 3년 만기 AA- 등급 회사채이자율보다 낮은데 그 차이는 계속 변하고 있으며 특히 외환위기(1997년 4분기 이후)와 글로벌 금융위기(2008년 1분기 이후)에는 스프레드가 크게 확대되었다. 또한 AA- 등급 회사채와 BBB- 등급 회사채이자율간의 차이도 2009년 이후 크게 확대되었다. 왜 이러한 차이와 변화가 유발되는 것인가?

이와 같이 동일만기채권의 이자율에 차이가 나는 것은 채권의 신용위험(채무불이행위험), 유동성, 발행조건(세제혜택, 채권이 갖는 발행 시의 특수조건), 정보비용의 차이 등 때문인데 만기 이외의 요인으로 채권의 이자율(만기수익률)을 설명하는 것을 이자율의 위험구조라고 한다. 특히 신용등급으로 반영되는 발행주체가 지닌 채무불이행위험이 위험구조에서는 중요하다.

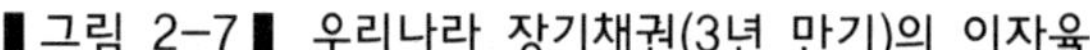
▌그림 2-7▌ 우리나라 장기채권(3년 만기)의 이자율

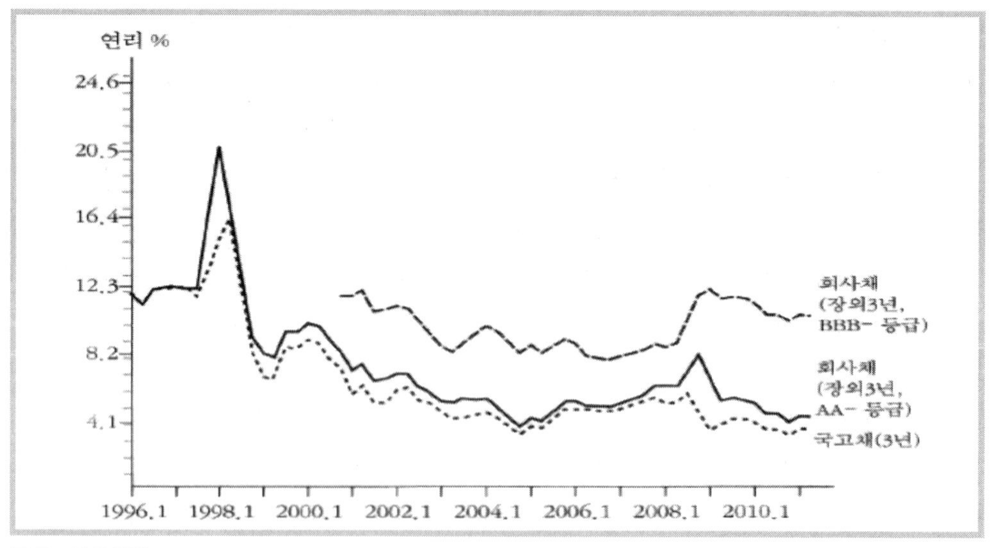

자료: 한국은행

1-1. 채무불이행위험

동일만기채권 간의 이자율의 차이를 유발하는 채권의 가장 중요한 속성은 채무불이행위험이다. 채무불이행위험(default risk)이란 채권의 발행자가 이자와 원금을 약속대로 지불할 수 없거나 지불하려고 하지 않는 경우에 발행한다. 이러한 채무불이행위험은 자산수요에 영향을 미치는 요인들 중에서 기대수익과 관계된다고 볼 수 있다. 일반회사에서 발행하는 회사채는 어느 정도의 채무불이행위험을 갖고 있는 위험채권(risky bonds)이고 정부가 발행하는 국채나 정부가 보증하는 채권은 채무불이행위험이 거의 없으므로 무위험채권(default free bonds)라고 볼 수 있다. 위험채권의 이자율과 무위험채권의 이자율 간의 차이를 (신용)위험프리미엄(risk premium)이라고 한다. 이것은 위험채권을 보유하도록 하기 위해서는 얼마만큼의 수익을 더 제공하여야 할 것인지를 나타낸다. 예컨대, 만기가 3년인 무위험채권(국채)의 이자율이 6%이고 A 기업의 3년 만기 회사채의 이자율이 8%라면 이 기업의 위험프리미엄은 2%이다. 투자자들은 채무불이행위험을 싫어하므로 위험이 있는 채권의 보유에는 항상 보상이 필요한데 이 보상(위험프리미엄)은 항상 양(+)이며 채무불이행위험이 크면 클수록 위험프리미엄도 커진다.

위험채권(회사채)을 발행한 회사의 경영이 잘못되어 채무불이행위험이 더 증가한다고 가정하자. 이 경우 위험채권의 기대수익이 감소할 것이며 위험채권의 수익률은 더 불확실해 질 것이다. 위험채권에 대한 기대수익의 하락(채무불이행 위험의 증가)과 위험의 증가(채무불이행위험에 따른 위험채권 수익률의 변동성 증대)는 위험채권의 수요를 감소시킨다. 반면 무위험국채의 상대적 기대수익은 증가하고 상대적 위험은 감소하므로 위험이 없는 국채수요는 증가한다. 이와 같이 시장상황의 악화로 위험이 큰 위험채권으로부터 위험이 없거나 적은 국채로 자금이 이동하는데 이러한 이동을 안전자산으로의 도피(flight to quality) 또는 안전자산선호성향이라고 한다.

채무불이행위험은 채권투자에 매우 중요하기 때문에 채권투자자들은 차입자(채권발행자)의 신용도(상환능력)를 평가하여야 한다. 투자자들은 통상 정보를 얻기 위하여 기업정보를 전문적으로 생산하는 기관에 의존한다. 국제적으로 유명한 신용평가기관으로는 Moody's Investors Service, Standard and Poor's, Fitch Ratings 등이 있고 국내신용평가기관으로는 한국신용평가회사(KIS), 한국기업평가회사(KR), 한국신용정보회사(NICE) 등이 있다.

신용평가기관은 채권을 평가하여 등급을 부과하는데 평가기관마다 평가등급의 표기가 다소 다르다. 채권의 평가등급은 발행자의 순자산가치, 현금흐름 그리고 미래전망 등 발행자의 채무약속의 이행 가능성에 대한 평가기관의 요약통계이다. 이러한 평가등급에서 BBB 이상을 투자(적격)등급채권(investment grade securities)이라고 하고 BB 이하를 투기등급채권(speculative grade securities) 또는 정크본드(junk bond) 또는 고수익채권(high yield bond)이라고 하며 CC 이하를 투자부적격등급채권이라고 한다.

▌표 2-1▌ 주요 신용평가기관의 신용등급 분류

<table>
<tr><th>Moody's</th><th>S&P</th><th>Fitch</th><th colspan="2">구분</th></tr>
<tr><td>Aaa
Aa1
Aa2
Aa3</td><td>AAA
AA+
AA
AA−</td><td>AAA
AA+
AA
AA−</td><td>우량</td><td rowspan="3">투자 적격</td></tr>
<tr><td>A1
A2
A3</td><td>A+
A
A−</td><td>A+
A
A−</td><td>양호</td></tr>
<tr><td>Baa1
Baa2
Baa3</td><td>BBB+
BBB
BBB−</td><td>BBB+
BBB
BBB−</td><td>잠재적
불안정</td></tr>
<tr><td>Ba1
Ba2
Ba3</td><td>BB+
BB
BB−</td><td>BB+
BB
BB−</td><td colspan="2">투자 부적격[1)]</td></tr>
<tr><td>B1
B2
B3</td><td>B+
B
B−</td><td>B+
B
B−</td><td colspan="2">투자 부적격[2)]</td></tr>
<tr><td>Caa
⋮
C</td><td>CCC+
⋮
D</td><td>CCC+
⋮
D</td><td colspan="2">지급불능</td></tr>
</table>

일반적으로 대공황이나 경기침체기에는 위험프리미엄이 크게 증가한다. 이는 경기침체기에는 기업이 파산할 위험이 매우 높아지기 때문이다. 반면 경기가 좋아지는 경우에는 위험프리미엄이 감소한다. 따라서 위험프리미엄은 경기와 반대방향으로 움직이는 성질을 갖는다.

1-2. 유동성

채권이자율에 영향을 미치는 또 하나의 채권의 속성은 유동성이다. 유동성(liquidity)이란 자산이 얼마나 빨리 현금화될 수 있느냐 하는 정도를 나타낸다. 유동성이 클수록 더 좋은 채권이 되며 따라서 투자자들은 이러한 채권을 더 많이 소지하고자 할 것이며 유동성이 작은 채권보다는 유동성이 큰 채권에 대해 더 낮은 이자율을 수용할 것이다. 국채는 매우 유동성이 큰 채권이 반면 거래량이 아주 적은 회사채는 유동성이 낮다. 따라서 국채는 채무불이행위험뿐만 아니라 유동성에 있어서도 기준이 되는 채권이다.

회사채의 유동성의 감소는 어떻게 이자율에 영향을 미치는가? 회사채의 유동성감소는 회사채에 대한 수요를 감소시키며 따라서 회사채 가격은 하락한다. 반면 상대적으로 유동성이 증가한 국채에 대한 수요는 증가하여 국채가격은 상승하며 국채이자율은 하락한다. 그 결과로 두 채권 간의 스프레드는 확대된다. 덜 유동성적인 회사채이자율과 유동적인 국채이자율 간의 이러한 차이는 유동성프리미엄(liquidity premium)이라고 볼 수 있다. 따라서 국채이자율과 회사채이자율 간의 차이는 회사채의 높은 채무불이행뿐 아니라 낮은 유동성도 반영한다.

1-3. 정보수집비용

이자율의 위험구조에 영향을 미치는 또 하나의 요소는 정보수집비용이다. 이것은 투자자가 회사채에 관한 정보(발행자에 대한 정보 및 가격정보)를 수집하는 비용으로 이것이 크면 투자의 기대수익을 감소한다. 예를 들어 국채는 발행자가 잘 알려져 있고 채무불이행위험이나 유동성에 대해 잘 알려져 있기 때문에 정보수집비용이 거의 없지만 잘 알려지지 않은 차입자(기업)가 발행한 채권에 투자하려고 하는 경우에는 그 차입자가 어떤 기업인지 채무불이행의 여지는 어느 정도인지 등에 대해 정보수집을 하여 알아보아야 한다.

1-4. 소득세에 대한 고려

투자자들은 채권보유로부터 얻는 세전소득보다는 세후소득에 더 관심을 가진다. 채권의 다른 모든 속성이 동일하다면 세금이 부과되는 채권은 세금이 면제되는 채권(비과세채권)보다 세전수익률이 더 높아야 투자자들이 선호하게 될 것이다. 그러므로 세금과 관련된 이 부분은 자산수요에 영향을 미치는 요인 중 기대수익에 영향을 미치는 요인이 된다.

1-5. 채권의 특별조항

채권과 관련된 특별한 조항도 그것이 권리이든, 의무이든 세금감면과 마찬가지로 채권의 기대수익에 영향을 미친다. 그러한 특별조항의 하나의 예가 조기상환권리가 부여된 조기상환권리부채권(callable bond)이다. 조기상환권리는 채권의 발행자가 그 채권을 특정한 가격에 만기가 되기 전에 미리 상환할 수 있는 권리로서 이 권리를 허용하는 채권이 조기상환권리부채권이다. 그런데 이러한 조기상환권리는 채권투자자들에게는 매우 불리한 것이다. 왜냐하면 그들이 원하지 않는 시기에 채권을 매각하여야 하기 때문이다. 따라서 투자자들은 이러한 채권을 구매하기 위해서는 추가적인 보상(premium)을 요구할 것이다. 이자율이 하락할 것으로 예상되는 기간에는 조기상환을 할 가능성이 크기 때문에 특히 그럴 것이다. 따라서 조기상환권리부채권에 대한 이자율은 다른 사정이 동일한 경우 조기상환권리가 없는 채권보다 더 높아야 할 것이다.

이와는 반대로 투자자가 만기일전에 발행자에게 주어져 있는 가격으로 상환을 요구할 수 있는 권리가 부여된 채권을 수시환불요구채권(puttable bond)이라고 하는데 이러한 채권의 경우에는 그 권리가 없는 채권에 비해 이자율이 낮아야 할 것이다. 은행의 요구불예금은 이러한 수시환불요구채권의 하나의 형태로 볼 수 있는데 요구불예금에는 매우 낮은 이자율이 적용된다.

이자율에 영향을 미칠 수 있는 또 하나의 특별조항은 전환조건(convertibility clause)이다. 이것은 채권의 구매자들이 주어진 시점에 주어진 가격으로 채권을 그 회사의 주식으로 전환하는 것을 허용하는 권리이다. 이러한 권리가 부여된 회사채를 전환사채(convertible bond)라고 한다. 만일 채권의 시장가격이 하락한다면 그 채권을 처분하기를 원하는 투자자는 채권시장에서 매각하는 외에 또 하나의 선택권이 있게 되는 것이다. 이런 이유로 이러한 전환권리가 부여된 전환사채의 이자율은 이러한 권리가 없는 채권에 비해 더 낮게 된다.

2. 이자율의 기간구조

채권이자율에 영향을 미치는 또 하나의 중요한 요인은 만기까지의 기간이다. 똑같은 위험, 유동성, 세금구조를 가진 채권도 남아있는 만기까지의 기간에 따라 이자율이 달라진다. 이자율의 기간구조 또는 이자율의 만기구조는 만기까지의 기간에 따라 이자율이 어떻게 달라지는가를 보는 것이다. 이자율의 일부는 시간에 대한 보상이므로 통상적으로는 단기보다는 장기이자율이 더 높지만 반드시 그런 것은 아니다. 또 이자율의 기간구조를 볼 때는 채권의 위험, 유동성, 세금구조, 정보수집비용 등이 주어진 상태에서 기간에 대해서만 살펴보는데 이들 요소의 주어진 상태를 가장 잘 나타내 주는 것이 국채이기 때문에 이자율의 기간구조는 주로 국채이자율에 대해 정의한다.

채권의 만기수익률을 만기기간(maturity)에 대해 나타낸 것이 수익률곡선(yield curve)이다. 예컨대 미국 국채의 수익률곡선을 보면 [그림 2-8]와 같다.

▮그림 2-8▮ 미국 국채의 수익률곡선

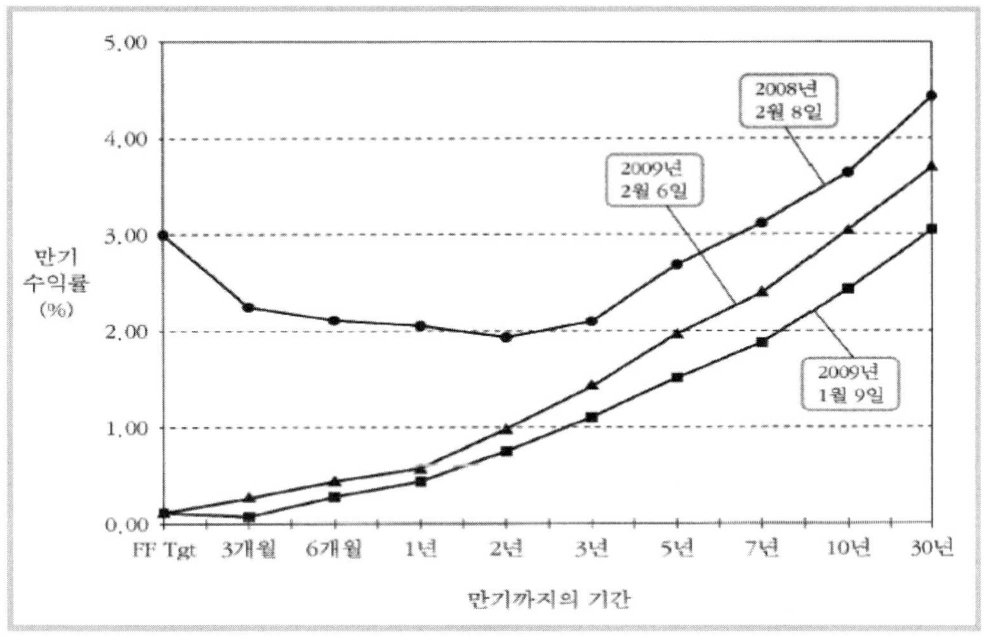

:http://www.martincapital.com/chart-pgs/Ch_yldcv.htm.2009.2.20

수익률곡선은 매일 달라지며 그 형태는 다양하다. [그림 2-8]에는 글로벌 금융위기가 시작된 2008년 2월 8일, 2009년 1월 9일, 그리고 2009년 2월 6일의 미국 국채의 수익률곡선을 보여주고 있다. 그림에서 수평축은 국채의 만기를 보여주는데 초단기에서 30년 만기까지 보여주고 있으며 수직축은 이자율(만기수익률)을 나타낸다. 수익률곡선의 기본적 형태는 우상향, 우하향, 그리고 수평의 세 가지라고 볼 수 있으며 그때그때의 시장사정에 따라 이러한 세 형태가 결합되어 다양한 형태를 가진다. 예컨대, 2009년 2월 6일이 우상향 수익률곡선은 장기이자율이 단기이자율보다 더 높다는 것을 보여주고 있다. 2009년 1월 9일의 수익률곡선은 단기에서 수평이 형태를 가지다가 우상향하는 형태를 가지고 있다. 수평의 수익률곡선은 단기채권과 장기채권이 동일한 이자율을 가진다는 것을 보여준다. 그리고 2008년 2월 8일의 수익률곡선은 처음에는 우하향하다가 만기가 길어지면서 우상향하는 형태를 갖고 있다. 우하향(역전된)하는 수익률곡선은 단기이자율이 장기이자율보다 더 높다는 것을 말해 준다. 그러나 때로는 2008년 2월 8일의 수익률곡선과는 반대로 처음에는 우상향하다가 나중에는 우하향하는 형태를 갖기도 한다. 이러한 수익률곡선은 중기이자율은 단기이자율보다 높지만 장기이자율은 중기이자율보다는 낮다는 것을 보여준다.

이와 같이 수익률곡선은 시장상황에 따라 다양한 형태를 취하는데 왜 수익률곡선은 그때그때 다른 형태를 취하는가?

이자율의 기간구조를 설명하기 위해 제시된 많은 이론 중 기대(예상)이론(expectation theory), 분할시장이론(segmented markets theory), 그리고 유동성 프리미엄이론(liquidity premium theory)의 세 가지 이론이 가장 일반적이고 주목받는 이론이다.

2-1. 기대(예상)이론

기간구조의 기대이론은 가장 상식적인 아이디어를 이론화한 것이다. 이 이론은 장기이자율은 장기채권의 전 기간에 걸쳐 나타날 것으로 사람들이 예상하는 매년의 단기이자율의 평균이라고 보는 것이다. 예컨대, 앞으로 3년간에 걸쳐 매년의 단기이자율의 평균이 4%일 것이라고 예상한다면 만기가 3년인 채권의 연간 이자율은 4%가 될 것이라는 것이다. 이 이론에 의하면 만기가 다른 채권의 이자율이 다른 이유는 미래의 각 시점에서 예상되는 단기이자율이 다르기 때문이다.

이 기대이론은 금융거래에 거래비용이 없으며 또 먼 미래의 단기이자율에 대한 예상이 현시점에서 확실하게 형성된다고 가정한다. 경제주체가 미래의 단기이자율에 대하여 확신을 가지고 예상한다고 가정함으로써 불확실한 기대에 기인하는 위험을 전혀 고려하지 않고 있다. 그리고 모든 투자자들은 미래이자율에 대해 동일한 예상을 하며 이윤극대화를 추구하며 기대수익에만 관심이 있기 때문에 채권의 만기에 대해 특별한 선호가 없으며 따라서 채권들은 완전대체관계에 있다고 가정한다. 이러한 단순화된 상황에서 보면 장기이자율은 단기이자율의 평균이라는 것이다.

예컨대, 앞으로 3년에 걸쳐 매년의 1년 만기 이자율이 3, 4, 5%로 예상되는 경우 기대이론에 의하면 2년 만기 채권이자율은(3+4)/2 = 3.5%, 3년 만기 채권이자율은(3+4+5)/3 = 4%가 될 것이다. 이를 일반식으로 나타내면, n기 만기채권의 이자율 i_{nt}는 다음과 같다.

(2-7) $$i_{nt} = \frac{i_t + i_{t+1} + i_{t+2} + \dots + i_{t+(n-1)}}{n}$$

식(2-7)은 n기 만기 채권의 이자율은 채권의 n기간 수명 동안 발생할 것으로 예상되는 1기 이자율들의 평균과 일치함을 나타낸다.

기대이론은 수익률곡선으로 나타나는 이자율의 기간구조가 시점에 따라 변화하는 이유를 설명해 주는 훌륭한 이론이다. 수익률곡선이 우상향할 때 단기이자율이 미래에 상승할 것으로 예상된다는 사실을 제시한다. 현재 장기이자율이 단기이자율보다 높으면 미래 단기이자율들의 평균은 현재 단기이자율보다 높을 것으로 예상된다. 이러한 일은 단기이자율이 상승할 것으로 예상될 때에만 발생할 수 있다. 반면에 수익률곡선이 우하향할 때, 미래 단기이자율들의 평균은 현재 단기이자율보다 낮을 것으로 예상되고, 단기이자율은 미래에 평균적으로 하락할 것으로 예상된다.

2-2. 분할시장이론

이자율의 기간구조를 설명하는 또 하나의 이론인 분할시장이론에 따르면 투자자와 차입자는 미래에서의 그들의 자금사정을 충족시키기에 적합한 특정 만기의 채권을 선택하기 때문에 각 만기의 채권시장이 서로 분할되어 있으며 따라서 각 만기의 채권이자율이 각 시장에서 따로 따로 결정된다는 것이다. 장기(단기)자금이 필요한 차입자는 장기(단기)채권시장에서 채권을 공급하고 장기(단기)로 자금을 운용하고자 하는 투자자는 장기(단기)채권시장에서 채권을 수요한다는 것이다. 예컨대, 연기금과 생명보험회사는 주로 장기부채를 갖고 있어 자금에 대한 필요가 장기적으로 발생하므로 주로 장기채권 등 장기투자를 선호하며 반면에 은행은 주로 단기부채(단기예금 등)를 갖고 있어 주로 단기투자를 선호한다. 만약 차입자와 투자자가 이처럼 특정자금사정을 충족시킬 수 있는 특정만기시장에만 참여한다면 시장은 서로 분리되어 있다고 볼 수 있다. 그러므로 투자자나 차입자가 장기시장에서 단기시장으로, 또는 단기시장에서 장기시장으로 이동하는 것은 단지 그들의 자금사정이 변할 경우에만 일어날 수 있다. 이 이론에 의하면 장기시장과 단기시장의 선택은 차입자와 투자자의 자금필요에 의해 결정되는 것이지 미래이자율의 예상과 같은 것에 의해 영향을 받지 않는다.

2-3. 유동성 프리미엄이론

단기채권은 장기채권에 비해 유동성이 더 크기 때문에 투자자들은 장기채권보다는 단기채권을 보유하는 것을 선호한다. 따라서 장기채권을 보유하게 하려면 유동성의 감소에 대한 보상인 유동성 프리미엄을 제공해야 한다는 매우 상식적인 생각을 이론화한 것이 유동성 프리미엄이론이다. 투자자들은 기대이론에서와 같이 미래의 예상이자율에 대해 고려할 뿐 아니라 투자자들은 특정만기에 다소의 선호가 있지만 그 시장에 메여 있는 것이 아니기 때문에 유동성에 대한 보상만 있다면 만기가 긴 다른 시장으로 이동할 수 있다. 따라서 유동성 프리미엄이론은 앞에서 본 기대이론과 분할시장이론을 결합한 이론이라고 볼 수 있다. 즉, 유동성 프리미엄이론에 의하면 장기이자율은 장기채권의 전 기간에서 예상되는 단기이자율의 평균(이 부분은 기대이론 동일)과 이에 덧붙여 그 채권에 대한 유동성프리미엄(분할시장에서의 시장간 이동에 대한 보상)을 추가한 것이라고 본다.

유동성프리미엄 이론은 다음과 같이 나타낼 수 있다.

(2-8) $$i_{nt} = \frac{i_t + i_{t+1} + i_{t+2} + \dots + i_{t+(n-1)}}{n} + l_{nt}$$

여기서 l_{nt}는 t시점에서 제공되는 n기 만기 채권의 유동성 프리미엄이다. l_{nt}는 항상 양(+)의 값이고 채권의 만기 n이 증가함에 따라 그 값이 커진다. 예를 들어 앞으로 5년간의 1년 이자율이 5%, 6%, 7%, 8%, 9%가 될 것으로 예상되고, 단기채권 보유를 위한 투자자의 선호는 1년 만기 채권에서 5년 만기 채권까지 유동성 프리미엄이 각각 0%, 0.25%, 0.5%, 0.75%, 1.0%로 제시된다고 가정하면 2년 만기 채권의 이자율은 $\frac{5\% + 6\%}{2} + 0.25\% = 5.75\%$가 될 것이고, 5년 만기 채권의 이자율은

$$\frac{5\% + 6\% + 7\% + 8\% + 9\%}{5} + 1\% = 8\%$$가 될 것이다.

유동성 프리미엄이론과 유사한 이론이 선호처이론(preferred habitat theory)이다. 이것도 기대이론을 다소 수정한 것인데 이 이론도 분할시장이론에서처럼 투자자들이 특정만기의 채권에 대한 선호처를 갖고 있다는 것을 인정한다. 투자자는 특정만기의 채권을 선호처(preferred habitat)로 보기 때문에 더 높은 기대수익을 가질 때에만 선호되지 않은 만기를 가진 채권을 구매할 것이다. 그러므로 투자자들이 장기채권을 보유하게 하기 위해서는 양의 기간프리미엄(term premium)이 지불되어야 하며 이 기간프리미엄도 장기일수록 크다. 유동성프리미엄이 주로 단기채권보다는 장기채권을 보유함에 따라 발생할 수 있는 유동성의 감소를 반영한다면 기간 프리미엄은 보다 포괄적으로 이에 추가하여 불확실성과 위험을 반영한다고 볼 수 있다. 즉, 기간프리미엄은 장기채권이 단기채권에 비해 갖고 있는 ① 금리변동에 따른 손실 가능성(이자율위험) ② 채권의 부도 가능성(채무불이행위험) ③ 필요시 현금화하지 못할 가능성(유동성위험) 등의 요인에 의해 좌우된다고 볼 수 있다.

3. 실질 대 명목이자율

인플레이션은 주어진 금액에 대한 실질 구매력이 물가상승으로 인하여 얼마나 줄어드는지를 측정한다. 인플레이션은 은행을 비롯한 금융기관들이 호가하는 이자율에 대한 평가에 영향을 미친다. 금융기관들이 호가하고 이 책에서 현금흐름을 할인하는데 사용하는 이자율은 모두 명목이자율(nominal interest)이다. 명목이자율은 주어진 투자 기간 동안 화폐가치가 증가하는 비율을 나타낸다. 인플레이션으로 인해 재화의 가격이 상승하면 투자로 인해 얻게 되는 명목이자율이 반드시 실질 구매력의 증가를 나타내지 않는다.

예를 들어, 지금 커피 한 잔에 $1이라고 가정하자. 만약 당신이 $100이 있다면 이 돈으로 커피 100잔을 살 수 있다. 커피를 사는 대신 이 돈을 5.06%의 연간 이자율로 은행에 1년 동안 예금하면 1년 후에 $105.06을 갖게 된다. 은행에 예금할 경우 당신의 효용은 얼마나 더 증가하는가? 그것은 1년 동안 물가가 얼마나 오르는지에 의존한다. 인플레이션율이 연 3%라면, 커피 1잔의 가격이 3% 상승하여 1년 후에 $1.03이 되며 1년 후에 은행계좌에서 찾는 $105.06으로 커피 102(=$105.06/$1.03)잔을 살 수 있다. 지금 당장 커피 100잔을 살 수 있는 돈으로 1년간 은행에 예금하면, 1년 후에 102잔을 살 수 있으므로 1년 동안 실질 구매력이 2% 증가한다고 할 수 있다.

여기서 2%는 실질이자율(real interest rate)이다. 실질이자율은 인플레이션율을 반영하여 주어진 투자 기간 동안 실질 구매력이 증가하는 비율을 나타낸다. 앞의 예에서처럼 실질 구매력의 증가율은 다음과 같이 계산한다.

$$\text{(2-9)} \qquad \text{실질 구매력의 증가율} = 1 + \text{실질이자율} = \frac{1 + \text{명목이자율}}{1 + \text{인플레이션율}} = \frac{\text{화폐가치의 증가}}{\text{가격의 증가}}$$

식(2-9)에서 실질이자율은 다음과 같은 근사 값을 갖게 된다.

$$\text{실질이자율} = \frac{\text{명목이자율} - \text{인플레이션율}}{1 + \text{인플레이션율}} \approx \text{명목이자율} - \text{인플레이션율}$$

4. 자본비용

앞에서 살펴본 바와 같이 시장에서 우리가 관찰할 수 있는 이자율은 표시 방식, 투자 기간 및 위험에 따라 달라질 수 있다.

화폐의 가치평가에서 우리는 시장이자율을 이용하여 현재가치를 계산하고 투자 기회를 평가한다고 하였다. 하지만, 수많은 시장 이자율들이 존재하므로 '시장이자율'이란 용어는 모호한 측면이 없지 않다. 따라서 현금흐름의 평가를 위한 할인율로 투자자의 자본기회비용(opportunity cost of capital, 줄여서 자본비용)이 개념이 사용된다. 자본비용은 동일한 위험과 투자기간을 갖는 투자들에 대하여 시장이 제시하는 가장 높은 기대수익율이다.

자본비용의 개념을 이해하기 위하여 당신이 다른 재무관리자들과 투자자들의 자금을 끌어 모으기 위해 경쟁하는 재무관리자라고 생각해 보자. 투자자들이 당신의 회사에 투자하도록 하기 위해서는 그들에게 당신의 회사가 적어도 투자자들이 동일한 위험과 투자기간을 갖는 다른 투자 기회들이 제시하는 것과 동일한 기대수익률을 제시할 수 있어야 한다. 자본기회비용이란 용어는 당신 회사에 투자하는 투자자들이 자신들의 자금을 다른 곳에 투자할 수 있는 기회를 포기하게 된다는 의미로 쓰여진 것이다. 따라서 다른 투자 기회들이 제시하는 기대수익률은 당신이 그보다 더 높은 또는 동일한 기대수익률을 제시함으로써 뛰어 넘어야 하는 자본의 기회비용인 것이다. 당신 회사가 투자에 필요한 자금을 이미 기업 내부자금으로 가지고 있다고 하여도 이와 동일한 논리가 적용된다. 당신의 회사는 다른 곳에 투자하여 주주들에게 돌려줄 수도 있지만 이 자금을 신규 프로젝트에 재투자할 수도 있다. 단, 당신 회사는 주주들에게 다른 투자 기회를 통해 얻을 수 있는 수익보다 더 높은 수익을 제시할 수 있어야만, 내부자금을 신규 프로젝트에 투자할 수 있다.

자본비용은 투자자들이 새로운 투자를 함으로써 동일한 위험과 동일한 투자 기간을 갖는 다른 투자로부터 얻을 수 있는 수익을 포기해야 하는 기회비용이다. 무위험 프로젝트의 경우, 동일한 투자 기간을 갖는 미 재무부 채권의 이자율이 자본비용에 해당된다. 하지만 자본비용은 위험이 있는 투자에도 적용될 수 있는 더 일반적인 개념이다. 이 개념은 다음 장에서 좀 더 상세하게 살펴보기로 한다.

연습문제

1. 아래 표는 채무불이행 위험이 없는 여러 가지 무이표채의 가격(액면가치의 퍼센트로 표시)을 요약하고 있다.

만기(년)	1	2	3	4	5
가격(액면가치 $100당)	$95.51	$91.05	$86.38	$81.65	$76.51

a. 각 채권에 대한 만기수익률을 구하시오
b. 처음 5년에 대해여 무이표 수익률을 도표로 나타내시오
c. 만기수익률 곡선은 우상향, 우하향 및 수평 중 어떤 유형에 속하는가?

2. 무위험 채권에 대한 현재의 무이표 수익률 곡선이 다음과 같다.

만기(년)	1	2	3	4	5
YTM	5.00%	5.50%	5.75%	5.95%	6.05%

a. 2년 만기, 무이표채권의 액면가치 $100당 가격은 얼마인가?
b. 4년 만기, 무이표채권의 액면가치 $400당 가격은 얼마인가?
c. 5년 만기 무위험 이자율은 얼마인가?

3. 액면가치 $1,000, 이표율 7%로 반년마다 이표가 지급되는 잔존만기 2년인 채권이 있다. 이 채권의 만기수익률은 반년 복리 7.6% APR이다. 이 채권의 가격은 얼마가 되어야 하는가?

4. 10년 만기, 액면가치 $1,000, 8% 이표율로 반년마다 이표가 지급되는 채권이 $1,034.74의 가격에 거래되고 있다고 가정하자.

a. 이 채권의 만기수익률은 얼마인가(반년 복리 APR로 표시)?
b. 이 채권의 만기수익률이 9% APR로 바뀌면 이 채권의 가격은 얼마가 되는가?

5. 5년 만기, 액면가치 $1,000, 매년 이표가 지급되는 채권이 있다. 이 채권의 가격은 $900이고 만기수익률은 6%이다. 이 채권의 이표율은 몇%인가?

6. 이표율 10%의 채권을 $1,040에 매입하였다. 시장이자율이 상승하면 채권가격은 어떻게 변동하는가?

7. 아래 채권 모두 액면가치는 $100이며 이표율과 만기에 대한 정보는 다음과 같다.

채권	이표율(연지급)	만기(년)
A	0%	15
B	0%	10
C	4%	15
D	8%	10

a. 시장이자율(만기수익률)이 6%에서 5%로 하락하면, 각 채권의 가격변동율은 각각 몇 %인가?
b. 6%에서 5%로의 1% 이자율 하락에 A~D 등 어떤 채권의 가격이 가장 민감하게 반응하는가? 그 이유는 무엇인가?

8. 이자율의 결정에 관한 대부자금이론과 유동성선호이론의 차이점과 공통점은 무엇인가?

9. 다음 상태가 발생하는 경우 채권수요곡선이나 채권공급곡선에 미치는 영향은 무엇인가?

a. 2008년의 경우처럼 주식시장에서 주가의 엄청난 변동이 발생한다.
b. 2008년의 주식시장의 폭락과 관련하여 각국에서 주식거래세를 감면하는 방안을 비롯하여 주식거래개수수료를 인하하려고 한다.
c. 기업의 투자에 대한 투자보조금(또는 투자세액공제)이 감소한다.
d. 대규모 자연재해가 발생하여 인프라의 구축을 위한 신규투자지출이 늘어났다.

10. 1990년대 이후로 일본의 이자율은 세계에서 가장 낮았다. 심지어 1998년 11월에는 6개월만기 재무부증권의 이자율이 마이너스가 되기도 하였다. 일본의 이자율이 이렇게 낮아진 이유는 무엇인지 채권시장 수요공급모형을 이용하여 설명하시오.

11. 대부자금이론(채권시장 수요공급모형)과 유동성선호이론을 이용하여 이자율이 왜 경기동반적인지(왜 경기확장기에 이자율이 상승하고 경기침체기에는 이자율이 하락하는지) 설명하시오.

12. 유동성함정이 나타나는 경우 중앙은행의 통화정책(통화량증가나 정책금리인하)은 어떤 효과를 가지며 이 경우 경제를 활성화시키기 위해 어떤 조치가 필요한가?

13. 채권의 이자에는 소득세가 부과되는데 현재 우리나라의 이자소득세는 2005년 이후 15.4%로 분리과세되지만 만약 금융소득이 많아 연 2,000만원 이상이 된다면 종합소득과세 대상이 된다. 주식의 양도차익에는 과세가 없는 상태지만 만약 소득세율을 올린다면 채권가격과 채권이자율에는 어떤 영향을 미칠 것인가?

14. 회사채의 위험프리미엄은 일반적으로 경기 역행적이다. 즉 회사채의 위험프리미엄은 경기 확장기에는 감소하고, 경기침체기에는 증가한다. 회사채의 위험프리미엄은 왜 경기 역행적인가?

15. 1년 만기채권의 이자율이 현재 4%이고 1년 후에 6%, 2년 후에 8%로 예상된다고 하자. 이자율 기간구조의 기대이론에 따르는 경우 2년 만기채권과 3년 만기채권의 현재 이자율은 얼마인가? 수익률곡선을 그려보시오.

16. 2011년 8월 이후 우리나라에서 단기금리가 장기금리보다 높은 장단기금리 역전현상이 발생하였다. 왜 그런 현상이 발생하였는가? 이러한 역전현상은 경기침체의 가능성을 보여주는 것인가?

17. 주택담보대출이자율이 7%에서 4%로 내렸고, 주택가격의 예상상승률은 6%에서 2%로 낮아졌다면, 사람들은 주택을 더 구입하려고 할 것인가, 하지 않을 것인가?

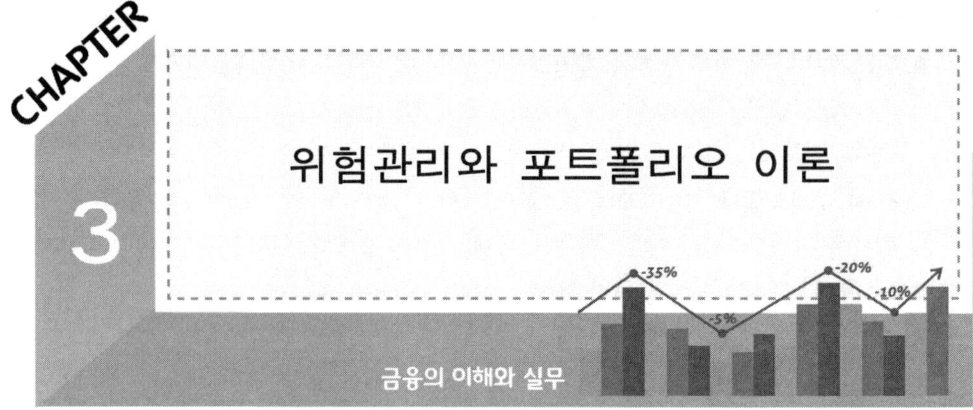

제1절 위험관리[1)]

1. 위험이란 무엇인가?

1-1. 불확실성과 위험

불확실성과 위험의 차이부터 파악해 보자. 불확실성은 미래에 어떠한 일이 발생할지 모르는 경우에 존재한다. 위험은 사람들의 후생에 영향을 미치기 때문에 의사결정에 영향을 주는 불확실성이다. 그러므로 불확실성은 위험의 필요조건이지만 충분조건은 아니다. 모든 위험한 상황은 불확실하다. 하지만 위험이 없는 불확실성도 존재한다.

당신은 파티를 계획하고 있으며, 12명의 친구들을 초청하려고 한다. 하지만 12명 모두가 파티에 올지 아니면 8명만 올지는 알 수가 없다. 다시 말해서 불확실한 상황에 처해 있다. 하지만 불확실하다는 것이 반드시 위험을 의미하지는 않는다. 그러한 불확실성이 당신의 파티계획에 영향을 미칠 때에만 위험이 있는 것이다.

예를 들어, 당신이 친구들에게 제공할 음식을 얼마나 장만할 것인지를 결정해야 한다고 하자. 만약 당신이 정확히 10명의 친구들이 파티에 참석할 것이란 것을 안다면 정확히 10인분의 음식만 준비하면 된다. 그러나 실제로 참석자가 12명이거나 8명이 된다면 당신은 음식장만 결정 결과에 만족하지 못할 것이다. 그러므로 여기에서는 불확실성이 문제가 되며 이 상황은 위험이 있는 상황인 것이다.

---

1) Robert c. Merton, Zvi Bodie, David L. Cleeton, 재무의 이해 (시그마프레스, 2009) 참조

많은 위험한 상황에서 가능한 결과는 손실이나 이익으로 단순하게 양분될 수 있다. 예를 들어, 당신이 주식시장에 투자를 했다고 가정하자. 포트폴리오를 구성한 주식의 시장가치가 하락한다면 손실이고, 상승한다면 이익이다. 사람들은 보통 가격하락으로 인한 손실의 가능성을 위험이라 여기지만 가격상승은 이익으로 본다.

하지만 가격의 명확한 상승이나 하락과 유사하지 않은 상황도 생각할 수 있다. 당신이 계획한 파티가 아마 그러한 예일 것이다. 파티에 참석할 사람의 수에 있어서의 불확실성은 예상된 사람 수보다 적거나 혹은 많은 사람이 참석하는지의 여부에 관계없이 어느 결과에서든지 위험을 발생시킨다. 그러므로 어떤 상황 하에서는 기댓값을 중심으로 그 분산의 방향이 어느 방향이든 상관없이 바람직하지 않을 수 있다.

위험회피(risk aversion)는 위험을 감수해야 하는 상황에 있어서 개인적 선호에 관한 성향을 의미한다. 위험회피 정도는 위험에 노출된 사람이 위험을 줄이기 위해 지출하려는 금액을 결정한다. 위험을 줄이는데 소요되는 비용과 편익의 교환관계를 평가하는데 있어, 위험회피자들은 동일한 비용이 든다면 더 낮은 위험을 가진 대안을 선호한다. 예를 들어서 더 확실한 예상수익을 제공하기 때문에 더 낮은 기대수익률의 투자를 선택하려고 한다면 당신은 위험회피자이다. 동일한 기대수익률의 투자대안을 비교함에 있어 위험회피자는 위험이 가장 낮은 대안을 선택하려 한다.

1-2. 위험의 노출

만일 직업적 특성, 소비의 패턴 때문에 특정 타입의 위험에 직면하게 된다면 특정 위험에 노출(risk exposure)되었다고 말할 수 있다. 예를 들면, 당신이 사무실 임시 고용직에 종사한다면 상당히 높은 해고 위험에 노출되어 있다. 농부는 농작물의 작황이 좋지 않을 위험과 농작물의 가격하락 위험에 노출되어 있으며, 무역업을 하는 사업가는 환율 변동의 위험에 노출되어 있다.

그러므로 자산이나 거래의 위험은 독자적으로 또는 추상적으로 측정될 수 없다. 특정 자산을 사고파는 것이 어떤 면에서는 위험에 노출되는 것이 되고, 어떤 면에서는 위험을 감소시키는 행위도 된다. 밀의 추수를 앞둔 농부가 미래에 일정 가격으로 밀을 파는 계약을 했다면 그 계약은 위험을 감소시킨다. 하지만 농부가 아닌 사람이 그 계약을 했다면 투기를 한 것이 된다. 왜냐하면 그 사람은 밀을 넘겨받는 시점에서 밀의 시장가격이 계약 가격보다 낮아야지만 이익을 얻을 수 있기 때문이다.

투기자(speculator)는 자신들의 부를 증가시키기 위해 스스로 위험에 노출시키는 행동을 취하는 투자자이다. 반면에 헤져(hedger)는 자신들이 위험에 노출되는 것을 줄이려고 한다. 동일인이 투기자가 될 수도 있고 헤져가 될 수도 있다.

1-3. 위험 관리

파티에 참석하는 사람들이 음식을 가져올 수 없다면 불확실성은 문제가 된다. 더욱이 당신은 참석하는 손님들을 위해 충분한 음식을 마련하는 것을 선호한다고 하자. 여기에는 몇 가지 대안이 있으며 각각의 대안은 확실한 비용을 필요로 하고 있다.

예를 들어, 파티업자에게 남는 음식을 돌려주는 조건으로 12인분의 충분한 음식을 주문할 수 있다. 또 다른 대안은 만일 필요하다면 파티가 끝나기 전에 음식을 더 주문할 수 있는 조건으로 우선 8인분의 음식을 주문할 수 있다. 하지만 이러한 조건을 달기 위해서는 추가적인 비용을 지불해야만 한다.

따라서 음식이 모자라게 되는 위험을 제거하는 경우 발생하는 편익과 위험을 감소시키는데 따르는 비용 간에 교환관계(trade off)가 발생하게 된다. 이러한 위험감소를 위한 비용-편익 교환을 공식화하는 과정과 어떤 행동을 취할지를 결정하는 일(아무런 행동을 취하지 않는 것도 포함한다)을 위험관리(risk management)라고 한다.

사람들은 때때로 예측한 위험상황이 나타나지 않았을 때 위험감소를 위해 비용을 지불하며 실행한 조치에 대하여 후회한다. 만일 당신이 위험한 주식을 가격이 세 배로 뛰기 전에 팔았다면 분명히 그 결정에 대하여 후회할 것이다. 그러나 불확실성과 관련한 모든 의사결정은 그 불확실성이 해소되기 전에 행해져야 함을 기억해야 한다. 중요한 것은 당신의 의사결정은 의사결정 당시에 활용할 수 있는 가능한 모든 정보를 이용하여 내린 최상의 의사결정이란 것이다. 모든 사람은 미래의 상황에 관해서 예측할 수는 있어도 누구도 미래를 완벽하게 알 수는 없다.

위험관리 결정은 불확실성하에서 행해진다. 따라서 다양한 결과가 가능하다. 그러나 오직 하나의 결과만이 발생할 것이다. 당시 불완전한 정보를 가지고 행해진 의사결정이라면 그것에 대해 무엇이라 말할 수 없다.

☞ 위험관리 의사결정의 적절성은 결정이 내려지는 때에 입수 가능했던 정보에 기초해서 판단해야 한다.

예를 들어, 만일 비가 올 것이라고 생각하여 우산을 가져갔는데 비가 오지 않는다 해도 잘못된 결정을 내렸다고 생각하지는 않는다. 반면에 모든 기상예보에서 비가 올 확률이 아주 높다고 했는데 우산을 가져가지 않았다고 생각해 보자. 만일 비가 오지 않았다 하더라도 자신이 지혜로웠다고 생각할 수는 없다. 이 경우에는 단지 운이 좋았을 뿐이다.

2. 위험관리 과정

위험관리 과정은 위험을 분석하고 그것을 다루기 위한 체계적인 시도이다. 그 과정은 대략 다음의 다섯 단계로 이루어진다.

① 위험인식 ② 위험측정 ③ 위험관리 기법의 선정 ④ 실행 ⑤ 평가

2-1. 위험인식

위험인식(risk identification)은 분석대상, 즉 가계, 기업, 또는 다른 경제적 실체가 가장 중요하게 노출된 위험이 무엇인지 확인하는 과정이다. 가계나 기업은 그들이 노출된 위험이 무엇인지 인식하지 못하는 경우가 종종 있다. 예를 들면, 병이나 사고로 인해 단 하루도 결근을 한 적이 없는 사람은 장애의 위험에 거의 신경을 쓰지 않는다.

위험을 확인할 때는 전체를 종합적으로 살펴보아야 한다. 외국에서 원자재를 구입하는 회사의 환율변동 불확실성의 영향에 대해 생각해 보자. 경영자는 기업의 수익이나 비용의 측면에서만 환율변동의 불확실성 위험에 대해서 생각하면 안된다. 기업관계자가 관심이 있는 부분은 수익에서 비용을 차감한 부분에 대한 환율변동의 불확실성으로 생기는 효과이다. 그 기업의 수익과 비용이 각각 환율의 변동에 의해 크게 영향을 받는다고 해도 순효과는 영(0)이 될 수도 있다.

농부의 수입은 가격과 수량 두 요인 모두에 의해 영향을 받는다. 농작물의 작황이 좋지 않으면 항상 가격이 상승하여 농가의 수입이 언제나 일정하다고 가정해 보자. 보기에는 농부가 가격위험과 수량위험 모두에 노출되어 있음에도 농가 총수입의 입장에서 보면 위험이 없는 것으로 보인다. 농부가 가격변화에 노출되는 것을 방지하는 방안을 취하는 것은 농부 총수입의 불확실성을 증가시키는 역효과를 가져올지도 모른다.

2-2. 위험측정

위험측정(risk assessment)은 위험관리의 첫 번째 단계에서 인식된 위험의 비용을 계량해 보는 것이다. 지금 대학을 졸업하고 직장을 가지게 된 당신을 생각해 보자. 당신은 현재 건강보험에 가입되어 있지 않은 상태이다. 그러므로 당신은 질병을 주요 위험노출로 파악하였다. 노출의 정도를 파악하기 위해 정보를 필요로 한다. 당신과 같은 나이와 건강상태에 있는 사람이 병에 걸릴 확률은 어느 정도인가? 치료에 드는 비용은 어느 정도인가? 여기에는 수학과 통계학 등의 지식이 필요하다.

실제 위험을 계량화하기 위해 확률분포에서 분산 값 또는 표준편차 값을 계산한다. 이에 대해서는 뒤에 상세히 설명하기로 한다.

2-3. 위험관리 기법의 선택

위험을 줄이기 위한 기법으로는 위험회피, 손실방지와 통제, 위험보유, 그리고 위험전가 등을 들 수 있다.

(1) 위험회피

특정 위험에 노출되지 않으려고 피하는 의사결정이다. 기업의 경우 어떤 부문에의 진출도 고려하지 않는다. 하지만 그것이 항상 위험회피를 가능하게 하는 것은 아니다. 개인이나 기업은 위험에 노출될 수밖에 없다. 다만 정도의 문제이다.

(2) 손실방지와 통제

손실의 가능성과 정도를 줄이기 위해 행하는 조치이다. 그런 행동은 손실이 발생하기 전, 또는 동시에, 또는 손실 발생 후에 취해질 수 있다. 예를 들면, 감기에 걸리지 않기 위해 예방접종을 함으로써 질병의 위험에 적게 노출될 수 있다. 그럼에도 감기에 걸렸다면 병원에서 주사나 약을 복용함으로써 폐렴에 걸릴 가능성을 줄일 수 있다.

(3) 위험보유

자신이 가진 자원을 활용하여 위험을 흡수하고 손실을 커버하는 것이다. 이것은 위험이 있는 것을 알지 못하거나 그것을 무시했을 때 발생할 수 있다. 그러나 어떤 종류의 위험에 대해서는 위험을 부담하기로 결정할 수도 있다. 예를 들면 치료에 드는 비용을 자신이 부담하기로 결정해 버리고 건강보험에 가입하지 않을 수도 있다.

(4) 위험전가

위험을 다른 사람에게 이전시키는 것이다. 위험자산을 다른 사람에게 팔거나 보험에 가입하는 경우가 이에 해당한다. 위험을 전가시킬 수 있는 방법으로 헤징, 보험, 분산투자 등이 있다.

2-4. 실행

인식된 위험을 관리하기 위해서는 해당되는 기법을 실행해야 한다. 위험관리 과정에 있어 이번 단계에 적용할 수 있는 원칙은 실행비용을 최소화시키는 것이다. 그러므로 만일 당신이 주식시장에 투자하기로 결정했다면, 펀드를 매입할 것인지 아니면 브로커를 통해 적립주식을 매입할 것인지 그 비용을 비교해 봐야 한다.

2-5. 평가

위험관리는 의사결정을 주기적으로 되돌아보고 수정한다는 점에서 동적인 피드백 과정이다. 시간이 흐르고 환경이 변함에 따라 위험에의 새로운 노출이 발생하고 위험의 발생 가능성과 심각성에 대한 정보를 더 쉽게 얻을 수 있으며 위험을 관리하는 기법을 적은 비용으로 적용할 수 있다. 당신이 자산포트폴리오에서 주식의 투자비율을 변화시키는 행위 등이 이에 속한다.

제2절 포트폴리오 이론2)

포드폴리오 이론(portfolio theory)은 최적위험관리를 위한 계량식 분석으로 정의된다. 분석의 단위가 가계, 기업 또는 어떤 경제조직이든 간에 포트폴리오 이론은 위험감소를 위해 발생하는 편익과 비용을 공식화하고 평가하여 최적행동을 찾는 것이다.

포트폴리오(portfolio)란 둘 또는 그 이상의 개별자산의 결합을 의미하는데, 여기에서 개별자산이란 좁은 의미로는 유가증권을 가리키고 넓은 의미로는 유가증권을 비롯하여 토지, 건물, 기계설비 등 경제성 있는 모든 자산을 의미한다. 예를 들어 투자자가 농심, 삼성전자, 현대건설의 세 가지 주식을 소유하고 있다면 이 투자자는 세 가지 주식으로 구성된 포트폴리오를 갖고 있는 것이다. 이러한 포트폴리오의 개념으로 볼 때 모든 개별 증권이나 증권의 집합은 포트폴리오의 일부분이 된다고 볼 수 있다.

그리고 투자자들은 그들이 하나의 자산에 투자하는 것보다 여러 자산에 분산투자함으로써 위험을 감소시킬 수 있으므로, 여러 자산의 조합인 포트폴리오를 구성하려고 하며, 따라서 투자자에게 있어서 이에 관한 이론은 매우 중요시된다.

포트폴리오 이론의 초기모형은 위험관리 의사결정에 대한 답을 제공하기 위해 고안되었다. 이러한 이론들은 위험과 기대수익 간의 교환관계를 계량화시키기 위해서 확률분포(probability distributions)를 이용한다. 자산 포트폴리오의 기대수익률은 확률분포의 평균(mean)이고, 위험은 확률분포의 표준편차(standard deviation)이다.

2) Robert c. Merton, Zvi Bodie, David L. Cleeton, 재무의 이해 (시그마프레스, 2009), 박정식 · 박종원 · 이장우, 재무관리 (다산출판사, 2010) 참조

1. 수익과 위험간의 관계

1-1. 수익률의 확률분포

당신은 A라는 기업의 주식을 보유하고 있다고 가정하자. 이 기업 주식의 수익률은 일정치 않다. 경기가 좋은 경우에는 수익률이 높아지고, 경기 침체기에는 수익률이 낮아지는 것이 일반적일 것이다. 그런데 경기가 좋게 되는 가능성, 침체될 가능성도 일정치 않다. 따라서 우리는 과거의 경험치 등을 기초로 하여 경기 호황, 침체 등의 가능성을 계산해 보고 각각의 상황에서 A 주식의 수익률들을 나타내 볼 수 있다.

〈표 3-1〉이 이러한 상황을 요약하여 나타내 주고 있다. 즉 A 주식의 경우 실현가능한 수익률이 25%가 될 확률은 10%, 수익률이 20%가 될 확률은 20%, 한편 -10% 즉 10% 손해 볼 가능성도 10%가 되는 것으로 나타나 있다. 이처럼 각각의 수익률이 실현될 확률을 나타낸 것을 수익률의 확률분포라 부른다.

표 3-1 A 주식 수익률의 확률분포

A주식의 실현가능수익률(ri)	발생확률(Pi)
0.25	0.10
0.20	0.20
0.10	0.35
0.04	0.25
−0.10	0.10

1-2. 개별증권의 수익과 위험

포트폴리오이론을 전개하기 위한 첫 번째 단계는 포트폴리오를 구성하고 있는 개별증권의 가치를 평가하는 것이다. 개별증권의 가치는 포트폴리오이론의 가정에서와 같이 증권에 대한 미래수익률의 확률분포를 고려한 기대수익률과 분산정도를 기준으로 평가되며, 개별증권의 기대수익률과 분산은 다음과 같이 측정된다.

(1) 개별증권의 기대수익

개별증권의 기대수익은 현실적으로 추정하기가 곤란하지만 미래의 경제상황 변화를 기초로 미래수익률 확률분포를 작성 · 이용하여 미래수익률의 평균치인 기대수익률로 측정할 수 있다. 확률분포를 이용한 기대수익률의 계산식은 아래와 같다.

(3-1) $E(r_i) = \sum_{i=1}^{n} r_i P_i$

r_i : i상황의 수익률

P_i : i상황이 발생할 확률

예를 들어 〈표 3-1〉과 같이 A증권의 미래투자수익률이 발생한다고 할 경우 위 식 (3-1)에 따르면 A증권의 기대수익률은

$E(r_i) = \sum_{i=1}^{n} r_i P_i = 0.1$ 이 된다.

예제 3-1 확률분포와 기대수익

문제 주식 A와 B에 대한 수익률의 확률분포가 다음과 같이 주어져 있을 때 주식 A와 B의 기대수익을 구하시오

미래상태	확률	주식수익률(%)	
		r_A	r_B
불황	1/4	6	-4
정상	1/2	10	8
호황	1/4	14	28

$E(r_A) = (1/4) \times 6 + (1/2) \times 10 + (1/4) \times 14 = 10\%$

$E(r_B) = (1/4) \times (-4) + (1/2) \times 8 + (1/4) \times 28 = 10\%$

(2) 개별증권의 위험

위험(risk)이란 미래의 불확실성(uncertainty)으로부터 발생되는 것으로 개별증권의 위험은 예측된 미래수익이 미래에 실현되는 오차 정도로 나타낼 수 있다. 따라서 개별증권이 위험은 증권투자자로부터 미래에 획득 가능한 수익이 어떠한 분포를 하고 있는가 하는 수익의 확률분포에 관한 것이며, 미래수익분포의 분산정도로 표시된다. 식(3-1)을 이용하는 계산된 기대수익률의 위험인 분산(variance)는 아래의 식으로 추정된다.

(3-2) $Var(r_i) = \sigma_i^2 = \sum_{i=1}^{n} [r_i - E(r_i)]^2 \times P_i$

〈예제 3-1〉에서 주식 A와 주식 B에 대한 수익률의 분산 σ_A^2과 σ_B^2을 계산하면 다음과 같다.

$$\sigma_A^2 = (1/4)\times(6-10)^2 + (1/2)\times(10-10)^2 + (1/4)\times(14-10)^2 = 8\%^2$$

$$\sigma_B^2 = (1/4)\times(-4-10)^2 + (1/2)\times(8-10)^2 + (1/4)\times(28-10)^2 = 132\%^2$$

주식 B가 주식 A보다 높은 분산 값을 가지는데 이는 주식 B의 위험이 주식 A의 위험보다 크다는 것을 의미한다. 〈예제 3-1〉에서 보면 주식 B의 수익률이 훨씬 넓은 범위에 걸쳐 분포되어 있음을 볼 수 있는데, 이는 주식 B의 위험성이 높다는 것을 의미하며 이러한 위험의 정도는 수익률의 분산으로 계산된다.

한편 분산을 위험의 측정치로 사용하면 그 단위가 확률변수 자체의 단위와 일치하지 않아 불편을 겪을 때가 많다. 이럴 경우 분산의 양(+)의 제곱근을 구하여 확률변수의 단위와 같도록 표준화한 값을 사용한다. 이를 표준편차(standard deviation)라 하고 다음과 같이 정의한다.

(3-3) $$\sigma_i = \sqrt{Var(r_i)}$$

〈예제 3-1〉에서 주식 A와 주식 B에 대한 수익률의 표준편차 σ_A와 σ_B는 다음과 같다.

$$\sigma_A = \sqrt{8\%} = 2.83\%$$
$$\sigma_B = \sqrt{132\%} = 11.49\%$$

2. 포트폴리오의 수익과 위험

이번에는 두 개 이상의 증권이 결합된 포트폴리오의 수익과 위험에 대해 살펴본다. 포트폴리오의 수익과 위험은 개별증권과 마찬가지로 기대수익률과 분산 또는 표준편차로 표시되며, 포트폴리오의 가치 역시 수익과 위험을 기준으로 평가한다.

포트폴리오의 기대수익률은 포트폴리오를 구성하고 있는 개별증권의 기대수익의 합으로 나타나지만, 포트폴리오의 위험은 개별증권의 분산(또는 표준편차)의 합으로 나타나는 것이 아니라는 점에 유의하여야 한다.

2-1. 포트폴리오의 기대수익

프트폴리오의 기대수익은 포트폴리오를 구성하고 있는 개별증권의 기대수익률을 각 증권의 투자구성비율에 따라 가중평균한 평균수익률로 표시된다. 어떤 포트폴리오가 n개의 증권으로 구성되어 있고, 각 주식에 투자한 금액이 총투자액에서 차지하는 비율을 $W_i(i=1,2,3\cdots n)$이라고 한다면, 이 포트폴리오의 기대수익률 $E(r_i)$는 다음의 식으로 나타난다.

(3-4) $$E(r_i)=\sum_{i=1}^{n} W_i\cdot\ r_i$$

(이때 $\sum_{i=1}^{n} W_i=1$, $E(r_i)$는 i 증권의 기대수익률)

2-2. 포트폴리오의 위험

포트폴리오의 위험, 즉 분산(또는 표준편차)은 구성증권의 분산(또는 표준편차)의 단순한 가중평균치가 아니라, 구성증권들의 수익률의 확률분포에 나타나는 상관관계를 고려해서 측정되어야 한다. 포트폴리오의 위험은 실제로 각 개별증권의 표준편차의 단순가중평균한 값보다 훨씬 작다. 포트폴리오의 위험을 나타내는 분산은 다음의 식으로 계산된다.

(3-5) $$\sigma_p^2=\sum_{i=1}^{n} W_i^2\sigma_i^2+\sum_{\substack{i=1\\ i\neq j}}^{n}\sum_{j=1}^{n} W_iW_jCov(r_i,r_j)$$

W_i : i증권의 투자 구성비율
W_j : j증권의 투자 구성비율
σ_i^2 : i증권의 미래수익률의 분산
σ_j^2 : j증권의 미래수익률의 분산
$Cov(r_i,r_j)$: i증권과 j증권의 미래수익률의 공분산

증권 i와 j의 수익률의 공분산(covariance)은 증권 i와 j가 공동으로 분산에 미치는 정도, 즉 두 수익률이 공통위험을 공유하는 정도를 나타내는 것으로 $Cov(r_i,r_j)$ 또는 σ_{ij}로 표시되며, 식(3-6)으로 측정된다.

(3-6) $$Cov(r_i,r_j)=\sum_{i=1}^{n}\sum_{j=1}^{n}[r_i-E(r_i)][r_j-E(r_j)]\cdot\ P(r_i,r_j)$$

$P(r_i,r_j)$: r_i와 r_j가 동시에 발생될 확률

공분산은 포트폴리오이론에서 매우 중요한 개념이다. 그 이유는 그것이 두 개의 수익률간의 상호 변화방향을 그 값에 반영함으로써 포트폴리오의 위험의 크기로서의 분산에 영향을 미치기 때문이다. 환언하면 공분산은 두 개 자산의 수익률변수가 그 기대치를 중심으로 같은 방향으로 움직일 경우(+) 값을 가지게 되고, 반대로 하나의 수익률변수가

그 기대치보다 높게 될 때 다른 수익률은 해당 기대치보다 낮은 경우처럼 서로의 변화 방향이 상반될 때 공분산의 값은 마이너스가 된다.

이 공분산의 값이(+) 값인가(−) 값인가에 따라 그것이 포트폴리오의 분산 값에 미치는 영향은 식(3−5)을 보면 쉽게 알 수 있다. 공분산의(−) 값이 크면 클수록 포트폴리오의 전체 분산은 줄어들고 따라서 그 수익률의 위험도는 감소한다. 다시 말해서 두 개의 투자자산에 대한 수익률의 동시확률분포가 그 변화방향이 서로 상반될 때 그 투자위험은 더 감소할 수 있다는 것이다.

그러나 현실적으로 공분산은 두 개 확률변수의 그 각각의 기대치를 중심으로 한 상호 변화 방향을 나타내 주기는 하지만 그 상관관계의 강도를 정확하게 표현하지 못한다.

이를 해결하는 것이 상관계수(correlation coefficient)라는 통계학적 측정이다. 개별 증권이 변동하는 방향에 대한 정도를 나타내는 것을 상관관계라 하고 방향의 정도를 측정하는 것을 상관계수라고 한다. r_i와 r_j간의 상관계수를 ρ_{ij}라며, 이는 다음과 같다.

(3-7) $$\rho_{ij} = \frac{Cov(r_i, r_j)}{\sigma_i \sigma_j}$$

r_i와 r_j의 공분산을 각각의 표준편차인 σ_i, σ_j로 나눈 값인 상관계수 ρ_{ij}는 $-1 \le \rho_{ij} \le 1$의 값을 갖는다. ρ_{ij}=1의 값을 가질 때 r_i와 r_j는 완전 정의 상관관계를 가져 r_i의 증가는 반드시 r_j의 상응한 증가를 가져오고, r_i의 감소는 항상 r_j의 감소와 함께 실현된다. 역으로 ρ_{ij}=−1인 경우, r_i r_j는 완전 부의 상관관계를 갖는다고 하며 ρ_{ij}=0인 경우는 그 변화가 상호 독립적이다.

이와 같은 상관관계의 정의와 그 의미를 토대로 우리는 포트폴리오의 분산을 공분산 대신 상관계수에 의하여 표현할 수 있다. 즉 공분산은

(3-8) $$Cov(r_i, r_j) = \rho_{ij}\sigma_i\sigma_j$$

이므로 식(3−5)은 다음과 같이 계산될 수 있다.

(3-9) $$\sigma_p^2 = \sum_{i=1}^{n} W_i^2\sigma_i^2 + \sum_{i=1}^{n}\sum_{\substack{j=1 \\ i\neq j}}^{n} W_i W_j \rho_{ij}\sigma_i\sigma_j$$

식(3−9)을 이용하여 두 증권으로 구성된 포트폴리오의 분산을 구하는 식은

(3-10) $$\sigma_p^2 = W_1^2\sigma_1^2 + W_2^2\sigma_2^2 + 2W_1W_2\rho_{12}\sigma_1\sigma_2$$

만일 포트폴리오가 세 종류의 증권으로 구성되어 있다면 이 포트폴리오의 분산을 측정

하는 계산식은

$$\sigma_p^2 = W_1^2\sigma_1^2 + W_2^2\sigma_2^2 + W_3^2\sigma_3^2 + 2W_1W_2\rho_{12}\sigma_1\sigma_2 + 2W_1W_3\rho_{13}\sigma_1\sigma_3 + 2W_2W_3\rho_{23}\sigma_2\sigma_3$$

이 될 것이다.

예제 3-2 포트폴리오의 기대수익과 분산

선풍기회사와 보일러회사의 주식을 예로 들어 보자. 날씨가 더우면 선풍기의 판매량이 증가하고 날씨가 추우면 보일러의 판매량이 증가한다. 아래 표는 기후상태에 따른 선풍기회사 주식과 보일러회사 주식의 미래수익률 r_1과 r_2의 확률분포를 나타내었다.

상 태	확 률	선풍기 회사(r_1)	보일러 회사(r_2)
더우날씨	0.2	50%	-20%
보통날씨	0.7	10%	20%
추운날씨	0.1	-40%	60%

위 표와 같은 수익률의 확률분포가 주어지면 우선 두 회사 주식에 대한 수익률의 기댓값, 분산, 표준편차를 다음과 같이 계산할 수 있다.

$E(r_1) = 0.2\times 50 + 0.7\times 10 + 0.1\times(-40) = 13\%$

$E(r_2) = 0.2\times(-20) + 0.7\times 20 + 0.1\times 60 = 16\%$

$\sigma_1^2 = 0.2\times(50-13)^2 + 0.7\times(10-13)^2 + 0.1\times(-40-13)^2 = 561\%^2$

$\sigma_1 = \sqrt{561} = 23.69\%$

$\sigma_2^2 = 0.2\times(-20-16)^2 + 0.7\times(20-16)^2 + 0.1\times(60-16)^2 = 464\%^2$

$\sigma_2 = \sqrt{464} = 21.54\%$

어느 투자자가 위 두 회사 주식에 투자금액의 절반씩을 투자하는 경우 ($w_1 = 0.5,\ w_2 = 0.5$) 이 포트폴리오의 기대수익률은 얼마인가?

$E(r_P) = (0.5)(13) + (0.5)(16) = 14.5\%$

이 두 회사 주식의 수익률간의 공분산과 상관계수는 어떻게 되는가?

$\sigma_{12} = E[(r_1 - E(r_1))(r_2 - E(r_2))]$

$= 0.2\times(50-13)(-20-16) + 0.7\times(10-13)(20-16) + 0.1\times(-40-13)(60-16) = -508\%^2$

$\rho_{12} = \dfrac{\sigma_{12}}{\sigma_1\cdot\sigma_2} = \dfrac{-508\%^2}{(23.69\%)(21.54\%)} = -0.996$

위 계산에서 보는 것처럼 공분산의 단위는 분산과 마찬가지로 $\%^2$이나, 상관계수는 단위와 상관이 없는 값으로 나타난다.

마지막으로 이 포트폴리오의 분산을 구하면 다음과 같다.

$$\sigma_P^2 = (0.5)^2(561) + (0.5)^2(464) + 2(0.5)(0.5)(-508) = 2.25\%$$

$$\sigma_P = \sqrt{2.25} = 1.5\%$$

이처럼 선풍기회사와 난방기회사 주식에 절반씩 투자하여 포트폴리오를 구성한 경우 개별주식 각각에 전액을 투자하는 경우에 비해 투자 위험이 크게 줄어든 것을 확인할 수 있다.

3. 분산효과와 포트폴리오 위험

만일 여러분의 포트폴리오가 오직 하나의 주식, 예를 들어 에어컨회사 한 종목만으로 구성되어 있다고 하자. 이때 이 포트폴리오에 영향을 미치는 위험의 원천은 무엇일까? 이 포트폴리오에 영향을 미치는 위험은 두 가지로 구분할 수 있다.

첫째, 경기순환, 인플레이션, 금리, 환율 등과 같은 일반적인 경제 여건의 불확실성으로 인해 발행하는 위험이 있다.

둘째, 에어컨회사만의 요인들, 예를 들어 여름에 저온현상이 오래 지속되는 경우 에어컨이 안 팔리게 되는 이 회사만 갖는 특유의 위험이 있다.

이때 시장 전체에 미치는 위험을 시장위험(market risk)이라 하며, 개별종목에만 미치는 위험을 개별위험(firm-specific risk)이라 한다.

만일 위의 포트폴리오에 또 한 종목, 예를 들어 보일러회사의 주식을 추가하여 반반씩 투자한다면 포트폴리오의 위험은 어떻게 될까? 앞의 계산식에서 본 바와 같이 추운 날씨에 따른 에어컨 판매부진의 위험은 보일러 판매증가로 상쇄되고, 더운 날씨에 따른 보일러 판매부진의 위험은 에어컨의 판매증가로 상쇄될 수 있다. 이처럼 두 종목이 완전히 같은 방향으로 움직이지 않는 한 개별위험은 서로 상쇄될 수 있기 때문에 전체 포트폴리오의 위험은 줄어든다. 여기에 그치지 않고 계속 종목 수를 늘려 가면 어떻게 될까? 종목 수를 증가시키면 개별위험들이 서로 상쇄되기 때문에 포트폴리오의 전체 위험은 계속 줄어들게 된다. 이와 같이 포트폴리오에 포함되는 종목 수를 늘릴 때 포트폴리오 위험이 감소하는 현상을 분산효과(distribution effect)라고 한다.

그러나 포트폴리오의 종목 수를 아무리 늘려도 모든 위험을 제거할 수 있는 것은 아니다. 왜냐하면 포트폴리오 전체에 공통적으로 영향을 미치는 시장위험은 사라지지 않기 때문이다. 즉 앞의 예에서 날씨에 따른 기업 고유의 위험은 서로 상쇄시킬 수 있어도 전체 경기가 침체한 경우의 위험은 서로 상쇄시킬 수 없다는 얘기이다. 이와 같이 종목 수를 늘려도 제거되지 않는 위험을 분산불능위험 또는 체계적 위험(systematic risk)이라 하고, 종목 수를 늘림에 따라 줄어드는 위험을 분산가능위험 또는 비체계적 위험(unsystematic risk)이라 한다. 분산효과와 체계적 위험, 비체계적 위험을 표시하면 [그림 3-1]과 같다.

▮그림 3-1▮ 분산효과

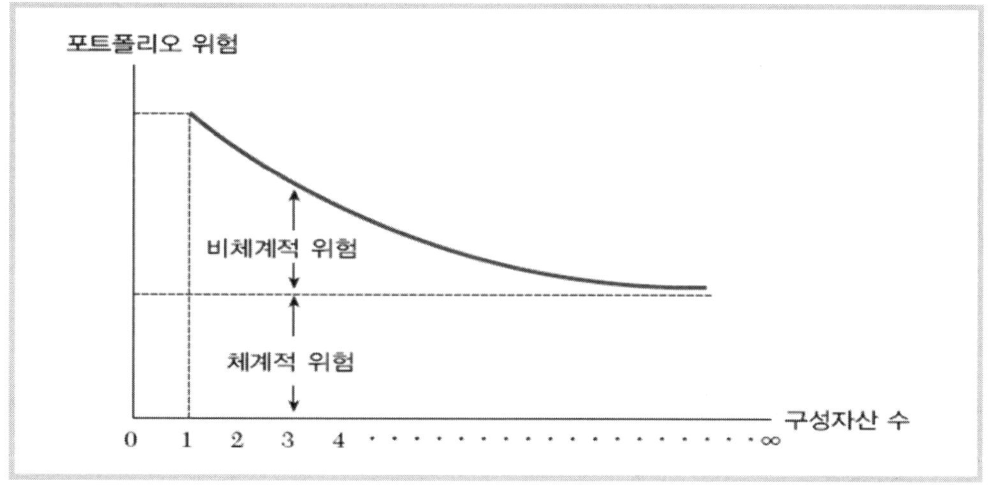

이를 수식으로 설명해 보면 나음과 같나.

포트폴리오의 분산식 식(3-9)을 다시 적으면

(3-11) $$\sigma_p^2 = \sum_{i=1}^{n} W_i^2\sigma_i^2 + \sum_{i=1}^{n}\sum_{\substack{j=1 \\ i\neq j}}^{n} W_i W_j \rho_{ij}\sigma_i\sigma_j$$

= 개별증권의 고유위험 + 타 증권과의 공분산위험

$$= \sum_{i=1}^{n}(\frac{1}{n})^2\sigma_i^2 + \sum_{i=1}^{n}\sum_{j=1}^{n}(\frac{1}{n})(\frac{1}{n})\sigma_{ij}$$ (가중치가 동일하다고 가정)

$$= (\frac{1}{n})^2\sum_{i=1}^{n}\sigma_i^2 + (\frac{1}{n^2})\sum_{i=1}^{n}\sum_{j=1}^{n}\sigma_{ij}$$

여기서 개별종목의 분산의 평균을 $\overline{\sigma^2}$, 공분산의 평균을 $\overline{\sigma_{ij}}$라고 표시하자.

n개 종목으로 포트폴리오가 구성될 때 분산은 n개이고, 공분산은 n(n−1)개이므로 좌변 첫째 항에서 $\sum\sigma_i^2 = \overline{\sigma^2}\times n$이고, 둘째 항에서 $\sum\sigma_{ij} = \overline{\sigma_{ij}}\times[n(n-1)]$이 된다. 따라서 식(3−11)은 다음과 같이 다시 쓸 수 있다.

(3-12) $$\sigma_p^2 = (\frac{1}{n})^2\sigma^2\cdot\ n + (\frac{1}{n^2})\overline{\sigma_{ij}}\cdot\ n(n-1) = (\frac{1}{n})\cdot\ \overline{\sigma^2} + (1-\frac{1}{n})\overline{\sigma_{ij}}$$

식(3−12)에서 n이 증가함에 따라 우변의 첫째 항은 영의 값에 가까워지고, 둘째 항은 공분산평균 $\overline{\sigma_{ij}}$에 가까워 짐을 알 수 있다.

(3-13) $$\lim_{n \to \infty}[\frac{1}{n}(\overline{\sigma^2} - \overline{\sigma_{ij}}) + \overline{\sigma_{ij}}] = \overline{\sigma_{ij}}$$

결국 포함되는 종목의 수가 계속 증가할수록 개별증권의 위험이 포트폴리오 위험에 미치는 영향은 감소하고 포트폴리오 위험은 각 종목들 간의 공분산의 평균에 접근해 간다. 여기서 분산투자의 구성종목 수 n을 무한대로 증가시켜도 줄어들지 않는 위험이 있음을 알 수 있는데 이는 증권시장 전반의 공통적 요인에 의해서 야기되는 위험으로서 체계적 위험 또는 분산불능위험이라고 부른다.

4. 체계적 위험과 베타

4-1. 체계적 위험 원칙

우리는 앞에서 위험은 체계적 위험과 비체계적 위험으로 구분되며 비체계적 위험의 경우에는 분산투자를 통해서 언제든지 제거할 수 있는 위험이기 때문에 문제가 안된다고 배웠다. 다시 말해 비체계적 위험은 비용을 들이지 않고 제거할 수 있는 위험이기 때문에 기대수익률, 즉 위험프리미엄에 영향을 미쳐서는 안 된다는 것이다. 따라서 우리는 다음과 같은 중요한 원칙을 발견하게 되었다.

☞ 체계적 위험 원칙 : 개별자산의 기대수익률은 그 자산의 체계적 위험에 비례한다.

4-2. 체계적 위험의 측정 : 베타

개별자산의 체계적 위험은 어떻게 측정할 수 있을까? 체계적 위험은 시장위험이라고 했는데 금리의 변화나 GDP성장률의 변화와 같이 시장 전체에 미치는 위험이다. 따라서 개별자산의 체계적 위험은 시장 전체의 변화에 대해 개별자산이 얼마나 민감한가를 의미하는 것인데, 이는 베타계수(beta coefficient)로 측정된다. 개별자산의 체계적 위험이 그리스 문자인 베타(β)로 측정되는 것은 회귀분석(regression analysis)에서 시장 움직임을 나타내는 변수를 독립변수로 하고 개별자산의 움직임을 종속변수로 삼으면 기울기인 베타 값이 결국 시장 움직임에 대한 개별자산의 민감도를 나타내기 때문이다.

이 회귀식은 $r_{it} = \alpha_i + \beta_i r_{mt} + \epsilon_{it}$으로 주어지는데 이를 시장모형이라고도 한다. 이때

r_{it}는 t시점의 i자산 수익률을 의미하고, r_{mt}는 t시점의 시장포트폴리오 수익률을 의미한다. 시장포트폴리오는 시장 전체 자산으로 구성된 포트폴리오를 의미하지만 보통 종합주가지수(예: KOSPI 등)로 대용된다.

시장포트폴리오의 위험에서 개별주식 i가 차지하는 위험의 크기는 시장포트폴리오와 개별주식 i 사이의 공분산(σ_{im})으로 측정될 수 있다. 공분산(σ_{im})은 분산불가능한 위험으로서 위험의 척도로 적절하다. 그런데 우리가 일반적으로 개별주식 i의 체계적 위험을 정의할 때에는 σ_{im}을 시장포트폴리오의 위험인 σ_m^2으로 나누어 나타낸다. 즉, 시장포트폴리오의 위험 중에서 개별주식 i와 관련된 위험의 크기를 시장포트폴리오의 위험에 대한 상대적인 비율로 나타내고, 이를 베타(β)라 부른다.

(3-14) 개별주식 i의 체계적 위험(β_i) $= \dfrac{\sigma_{im}}{\sigma_m^2}$

식(3−14)으로 정의되는 체계적 위험을 베타로 부르는 이유는 식(3−14)의 결과가 시장포트폴리오의 기대수익률 $E(r_m)$과 개별주식 i의 기대수익률 $E(r_i)$의 관계를 식(3−15)과 같은 직선관계로 추정할 경우의 기울기 β_i와 같기 때문이다.

(3-15) $E(r_i) = \alpha_i + \beta_i E(r_m)$

식(3−15)에서 보는 것과 같이 기울기 β_i는 시장포트폴리오의 기대수익률 $E(r_m)$의 변화에 대한 개별주식 i의 기대수익률 $E(r_i)$의 변화 정도가 얼마나 민감한가를 보여준다. KOSPI와 같은 시장 인덱스(또는 시장 포트폴리오)의 경우에는 베타가 1이다. 만약 베타가 2인 주식이 있다면 그 주식은 평균적으로 시장 움직임의 두 배의 크기로 움직인다고 할 수 있는데, 예를 들어 시장이 10% 오른다면(내린다면) 그 주식은 20% 오른다고(내린다고) 할 수 있다. 만약 베타가 0.5인 주식이 있다면 그 주식은 시장의 움직임에 비해 절반 정도 움직임을 의미한다. 전문가들은 1보다 큰 베타 값을 갖는 주식을 공격적인 주식이라 하고, 1보다 작은 베타 값을 갖는 주식을 방어적인 주식이라 한다.

이러한 주식의 베타는 회귀식으로 부터 직접 계산할 수도 있고, 또 증권회사나 증권유관기관으로부터 쉽게 구할 수 있다. 그러나 한 가지 주의할 점은 베타 값은 시간의 흐름에 따라 변하고 또한 추정기간에 따라 큰 차이가 나기 때문에 값의 안정성 문제가 있다는 것이다. 따라서 베타 값을 사용할 때에는 추정기간(과거 자료)과 사용기간(거래 기간)을 잘 고려해서 사용하여야 한다.

4-3. 총 위험과 체계적 위험

〈표 3-2〉과 같은 표준편차와 베타를 갖는 증권 A와 B가 있다고 하자. 어떤 증권의 총 위험이 큰가? 어떤 증권의 체계적 위험이 큰가? 어떤 증권의 위험프리미엄이 높을까?

▮표 3-2▮ 증권 A와 증권 B의 표준편차와 베타

	표준편차	베타
증권 A	40%	0.5
증권 B	20%	1.5

총 위험은 표준편차로 측정되기 때문에 증권 A의 총 위험이 더 크다. 그리고 체계적 위험은 베타로 측정되기 때문에 증권 B의 체계적 위험이 더 크다. 증권 A의 총 위험은 큰데 체계적 위험이 작다는 것은 증권 A의 비체계적 위험이 매우 크다는 것을 의미한다. 왜냐하면 총 위험은 체계적 위험과 비체계적 위험의 합이기 때문이다. 마지막으로 체계적 위험원칙에 의해 개별증권의 위험프리미엄은 베타에 비례하기 때문에, 베타가 큰(비록 총 위험은 작지만) 증권 B의 위험프리미엄이 더 높다.

5. 자본자산가격결정모형(CAPM)

우리는 앞에서 분산효과에 대해서 공부했는데, 포트폴리오에 포함된 종목 수를 아무리 늘려도 모든 위험이 제거되지 않는다는 사실을 살펴보았다. 마코위츠[3]의 제자로서 그와 함께 1999년 노벨 경제학상을 수상한 샤프는 린트너, 블랙과 함께 위험 중 어떤 부분이 분산으로 제거될 수 있으며 어떤 부분이 제거될 수 없는지를 연구하게 되었는데, 이의 결과를 자본자산가격결정모형(Capital Asset Pricing Model : CAPM)이라 한다.

CAPM의 기본적인 논리는 분산으로 인하여 제거될 수 있는 위험을 부담하는 것에 대해서는 위험프리미엄이 존재하지 않는다는 것이다. 앞에서 우리는 위험과 수익률 간에는 교환관계(risk-return tradeoff)가 있어서 수익률을 높이기 위해서는 위험을 추가적으로 부담하여야 한다고 하였는데, CAPM에 의하면 이때 포트폴리오의 수익률을 높이기 위해서는 분산으로 제거될 수 없는 위험, 즉 체계적 위험을 증가시켜야 한다는 것이다.

추가적인 위험부담에 대하여 투자자들이 보다 많은 수익률을 요구한다는 것은 새로운 사실이 아니다. 그러나 과거에는 수익률이 증권에 내재된 총 위험(total risk)와 관련된 것

3) 현대포트폴리오 이론의 창시자

으로 여겨졌으나 새로운 이론에 의하면 수익률이 총 위험이 아닌 체계적 위험(systematic risk)과 관련된다는 것이다.

이를 보다 쉽게 이해하기 위해 각각 20개의 종목으로 구성된 두 개의 포트폴리오, 즉 포트폴리오 A와 포트폴리오 B가 있다고 하자. 포트폴리오를 구성하고 있는 각 증권의 베타가 1이라고 하면 두 포트폴리오 모두 베타가 1이 된다. 그런데 포트폴리오 A에 포함된 종목들의 개별위험이 포트폴리오 B에 포함된 종목들의 개별위험보다 훨씬 높다고 가정한다면, 포트폴리오 A의 총 위험이 포트폴리오 B의 총 위험보다 훨씬 커질 것이다.

CAPM 이전 이론에 의하면 포트폴리오 A의 위험이 포트폴리오 B의 위험보다 크기 때문에 포트폴리오 A에 대한 수익률이 더 높아야 할 것으로 보이나, CAPM에 의하면 분산효과에 의해 제거가 가능한 개별위험은 문제가 되지 않으므로 두 포트폴리오의 수익률은 같아야 한다는 것이다.

만일 두 포트폴리오의 위험이 같은데 포트폴리오 A의 수익률이 포트폴리오 B보다 높다면 어떤 일이 벌어질까? 사람들은 포트폴리오 B를 처분하고 포트폴리오 A를 사려고 할 것이다. 이렇게 되면 포트폴리오 A의 가격은 오르고 포트폴리오 B의 가격은 하락하게 될 것이며, 따라서 포트폴리오 A의 수익률은 떨어지고 포트폴리오 B의 수익률은 오르게 되는데 두 수익률이 같아질 때까지(균형에 이를 때까지) 이러한 과정이 진행될 것이다. 다시 말해, 시장이 균형상태를 이루려면 모든 자산들이 [그림 3-2]의 직선상에 위치하여야 한다는 것이다. 이 직선을 증권시장선(Security Market Line : SML)이라 하고 이를 식으로 표시한 것을 CAPM이라 한다.

▌그림 3-2▐ 증권시장선

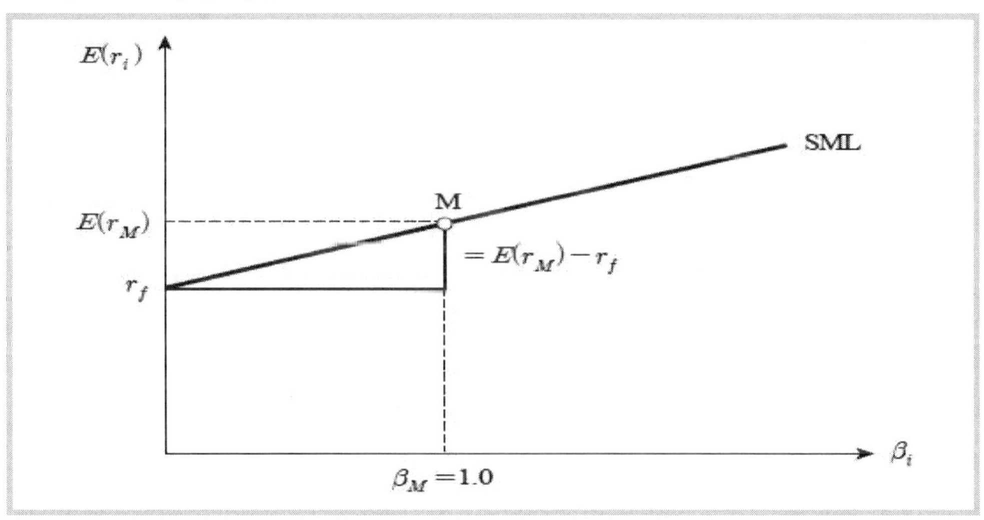

CAPM 이론의 핵심적 관계는 위 그림에 잘 나타나 있다. 개별증권의 베타위험이 커지면 투자자들이 그 증권에 대해서 기대하는 수익률도 증가한다는 것이다. 만약 투자자의 포트폴리오가 0의 베타 값을 갖는다면(국채에 투자하듯이), 그 투자자는 무위험이자율에 해당하는 수익률을 기대하게 된다. 그러나 투자자가 보다 많은 위험을 부담한다면 기대수익률은 증가하게 된다. 예를 들어, 베타 값이 1인 뮤추얼펀드에 가입한다면 그 투자자는 종합주가지수와 같은 수익률을 얻게 될 것이다. 마찬가지로 포트폴리오의 베타 값을 적절히 조정함으로써 원하는 기대수익률을 달성할 수 있다.

한편 [그림 3-2]의 증권시장선은 무위험이자율을 절편으로 하고 시장 기대수익률에서 무위험이자율을 뺀 시장위험프리미엄을 기울기[4]로 하는 직선이므로 이를 식으로 나타내면 다음과 같고 이를 자본자산가격결정모형(CAPM)이라 한다.

(3-16) $$E(r_i) = r_f + \beta_i \times [E(r_M) - r_f]$$

즉, 개별증권의 기대수익률은 무위험이자율과 해당 증권의 위험프리미엄의 합계로 구해지는데, 해당 증권의 위험프리미엄은 시장위험프리미엄(=$E(r_M) - r_f$)에 해당 증권의 시장에 대한 민감도를 의미하는 베타를 곱함으로써 구할 수 있다는 것을 의미한다.

예제 3-3 개별자산에 대한 기대수익률의 계산

문제

시장포트폴리오의 위험프리미엄이 9%이고 무위험이자율이 5%라고 가정하고, 삼정기업 주식의 베타값이 1.3으로 추정되었다고 하자. 이 주식에 대한 요구수익률[5]은 얼마인가?

풀이

식(3-16)에 주어진 정보를 대입하면, $E(r_i) = r_f + \beta_i \times$[시장위험프리미엄] =5%+1.3×9%=16.7%이다. CAPM에 의하면 베타가 1.3인 삼정기업의 주식에 대해서 16.7%의 수익률을 요구하는 것이 적정하다는 것이다.

---

4) 증권시장선의 기울기는 $\frac{E(r_M) - r_f}{1-0} = E(r_M) - r_f$이다.

5) CAPM에 의해 계산된 기대수익률은 요구수익률(required return)이라 부르기도 한다. 이는 시장에서 예상하는 수익률이 아니라 시장이 균형일 때 해당 자산이 제공해야 하는 적정수익률의 의미이다

또한 CAPM은 자본예산 의사결정에도 유용하게 사용될 수 있다. 만약 어떤 기업이 새로운 프로젝트를 구상하고 있다면 투자자들이 이 프로젝트에 대해 요구하는 수익률을 계산하는데 CAPM을 활용할 수 있다. 투자자들은 프로젝트의 자본비용을 구하는데 CAPM을 사용한다.

예제 3-4 CAPM과 자본예산

문제

파워기업은 신제품을 구상하고 있는데 이 신제품의 사업전망은 14%의 내부수익률(IRR)이 예상된다. 조사 결과 이와 유사한 사업의 경우 베타값이 1.3으로 추정되었다. 만약 무위험이자율이 4%이고 시장위험프리미엄이 8%라면 이 프로젝트의 자본비용은 얼마가 될까? 또한 이 사업은 사업성이 있는가? 파워기업은 이 사업추진을 위해 주식으로만 자금을 조달한다고 가정한다.

풀이

이 프로젝트는 주식으로만 자금을 조달하므로 주식의 자본비용을 내부수익률과 비교하면 된다. 자본비용은 4%+1.3×8%=14.4%이다. 내부수익률이 자본비용율을 넘지 못하므로(NPV 값이 0보다 작으므로) 이 프로젝트는 추진하지 말아야 한다.

연습문제

1. 주택가격의 하락위험을 없애기 위해 당신은 자신의 집을 3개월 후 $100,000에 팔기로 하였다. 3개월 후 실제로 집을 양도할 당시 집 가격의 시세는 $150,000였다. 당신은 가격하락의 위험을 없애기 위해 행한 자신의 의사결정을 질책해야 하는가?

2. 주식 A와 B가 다음과 같은 수익률을 갖는다.

	주식 A	주식 B
1	0.10	0.06
2	0.07	0.02
3	0.15	0.05
4	−0.05	0.01
5	0.08	−0.02

a. 두 주식의 기대수익률은 각각 얼마인가?

b. 두 주식 수익률의 표준편차는 각각 얼마인가?

c. 두 주식의 상관계수가 0.460이라면, A에 70%, B에 30% 투자된 포트폴리오의 기대수익률과 표준편차는 얼마인가?

3. A, B, C 세 증권의 기대수익률과 분산에 관한 자료는 다음과 같다.

증권	기대수익률	분 산		
		A	B	C
A	15%	500%	100%	100%
B	13%	100%	700%	200%
C	13%	100%	200%	900%

A, B, C 세 증권으로 포트폴리오를 구성하려 한다. 세 증권의 투자비율이 각각 60%, 30%, 10%일 때 이 포트폴리오의 기대수익률과 위험을 계산하시오

4. 주식 A와 주식 B의 기대수익률과 분산은 각각 다음과 같다.

$E(r_A)=0.2,\ \sigma_A^2=0.1$

$E(r_B)=0.3,\ \sigma_B^2=0.2$

a. 두 주식 사이의 상관계수가 -0.5일 때, 총투자자금 중 60%를 주식 A에 투자하고 그 나머지 40%를 주식 B에 투자하여 구성한 포트폴리오의 기대수익률과 분산을 계산하시오.
b. 두 주식 사이의 상관계수가 -0.6일 때, 총투자자금 중 60%를 주식 A에 투자하고 그 나머지 40%를 주식 B에 투자하여 구성한 포트폴리오의 기대수익률과 분산을 계산하시오.
c. 상관계수가 포트폴리오의 분산에 미치는 영향을 설명하시오

5. $200의 투자자금을 가지고 있는 투자자가 투자할 수 있는 주식 X와 Y의 미래수익률에 관한 자료는 다음과 같다.

확률	주식 X의 수익률	주식 Y의 수익률
0.2	18%	0%
0.2	5	−3
0.2	12	15
0.2	4	12
0.2	6	1

a. 각 주식의 기대수익률, 분산 그리고 표준편차를 구하라
b. 두 주식간의 공분산과 상관계수를 구하라.

6. 현재 시장에는 N개의 증권이 존재한다. 모든 증권의 기대수익률은 0.1이며, 모든 증권의 분산은 0.02이다. 그리고 증권간의 공분산은 증권에 관계없이 모두 0.07이다.

a. 시장에 존재하는 N개의 증권을 모두 포함하는 동일 가중포트폴리오의 기대수익률과 분산을 구하시오(이 경우 각 증권의 구성비율은 모두 1/N로서 동일하다)
b. N이 점차 커짐에 따라 문제 a에서 구한 분산은 어떻게 되겠는가?
c. 적절하게 분산투자된 포트폴리오의 분산을 결정할 때 가장 중요한 증권의 특성은 무엇인가?
d. 무위험자산이 존재하고 동질적 기대가정이 성립하는 경우 합리적인 모든 투자자들은 항상 시장포트폴리오를 선택하게 된다. 이와 같은 경우 투자자가 고려해야 하는 개별증권의 위험은 무엇인가?

7. 무위험 이자율이 4%이고, 시장 포트폴리오는 10%의 기대수익률과 16%의 표준편차를 가지고 있다. 대한기업 주식의 베타는 0.32이다. 이 주식의 기대수익률은 얼마인가?

8. 주당 $100인 주식을 매입하려고 한다. 무위험이자율은 4.5%이고, 시장 위험프리미엄은 6%이다. 연말에 주가가 $117로 오를 것으로 생각한다면, 이러한 기대가 CAPM과 일관성

이 있기 위해 베타는 얼마가 되어야 하는가?

9. 베타가 1.2인 주식을 분석하고 있다. 내년에 무위험 이자율은 5%이고, 시장 위험프리미엄은 6%로 추정된다. 이 주식이 내년에 11%의 수익률을 가질 것으로 기대한다면 이 주식을 매입해야 하는가? 그 이유를 설명하시오

10. 무위험자산과 시장포트폴리오로 구성된 포트폴리오 P의 기대수익률은 25%이다. 그 기대수익률은 다음과 같은 가정하에서 계산되었다.

(가정)

무위험이자율 = 5%

시장포트폴리오의 기대수익률 = 20%

포트폴리오 P의 표준편차 = 4%

이와 같은 상황에서 다음의 물음에 답하시오.

a. 포트폴리오 P와 시장포트폴리오 사이의 상관계수를 구하시오

b. 포트폴리오 P의 베타를 구하시오

c. 시장과의 상관계수가 0.5이고 표준편차 2%인 증권의 기대수익률을 구하시오.

제 2 부

기업투자와 금융

제 4 장 재무제표와 재무비율분석
제 5 장 기업투자안 분석

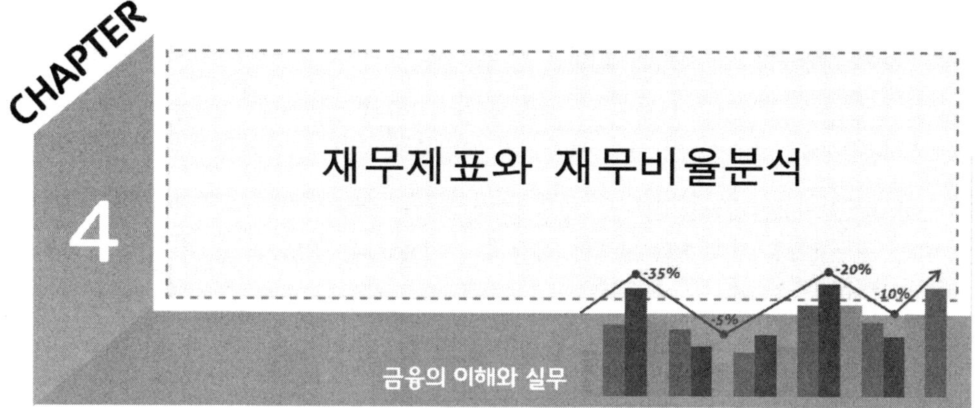

기업의 재무의사 결정자들은 연간 또는 분기마다 공시되는 재무제표로부터 사업이나 조직에 대한 유용한 정보를 얻게 된다. 재무제표에는 대차대조표, 손익계산서 그리고 현금흐름표가 있다. 이러한 재무제표는 관련 전문가에 의해 일정한 회계원칙에 따라서 작성 · 공표되는 것이므로 회계원칙에 대한 이해가 반드시 있어야 한다.

이번 장에서는 재무제표에 대한 기본적인 사항과 이를 근거로 만들어지는 재무비율에 대해 살펴본다. 재무제표와 재무비율은 기업의 재무건전성과 성과를 평가하는데 중요한 사항으로 기업이 자금을 조달하는데 있어서, 그리고 기업에 투자 또는 대출하는 투자자 또는 금융기관 등의 의사결정시 기초 자료가 된다.

제1절 재무제표[1]

1. 재무제표의 기능

재무제표는 크게 세 가지 측면에서 경제적 기능을 수행한다.

첫째, 재무제표는 주주들과 채권자들에게 회사의 현재 상황과 과거의 재무성과에 대한 정보를 제공한다. 공시된 재무제표가 기업의 성과에 대한 충분한 정보를 제공해 주지는 않지만 적어도 주의 깊게 살펴봐야 할 경영활동에 대한 중요한 단서를 제공해 줄 수는 있다. 그리고 정확한 회계감사가 이루어진다면 부실경영에 대한 감시와 단속이 가능해진다.

1) Robert c. Merton, Zvi Bodie, David L. Cleeton, 재무의 이해 (시그마프레스, 2009) 참조

둘째, 재무제표는 주주와 채권자들에게 행동지침을 제공해 주고, 기업 경영자에게 어떠한 제약조건을 부과할 것인가에 대한 정보를 제공해 준다. 재무제표는 경영진이 경영목표를 설정하는 경우에도 이용된다. 예를 들어, 이사회는 회계적 이익성장률 또는 자기자본수익률(ROE)을 기준으로 특정 목표치를 설정하곤 한다. 채권자들은 종종 유동부채에 대한 유동자산의 비율을 일정 수준 이상 유지하도록 하는 제약을 경영자에게 부과한다.

셋째, 재무제표는 재무계획 수립에 유용하게 이용된다. 경영자들은 추정 손익계산서, 추정 대차대조표와 추정 현금흐름표를 작성함으로써 프로젝트별로 계획의 일관성을 점검할 수 있고 그에 따르는 재무계획을 수립하게 된다.

2. 대차대조표

대차대조표는 일정 시점에서 기업의 자산과 부채의 현황을 보여 준다. 자산과 부채의 차액은 기업의 순가치, 즉 소유주 지분이 된다. 주식회사에 있어서는 순가치를 자기자본이라고 부른다.

공시된 대차대조표에 나타난 자산과 부채의 가치 그리고 순가치는 일반적 회계원칙에 의해 과거 역사적 원가로 측정된 것이다. 각 국가별로 적용되는 회계원칙이 있으며, 회계원칙은 시간의 흐름에 따라 일부 기준이 수정되기도 한다. 어느 나라의 거래소에 상장하기를 원하는 외국기업들은 그 나라 회계기준에 맞게 회계처리를 해야 하며, 정기적으로 그 나라 증권관리위원회에 재무제표를 제출해야 한다.

〈표 4-1〉에는 A기업의 두 기간에 대한 대차대조표가 주어져 있다.

▌표 4-1▌ A 기업의 대차대조표(12월 31기준)

(단위 : $백만)

자 산	20x0	20x1	변화분
유동자산			
현금과 시장성 유가증권	100.0	120.0	20.0
매출채권	50.0	60.0	10.0
재고자산	150.0	180.0	30.0
유동자산 총계	300.0	360.0	60.0
설비자산	400.0	490.0	90.0
감가상각 누계액	100.0	130.0	30.0
순설비자산	300.0	360.0	60.0
자산총계	600.0	720.0	120.0

부채와 자본금	20x0	20x1	변화분
유동부채			
매입채무	60.0	72.0	12.0
단기부채	90.0	184.6	94.6
유동부채 총계	150.0	256.6	106.6
장기부채	150.0	150.0	0.0
자본금	300.0	313.4	13.4
납입자본금	200.0	200.0	0.0
유보이익	100.0	113.4	13.4
부채와 자본금	600.0	720.0	120.0

먼저 20x0년 12월 31일자 대차대조표를 살펴보자.

대차대조표의 첫 번째 부분에는 자산항목들이 나열되어 있는데, 1년 안에 현금화될 수 있는 현금과 기타 현금 등가물로 정의되는 유동자산부터 차례로 나열되어 있다. A기업의 경우 현금과 시장성 유가증권의 합은 $100,00,000 임을 알 수 있다. 다른 유동자산을 살펴보면, 고객들이 A기업에서 갚아야 하는 매출채권이 $50,000,000이고 재고자산이 $150,000,000이다. 재고자산은 원재료, 재공품 그리고 완제품으로 구성되어 있다.

다음으로 고정자산을 살펴보면, 고정자산은 설비자산으로 구성되어 있는데 감가상각비를 고려한 후 순가치는 $300,000,000이다. 따라서 총자산은 $600,000,000가 된다.

다음은 A기업의 부채를 살펴보자. 1년 안에 상환해야 하는 부채는 유동부채라고 한다. A기업의 경우 유동부채는 부품공급업자에게 갚아야 하는 매입채무가 $60,000,000이고 기타 단기부채가 $90,000,000이다.

유동자산과 유동부채의 차액을 순운전자본이라고 하는데 대차대조표상에 별도의 항목으로 표시하지는 않는다. A기업의 경우 20x0년 말 현재 유동자산 $300,000,000에서 유동부채 $150,000,000를 차감한 금액 $150,000,000가 순운전자본이 된다.

A기업의 다른 부채항목으로는 고정부채가 있는데 이는 만기가 20x7년이고 액면금액은 $150,000,000이다. 액면이자율은 연간 8%로 고정되어 있으며 이에 따라 연간 이자비용으로 $12,000,000가 지출된다. 이러한 이자비용은 손익계산서에 반영된다.

마지막으로 살펴볼 항목은 자본금 항목이다. 과거 주식발행을 통해 조달한 납입자본금은 $200,000,000이고 영업활동을 통해 획득한 순이익 중 사외로 유출되지 않고 남아 있는 유보이익은 $100,000,000이다.

이제 20x0년 말에서 20x1 말에 걸쳐서 A기업의 대차대조표에 나타난 변화들을 살펴보자. 그동안 총자산은 20% 증가했는데 매입채무도 같은 기간에 20% 증가하였다. 단기부채는 $94,600,000 증가했고, 장기부채는 $150,000,000에서 변화가 없다. 자본금은 $13,400,000만큼 증가했는데 이것은 순이익 증가분이며, 새로운 주식발행을 통한 자금조달은 없었기 때문에 납입자본금에도 변화가 없다.

3. 손익계산서

손익계산서는 일정 기간(대개의 경우 1년) 기업의 수익성이 어떠했는가를 요약해 놓은 재무제표이다.

▌표 4-2▌ A 기업의 손익계산서(20x1년)

(단위 : $백만)

매출액	200.0
매출원가	(110.0)
매출총이익	90.0
판매 및 일반관리비	(30.0)
영업이익	60.0
이자비용	(21.0)
세전이익	39.0
법인세	(15.6)
순이익	23.4
순이익처분 :	
배당	10.0
유보이익 증가분	13.4

〈표 4-2〉에서 보면 20x0년도 A기업은 매출액이 $200,000,000이고 순이익이 $23,400,000임을 알 수 있다.

비용항목은 네 개의 항목으로 구성되어 있다. 첫째 항목은 매출원가인데 이것은 1년간 제조해서 판매한 제품생산에 소요된 원가로서 원재료비, 노무비 등이 포함되며 금액으로는 $110,000,000이다. 매출수익에서 매출원가를 차감한 금액은 매출총이익이라고 하고 A기업의 20x1년도 매출총이익은 $90,000,000로 나타나 있다.

두 번째 항목은 판매 및 일반관리비이다. 이것은 기업을 경영하면서 일반적으로 소요되는 비용을 말하는데 대표적인 항목으로는 경영진들의 임금과 마케팅비용 등을 들 수 있다. 매출총이익에서 판매 및 일반관리비를 차감한 것을 영업이익이라고 한다. 판매관리비가 $30,000,000이므로 영업이익은 $60,000,000가 된다.

세 번째 항목은 부채사용에 따른 이자비용 $21,000,000인데 이 금액을 영업이익에서 차감하면 세전이익 $39,000,000를 얻게 된다.

네 번째 항목은 법인세 비용이다. A기업이 부담하는 법인세율은 40%이므로 법인세 비용은 $15,600,000이다. 그러므로 법인세를 차감한 순이익은 $23,400,000가 된다.

손익계산서에는 배당지급액도 나타나는데 A기업의 경우 $10,000,000를 배당으로 지급했음을 알 수 있다. 따라서 유보이익은 $13,400,000가 되고 이 금액만큼 대차대조표상의 주주지분은 증가하게 된다. 여기서 중요한 점은 유보이익 $13,400,000가 현금형태로 회사에 남아 있는 것이 아니라는 것이다. 즉 순이익은 현금흐름과 일치하지는 않는다.

4. 현금흐름표

현금흐름표는 회계기간 현금의 유출입 현황을 보여주는 재무제표로서 수익과 비용 내역을 보여주는 손익계산서와는 다르다.

현금흐름표는 두 가지 측면에서 손익계산서를 보완해 주는 역할을 한다. 첫째, 현금흐름표는 현금의 유출입 자체에 초점이 맞춰져 있다. 아무리 수익성이 좋은 기업이라 하더라도 현금유동성 문제에 직면하게 되면 곤란을 겪게 마련이다. 따라서 현금흐름표는 경영자와 외부 이해관계자들에게 현금 유출입에 대한 계획 수립을 가능하게 하므로 현금유동성에 관한 통제가 가능하게 된다. 흔히 고속성장을 하고 있는 수익성이 좋은 기업의 경우 현금부족에 직면하는 경우가 많아 재무적 곤경에 처하는 경우가 종종 있다.

손익계산서의 경우는 수익과 비용에 대한 인식의 문제가 있지만 현금흐름표는 이러한 인식의 문제는 발생하지 않는다. 손익계산서는 발생주의 회계원칙에 따라 작성되므로 수익과 비용이 기록되는 시점에서 반드시 현금의 유출입이 발생하는 것은 아니다. 기업이 보고하는 순이익은 기업이 채택하는 회계원칙에 따라 영향을 받게 된다. 재고자산의 평가방법이라든가 유무형자산에 대한 감가상각 방법에 따라 순이익의 크기는 달라질 수 있는 것이다.

그러나 현금흐름표는 발생주의 회계에 의한 의사결정에 영향을 받지 않는다. 그러므로 현금흐름표와 손익계산서를 비교해 보면 이러한 회계의사결정이 미치는 영향을 파악할 수 있게 된다.

이제 〈표 4-3〉에 주어진 A기업의 현금흐름표를 예로 들어 살펴보기로 하자. 현금흐름표는 크게 세 부문으로 나누어 볼 수 있다. 즉 영업활동으로 인한 현금흐름, 투자활동으로 인한 현금흐름 그리고 재무활동으로 인한 현금흐름으로 나눌 수 있다.

▌표 4-3▌ 20x1년 A 기업의 현금흐름표

(단위 : $백만)

영업활동으로 인한 현금흐름	
순이익	23.4
+ 감가상각비	+30.0
− 매출채권 증가액	−10.0
− 재고자산 증가액	−30.0
+ 매입채무 증가액	+12.0
총현금흐름액	25.4
투자활동으로 인한 현금흐름	
− 설비자산에 대한 투자액	−90.0
재무활동으로 인한 현금흐름	
− 배당금 지급액	−10.0
+ 단기부채 증가액	+94.6
현금 및 시장성 유가증권의 변동액	20.0

영업활동으로 인한 현금흐름은 제품 매출로부터 발생하는 현금유입액에서 제품 제조시 소요되는 원재료비와 노무비 등의 현금유출액을 차감함으로써 구할 수 있다. A기업의 경우 20x1년도 순이익은 $23,400,000인 반면 영업활동으로 인한 현금흐름액은 $25,400,000로 나타나 있다. 이러한 금액상의 차이는 왜 발생하는 것일까?

여기에는 네 가지 원인을 들 수 있는데 감가상각비, 매출채권, 매입채무 그리고 재고자산의 변동 등이 그 원인이다. 각각의 항목이 어떻게 영향을 미치는지를 A기업의 20x1년도 자료를 통해서 살펴보기로 하자.

첫째, 20x1년도 감가상각비가 $30,000,000였다고 하자. 이 금액은 순이익 계산 시 수령에서 차감되는 비용항목이지만 실질적으로 현금유출이 발생되는 것은 아니다. 감가상각의 대상이 되는 공장설비자산 등은 구입하는 시점에서 현금유출을 발생시킨다. 그러나 그 자산에 대한 감가상각비는 내용연수 동안 적절한 기준에 의해 배분시켜서 비용으로 인식하게 되는 것이다. 그러므로 순이익으로부터 영업활동에서 발생하는 현금흐름을 계산하기 위해서는 감가상각비를 순이익에 다시 더해 주여야 한다.

둘째, 매출채권이 $10,000,000 만큼 증가했다고 한다. 이로 인해 당 회계연도의 손익계산서상에 기록되는 매출과 실제 현금유입액과는 차이가 나게 된다. 즉 20x1도에 $200,000,000 상당의 제품과 서비스를 고객에게 제공하고 손익계산서에 매출로 계상하지만 $190,000,000만이 현금으로 회수되었고 나머지는 아직 매출채권 형태로 남아 있기 때문에 매출채권이 $10,000,000만큼 증가하게 되는 것이다. 그러므로 영업활동에서 발생한 실제 현금흐름을 계산하기 위해서는 매출채권 증가액 $10,000,000를 순이익에서 차감해야 하는 것이다.

셋째, 재고자산이 $30,000,000만큼 증가했다고 하자. 이것은 회계연도 말에 이르러 재고자산의 가치가 연초에 비해 $30,000,000만큼 증가했다는 것을 의미하는 것이다. 그러므로 물건을 만들거나 구입하는데에 $30,000,000만큼의 현금이 사용되어서 재고자산이 $30,000,000만큼 늘었다는 것을 의미한다. 그러나 이러한 현금유출액에 대해서는 순이익은 반영을 하지 못한다. 그러므로 영업활동에서 발생한 현금흐름을 계산하기 위해서는 재고자산 증가액인 $30,000,000를 순이익에서 차감해야 한다.

넷째, 매입채무가 $12,000,000만큼 증가했다고 한다. 이 금액은 회계연도 동안의 매출액에 대한 매출원가($110,000,000)와 현금유출액인 원재료 공급자 및 종업원에 대한 임금 지급액과의 차액이다. 순이익을 계산하는 과정에서 $110,000,000는 전액 차감되지만 영업활동으로부터의 현금흐름을 계산하는 경우에는 실질적인 현금유출액에 해당하는 $98,000,000만을 차감해야 한다. 그러므로 영업활동에서 발생한 현금흐름을 계산하기 위해서는 순이익에 $12,000,000를 다시 가산해 주어야 하는 것이다.

이상에서 살펴본 바와 같이 영업활동에서 발생하는 현금흐름액과 순이익은 차이가 나게 된다. 따라서 앞에서 살펴본 네 가지 항목에 대해 적절한 조정을 해 주어야 손익계산서상의 순이익과 현금흐름 간의 연관성을 찾을 수 있게 된다. 국가마다 적용하는 회계원칙이 다르기 때문에 서로 다른 국적의 기업을 비교함에 있어서 현금흐름표는 매우 중요한 역할을 하게 된다.

〈표 4-3〉의 두 번째 부뷰 -투자활동으로부터의 현금흐름- 을 보면 20x1년도에 실비자산에 대한 투자액이 $90,000,000로 나타나 있다. 세 번째 부분 -재무활동으로부터의 현금흐름- 을 보면 주주들에게 배당금으로 $10,000,000를 지급했고, 단기부채를 통해 현금 $94,600,000가 증가했음을 알 수 있다.

요약해 보면 영업활동, 투자활동, 재무활동으로부터 발생하는 현금흐름을 모두 조정한 결과 현금이 $20,000,000만큼 증가하게 된다. 영업활동으로부터 $25,400,000만큼의 현금유입이 발생하고, 차입을 통해 $94,600,000를 조달했기 때문에 전체적으로는 총 $120,000,000의 현금유입액이 발생했음을 알 수 있다. 그리고 총현금유입액 중 새로운 설비자산을 구입하는데 $90,000,000를 지출했고, 배당금으로 $10,000,000를 지급했다.

▌표 4-4▌ 재무제표에 대한 요약

대차대조표	
자산 = 부채+자본금	– 특정시점에 있어서 기업이 보유하고 있는 자산과 부채가치에 관한 정보 제공 – 고정자산은 역사적 취득원가로 계상되며 시간의 흐름에 따라 감가상각을 하게 됨
손익계산서	
순이익 = 수익–비용	– 일정기간의 수익과 관련 비용에 관한 기록 – 발생주의 회계원칙하에 작성되므로 순이익의 크기와 순현금흐름액은 일반적으로 일치하지 않음
현금흐름표	
총현금흐름 = 영업활동으로 인한 현금흐름 +재무활동으로 인한 현금흐름 +투자활동으로 인한 현금흐름	일정기간 현금유출입의 변동상황에 대한 정보 제공 현금흐름의 원천별로 구분하여 세 부분으로 나눔

제2절 재무비율분석

앞서 살펴본 바와 같이 기업이 작성한 재무제표는 기업의 재무적 상황에 대한 단서를 제공할 수 있고 또 미래의 사건과 관련된 과거의 성과를 보여줄 수 있다. 재무제표를 이용하여 기업의 과거를 분석함에 있어서 기간별 또는 기업 간의 비교를 수월하게 하는 여러 비율들을 정의하는 것이 많은 도움이 된다.

비율분석(ratio analysis)이란 재무제표 항목들 사이의 비율을 산출하여 기업의 재무상태와 경영성과를 분석하는 방법이다. 비율분석은 그 용도가 계속 확대되어 주식평가, 채권등급의 평가, 신용평가, 기업부실예측 등의 분야에서도 이용되고 있다.

1. 표준비율

계산된 재무비율에 대하여 비교평가의 기준이 되는 비율을 표준비율이라고 하는데 다음과 같은 종류가 있다.

첫째, 분석대상기업이 속한 산업의 평균비율이 가장 널리 쓰이고 있는 표준비율이다.

우리나라의 산업 평균비율은 한국은행의 '기업경영분석' 자료를 이용하여 구할 수 있다.

둘째, 경쟁기업이나 최우량기업의 재무비율을 표준비율로 사용할 수 있다. 정확한 산업분류가 어렵거나 소수의 기업이 제품시장을 대부분 차지하고 있을 경우 이들 표준비율은 유용한 비교기준이다. 아울러 산업분류상 같은 업종에 속해 있더라도 기업규모나 특성에 있어서 평균적 기업과 차이가 있을 경우 경쟁기업과 비교할 수 있다.

셋째, 일반적인 경험비율인데 실무계에서 보편적으로 판단의 지표로 이용되는 비율이다. 예를 들어, 미국 실무계에서 경험적으로 사용되고 있는 판단기준으로는 유동비율은 200%이상, 당좌비율은 100%이상, 고정비율은 100% 이하, 고정장기적합률은 100% 이하 등의 경험비율이 있다. 그런데 이러한 경험비율은 판단의 참고기준은 되지만 그다지 이상적인 표준비율이라고는 할 수 없다. 왜냐하면 이상적 표준비율은 기업이 속한 나라와 산업 그리고 기업규모 및 분석자의 입장 등에 따라 달라지기 때문이다.

2. 주요 재무비율분석

2-1. 수익성비율

수익성비율(profitability ratios)은 일정기간 기업의 총괄적인 경영성과를 나타내는 비율로서 이익창출 능력을 평가할 수 있는 지표이다. 경영성과를 일목요연하게 나타내는 수익성비율은 이익관련 항목을 투자자본 또는 매출액으로 나누어 계산한다.

주요비율	의미
총자산이익률(%)= $\frac{\text{순이익}}{\text{총자산}} \times 100$	총자산을 얼마나 효율적으로 투자하여 순이익을 올렸는가를 나타내는 지표이다. 즉, 단위 총자산에 대하여 얼마만큼의 순이익을 올렸는가를 나타내는 비율이다.
자기자본순이익률(%)= $\frac{\text{순이익}}{\text{자기자본}} \times 100$	자기자본을 얼마나 효율적으로 투자하여 순이익을 올렸는가를 나타내는 지표이다. 즉, 단위 자기자본에 대하여 얼마만큼의 순이익을 올렸는가를 나타내는 비율이다.
매출액영업이익률(%)= $\frac{\text{영업이익}}{\text{매출액}} \times 100$	매출액에 대하여 영업이익이 차지하는 비율로서 영업이익 마진을 나타낸다.

2-2. 유동성비율

유동성(liquidity)이란 단기에 현금화될 수 있는 가능성을 의미한다. 유동성분석의 목적은 단기채무에 대한 지급능력을 평가하는데 있다. 아무리 수익성이 높은 기업이라도 유동성이 부족하여 단기채무의 지급능력이 없으면 최악의 경우 흑자도산이 발생할 수 있다.

주요비율	의미
유동비율(%)= $\frac{유동자산}{유동부채} \times 100$	흔히 단기채무 지급능력비율이라고도 한다. 즉, 1년 이내에 현금화할 수 있는 유동자산이 유동부채의 몇 배가 되는가를 나타내는 지표이다.
당좌비율(%)= $\frac{당좌자산}{유동부채} \times 100$	당좌자산은 유동자산 중에서 상대적으로 현금화가 쉬운 자산이다. 당좌비율은 유동비율보다 유동성 정도를 보다 더 정확하게 나타내는 지표이다.
현금보상비율(%)= $\frac{영업활동현금흐름}{단기차입금+유동성장기차입금+금융비용} \times 100$	영업활동에서 창출된 현금흐름으로서 해당기간의 차입금을 어느 정도 충당할 수 있는 가를 나타낸다.

2-3. 레버리지비율

레버리지비율(leverage ratio)은 타인자본을 사용하는 수준을 나타내는 비율이다. 부채비율은 실무에서 몇 가지 형태가 혼용되고 있기 때문에 정확한 구분이 필요하다.

주요비율	의미
부채비율(%)= $\frac{부채}{자기자본} \times 100$	자기자본과 비교한 부채수준을 나타낸다.
비유동비율(%)= $\frac{비유동자산+투자자산}{자기자본} \times 100$	비유동자산 및 투자자산을 어느 정도 자기자본으로 충당할 수 있는가를 나타내는 지표이다. 이는 비유동자산은 가급적 자기자본으로 충당하는 것이 필요하기 때문이다
이자보상비율(배)= $\frac{영업이익}{이자비용}$	영업활동의 결과인 영업이익이 이자비용의 몇 배에 해당하는 가를 나타내는 지표이다.

2-4. 활동성비율

활동성비율(activity ratio)은 기업에 투하된 자본이 일정기간 중에 얼마나 활발하게 운용되었는가를 표시하는 지표이다. 일명 회전율비율이라고도 한다.

주요비율	의미
총자산회전율(회)= $\frac{\text{매출액}}{\text{총자산}}$	총자산이 1년 동안 몇 번 회전하였는가를 나타내어 자본활용의 효율성을 나타낸다.
재고자산회전율(회)= $\frac{\text{매출액}}{\text{재고자산}}$	재고자산이 1년 동안 몇 번이나 현금이나 매출채권 등으로 바뀌었는지를 나타낸다.
매출채권회전율(회)= $\frac{\text{매출액}}{\text{매출채권}}$	매출채권의 현금화속도를 측정하는 비율인데 동 비율이 높을수록 매출채권의 현금화가 빠르다는 것을 의미한다.

2-5. 성장성비율

성장성비율(growth ratios)은 일정기간 동안 기업의 경영성과가 얼마나 증가하였는가를 나타내는 비율로서 증가율비율이라고도 한다. 성장성비율은 기업의 경쟁력이나 성장잠재력 등을 간접적으로 알려주는 지표이다.

주요비율	의미
매출액증가률(%)= $\frac{\text{당기매출증가액}}{\text{전기매출액}} \times 100$	일정기간 매출액이 얼마나 증가하였는가를 나타내는 비율이다.
순이익증가율(%)= $\frac{\text{당기순이익증가액}}{\text{전기순이익}} \times 100$	일정기간 당기순이익이 얼마나 증가하였는가를 나타내는 비율이다.

2-6. 현금흐름비율

이 비율은 영업현금흐름(operating cash flow :OCF)의 보유수준을 나타내는데 부채나 배당금의 어느 정도를 영업현금흐름으로 보유하고 있는가를 나타낸다. 즉, 부채나 배당금을 지급할 수 있는 능력을 측정한다.

주요비율	의미
$\frac{\text{영업현금흐름}}{\text{유동부채}} \times 100$	유동부채의 어느 정도를 영업현금흐름으로 보유하고 있는가를 나타낸다.
$\frac{\text{영업현금흐름}}{\text{현금배당금}} \times 100$	현금배당금의 어느 정도 수준을 영업현금흐름으로 보유하고 있는가를 나타낸다. 즉, 현금배당을 지급할 수 있는 충분한 현금을 보유하고 있는가를 측정한다.

앞의 A 기업의 재무제표 예를 가지고 주요 재무비율을 구해 보면 〈표 4-5〉와 같다.

▌표 4-5▐ A 기업의 주요 재무비율

비율	공식	계산
수익성비율		
매출액수익률	$\frac{\text{이자와 세금지급전 이익}}{\text{매출액}}$	$\frac{60}{200} = 30\%$
자산수익률(ROA)	$\frac{\text{이자와 세금지급전 이익}}{\text{총자산의 평균값}}$	$\frac{60}{(600+720)/2} = 9.1\%$
자기자본수익률(ROE)	$\frac{\text{순이익}}{\text{주주의 자기자본가치}}$	$\frac{23.4}{(300+313.4)/2} = 7.6\%$
총자산회전율		
매출채권회전율	$\frac{\text{매출액}}{\text{매출채권의 평균값}}$	$\frac{200}{(50+60)/2} = 3.6$회
재고자산회전율	$\frac{\text{매출원가}}{\text{재고자산의 평균값}}$	$\frac{110}{(150+180)/2} = 0.7$회
자산회전율	$\frac{\text{매출액}}{\text{총자산의 평균값}}$	$\frac{200}{(600+720)/2} = 0.3$회
재무레버리지		
부채비율	$\frac{\text{부채}}{\text{자기자본}}$	$\frac{406.6}{313.4} = 129.7\%$
이자보상비율	$\frac{\text{이자와 세금지급전 이익}}{\text{이자비용}}$	$\frac{60}{21} = 2.9$회
유동성비율	$\frac{\text{유동자산}}{\text{유동부채}}$	$\frac{360}{256.6} = 1.4$회
당좌비율	$\frac{\text{현금}+\text{시장성 유가증권}}{\text{유동부채}}$	$\frac{180}{256.6} = 0.7$회

▌표 4-6▌ 우리나라 기업의 주요 경영성과 지표

		2015	2016	대기업		중소기업	
				2015	2016	2015	2016
성장성	매출액증가율	0.3	2.6	−4.7	−1.6	8.0	8.9
	총자산증가율	5.7	6.3	2.6	3.7	12.1	11.6
수익성	매출액영업이익률	4.7	5.5	5.5	6.6	3.5	3.9
	매출액세전순익률	4.4	5.0	5.4	6.0	3.1	3.6
안정성	부채비율	128.5	121.3	107.7	100.1	182.0	175.9
	차입금의존도	31.5	29.9	27.3	25.2	39.4	38.7

자료: 한국은행, 2016 기업경영분석, 2017. 11

3. 비율들 간의 관계

총자산수익률(ROA)은 다음과 같이 표현할 수 있다.

$$ROA(\text{총자산수익률}) = \frac{\text{이자와 세금지급 전 이익}}{\text{매출액}} \times \frac{\text{매출액}}{\text{총자산}}$$
$$= \text{매출액수익률} \times \text{총자산회전율}$$

총자산수익률을 매출수익률과 총자산회전율로 구분해 보면 각기 다른 산업에 속해 있는 기업들의 경우 자산수익률이 동일하다 할지라도 매출액수익률과 총자산회전율은 달라질 수 있음을 알 수 있다. 유통업체는 낮은 매출액수익률과 높은 총자산회전율을 가지는 반면 제조업체는 높은 매출액수익률과 낮은 총자산회전율을 가진다. 그러나 두 경우의 자산수익률은 동일할 수 있다.

여기서 말하고자 하는 것은 매출액수익률이나 총자산회전율이 낮다고 해서 이것이 문제가 있는 기업을 의미하는 것은 아니라는 점이다. 각각의 비율들은 산업별 특징을 고려하여 이해되어야 한다. 같은 산업 내에서라도 구조적 차이점은 존재할 수 있다.

한편 자기자본순이익률(ROE)은 수익성을 나타내는 매출액순이익률과 활동성을 표시하는 총자산회전율 및 레버리지 비율로 분해하여 수익성변화와 활동성변화 및 레버리지 변화를 분석할 수 있다.

$$\text{자기자본순이익률(ROE)} = \frac{\text{순이익}}{\text{자기자본}} = \frac{\text{순이익}}{\text{총자산}} \times \frac{\text{총자산}}{\text{자기자본}} = \text{ROA} \times \frac{\text{총자산}}{\text{자기자본}}$$
$$= \frac{\text{순이익}}{\text{매출액}} \times \frac{\text{매출액}}{\text{총자산}} \times \frac{\text{총자산}}{\text{자기자본}}$$
$$= (\text{매출액순이익률}) \times (\text{총자산회전율}) \times (\text{자기자본비율의 역수})$$

자기자본순이익률(ROE)을 세 가지 재무비율로 분해할 수 있다는 것은 예를 들어 경영자가 ROE를 통제하기 위하여 사용할 수 있는 수단이 세 가지 있다는 것을 의미한다. 즉, ROE를 높이기 위해서는 매출액순이익률을 높여야 하고 자산의 회전율을 높여야 하며 아울러 타인자본의 이용을 통한 레버리지효과를 증대시켜야 한다는 것이다.

또한 기업의 금융비용부담률에 대한 상세한 분석도 가능하다. 기업의 금융비용부담률은 매출액에 대한 금융비용의 비율로 계산되는데 이를 분해하여 보면 차입금평균금리, 차입금의존도 및 총자산회전율의 역수로 나눠볼 수 있다. 다음의 관계식에서 알 수 있듯이 차입금평균금리와 차입금의존도가 높을수록 금융비용부담률은 상승하게 된다. 한편, 총자산회전율은 총자산에 대한 매출액의 비율로 계산되는데 총자산이 일정하다고 할 때 매출액이 늘어날수록 금융비용부담률은 낮아진다.

$$\text{금융비용부담률} = \frac{\text{금융비용}}{\text{매출액}} = \frac{\text{금융비용}}{\text{차입금}} \times \frac{\text{차입금}}{\text{총자산}} \times \frac{\text{총자산}}{\text{매출액}}$$

$$= \text{차입금평균금리} \times \text{차입금의존도} \times \text{총자산회전율의 역수}$$

예를 들어 우리나라 제조업체 전체 기업의 금융비용부담률의 추이를 살펴보자. 〈표 4-7〉에서 보는 바와 같이 2009년의 우리나라 제조업체의 금융비용부담률은 1.5%로서, 1998년 이후 2006년까지 지속적으로 낮아지다가 2007년 이후 다소 높아지고 있다. 이와 같이 금융비용부담률이 낮아진 것은 차입금평균금리와 차입금의존도가 지속적으로 크게 낮아진 데다 총자산회전율도 개선되었기 때문이다.

▌표 4-7▐ 제조업의 금융비용부담률 추이

구분	1998	2000	2002	2004	2006	2008	2009
금융비용부담률	9.00	4.70	2.60	1.30	1.20	1.40	1.50
차입금평균금리	13.50	10.50	7.70	5.90	6.30	6.50	6.10
차입금의존도	50.80	41.20	31.70	24.00	22.40	26.30	26.00
총자산회전율	0.82	0.96	1.08	1.20	1.17	1.18	1.07

자료: 한국은행, '기업경영분석' 2004-2009

연습문제

1. 2010년 12월 30일 코리아기업에 발생할 수 있는 다음 사건들에 대하여 코리아기업의 재무상태표 어떤 부분이 어느 정도 영향을 받을 것인지를 지적하시오.

a. 코리아기업이 장기채무 $500백만을 상환하기 위하여 가용 현금 $500백만을 사용하였다.
b. 공장에 불이 나서 보험 대상이 아닌 재고자산 $50백만이 소실되었다.
c. 코리아기업이 전 세계에 여러 건물들을 매입하기 위하여 $50백만을 사용하고 새로운 장기부채 $50백만을 발행하였다.
d. 제품의 외상 매입으로 코리아기업에 $20백만의 부채를 지고 있는 어떤 고객 기업들이 파산을 선고하였고, 코리아기업은 이 대금을 받을 가능성이 전혀 없다.

2. 2017년 12월에 애플의 재무상태표 중 주요 항목은 다음과 같다.(단위는 십억 달러)
현금 : 7.12, 유동자산 : 18.75, 유동부채 : 6.99, 재고자산 : 0.25

a. 애플의 유동비율은 얼마인가?
b. 애플의 당좌비율은 얼마인가?
c. 2017년 12월 삼성전자는 1.25의 당좌비율과 1.30의 유동비율을 가지고 있었다 삼성전자와 비교하여 애플의 자산 유동성에 대해 설명하시오

3. L 기업의 매출액은 $10백만이고 매출원가는 $6백만이다. 판매 및 일반관리비는 $0.5백만이고, R&D 비용은 $1백만이었다. 연 감가상각비는 $1백만이고, 법인세율은 35%다.

a. L 기업의 총이익률은 얼마인가?
b. L 기업의 영업이익률은 얼마인가?
c. L 기업의 순이익률은 얼마인가?
d. L 기업이 $0.3백만의 판매비용 증가 있었다면 이익들에 어떤 영향을 미쳤겠는가?
e. L 기업이 $0.8백만의 이자비용이 있었다면 이익들에 어떤 영향을 미쳤겠는가?

4. 법인세율이 35%라고 하자.

a. $10백만의 영업비용은 당해 연도의 순이익에 어떤 영향을 미치는가?
b. $10백만의 자본비용을 지출하였고 5년간 $2백만씩 감가상각을 한다고 한다면, 당해 연도의

순이익에 어떤 영향을 미치는가? 다음 해의 순이익에는 어떤 영향을 미치는가?

5. 다음 두 기업의 레버리지를 분석한다고 하자(단위는 $백만).

	부채	자기자본의 장부가치	자기자본의 시장가치	영업이익	이자비용
회사 A	500	300	400	100	50
회사 B	80	35	40	8	7

a. 각 기업의 시장 부채비율은 얼마인가?
b. 각 기업의 장부 부채비율은 얼마인가?
c. 각 기업의 이자보상배율은 얼마인가?
d. 어느 기업이 부채 상환에 더 어려움을 가지겠는가?

6. 어떤 소매 기업이 순이익률 3.5%, 총자산회전율 1.8, 총자산 $44백만, 자기자본의 장부가치 $18백만이다.

a. 회사의 현재 ROE는 얼마인가?
b. 이 기업의 순이익률을 유지하고 자산 및 부채를 그대로 가지고 있으면서 매출 수입만을 20% 증가시키면 ROE는 어떻게 되는가?
c. 이 기업이 높은 순이익률을 유지하고 자산 및 부채를 그대로 가지고 있으면서 매출 수입만을 20% 증가시키면 ROE는 어떻게 되는가?

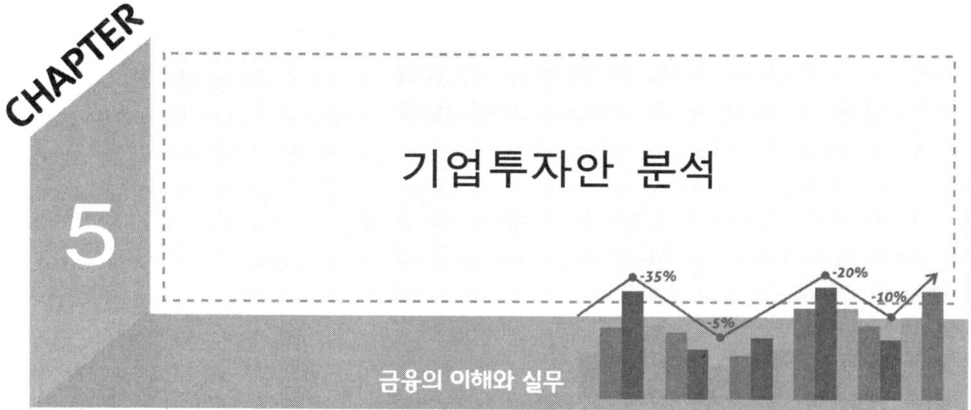

기업들은 재화 또는 서비스를 생산하여 판매하고 이윤을 창출하는 경제주체이다. 생산이 곧 투자활동이기 때문에 기업은 끊임없이 투자행위를 한다고 볼 수 있다.

기업들의 투사의사결성의 유형은 너무나 다양하다. 새로운 제품을 시장에 선보여야 하는가, 연구소를 설립해야 하는가, 공장을 지어야 하는가, 광고 캠페인을 전개해야 하는가, 종업원을 교육 훈련시켜야 하는 가 등의 모든 것이 기업이 직면하는 의사결정들이다. 이러한 의사결정의 분석과정을 자본예산(capital budgeting)이라고 한다.

이 장에서는 기업이 수행하는 자본예산 과정을 설명한다. 기업마다 조금씩 차이가 있지만 일반적인 자본예산 과정은 다음의 세 가지 요소로 구성된다.

① 모든 제안된 투자안을 정리한다

② 각 투자안을 평가한다

③ 채택할 투자안과 기각할 투자안을 결정한다

제1절 자본예산[1]

1. 자본예산 수립과정

다양한 투자기회를 분석하는 첫 번째 단계는 잠재적인 사업들의 목록을 쌓는 것이다. 자본예산(capital budget)은 미래 몇 년 동안 기업이 추진할 계획인 사업과 투자안들을

1) Jonathan Berk · Peter DeMarzo · Jarrad Harford, 기본재무관리 (PEARSON, 2013) 참조

나열하는 것이다. 이러한 투자 목록을 만들기 위해서 기업은 대안이 되는 사업을 분석하고 소위 자본예산수립(capital budgeting)이라는 과정을 통해 어느 사업을 채택할 것인지를 결정한다. 이 과정은 개별 사업이 기업에 끼치는 미래의 결과를 예측하는 것에서 시작한다. 어떤 결과는 기업의 수익에 영향을 줄 것이며, 어떤 다른 결과는 비용에 영향을 줄 것이다. 우리의 궁극적인 목적은 사업의 채택이나 거부의 선택이 기업의 현금흐름에 미치는 영향을 결정하는 것이고, 기업의 가치에 대한 의사결정의 결과를 평가하기 위해 이러한 현금흐름의 순현재가치(NPV)를 평가하는 것이다. [그림 5-1]은 전형적인 투자안에서 볼 수 있는 현금흐름의 유형을 보여준다.

물론, 이러한 현금흐름을 추정하는 것은 때론 어려운 일이다. 현금흐름을 예측하기 위해서 기업 내의 다른 전문가에게 의존할 필요가 있다. 예를 들어, 마케팅부서는 매출액 추정을 해야 하고 생산관리부서는 생산비용 정보를 제공하고 기업의 엔지니어는 사업을 시작하기 위한 초기 연구개발 비용을 알려준다. 정보의 또 다른 원천은 기업의 과거 사업이나 동일 산업내의 다른 기업의 사업을 검토하는 것이다. 특히 실무에서는 종종 기업의 과거 역사적 재무제표나 경쟁사의 재무제표를 통해서 얻어진 수익과 비용 정보를 이용해서 사업의 수익과 비용을 평가하는 기초로 삼는다.

이러한 예측치를 얻게 되면 어떻게 우리는 정보를 조합할까? 일반적인 방법은 사업의 결과가 기업의 이익에 미치는 영향을 고려하면서 시작한다. 즉 증분이익(incremental earnings)을 결정하는 것으로 시작한다. 증분이익은 투자 의사결정의 결과로 인해 예상되는 기업이익의 변화량이다.

▮그림 5-1▮ 전형적인 투자안의 현금흐름

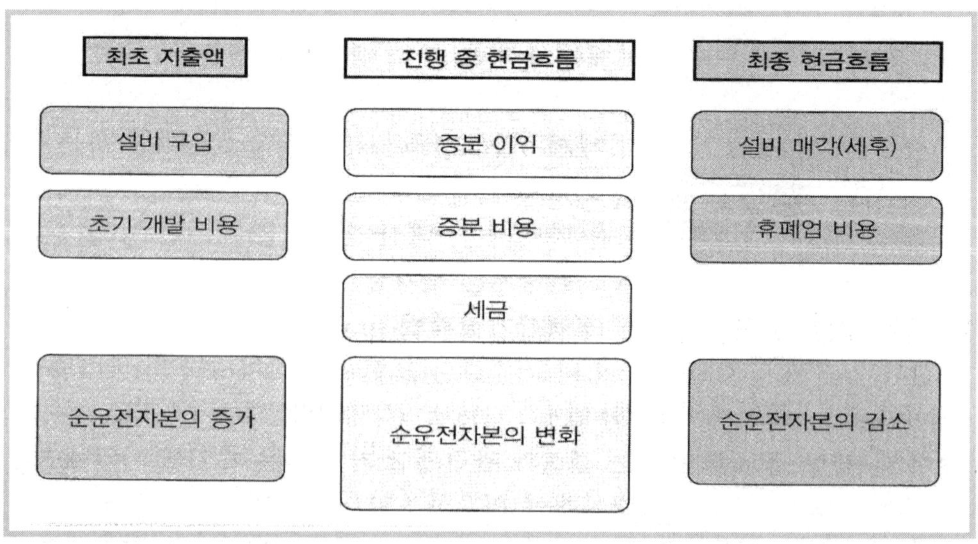

2. 회계적 이익의 추정

당신은 지금 새로운 설비를 구매하여 생산능력을 증대시킬 수 있도록 제조공장을 개선할 것인가 아닌가를 고려중이다. 새 설비의 비용은 $1백만이고 설치를 위해서는 추가적으로 $20,000의 비용이 들 것이다. 또한 증설된 규모에 맞게 공장을 재설계하기 위해서 $50,000의 엔지니어링 비용이 추가적으로 발생할 것이다. 이러한 의사결정으로 인한 최초 이익의 결과치는 무엇인가?

2-1. 운용비용 대 자본지출

대부분의 사업은 제품의 시장조사, 시제품의 개발, 광고 캠페인 실행 등 어떤 형태이든 초기 투자를 필요로 한다. 이러한 유형의 비용은 발생 시기에 운용비용으로 간주된다. 그러나 대부분 사업은 또한 공장, 재산, 설비 등 소위 자본지출(capital expenditures)이라고 하는 투자를 포함한다. 공장, 재산, 설비 등의 투자는 현금지출로 이익(earnings)을 계산하는데 있어 비용으로 직접 간주하지 않는다. 대신에 기업은 이러한 항목의 비용을 일정부분 매년 감가상각비로 차감한다. 재무담당자는 감가상각비를 계산하는데 여러 가지 종류의 방법을 사용한다. 가장 단순한 방법이 정액감가상각법(straight-line depreciation)으로 자산의 비용을 감가상각 기간에 걸쳐 동일하게 나누어 준다.

우리의 예에서, 생산규모를 늘리는 결정과 관련된 초기 비용은 기업의 이익에 두 가지 뚜렷한 결과를 가져온다. 첫째, 공장의 재설계에 필요한 $50,000은 0년에 보고되는 운영비용이다.

기계의 구입, 운송 및 설치에 소요된 $1,020,000은 자본지출로 회계원리와 세법에 따라 설비의 감가상각 기간에 걸쳐 감가상각을 해야 한다. 설비가 5년간의 감가상각 기간을 가지고 정액감가상각법을 사용한다면 5년간 매년 $1,020,000/5 = $204,000을 비용으로 처리한다.

(단위 : 천)

1	연 도	0	1	2	3	4	5
2	운영비용 (공장재설계)	−$50					
3	감가상각비 (신규설비)		−$204	−$204	−$204	−$204	−$204

제1장의 시간선에서 보듯이, 기계구입과 설치를 위한 초기 자본지출액 $1,020,000은 0년도에 현금유출 되었지만 0년의 비용으로 인식되지 않는다. 대신에, 그 비용은 감가상각비용으로 1년부터 5년에 걸쳐 나타난다. 감가상각비는 실제 현금유출액이 아니라는 것을 기억하자. 자본지출에 대한 회계 처리와 세금처리는 회계 상 이익이 현금흐름의 정확한 반영이 아닌 중요한 이유가 된다. 이 이슈에 대해서는 다시 논의한다.

2-2. 증분 수익과 비용의 예측

다음 단계는 사업의 진행 중 수익과 비용을 추정하는 것이다. 미래 수익과 비용을 예측하는 것은 어려운 일이다. 사업의 수익과 비용을 예측할 때 아래 사항을 포함해서 몇 가지 요소를 고려해야 한다.

① 신제품은 대체적으로 초기에 낮은 매출액을 보이다가, 소비자가 제품에 대해 인식하게 됨에 따라 점차 매출액이 증가하고, 정점에 도달했다가 궁극적으로는 제품이 진부화되거나 경쟁이 치열해지면서 줄어든다.

② 제품의 평균 판매가격과 생산비용은 시간이 지나면서 일반적으로 변한다. 가격과 비용은 경제 내의 인플레이션 수준에 따라 증가하는 경향이 있다. 그러나 생산 기술의 가격은 신기술, 우수한 기술의 출현으로 종종 떨어지고 생산비용도 감소한다.

③ 대부분의 산업에서 경쟁은 시간이 지나면서 매출액이익률을 낮추게 만드는 역할을 한다.

여기서 우리의 관심은 이러한 추정으로부터 증분 이익을 그리고 현금흐름을 어떻게 얻느냐이다. 추정 방법에 대해서는 뒤에 다시 논의한다.

수익과 비용의 모든 예측치는 증분(incremental)이어야만 한다. 즉 사업으로 인하여 추가적으로 발생한 매출과 비용만을 고려한다는 것이다. 다시 공장 재설계의 예를 살펴보자. 기계를 구매하고 설치한 후에 공장을 재설계한다고 가정하면, 우리의 추가적인 생산용량은 5년 동안 매년 $500,000의 증분 수익을 발생시킬 것이다. 이러한 증분 수익은 연간 $150,000의 증분 비용을 필요로 한다. 이 경우에 우리의 수익, 비용 그리고 감가상각비의 예측치는 아래 표와 같다.

1	연 도	0	1	2	3	4	5
2	증분수익		500	500	500	500	500
3	증분비용	−50	−150	−150	−150	−150	−150
4	감가상각비		−204	−204	−204	−204	−204

이제 예측을 가지고 우리의 사업의 결과인 이익을 계산할 수 있게 되었다. 앞에서 보았듯이, 감가상각비용과 실제 생산비용(즉 제조원가)은 수익에서 차감되어야만 한다.

(5-1)　증분 EBIT(이자 및 법인세 차감 전 이익) = 증분수익 − 증분비용 − 감가상각비

우리가 고려해야 할 마지막 비용은 법인세이다. 사용될 적합한 세율은 기업의 한계법인세율이다. 그것은 증분 세전이익액에 대해 부과하는 세율이다. 증분 이익에 대한 세금비용은 다음과 같이 계산한다.

(5-2)　이익에 대한 세금 = EBIT × 기업의 법인세율

2-3. 증분 이익의 추정

법인세율이 40%라고 가정할 때 증분이익은 다음과 같다.

1	연도	0	1	2	3	4	5
2	증분수익		500	500	500	500	500
3	증분비용	−50	−150	−150	−150	−150	−150
4	감가상각비		−204	−204	−204	−204	−204
5	EBIT(2−3−4)	−50	146	146	146	146	146
6	세금	20	−58.4	−58.4	−58.4	−58.4	−58.4
7	증분이익(5−6)	−30	87.6	87.6	87.6	87.6	87.6

(1) 추정 재무제표

공장증설 예에서 작성했던 증분 이익을 계산한 표를 추정(proforma) 재무제표라고 한다. 왜냐하면 실제 자료에 근거하지 않고 주어진 가설적인 가정에 따라 기업의 재무상태를 그렸기 때문이다.

(2) 세금과 음의 EBIT

공장증설 사업의 0년에 EBIT가 음수임에 주목하자. 해당 기업이 공장증설 사업이외의 다른 사업에서 손실을 상쇄하는 과세이익을 얻는다면 동 기업은 공장증설 사업을 착수하지 않을 때 보다 0년차에 세금에서 $50 × 40% = $20을 덜 내는 효과를 얻을 것이다.

(3) 이자 지급 비용의 처리

기업의 순이익을 계산할 때는 EBIT에서 이자비용을 차감해야만 한다. 그러나 자본예

산 결정의 평가에서 우리는 일반적으로 이자비용을 포함하지 않는다. 증분 이자비용이 모두 기업의 자본조달을 어떻게 할 것인가의 결정과 관련되므로 그것은 별개의 의사결정이다. 여기에서는 자본조달 결정과는 별도로 어떤 사업 자체가 이익에 미치는 공헌을 평가하고자 한다. 따라서 우리는(현실적이지 않더라도) 기업이 부채를 통한 자본조달을 하지 않는다고 가정하고 사업을 평가할 것이다.

예제 5-1 증분이익

문제

삼성전자는 무선 홈 네트워킹 제품인 홈넷(HomeNet)의 개발을 고려하고 있다. 홈넷은 하드웨어와 가정에서 모든 인터넷 접속이 가능하도록 하는 소프트웨어를 제공할 것이다. PC와 프린터를 연결할 뿐만 아니라 홈넷은 인터넷이 가능한 스테레오, 디지털 비디오 녹화기, 난방과 에어컨, 주요 가전제품, 전화와 방범시스템, 사무 설비 등까지 통제할 것이다. 홈넷의 주요 경쟁자는 LG전자의 제품이다.

시장조사에 근거해서, 홈넷의 매출은 연간 50,000대로 추정된다. 기술변화의 속도로 볼 때, 삼성전자는 제품이 4년은 갈 것이고, 도매가격(삼성전자가 매장에서 받는 가격)은 $260로 기대하고 있다. 실제 생산은 하청업체에서 담당하고 대당 $110에 구매(포장비용 포함)할 것이다.

새로운 소비자에게 홈넷이 인터넷 가능 제품임을 보여주기 위해서 삼성전자는 실험 목적의 연구실을 새로 설립해야만 한다. 연구실 부지를 빌리지만, 새로운 설비의 구입에 $7.5백만이 필요할 것이다. 설비 비용은 정액상각법으로 5년에 걸쳐 감가상각할 것이다. 삼성전자의 법인세율은 40%이다.

실험실은 1년동안만 운영되며, 지금부터 1년 후가 되면 홈넷의 판매가 가능할 것이다. 삼성전자는 실험실 부지의 임대비용, 마케팅 비용 그리고 제품 보수비용 등으로 연간 $2.8백만을 사용할 것이다. 홈넷 사업의 증분 이익을 추정해 보자.

풀이

증분 이익을 추정하기 위해서는 4가지 항목이 필요하다. ① 증분 수익, ② 증분 비용, ③ 감가상각비, 그리고 ④ 한계세율이다:

- 증분 수익: 추가적 매출량 x 가격 = 50,000 x $260 = $130,000,000
- 증분 비용: 추가적 매출량 x 생산비용 = 50,000 x $110 = $5,500,000
- 판매 및 일반 관리비용 = $2,800,000(임대, 마케팅, 제품 보수비용)
- 감가상각비 : 감가상각 자산/상각 기간 = $7,500,000/5 =$1,500,000
- 법인세율 : 40%

사업이 4년만 지속되더라도, 설비는 5년의 수명을 가지고 있기 때문에 5년째에 마지막 감가상각비를 비용으로 처리해야만 함을 기억해야 한다.

1	연도	0	1	2	3	4	5
2	수익		13,000	13,000	13,000	13,000	–
3	제조원가		-5,500	-5,500	-5,500	-5,500	–
4	**매출총이익**		7,500	7,500	7,500	7,500	–
5	판매 및 일반 관리비		-2,800	-2,800	-2,800	-2,800	–
6	감가상각비		-1,500	-1,500	-1,500	-1,500	-1,500
7	**EBIT**		3,200	3,200	3,200	3,200	-1,500
8	세금(세율 40%)		-1,280	-1,280	-1,280	-1,280	600
9	**증분 이익**		**1,920**	**1,920**	**1,920**	**1,920**	**-900**

증분이익은 홈넷 사업 분석의 기초가 되는 증부 현금흐름을 계산하기 위한 중간 단계이다. 설비의 비용은 구매가 이루어진 해의 이익에 영향을 주지 않지만 감가상각비는 5년에 걸쳐서 영향을 준다. 감가상각 기간은 회계원칙에 기초하고 있기 때문에 자산의 경제적 수명과는 같지 않아서 사업 기간이 지나도 가치를 가진다는 것을 기억해야 한다. 여기에서 기업은 설비는 4년만 사용하지만 5년에 걸쳐 상각이 이루어질 것이다.

예제 5-2 수익 기업에서 프로젝트의 손실에서 오는 세금 효과

문제

농심은 섬유질이 풍부하고 트랜스 지방이 없는 아침식사용 스낵으로 새로운 제품을 출시할 계획이다. 신제품 출시를 위한 막대한 광고비용은 내년에 $15백만의 영업손실을 발생시킬 것이다. 농심은 내년에 새로운 스낵 제품을 제외한 영업에서 $460백만의 세전 이익을 기대하고 있다. 만일 농심이 세전 이익에 대해 40%의 세율로 세금을 납부한다면 신제품이 없는 경우에 세금은 얼마일까? 신제품을 포함할 경우의 세금은?

풀이

농심의 신제품 손실을 포함한 그리고 포함하지 않은 세전이익과 세율(40%)이 필요하다. 그리고 손실이 없는 경우의 세금과 손실이 있는 경우의 세금을 비교할 수 있다.

신제품이 없는 경우, 농심은 $460백만×40%=$184백만의 법인세를 내년에 납부해야 할 것이다. 신제품이 있는 경우, 농심의 내년도 세전이익은 $460백만−$15백만=$445백만, 세율 40%을 곱하면 법인세는 $178백만이 된다.

따라서 신제품 출시는 농심의 내년도 세금을 $184백만－$178백만＝$6백만만큼 줄여준다. 신제품의 손실은 농심의 과세이익을 손실금액만큼 낮추고, 그것은 신제품이 세금고지서에 음(–)의 $6백만을 가지는 것과 같다.

3. 현금흐름 추정

이익(earnings)은 기업 성과의 회계적 측정이다. 회계이익은 실제 이익(real profits)을 나타내지 않는다. 기업은 물품 구매, 임금 지급, 신규 투자, 배당 지급 등에 회계이익을 사용하지 않는다. 그런 일에는 현금이 필요하다. 따라서 자본예산 결정을 평가하기 위해서는 기업의 사용 가능한 현금의 최종 금액을 결정해야만 한다. 프로젝트가 기업의 사용 가능한 현금에 미치는 증분 효과를 프로젝트의 증분 가용현금흐름(free cash flow)이라고 한다.

3-1. 회계이익에서 현금흐름으로 전환

회계이익과 현금흐름사이에는 중요한 차이가 있다. 이익에는 비현금비용(예: 감가상각비)이 포함되고 자본 투자를 위한 지출이 포함되지 않는다. 프로젝트의 증분 이익에서 가용현금흐름을 결정하기 위해 이러한 차이에 대하여 조정을 해야만 한다.

(1) 자본지출과 감가상각비

이미 언급했듯이 감가상각비는 기업이 지출하는 현금 비용이 아니다. 대신에 자산의 최초 구매비용을 사용연수에 걸쳐서 배분하기 위한 회계와 세금 목적에서 사용하는 방법이다. 감가상각비가 현금흐름이 아니기 때문에 현금흐름 예측에서 감가상각비를 포함하지 않는다. 그렇다고 감가상각비를 무시해도 된다는 것은 아니다. 감가상각비는 과세 이익을 낮추고 세금을 낮춘다. 세금은 현금흐름이기 때문에 감가상각비는 결국 현금흐름에 영향을 미치고 중요하다. 감가상각비를 처리하는 접근법은 증분 이익에 감가상각비를 더해서 감각상각비 만큼의 현금을 기업이 여전히 보유하고 있음을 인식한다.

예를 들어, 어떤 사업의 증분 총이익(수익에서 비용 차감)이 $1백만이고 $200천의 감가상각비가 있다고 하자. 기업의 세율이 40%이면, 증분이익은($1,000,000－$200,000)×(1–0.4)＝$480,000이 될 것이다. 그러나 기업은 여전히 $680,000의 현금을 가지고 있다. 왜냐하면 $200,000의 감가상각비는 실제의 현금 유출이 아니기 때문이다. 〈표 5–1〉

은 이 경우 증분가용현금흐름의 계산을 보여준다. 왼쪽은 실제 현금흐름으로 '옳은 예'이다. 가용현금흐름이 정확한지를 알아보는 좋은 방법은 실제 현금흐름의 합인지를 확인하는 것이다. 이 경우 기업의 총이익으로 $1,000,000을 창출했고(양의 현금흐름) $320,000을 세금으로 지불했기(음의 현금흐름)에 잔액은 $1,000,000−$320,000=$680,000으로 '옳은 예' 열에 있는 증분 가용현금흐름과 같다. '틀린 예'의 마지막 열은 감가상각비를 무시하고 계산한 경우의 결과를 보여준다. 감가상각비를 무시한 경우 EBIT가 너무 높기 때문에 결과적으로 세금도 너무 커지고 증분 가용현금흐름은 너무 작아진다.

▌표 5-1▌ 감가상각비와 증분 가용현금흐름

	옳은 예	틀린 예
증분 총이익	$1,000,000	$1,000,000
감가상각비	−$200,000	
EBIT	$800,000	$1,000,000
세금(세율 40%)	−$320,000	−$400,000
증분 이익	$480,000	$600,000
감가상각비 다시 더함	$200,000	
증분 가용현금흐름	$680,000	$600,000

예제 5-3 증분 가용현금흐름

문제

〈예제 5-1〉에서 우리는 홈넷의 회계적 이익을 계산했지만 삼성전자가 이 사업을 추진해야 할 지를 결정하기 위해서는 현금흐름 산출이 필요하다.

풀이

홈넷 예제에서 증분이익과 증분 가용현금흐름의 차이는 연구실 설비 구입에서 빌생할 것이다. 설비 구매가 있는 0년이 구매관련 $7.5백만이 현금 유출을 인식하고 1년차로부터 5년차의 매년 $1.5백만의 감가상각비가 실제 현금 유출이 아니기 때문에 다시 더해 주어야 할 것이다.

설비 관련 유출액을 11번째 줄에 반영하고 10번째 줄에 감가상각비를 다시 더한다.

설비 구매 비용을 0년에 유출로 인식함으로써 $7.5백만이 그 시점에 기업을 떠난 사실을 반영한다. 매년 $1.5백만의 감가상각비용을 1~5년차에 다시 더함으로써 감가상각비가 현금 유출이 아니라는 사실을 반영하여 증분 이익을 조정한다.

1	연도	0	1	2	3	4	5
2	수익		13,000	13,000	13,000	13,000	-
3	매출원가		-5,500	-5,500	-5,500	-5,500	-
4	**총이익**		7,500	7,500	7,500	7,500	-
5	판매 및 일반 관리비		-2,800	-2,800	-2,800	-2,800	-
6	감가상각비		-1,500	-1,500	-1,500	-1,500	-1,500
7	EBIT		3,200	3,200	3,200	3,200	-1,500
8	세금(세율 40%)		-1,280	-1,280	-1,280	-1,280	600
9	**증분 이익**		1,920	1,920	1,920	1,920	-900
10	감가상각비 다시 더함		1,500	1,500	1,500	1,500	1,500
11	설비 구매	-7,500					
12	**증분 가용현금흐름**	**-7,500**	**3,420**	**3,420**	**3,420**	**3,420**	**600**

(2) 순운전자본(net working capital : NWC)

회계적 이익과 현금흐름이 다를 수 있는 또 다른 이유는 순운전자본의 변화가 있을 경우이다. 순운전자본은 유동자산과 유동부채의 차이로 정의한다. 순운전자본의 주요 요소는 현금, 재고자산, 매출채권, 매입채무이다.

순운전자본 = 유동자산 − 유동부채
= 현금 + 재고자산 + 매출채권 − 매입채무

단기자본조달액(미지급금, 단기부채)은 투자 결정과는 분리된 자본조달 결정을 보여주기 때문에 포함시키지 않는다. 대부분의 프로젝트는 기업에게 순운전자본을 투자할 것을 요구한다. 기업은 예상치 못한 지출에 대비하여 최소 현금 잔액을 유지하고, 생산의 불확실성과 수요 변동에 맞추기 위해 원재료와 완성품의 재고를 유지할 필요가 있다. 또한 소비자는 구매한 제품의 대금을 즉각 지불하지 않을 경우가 있다. 매출이 즉각 수익으로 계상되지만 기업은 소비자가 실제 지불을 완료할 때까지 현금을 받지 못한다. 그 사이에 기업은 소비자의 외상금액을 매출채권으로 포함한다.

한편 같은 방식으로 매입채무는 기업이 공급자에게 지불해야 하는 외상금액을 측정하는 것이다. 매출채권(외상매출금)과 매입채무(외상매입금)의 차이를 거래신용(trade credit)이라 하며 신용거래의 결과로 소비된 기업자본의 순 금액이다.

순운전자본은 다른 곳에 사용될 수 있는 묶인 현금흐름인 단기 투자를 반영하고 있기 때문에 우리는 순운전자본에 관심을 가진다. 예를 들어, 기업이 팔지 못한 대량의 재고를 보유하거나 대량의 매출채권을 가지고 있다면, 현금흐름은 재고자산의 형태나 소비자에게 제공된 신용의 형태로 묶인 것이다. 현금흐름이 묶이는 것은, 재투자나 주주에 대한 배당을 위해 현금흐름이 사용 가능할 때까지 시간이 지체되기 때문에, 기업의 입장에서 비용이 발생하는 것이다. 화폐는 시간가치를 가지기 때문에 프로젝트의 예측에서 발생하는 이러한 지체를 무시할 수 없다. 따라서 추가적인 운전자본의 투자를 반영하는 순운전자본의 증가는 항상 당해연도 현금흐름의 감소를 의미한다.

순운전자본의 변화만이 현금흐름에 영향을 준다는 것을 명심해야 한다. 예를 들어, 초기 재고자산으로 $20,000을 모으고 재고자산 수준을 1년과 2년차에 그대로 유지하는 3년짜리 사업을 고려하자. 사업이 끝나가면서 재고자산이 소진되고 최종 제품이 매출로 발생한다. 매년 증분 순운전자본의 수준, 관련된 순운전자본의 변화, 현금흐름의 의미가 아래와 같다.

1	연도	0	1	2	3
2	증분 순운전자본의 수준	20,000	20,000	20,000	0
3	증분 순운전자본의 변화	+20,000	0	0	−20,000
4	순운전자본의 변화로 인한 현금흐름	−20,000	0	0	+20,000

순운전자본의 변화에서 발생하는 현금흐름의 효과는 항상 금액 크기는 같고 부호는 반대임을 명심하자. 예를 들어, 재고자산의 증가는 투자나 현금 유출을 의미한다. 반면에 재고자산의 감소는 자본 투자의 정체 또는 현금 유입을 의미한다. 따라서 자본예산 수립에서는 순운전자본의 변화를 현금흐름에 반영하려면 순운전자본 변화금액을 차감한다.

예제 5-4 순운전자본의 변화를 반영하기

문제

홈넷이 증분 현금이나 재고자산의 필요성이 없다고 가정하자(제품이 계약 생산자에게서 소비자에게 직접 운송될 것이다). 그러나 홈넷과 관련된 매출채권은 연간 매출액의 15% 발생하고 매입채무는 연간 매출원가의 15%가 될 것으로 예상된다. $13백만 매출액의 15%는 $1.95백만이고 $5.5백만 매출원가의 15%는 $825,000이다. 홈넷의 순운전자본 필요액은 아래 표와 같다.

1	연도	0	1	2	3	4	5
2	**순운전자본 추정액(단위: $1,000)**						
3	현금 필요액	0	0	0	0	0	0
4	재고자산	0	0	0	0	0	0
5	매출채권(매출의 15%)	0	1,950	1,950	1,950	1,950	0
6	매입채무(COGS의 15%)	0	−825	−825	−825	−825	0
7	**순운전자본**	**0**	**1,125**	**1,125**	**1,125**	**1,125**	**0**

이러한 조건이 사업의 가용현금흐름에 어떤 영향을 미칠까?

풀이

1	연도	0	1	2	3	4	5
2	순운전자본	0	1,125	1,125	1,125	1,125	0
3	NWC의 변화	0	+1,125	0	0	0	−1,125
4	현금흐름 효과	0	−1,125	0	0	0	+1,125

증분 현금흐름은 아래 표와 같다.

1	연도	0	1	2	3	4	5
2	수익(매출액)		13,000	13,000	13,000	13,000	0
3	매출원가(COGS)		−5,500	−5,500	−5,500	−5,500	0
4	**총이익**		7,500	7,500	7,500	7,500	0
5	판매 및 일반 관리비		−2,800	−2,800	−2,800	−2,800	0
6	감가상각비		−1,500	−1,500	−1,500	−1,500	−1,500
7	**EBIT**		3,200	3,200	3,200	3,200	−1,500
8	세금(세율 40%)		−1,280	−1,280	−1,280	−1,280	600
9	**증분 이익**		1,920	1,920	1,920	1,920	−900
10	감가상각비 다시 더함		1,500	1,500	1,500	1,500	1,500
11	설비 구매	−7,500					
12	NWC의 변화 차감		−1,125	0	0	0	1,125
13	**증분 가용현금흐름**	**−7,500**	**2,295**	**3,420**	**3,420**	**3,420**	**1,725**

4. 현금흐름의 직접 계산

이번 장의 개요에서 보았듯이 실무에서는 자본예산 수립과정을 회계이익을 예측하는 것에서 시작하기 때문에 우리도 같은 방식을 채택했다. 그러나 사업의 가용현금흐름을 아래의 간편한 수익을 사용해서 직접 계산할 수 있다.

(5-3) 가용현금흐름 =(매출액−비용− 감가상각비) ×(1−세율) +
감가상각비 − 자본지출 − 순운전자본 변화

사업의 증분 이익을 구하기 위해서 우선 감가상각비를 차감하고, 가용현금흐름을 계산할 때(비현금성 비용이기 때문에) 다시 더해 준다. 따라서 감가상각비의 효과는 기업의 과세이익에만 영향을 미친다. 즉 식(5 3)을 이래와 같이 다시 쓸 수 있다.

(5-4) 가용현금흐름 =(매출액−비용) ×(1−세율) − 자본지출 − 순운전자본의 변화
+ 세율×감가상각비

식(5−4)의 항인 세율×감가상각비를 감가상각 세금 절감액(depreciation tax shield)이라고 하는데 감가상각의 세금감소 능력의 결과로 인한 세금 절약액이다. 따라서 감가상각비용은 가용현금흐름에 긍정적인 효과를 가진다.

5. 순현재가치(NPV) 계산

현금흐름을 추정하는 목적은 사업의 NPV를 계산하기 위한 필요 자료를 얻기 위해서이다. 사업의 NPV를 계산하기 위해서 우리는 가용현금흐름을 적절한 자본비용으로 할인해야 한다. 사업의 자본비용은 투자자가 해당 사업과 유사한 위험과 만기를 가진 가장 최고의 대안이 되는 투자에서 얻을 수 있을 것으로 기대하는 수익률이다. 다음 절에서 자본비용을 추정하는 기법을 살펴볼 것이다. 여기서는 자본비용이 주어진 것으로 가정한다.

미래의 모든 개별 가용현금흐름의 현재가치를 사업의 자본비용으로 할인하여 계산한다. 제 1장에서 설명했듯이 r이 자본비용을 의미하면 t년의 가용현금흐름(FCF_t)의 현재가치는 이래 식과 같다.

$$PV = \frac{FCF_t}{(1+r)^t}$$

예제 5-5 프로젝트의 NPV 계산하기

문제

삼성전자의 경영진은 홈넷 사업이 기존 사업과 유사한 위험을 가지고 있으며 자본비용은 12%라고 가정한다. 홈넷 사업의 NPV를 계산해보자.

풀이

〈예제 5-4〉에서 홈넷 사업의 증분 가용현금흐름은 아래와 같다.

1	연도	0	1	2	3	4	5
2	증분 가용현금흐름	−7,500	2,295	3,420	3,420	3,420	1,725

$$NPV = -7{,}500 + \frac{2{,}295}{(1.12)^1} + \frac{3{,}420}{(1.12)^2} + \frac{3{,}420}{(1.12)^3} + \frac{3{,}420}{(1.12)^4} + \frac{1{,}725}{(1.12)^5} = 2{,}862$$

추정에 기초하면 홈넷의 NPV는 $2.862백만이다. 홈넷의 초기 비용은 $7.5백만인데 반해 삼성전자가 이 사업으로부터 얻게 될 추가적인 현금흐름의 현재가치는 $10.362백만이다. 따라서 홈넷 사업을 추진하는 것은 삼성전자가 지금 은행에서 추가적으로 $2.862백만을 얻는 것과 동일하다.

6. 투자안 결정

자본예산 수립을 평가할 때 재무관리자는 NPV를 극대화하기 위한 결정을 해야만 한다. 지금까지 논의한 바와 같이 사업의 NPV를 계산하기 위해서는 증분 가용현금흐름의 추정과 할인율의 선택을 필요로 한다. 입력 자료가 있으면 NPV의 계산은 상대적으로 수월하다. 자본예산 수립에서 가장 어려운 부분은 현금흐름과 자본비용을 어떻게 추정할 것인가를 결정하는 것이다. 자본비용의 추정에 대해서는 다음 절에서 살펴본다.

6-1. 민감도분석

예측에서 불확실성의 효과를 평가하는 중요한 자본예산 수립 방법이 민감도 분석(sensitivity analysis)이다. 민감도 분석은 NPV 계산을 NPV 구성요소에 대한 가정에 따라 구분하고 기반이 되는 가정이 변할 때 NPV가 어떻게 달라지는 지를 보여준다. 민감도 분석에 의해 프로젝트의 NPV 예측시 발생할 수 있는 오차의 영향을 탐색할 수 있다. 만감도 분석을 통해 어떤 가정이 가장 중요한지 알 수 있다. 또한 이러한 가정을 세

밀히 살펴보기 위해 좀 더 자원과 노력을 투입할 수 있다.

수익과 비용의 가정을 둘러싸고 있는 불확실성이 상당히 크다. 판매량, 판매가격, 매출원가, 순운전자본, 자본비용에 관한 기본적 경우의 가정에 덧붙여서 각각의 변수에 대한 최상과 최악의 시나리오를 만든다. 예를 들어 〈표 5-2〉에 소개된 것처럼 최악의 경우와 최상의 경우에 해당하는 가정을 세울 수 있다. 표에 나타난 이러한 시나리오는 발생할 수 있는 하나의 최악 시나리오와 하나의 최상 시나리오를 대표한다기보다는 각 개별 변수에 대하여 최악과 최상의 경우를 가정하고 있다.

▮표 5-2▮ 홈넷 사업의 개별 변수에 대한 최상과 최악의 경우를 가정

변수	초기 가정	최악 경우	최상 경우
판매량(1,000개)	50	35	65
판매가격(개당 $)	260	240	280
매출원가(개당 $)	110	120	100
NWC($1,000)	1,125	1,525	725
자본비용	12%	15%	10%

▮그림 5-2▮ 최상과 최악을 가정한 홈넷의 NPV

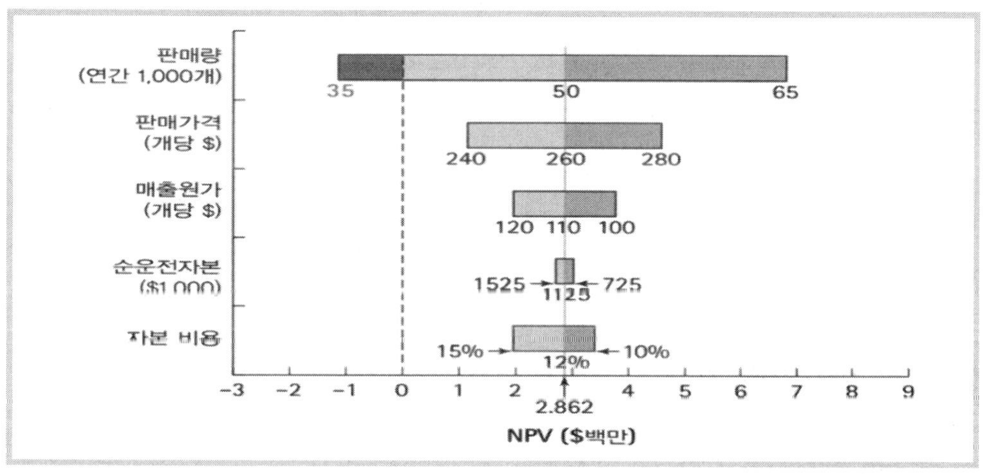

불확실성이 중요성을 결정하기 위해서 우리는 각 개별 변수에 대한 최상과 최악 상황을 가정하여 홈넷 사업의 NPV를 다시 계산한다. 예를 들어 연간 판매량이 35,000개에 불과하면 사업의 NPV는 -$1.13백만으로 떨어진다. 각 변수에 대하여 계산을 반복한다. 결과는 [그림 5-2]로 나타낼 수 있는데 NPV에 가장 큰 영향을 주는 가정의 변수는 판매량과 판매가격임을 알 수 있다.

6-2. 손익분기점 분석

민감도 분석의 자연스런 연장선에는 각 개별 변수의 값이 얼마가 되면 사업의 NPV가 0인지에 대한 질문이 있다. 이러한 개별 변수의 값이 손익분기점(break-even)에 해당된다. NPV를 0으로 만드는 할인율을 내부수익률(IRR)이라 하는데 이는 뒤에서 상세히 살펴볼 것이다.

우리는 내부수익률 이외에 다른 변수의 불확실성을 결정할 수 있다. 손익분기점 분석에서 각 개별 변수에 대하여 우리는 사업의 NPV를 0이 되도록 하는 값을 계산한다.

〈회계적 손익분기점〉

손익분기점은 회계적 관점에서 다르게 고려될 수 있다. 예를 들어, 사업의 EBIT를 0으로 하는 매출액 수준인 매출액에 대한 EBIT 손익분기점이 있을 수 있다.

EBIT는 수익 − 비용 − 감가상각비이다. 비용은 매출원가, 판매 및 일반관리비를 포함한다. 수익은 판매량 × 판매가격이고 매출원가는 판매량 × 단위당 비용이다. 따라서 EBIT는 다음과 같다 : EBIT =(판매량×판매가격) −(판매량×단위당 비용) − 판매 및 일반관리비 − 감가상각비. 이 식을 0으로 놓고 판매량으로 풀면 다음과 같다.

$$\text{판매량} \times (\text{판매가격} - \text{단위당비용}) - \text{판매 및 일반 관리비} - \text{감가상각비} = 0$$

$$\text{판매량} = \frac{(\text{판매 및 일반관리비} + \text{감가상각비})}{(\text{판매가격} - \text{단위당 비용})} = \frac{2{,}800{,}000 + 1{,}500{,}000}{260 - 110} = 28{,}667$$

그러나 EBIT 손익분기점을 해석할 때 주의해야 한다. 홈넷의 EBIT 손익분기점 판매량이 연간 28,667개에 불과하지만, 홈넷의 대량 초기 투자를 생각해 보면 NPV는 이 판매량 수준에서 −$2.81백만이 된다.

7. 투자 의사결정 기법

7-1. NPV 의사결정 기법

제1장에서 우리는 오늘의 현금과 미래의 현금을 할인율을 이용하여 서로 전환하는 방법을 배웠다. 비용과 이익을 어느 동일한 시점으로 전환할 수 있다면, 우리는 가치평가원칙을 사용하여 의사결정을 내릴 수 있다. 실제 대부분의 기업은 현재가치(즉 오늘의 현금)로 기업의 가치를 측정하는 것을 선호한다. 여기에서 순현재가치(net present value) 또는 NPV의 개념을 다시 한 번 복습해 본다.

(1) 순현재가치

비용과 이익의 가치가 오늘의 현금으로 계산되면 우리는 그것을 현재가치(present value, PV)라고 한다. 이와 유사하게, 사업이나 투자안의 순현재가치(net present value, NPV)는 이익의 현재가치와 비용의 현재가치의 차이로 정의한다.

간단한 예를 살펴보자. 당신의 회사가 다음과 같은 투자 기회를 얻게 되었다. 오늘 $500을 대가로 1년 뒤에 $550을 받게 될 것이고 연간 이자율은 8%이다. 그러면

PV(이익) =(1년 뒤의 $550) ÷(1년 뒤 $1.08/$1)
= 오늘의 $509.26

현재가치 PV는 1년 뒤에 $550을 얻기 위해서 오늘 은행에 넣어야 하는 금액이다($509.26×1.08 = $550).

이익과 비용이 현재가치로 표혀되며, 투자의 NPV를 계산할 수 있다.

NPV = $509.26 − $500 = $9.26

NPV가 양수(+)이고 따라서 이익이 비용을 초과한다. 따라서 기업은 이러한 투자기회를 착수하는 것이 좋다는 것을 의미한다.

(2) NPV 결정 기법

앞의 사례에서 살펴본 바와 같이, 가치평가 원칙은 양(+)의 NPV를 가지는 사업이 부(wealth)를 증가시키기 때문에 양의 NPV 사업을 추진해야 한다는 것을 뜻한다. 즉 좋은 사업이란 이익의 현재가치가 비용의 현재가치를 초과하는 사업이다. 사업의 결과, 기업이 가치는 증가하고 투자자는 부유해진다. 음(−)의 NPV 사업은 비용이 이익을 초과하는 것이다. 그런 사업을 채택하는 것은 오늘 돈을 잃는 것과 동일하다. 이러한 원리를 아래 NPV 결정기법(NPV Decision Rule)으로 표현할 수 있다.

> ☞ 투자 결정을 할 때, 가장 높은 NPV를 가지는 투자대안을 채택한다. 이 투자대안을 선택하는 것은 오늘 현금으로 NPV를 받는 것과 동일하다.

일반적으로 기업이 재무 실무에서 NPV 기법을 적용하는 것은 사업을 채택할 것인지 거부할 것인지를 결정할 때이다. 사업을 거부하게 되면 NPV=0(사업을 실행하는 비용이

나 이익이 발생하지 않음)이기 때문에 아무런 비용이 없다.

만일 NPV가 정확하게 영(zero)이면, 사업을 거부하여 NPV=0으로 만드는 대신에, 채택한다고 해서 이익이나 손실이 발생하는 것은 아니다. 기업의 가치를 추가시키는 것은 아니지만 기업의 가치를 감소시키는 것도 아니기 때문에 나쁜 사업은 아니다.

7-2. NPV 기법의 이용

이제 단일의 독자 사업에 대한 채택여부를 고려하는 투자 의사결정 기법을 살펴보자. 이 경우 어떤 사업을 추진하는 것 때문에 다른 사업을 실행하는 기업의 능력이 제한을 받지 않는다. 즉 독자 사업의 경우, 고려할 수 있는 대안은 사업을 채택하느냐 거부하느냐 두 가지이다. 이 때 NPV 기법은 사업의 NPV와 0(사업 거부의 NPV인 아무 것도 하지 않는 것)을 비교해야 한다는 것을 뜻한다. 따라서 사업의 NPV가 양(+)이면 우리는 사업을 채택해야 한다.

(1) 현금흐름의 조직화와 NPV 계산

새로운 비료공장을 건설하는 사업을 가정해 보자. 비료공장을 건설하는데 필요로 하는 비용은 $81.6백만이고, 공장이 건설되면 올 연말부터 4년 동안 연간 $28백만의 이익이 창출되는 사업이다. 이 현금흐름은 아래와 같은 시간선을 추정하고 있다.

연도:	0	1	2	3	4
현금흐름 (단위: $백만):	−$81.60	+$28	+$28	+$28	+$28

이에 따라, 현금흐름은 지금 $81.6백만의 현금 유출 후에 4년 동안 연간 $28백만의 현금 유입이 있다. 그러므로 주어진 할인율 r을 가정하면, 이 사업의 NPV는 아래와 같다.

(5-5) $$NPV = -81.6 + \frac{28}{1+r} + \frac{28}{(1+r)^2} + \frac{28}{(1+r)^3} + \frac{28}{(1+r)^4}$$

우리는 앞에서 학습한 연금의 공식을 사용하여 NPV를 표현할 수 있다.

(5-6) $$NPV = -81.6 + \frac{28}{r}\left(1 - \frac{1}{(1+r)^4}\right)$$

NPV 기법을 적용하기 위해서는 자본비용을 알아야 한다. 재무관리자는 이 사업에 적합한 자본비용을 10%로 추정하고 있다. 식(5−6)에 사업의 자본비용 10%로 r을 대체하면

NPV로 $7.2백만을 얻게 되고, 그것은 양(+)의 값이다. 순현재가치는 사업의 이익(양의 현금흐름)의 현재가치에서 비용(음의 현금흐름)의 현재가치를 순수하게 제거한 것이다. 모든 것을 현재가치로 만드는 것은 모든 비용과 이익을 비교하기 위해 같은 기준을 가지는 것이다. 위 사업의 경우 현재가치로 이익이 비용을 $7.2백만 초과한다. 따라서 이 사업을 추진해야 한다는 것을 NPV 투자기법은 알려준다.

(2) NPV 프로파일

사업의 NPV는 적용되는 자본비용에 좌우된다. 그런데 사업의 자본비용에 대해서는 종종 불확실성이 존재한다. 그런 경우에 사업의 NPV를 할인율에 따라 그려주는 NPV 프로파일(NPV profile)을 계산하는 것이 도움이 된다. 비료공장 사례에서 단지 10%의 할인율을 적용하는 대신에 여러 다른 할인율을 적용해서 NPV 계산을 반복하는 것이다. [그림 5-3]은 할인율 r의 함수로 해당 NPV를 그린 해당 사업 NPV 프로파일을 보여준다.

할인율이 14%보다 작은 경우에만 NPV가 양의 값을 가진다. 그래프와 자료 표를 보면 14%에서 NPV가 0이다. 현금흐름의 순현재가치를 0으로 만드는 할인율이 투자의 내부수익률(internal rate of return, IRR)이다. 따라서 NPV 프로파일을 만들면서 우리는 비료공장 사업의 IRR이 14%임을 알게 된다.

▮그림 5-3▮ 비료공장 신규 사업 NPV

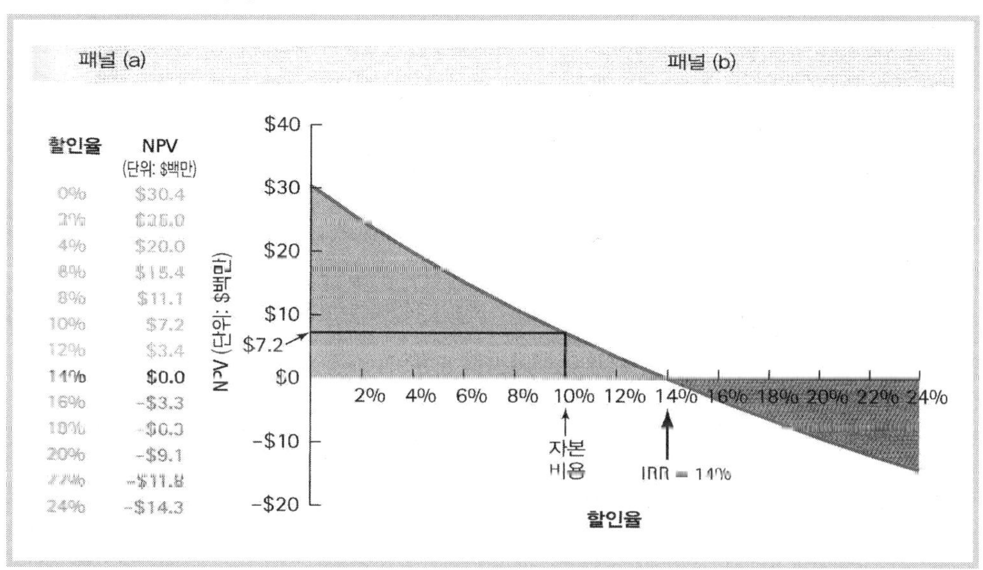

패널 (a)

할인율	NPV (단위: $백만)
0%	$30.4
2%	$25.0
4%	$20.0
6%	$15.4
8%	$11.1
10%	$7.2
12%	$3.4
14%	$0.0
16%	-$3.3
18%	-$6.3
20%	-$9.1
22%	-$11.8
24%	-$14.3

7-3. 내부수익률법

투자안의 내부수익률(internal rate of return, IRR)이란 투자안 채택으로 인해 발생하는 모든 현금흐름의 순현재가치가 0이 되는 할인율을 말한다. 다시 말하면 내부수익률이란 투자안의 NPV를 0으로 만드는 할인율을 의미한다. 이를 수식으로 나타내면 다음과 같다.

(5-7) $$NPV = \sum_{t=0}^{T} \frac{C_t}{(1+IRR)^t} = 0$$

단, C_t : t의 순현금흐름, IRR: 내부수익률

내부수익률이란 투자안을 채택할 경우 기업이 얻게 되는 수익률이므로 내부수익률이 투자비용을 조달하기 위한 자본비용보다 클 경우 투자안은 기업가치를 증가시키며 반대로 내부수익률이 자본비용보다 작을 경우 기업가치를 감소시킨다. 따라서 독립투자안에 대한 채택 또는 기각 여부와 상호 배타적인 투자안들 중 우선순위를 정하는 의사결정문제에서 내부수익률법은 다음과 같은 기준을 제시한다.

① **독립투자안의 경우 :**

투자안의 내부수익률이 자본비용보다 클 경우 투자안을 채택하고, 작거나 같으면 투자안을 기각한다.

② **상호배타적 투자안들의 우선순위를 결정하는 경우:**

투자안의 내부수익률이 큰 순서대로 투자 우선순위를 결정한다.

간단한 예를 통하여 IRR을 설명해 보도록 하자. 초기투자비용이 \$100이고 1년 후에 \$120의 현금이 회수되는 투자안의 IRR을 구해보자. 이제 C0 = −100이고, C1 = 120이므로 이 투자안의 IRR은 다음 식을 만족해야 한다.

$$NPV = C_0 + \frac{C_1}{1+IRR} = -100 + \frac{120}{1+IRR} = 0$$

위 식을 풀면 IRR은 다음과 같이 얻어진다.

$$IRR = \frac{120}{100} - 1 = 0.2 \text{ 또는 } 20\%$$

1기간으로 이루어진 이 투자안의 IRR은 투자수익률(rate of return on investment)과 같다고 볼 수 있다.

이제 여러 기간 동안 현금흐름이 발생하는 투자안의 IRR을 구해보자. 초기투자비용은 $100이고, 1년 후 $40, 2년 후 $50, 3년 후 $70의 현금흐름을 갖는 투자안의 IRR을 계산해 보자. 투자안의 모든 현금흐름을 IRR로 할인하여 현재가치로 환산한 후 모두 더한 값, 순현재가치는 0이 되어야 하므로 다음 식을 만족해야 한다.

$$NPV = -100 + \frac{40}{(1+IRR)} + \frac{50}{(1+IRR)^2} + \frac{70}{(1+IRR)^3} = 0 \quad (5\text{-}8)$$

현금흐름이 여러 시점에 걸쳐 발생하는 투자안의 내부수익률은 간단한 수작업으로 계산하기 어렵기 때문에 엑셀(Excel)의 '함수마법사' 중 'IRR'함수를 이용한다. 과거에 수작업의 일환으로 사용되었던 시행착오법(trial and error method)은 보조방법으로 사용할 수 있다. 엑셀을 이용하여 상기 투자안의 IRR을 구하면 25%가 얻어진다.

내부수익률법은 투자안의 내부수익률이 기업의 자본비용보다 클 경우 투자안을 채택하는 방법인데 앞의 [그림 5-3]은 이러한 원칙이 왜 타당한 것인지를 잘 보여주고 있다. 투자안의 NPV곡선이 우하향하는 조건에서 만약 기업의 자본비용이 투자안의 IRR인 14% 보다 작으면 투자안의 NPV는 항상 양수가 되어 이 투자안은 채택된다. 반면 기업의 자본비용이 IRR보다 크면 투자안의 NPV는 항상 음수가 되어 이 투자안은 기각된다. 따라서 투자안의 NPV곡선이 항상 우하향하는 조건에서 독립적 투자안에 대한 경제성평가 시 순현재가치법과 내부수익률법은 동일한 결과를 보여준다.

7-3. 회수기간법

투자자들은 때로는 투자안을 평가할 때 얼마나 빨리 초기투자원금을 회수할 수 있는지에 대한 관심을 갖는 경우가 많다. 어떤 투자안에 대해 초기투자원금을 회수하는 기간을 회수기간(payback period)이라고 정의한다면, 회수기간법은 투자안의 회수기간이 사전에 정해진 목표회수기간보다 빠를 경우 채택하게 되는 평가방법이라 할 수 있다. 회수기간을 계산할 때 주의할 점은 현금흐름이 매 기간 말에 이루어지는 것이 아니라 기간 중에 균등하게 발생한다고 가정해야 한다는 점이다. 다음 두 투자안의 현금흐름이 다음과 같을 때 회수기간을 계산해 보자.

▮표 5-3▮ 투자안 A와 B의 현금흐름

연도	투자안 A	투자안 B
0	−$100	−$100
1	$40	$60
2	$40	$50
3	$40	0

먼저 A의 경우 2년도까지 총 $80의 현금유입이 발생하여 $20의 현금유입만 충족하면 초기투자비용을 전액 회수할 수 있다. 그런데 3년도 중에 총 $40의 현금유입이 발생하지만 기간 중에 균등하게 들어온다고 가정하면 $20이 유입되려면 $20/$40 = 0.5년이 소요된다. 따라서 투자안 A의 회수기간은 2.5년이 된다. 동일한 방법으로 투자안 B의 회수기간을 계산하면 1.8년(= 1년 + 40/50)이 소요됨을 간단히 확인할 수 있다. 따라서 기업의 목표회수기간이 2년으로 정해져 있을 때 회수기간법을 사용할 경우 회수기간이 2년보다 짧은 투자안 B를 선택하게 된다.

제2절 자본비용

1. 가중평균 자본비용 개요

앞에서 NPV를 구할 때 적용하는 할인율을 그 기업의 또는 해당 프로젝트의 자본비용을 이용한다고 하였고, 자본비용을 주어진 것으로 가정하였다. 그러나 자본비용은 기업이나 프로젝트에 따라 다르게 산출되며, NPV를 정확하게 계산하기 위해서는 보다 정확한 자본비용을 구하여 할인율로 적용해야 한다.

대부분의 기업들은 투자에 필요한 자금을 조달하기 위하여 주식, 부채, 기타 증권들을 혼합하여 사용한다. 이 절에서는 기업 전체의 자본비용 결정을 위한 자금조달 원천의 역할을 검토한다. 기업 재무상태표의 관점에서 자금조달 원천의 평가부터 시작하고자 한다.

1-1. 기업의 자본구조

보통 부채와 지분으로 구성되는 기업 자금조달의 원천을 자본(capital)이라고 한다. 전형적인 기업들은 주주들에게 지분(주식)을 매도하거나 채권자로부터 차입(부채)을 하여 투자할 자금을 조달한다. 재무상태표의 기본적인 형태는 〈표 5-4〉와 같다. 재무상태표의 왼쪽은 기업의 자산을, 오른쪽은 기업의 자본을 나열하고 있다.

▮표 5-4▮ 기본적인 재무상태표

자산	부채 및 자기자본
유동자산 장기자산	부채 우선주 자기자본(주식)

회사의 자본구조는 부채, 주식, 기타 증권의 구성 비중에 의해 결정된다. 주식회사들이 외부 투자자들로부터 자금을 조달할 때, 그들은 어떤 유형의 증권을 발행할 것인가를 결정하여야 한다. 가장 일반적인 선택은 주식으로만 조달하거나, 주식과 부채를 혼합하여 조달하는 것이다.

1-2. 기회비용과 전체 자본비용

재무관리자들은 기업 전체의 자본비용을 결정할 때 기업의 자본구조 요소들을 고려한다. 이제 부터의 내용을 통해 '자본비용'이라는 용어의 직관적 의미를 명심하여야 한다. 투자자가 기업의 주식이나 채권을 매입할 때, 그들은 자금을 다른 곳에 투자할 기회를 포기하는 것이다. 다른 대안적 투자의 기대수익률이 당해 주식 및 채권의 기회비용이 된다. 그들의 투자를 기업의 자본으로 끌어들이기 위해서는, 그들이 같은 위험으로 다른 곳에 투자해서 얻을 수 있다고 기대하는 수익률을 제공하여야만 한다. 이런 수익률을 제공하는 것이 투자자로부터 자본을 끌어들이기 위해 기업이 감수해야 하는 비용이다.

1-3. 가중평균과 자본비용

직관적으로 기업의 전체 자본비용은 서로 다른 자본 원천들의 비용들로 구성되어야 한다. 실제로 기업의 전체 자본비용은 주식과 부채의 자본비용 가중평균으로 계산하는데, 이를 가중평균 자본비용(weighted average cost of capital, WACC) 이라고 한다.

WACC에서 사용하는 비중은 기업 자본구조에서 사용되는 주식과 채권의 비율이다. 예를 들어, 기업이 30%의 부채와 70%의 주식으로 자본을 조달했다면, WACC를 계산할 때 자본비용에는 30%를, 주식 자본비용에는 70%를 비중으로 사용하면 된다.

이 예제는 재무상태표의 오른쪽을 보고 비중을 결정할 수 있다는 것을 의미한다. 이러한 가정이 옳지만, 한 가지 중요한 수정이 필요하다. 부채와 자본의 비중을 계산할 때, 회계학적인 장부가치가 아니라 시장가치를 사용하여야 한다는 것이다. 장부가치는 역사적 원가를 반영하고 있으며, 시장가치는 자산의 생산성 기대치에 기초한 미래적 시각이다. 기업의 재무적 관리를 나타내는 주식과 부채의 보유자는 장부가치가 아닌 시장가치에 의해 기업을 평가한다.

사실 장부가치가 아닌 시장가치로 표시된 자산, 부채, 주식이 나열되는 시장가치 재무상태표를 생각하는 것이 유용할 것이다. 물론 시장가치 재무상태표도 좌우는 동일해야 한다.

(5-9)　　시장가치 주식 + 시장가치 부채 = 시장가치 자산

식(5-9)은 기업에 의해 발행된 주식과 부채라는 기업에 대한 권리의 시장가치가 모든 자산의 전체 시장가치와 동일해야 한다는 의미다. 이러한 항등식은 기업에 의해 발행된 주식과 부채의 가치는, 주식과 부채가 권리를 주장할 수 있는 기초자산으로 부터 나온다는 것을 의미한다. 기업 부채와 주식의 위험과 요구 수익률도 당연히 기업 자산의 위험에 의해 결정된다. 이러한 점은 기업의 WACC를 유도할 때 유용하게 쓰일 수 있다.

1-4. 가중평균 자본비용의 계산

먼저, 부채를 발생 시키지 않는 아주 단순한 기업의 경우부터 시작하자. 이는 자산에 의해 창출되는 모든 가용현금흐름을 주주에게 지불하는 무차입(unlevered) 기업을 말한다. 기업 자금조달의 일부를 부채에 의존하는 경우 그런 기업을 차입(levered)이라고 한다. 상대적으로 적은 힘을 써서 무거운 물건을 들어 올리게 하는 레버와 같이, 부채를 통한 자금차입은 주주들의 상대적으로 부족한 자기들의 자금 투자로 더 높은 규모의 자산을 통제할 수 있도록 해 준다. 재무상태표에서 부채의 상대적 규모를 기업의 레버리지(leverage)라고 한다.

(1) 무차입 기업 가중평균 자본비용

기업이 무차입이면 부채가 하나도 없고, 자산에 의해 생성되는 모든 현금흐름이 궁극적으로 주주에게 지불된다. 주주들에게 가는 가용현금흐름은 자산에 의한 가용현금흐름과 같으므로, 가치평가 원칙에 따라서 기업주식의 시장가치와 위험 및 자본비용은 당해 기업 자산의 시장가치와 위험 및 자본비용과 동일하다. 이런 관계로부터 기업의 자본비용을 CAPM을 이용하여 계산할 수 있다. 추정된 결과는 기업 전체의 자본비용이 된다.

(2) 차입기업 가중평균 자본비용

기업이 부채를 가지고 있으면 어떻게 되나? 기업전체의 자본비용을 결정하기 위하여 부채의 자본비용을 어떻게 이용할 것인가? 시장가치 재무상태표가 그 해답을 준다. 즉 기업주식과 부채의 포트폴리오를 보유하여 기업 자산을 직접 보유한 것과 같은 현금흐름을 얻을 수 있다. 포트폴리오의 수익률이 구성 증권 수익률들의 가중평균이므로, 다음 식은 주식, 부채 그리고 자산의 요구수익률 사이의 다음 관계를 의미한다.

(5-10) 가중평균 자본비용(세전) =(주식에 의해 조달된 기업가치의 비중)×(주식자본비용)+(부채에 의해 조달된 기업가치 비중)×(부채자본비용) =(기업자산의 자본비용)

2. 기업의 부채 및 주식 자본비용

2-1. 부채 자본비용

회사 부채자본비용을 알기 위하여 재무상태표의 오른쪽 상단 부분부터 보자. 기업 부채자본비용은 현재의 부채 상환을 위해 새로운 채권을 발행할 경우에 필요한 이자율이다. 이 이자율은 현재의 부채가 발행될 당시에 기업이 지불하기로 했던 이표율과는 다르다.

(1) 만기수익률과 부채 자본비용

현재의 부채는 시장에서 거래가 가능하기 때문에 전체적인 신용 환경과 기업의 위험 변화를 반영하여 수시로 변화한다. 현재 기업 부채의 시장 가격은 만기수익률로 결정되는데, 이는 부채를 매입하여 만기까지 약속된 모든 지급액을 받을 경우의 수익률이다. 따라서 기업의 현재 부채 자본비용을 추정하기 위해서는 만기수익률을 사용할 수 있다. 이것이 투자자들이 기업의(새로운 또는 현재) 부채를 보유하기 위해서 요구하는 수익률이다.[2)]

어느 기업이 2020년에 만기가 되는 액면가 $1,000, 이표율 4.63%, 가격 $1,076.60인 부채를 가지고 있다. 부채의 시장가치가 액면가를 초과하기 때문에 이 부채에 투자한 투자자들은 이표율보다 낮은 수익을 얻게 된다. 남아있는 현금지급을 고려한 만기수익률 3.66%가 이 기업의 부채 자본 비용의 현재 추정치이다.

---

2) 사실, 기업이 부채를 상환할 수 없는 위험이 있기 때문에 만기수익률은 기업이 지불할 최대 수익률 개념이다. 기업이 재무적 어려움에 처할 수 있는 때에는 채권에 대한 기대수익률이 약속된 만기수익률보다 훨씬 적을 수 있다.

(2) 세금과 부채의 비용

부채의 경우에는 부채 보유자에게 지급되는 수익률과 기업의 비용이 동일하지 않다. 어떻게 이런 일이 가능할까? 부채에 대해 지급되는 이자가 손비로 공제되는 비용이기 때문에 이런 현상이 생긴다. 기업이 부채로 자본을 조달하면, 지급해야 하는 이자가 손비로 인정되어 세금을 절약할 수 있다는 것이다.

예를 들어, 기업이 $100,000을 연 10%(rD)의 이자율로 차입하였고, 법인세율은 35%이다. 이 경우 연말의 이자 지급에 대한 순비용은 다음과 같이 계산된다.

		연말
이자비용	rD × $100,000 =	$10,000
세금절감	−법인세율 × rD × $100,000 =	−$3,500
세후 실효이자비용	rD ×(1−법인세율) × $100,000 =	$6,500

실효 부채비용(부채의 세후 순이자비용)은 이자율 10%가 아닌 차입금의 6.5%에 불과하다. 따라서 이자의 손비 공제는 부채로 기업 자본을 조달하는 비용을 낮추어 준다. 좀 더 일반적으로 말하면, 법인세율이 TC 인 경우, 세후 실효 차입이자율은 다음과 같다.

(5-11) 실효 차입이자율 = 차입이자율 ×(1 − TC)

우리는 부채의 비용을 추정하기 위하여 회사채 예를 사용하였다. 하지만 많은 소규모 기업들이 채권시장에서 채권을 발행할 수 없기 때문에 대신 은행 차입을 이용한다. 이런 경우에도 앞에서 언급하였던 부채의 비용에 관한 내용은 새로운 차입에 대해 은행이 이자율을 결정할 때도 자주 사용된다.

2-2. 자기자본 자본비용

(1) 자본자산가격결정 모형

가장 일반적인 추정방법은 3장에서 제시된 CAPM을 이용하는 것이다. 이 방법을 실제로 사용할 때는 다음과 같이 적용할 수 있을 것이다.

① 예를 들어 60개의 월별 기업 수익률을 S&P 500(또는 KOSPI 200)과 같은 시장 수익률 대응치 60개월 수익률에 회귀분석하여 주식의 베타를 추정한다.

② 무위험 이자율을 결정하는데 일반적으로 미 재무부 단기채(또는 한국 국채)의 채권

수익률이 사용된다.

③ 시장 수익률 대용치의 과거 수익률에서 과거 무위험 이자율을 차감하여 시장 위험프리미엄을 추정한다.

④ CAPM을 적용한다 : 무위험이자율 + 주식의 베타 × 시장 위험프리미엄

예를 들어, A기업의 주식 베타가 1.37, 10년 미재무부 단기채의 수익률이 3%, 시장 위험프리미엄이 6%라고 하자. 이 때 A의 주식 자본비용은 11.22%(=3%+1.37×6%)가 된다.

(2) 항상배당성장 모형

다른 방법은 항상배당성장 모형(constant dividend growth model, CDGM)으로부터 주식의 자본비용을 추정하는 것이다.

(5-12) $$\text{주식의 자본비용} = \frac{\text{1년뒤의 배당}}{\text{현재주가}} + \text{배당성장률} = \frac{D_1}{P_E} + g$$

주식의 자본비용을 추정하기 위하여 현재 주가, 1년 뒤 예상 배당, 그리고 배당성장률이 필요하다. 그러나 미래의 배당성장률을 추정하는 것은 매우 어렵다. 예를 들어, 1998년부터 2005년까지의 주당 연 배당이 $1.40이었는데, 2006년에 $1.48로 올렸고, 2007년에는 $1.64까지 올려 2011년까지 유지한다면, 장기 배당성장률은 얼마인가? 과거 배당성장의 크기가 동일하지 않기 때문에 배당성장률을 정하기가 매우 어렵다. 과거 성장률을 돌아보기보다, 한 가지 일반적인 방법은 주식분석가들의 추정치를 이용하는 것이다. 이들의 추정치는 미래를 내다보는 것이기 때문에 더 효과적일 수 있다.

3. 가중평균 자본비용 산출 요약

3-1. WACC 등식

주식, 부채의 자본비용을 각각 r_E, r_D 라고 하고, 법인세율을 T_C라 하면, WACC는 다음과 같이 계산된다.

(5-13) $$r_{WACC} = r_E E\% + r_D(1 - T_C)D\%$$

예제 5-1 가중평균자본비용 산출

문제

현대차 주식의 기대수익률이 11.5%이고, 발행 부채에 대한 만기수익률은 6%라고 가정하자. 현대차의 기업 가치에서 부채는 18%, 주식은 82%를 차지한다. 만약 법인세율이 35%라면, WACC의 추정치는 얼마인가?

풀이

$r_{WACC} = r_E E\% + r_D(1 - T_C)D\% = (0.115)(0.82) + (0.06)(1 - 0.35)(0.18) = 10.1\%$

현대차는 부채와 주식보유자들을 만족시키기 위하여 새로운 투자에 적어도 10.1%의 수익률을 필요로 한다.

3-2. 가중평균 자본비용 실무

WACC는 이자의 세금 효과와 같은 레버리지 효과와 기업의 사업 유형별 위험에 의해 영향을 받는다. 결과적으로 WACC는 산업마다 기업마다 아주 다르게 나타난다. 어떤 사업의 영역은 다른 사업보다 명백히 더 위험하다. 예를 들어, 농심의 라면 판매는 위험이 작은 사업이지만, LG전자의 고가 휴대전화의 판매는 위험이 아주 높다. 위험이 높은 사업의 경우 자본비용은 상대적으로 그 만큼 높게 나타난다.

4. 프로젝트의 가치평가를 위한 WACC 사용

어느 기업이 수행하는 특정 프로젝트의 자본비용은 해당 프로젝트의 위험에 달려있다. 프로젝트의 시장 위험이 기업 투자들의 평균 시장 위험과 비슷하면, 프로젝트의 자본비용은 기업 전체 발행 증권 포트폴리오의 자본비용과 같아야 한다. 다시 말하면, 프로젝트의 자본비용은 기업의 WACC와 같다. 식(5-13)에서 본 바와 같이 WACC는 기업의 세후 부채 자본비용을 이용하여 이자 손비 공제 혜택을 반영한다.

WACC가 부채로부터의 세금 절감을 반영하기 때문에, 기업의 레버리지 정책에 의한 이자 손비 공제 혜택을 고려하여 투자의 가치를 계산할 수 있는데, 이를 투자의 차입가치(levered value)라고 한다. 이를 위하여 기업의 미래 가용현금흐름의 증분을 WACC를 이용하여 할인하는데, 이러한 과정을 WACC 방법이라고 한다. 예를 들어 미래현금흐름(FCFt)을 투자에 의한 t연도 말의 증분 가용현금흐름 기대치라고 하면 가치평가 원칙에 의해 투자의 차입가치인 V_0^L은 다음과 같이 계산된다.

$$V_0^L = FCF_0 + \frac{FCF_1}{1+r_{WACC}} + \frac{FCF_2}{(1+r_{WACC})^2} + \frac{FCF_3}{(1+r_{WACC})^3} + \cdots \quad (5\text{-}14)$$

WACC방법의 직관적 의미는 기업의 WACC가 세후 기준으로 기업이 투자자들(부채 및 주식보유자)에게 지불하여야 하는 평균 수익률을 의미한다. 따라서 기업의 다른 프로젝트들과 같은 평균 위험을 가진 프로젝트가 양(+)의 NPV를 가지기 위해서는 적어도 기업의 WACC정도의 기대수익률을 주어야 한다.

〈주요 가정들〉

자본예산을 편성함에 있어서 WACC를 할인율로 사용하는 것은 일반적인 실무관행이지만 그에 대한 가정들을 이해하는 것이 중요하다.

가정 1: 평균위험

프로젝트의 시장위험이 기업 투자의 평균 시장 위험과 같다고 가정한다. 이 경우에는 기업 위험에 근거하여 프로젝트의 자본비용을 평가한다.

가정 2: 일정한 부채비율

기업은 시장가치 부채비율(debt-equity ratio, 부채/자기자본 비율로 알려짐)을 일정하게 유지하기 위하여 끊임없이 레버리지를 조정한다고 가정한다. 이 정책에 의하면 새로운 프로젝트를 수행하기로 하였을 때, 부채의 양을 정해야 하는데 이 가정은 레버리지 조정으로 인하여 기업 주식과 부채의 위험과 WACC가 움직이지 않을 것임을 의미한다.

가정 3: 제한된 레버리지 효과

레버리지가 가치평가에 미치는 주요 영향은 이자 손비 공제로부터 발생한다고 가정한다. 발생 가능한 재무적 어려움(디폴트위험) 같은 다른 요인들은 선택된 부채의 수준에 큰 영향이 없다고 가정하는 것이다.

5. 프로젝트 기반 자본비용

지금까지는 고려중인 프로젝트의 위험과 레버리지가 기업 전체의 특성과 일치한다고 가정하였다. 이러한 가정으로부터 프로젝트의 자본비용이 기업의 자본비용과 일치한다고 가정할 수 있었다.

실제로는 특정한 프로젝트들이 기업의 평균적 투자와 다른 경우가 있을 수 있다. 완전히 다른 여러 가지 영업무문을 가지고 있는 삼성전자를 생각해 보자. 삼성전자의 가전제품 프로젝트들은 삼성전자의 핸드폰 부문의 프로젝트와는 상이한 시장 위험을 가질 수 있다. 프로젝트들은 그들이 고수하는 레버리지의 규모에 있어서도 변할 수 있다. 예를 들어 지적 재산투자는 레버리지가 낮지만, 부동산이나 자본적 장비의 인수는 대개 레버리지가 높다.

5-1. 새로운 인수에 대한 자본비용

여기서는 위험이 본 사업과 다른 사업 부문과 다른 시장 위험을 가지는 프로젝트의 자본비용 계산법에 대하여 설명하고자 한다. LG화학이 삼림 제품 영업에 들어간다고 하자. 그러기 위해서 LG화학은 목재, 종이, 기타 삼림 제품에 집중하고 있는 기업인 대한제지를 인수할 예정이다. 대한제지는 LG화학이 화학 사업에서 당면하고 있는 위험과는 다른 시장 위험을 가지고 있다. 대한제지의 인수 가치를 평가하기 위하여 LG화학이 사용해야 하는 자본비용은 얼마인가?

위험이 서로 다르기 때문에 LG화학의 WACC는 대한제지의 가치평가를 위해서는 부적절하다. 대신 LG화학은 인수 가치를 평가하기 위하여 대한제지의 WACC를 계산하여 사용해야 한다.

	베타	주식 자본비용	부채 자본비용	주식비중	부채비중	WACC
대한제지	1.45	11.7%	6.1%	63%	37%	8.8%

대한제지를 매입한 이후에도 현재의 부채와 주식 비중을 가지고 대한제지의 자본을 조달하는 것이 적절하다면 대한제지의 WACC를 인수 자본비용으로 사용할 수 있다. 따라서 LG화학은 대한제지의 인수를 위한 가치평가에 8.8%의 자본비용을 사용하여야 한다.

5-2. 부문별 자본비용

LG화학이 다른 의사결정을 한다고 가정하자. LG화학은 대한제지를 인수하는 것보다 내부적으로 삼림제품 부문을 만들고자 한다. 새로운 부문에 대한 자본비용은 얼마이어야 하나? 만약 LG화학이 대한제지와 같은 수준의 부채비율로 이 부문의 자본을 조달한다면, LG화학은 대한제지의 자본비용을 새로운 사업 부문의 자본비용으로 사용할 수 있다.

삼림 제품의 위험과 37%의 부채비중을 가정할 때 대한제지의 WACC가 올바른 자본비용이라면, 내부적으로 만들어지는 새로운 사업 부문도 부채 37%를 유지하면서 대한제지의 WACC를 사용하는 것이 옳아야 한다.

대부분의 경우에 있어서, 다부문 기업들은 프로젝트의 가치평가를 위해서 전사적인 하나의 WACC를 사용해서는 곤란하다. 그런 기업들은 대한제지에 대한 LG화학의 분석과 비슷한 분석을 하여야 한다. 여러 개의 영업 부문을 가지는 기업들은 자기들과 경쟁하는 다른 기업의 해당 영업 부문을 참고로 하고, 그 하나의 영업 부문에 집중하여 WACC를 고려한다.

연습문제

1. 감가상각비용이 $500,000, 세율이 35%이다. 감가상각 세금절감액은 얼마인가?

2. 추정 이익으로 $1,000,000을 예상하고 있다. 그것은 감가상각비 $200,000의 영향을 포함한다. 또한 올해 운전자본이 $100,000 감소할 것으로 예상하고 있다. 가용현금흐름은 얼마로 추정하는가?

3. 당신의 추정 손익계산서에 매출액은 $100,000으로, 매출원가는 $500,000으로, 감가상각비는 $100,000 그리고 세율 40%로 세금은 $160,000으로 나타났다. 추정 이익은 얼마인가? 추정 가용현금흐름은 얼마인가?

4. A 기업은 게임 소프트웨어에 투자하려고 한다. 이러한 결정을 판단하기 위해서 기업은 처음으로 이 사업에 필요한 운전자본을 추정하려고 한다. 이 기업 최고재무관리자(CFO)는 다음과 같은 예측치(단위: $백만)를 개발했다.

연 도	1	2	3	4	5
현금	6	12	15	15	15
매출채권	21	22	24	24	24
재고자산	5	7	10	12	13
매입채무	18	22	24	25	30

이 투자로 인한 초기 5년간의 운전자본 변화와 관련된 현금흐름을 계산하시오.

5. 유니기업은 생산 설비를 확장할 것인지를 결정하려고 한다. 장기 현금흐름의 예측이 어려워 경영진은 다음과 같이 첫 2년 동안의 현금흐름(단위: $1,000)을 추정하였다.

연 도	1	2
매출액	125	160
운영비용(감가상각비제외)	40	60
감가상각비	25	36

순운전자본의 증가	2	8
자본지출	30	40
법인세율	35%	35%

a. 프로젝트의 1년도와 2년도의 증분 이익은 각각 얼마인가?
b. 첫 두 해 동안 프로젝트의 가용현금흐름은 각각 얼마인가?

6. ㈜설빙은 음료 주입 기계를 모든 유지비용을 포함해서 연간 $50,000에 빌려서 사용하고 있다. 지금 아래 두 가지 선택 안으로 기계를 구매하는 것을 고려중이다.

① 현재 임대하여 사용하고 있는 기계를 $150,000에 구매한다. 이 기계는 연간 $20,000의 유지비용이 필요하다.
② 새롭고 개선된 기계를 $250,000에 구매한다. 이 기계는 유지비용으로 연간 $15,000이 필요하지만 음료 주입 비용을 연간 $10,000 줄일 수 있다. 그러나 새로운 기계를 작동하기 위해서 $35,000의 교육비용이 초기에 지출될 것이다.

적절한 할인율이 연간 8%이고 기계는 오늘 구매한다고 가정하자. 유지비용과 연료 주입 비용은 임대비용처럼 모두 연말에 발생한다. 또한 모든 기계는 수명이 10년이지만 7년에 걸쳐서 정액으로 감가상각하여 잔존가치는 거의 없다고 가정한다. 법인세율은 35%이다. 이 기업은 계속 임대해야 하는가? 아니면 사용 중인 기계를 구입해야 하는가? 아니면 개선된 새 기계를 구매할 것인가?

7. 당신은 3년 전에 기계를 $1백만에 구매했고 7년 수명에 잔존가치 없이 정액감가상각을 하고 있다. 세율은 35%이다. 당신이 이 기계를 지금 $700,000에 매각한다면(감가상각을 3년 했음), 기계 판매로 인한 증분 현금흐름은 얼마인가?

8. 현재 $100,000을 투자하고, 1년 뒤에 $80,000, 2년 뒤에 $30,000을 받는 투자기회가 있다. 자본비용이 9%라면 이 투자의 NPV는 얼마인가?

9. 현대자동차의 경영진은 현재 소형 트럭 생산을 위해 공장을 지으려는 계획을 평가하고 있다. 현대차는 이 프로젝트의 평가에 12%의 자본비용을 사용할 예정이다. 회사는 이 프로젝트의 증분 가용현금흐름을 아래와 같이 계산하였다(단위: $백만).

연도	0	1~9	10
매출액		100.0	100.0
제조비용(감가상각비는 제외)		−35.0	−35.0
마케팅 비용		−10.0	−10.0
감가상각비		−15.0	−15.0
EBIT		40.0	40.0
세금(35%)		−14.0	−14.0
순이익		26	26
감가상각비		+15.0	+15.0
순운전자본의 추가		−5.0	−5.0
자본지출	−150		
계속가치			+12.0
가용현금흐름	−150.0	36.0	48.0

a. 표에서 제시된 기본 시나리오에서 소형 트럭 생산을 위한 공장의 NPV는 얼마인가?

b. 경영진은 매출액에 대한 가정이 NPV에 미치는 민감도를 검토하려고 한다. 만일 매출액 추정치보다 매출액이 10% 높다면 이 프로젝트의 NPV는 얼마인가? 만일 10% 낮다면 NPV는 얼마인가?

c. 경영진은 매출액과 운영비용이 성장하는 경우 분석의 민감도를 알고 싶다. 특히 경영진은 매출액, 제조비용, 마케팅비용이 연도 1에는 표에서 제시된 바와 같고, 연도 2부터는 매년 2%씩 성장한다고 가정하려고 한다. 또한 최초의 자본투자(그리고 감가상각비), 운전자본의 추가, 계속가치는 표에서와 같다고 가정한다. 이러한 변화를 감안한 NPV는 얼마인가?

d. 이 프로젝트에서 할인율의 민감도를 검토하기 위해서 경영진은 할인율의 변화에 따른 NPV를 계산하려고 한다. 할인율을 5%와 30%로 했을 때 각각의 NPV를 구해 보시오.

10. 당신은 색다른 투자기회를 제안 받았다. 오늘 $10,000을 투자하면 1년 뒤에 $500, 2년 뒤에 $1,500, 그리고 10년 뒤에 $10,000을 받게 될 것이다.

a. 연간 자본비용이 6%라면 이 기회의 NPV는 얼마인가? 당신은 이 기회를 채택할 것인가?

b. 연간 자본비용이 2%라면 이 기회의 NPV는 얼마인가? 당신은 이 기회를 채택할 것인가?

11. 당신은 다음 두 개의 사업 대안 중 하나만을 선택하려고 한다. 사업의 현금흐름은 아래 표와 같이 주어졌다.

	0	1	2	3	4
A	−50	25	20	20	15
B	−100	20	40	50	60

a. 두 사업의 IRR은 각각 얼마인가?
b. 할인율이 5%라면 두 사업의 NPV는 얼마인가?
c. IRR과 NPV는 왜 두 사업의 순위를 다르게 평가하는가?

12. 당신은 다음 두 개의 사업 대단 중 하나만을 선택하려고 한다. 당신의 자본비용은 11%이다.

	0	1	2	3	4
A	−100	25	30	40	50
B	−100	50	40	350	20

a. 당신의 자본비용 아래서 각 사업의 NPV는 무엇인가?
b. 각 사업의 IRR은 무엇인가?
c. 두 사업 사이에 차이가 없는 자본비용은 무엇인가?
d. 당신은 어떻게 해야 하는가?

13. MV 주식회사는 시장가치 $100백만의 부채, 장부가치 $100백만의 보통주를 가지고 있다. 이 기업의 보통주의 주당 가격은 $50이고, 총 발행주식수는 6백만이다. MV 주식회사가 WACC 계산을 위해서 사용해야 하는 각 자본 원천의 비중은 어떻게 되는가?

14. AB 회사는 6%의 이표율을 가지는 $10백만의 채권을 발행하였다. 이 채권은 반기마다 이표를 지급하는데 다음 이표는 6개월 후에 지급되고 5년 후에 만기가 도래한다. 이 부채는 현재 액면가의 95%로 시장가치가 형성되어 있다.

a. 이 회사 부채의 자본비용은 얼마인가?
b. 이 회사가 40%의 법인세율을 가진다면 부채의 세후 자본비용은 얼마인가?

15. S 기업의 주식은 베타가 0.2이다. 무위험 이자율이 6%이고, 시장 위험 프리미엄이 7%일 때, S 기업의 자기자본비용은 얼마인가?

16. Y 기업은 주당 가격이 $30이고, 내년 주당 $3의 배당을 지급할 것이며, 기대 배당성장률은 연 1%이다. Y 기업의 자기자본비용 추정치는 얼마인가?

17. 15%의 자기자본비용을 가지는 커피기업은 4%의 실효 부채 자본비용을 가지고 있고, 70%의 주식과 30%의 부채로 자본이 조달되었다. 이 기업의 WACC는 얼마인가?

18. 커피기업은 주로 커피를 판매하는데 최근에 주류를 개발하였다. 이 기업은 35%의 법인세율과 다음의 정보를 가진다. 새로운 주류에 집중된 사업부를 위한 자본조달의 11%를 부채로 하고 나머지를 주식으로 할 계획이라면, 이 주류 사업부를 위하여 사용할 WACC는 얼마인가? 부채의 자본비용은 4.8%, 무위험 이자율 3%, 위험프리미엄 6%를 가정한다.

	베타	주식비중(%)	부채비중(%)
커피기업	0.61	96%	4%
주류사업부	0.26	89%	11%

제 3 부

금융시장

제 6 장 금융시스템
제 7 장 대출시장
제 8 장 자본시장
제 9 장 핀테크와 금융

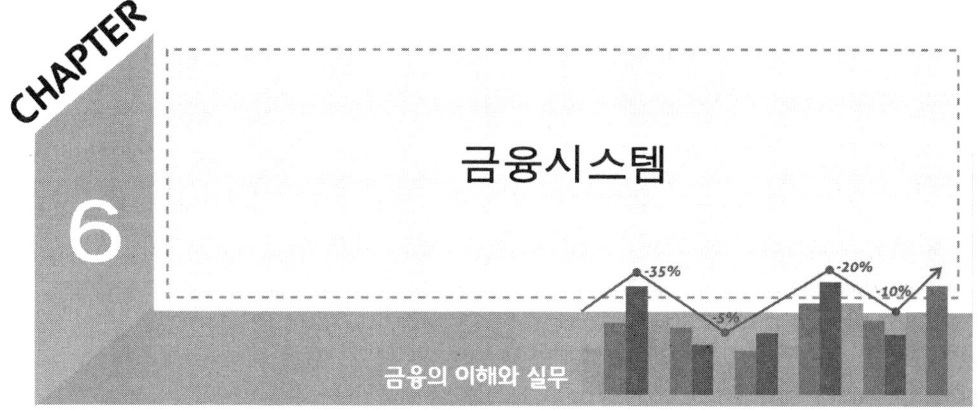

제1절 금융시스템 개관[1)]

1. 금융의 의미

금융(finance)이란 경제주체들 간의 자금의 유통을 가리키는 말로, 흔히 금융거래를 통칭한다. 경제 내의 개별주체들은 각자의 필요에 의하여 금융거래를 하게 된다. 한 단위 경제를 구성하는 경제주체는 크게 가계부문, 기업부문, 정부부문으로 나누어진다. 이들은 일상 활동의 거래를 통하여 끊임없이 돈을 지출할 뿐만 아니라 돈을 벌어들이기도 한다. 그러나 이들 경제주체 중에는 평균적으로 소비와 투자를 합한 지출의 크기가 수입으로 벌어들이는 자금의 크기보다 큰 경제주체가 있다. 이를 우리는 적자단위(deficit spending unit : DSU)라고 하며, 이와 반대로 벌어들이는 자금의 크기가 지출의 크기보다 큰 경제주체를 흑자단위(surplus spending unit : SSU)라고 한다.

기업부문은 대개 적자단위로 자금 부족자이다. 기업부문은 재화나 용역의 판매를 통하여 자금을 벌어들이며, 생산 경비의 지출이나 투자활동을 통하여 자금을 지출하게 된다. 성장하는 기업의 경우, 대부분이 경영활동을 통하여 벌어들인 자금의 크기가 투자나 경비 지출을 위한 자금의 크기를 감당하지 못한다. 경제주체 중 주된 흑자단위, 즉 자금 잉여자는 가계부문이다. 가계는 노동이나 토지의 대가로 벌어들인 소득을 모두 소비하지 않는다. 미래를 위하여 소득의 일부를 남겨 놓는다. 이 잉여자금은 저축이나 투자의 형태

1) 김석진 등, 한국자본시장론 (삼영사, 2014) 참조

로 모습이 바뀌게 되는데, 이는 금융거래의 원천이 된다.

흑자단위의 가계는 잉여자금을 수익력이 높은 곳에 저축하거나 투자하고 싶어 한다. 반면, 적자단위의 기업부문은 채권이나 주식 등의 증권을 발행하여 자금을 직접 모집하거나 금융회사를 통하여 싼 비용(이자율)으로 자금을 빌리고 싶어 한다. 시장참여자들은 자신에게 편리하고 저렴한 금융수단을 이용하여 거래 욕구를 충족시킨다. 이렇게 금융수단을 통하여 흑자단위의 자금이 적자단위로 이전되는 것을 금융거래라 한다. 즉, 기업부문은 부족한 자금을 공급받고, 가계부문은 잉여자금 대신 예금계좌나 채권, 주식 등을 금융자산으로 보유하게 된다. 이외에도 금융거래의 중개기능을 담당하는 금융회사와 이에 활용되는 수단은 다양하다.

▌표 6-1▌ 금융거래의 참가자, 금융회사와 금융수단

참가자	금융회사	금융수단(상품)
가계 기업 정부	- 은행(일반은행, 특수은행) - 비은행예금취급기관(상호저축은행, 신용협동조합 등) - 여신전문금융회사(리스사, 신용카드사, 할부금융회사 등) - 금융투자회사(자산운용회사, 집합투자업자, 투자자문업자 등) - 보험회사(생명보험, 손해보험 등)	- 예금 및 대부 계정, CD, CP, RP - 증권(채무, 지분, 수익, 투자계약, 파생결합 및 증권예탁증권), 파생상품(장내 및 장외 파생상품) - 보험상품

2. 금융시스템의 역할

경제활동이란 재화나 용역의 교환이 이루어지는 수많은 거래의 집합체라고 말할 수 있다. 이러한 거래는 크게 실물거래와 금융거래로 나누어진다. 실물거래는 재화나 용역 등 실물자산의 거래를 말하며, 금융거래는 금융수단을 통한 자금의 거래를 일컫는다. 옛날 물물교환 시대부터 실물거래는 존재했으며, 사회가 발달하고 자본 축적의 양이 많아지면서 실물거래의 규모도 커지고 이를 뒷받침하는 금융수단이나 거래 형식도 다양화되고 발전하게 되었다. 뿐만 아니라 저축과 투자 위험회피의 수요도 늘어나서 다양한 금융상품이 개발되고 금융거래의 규모도 커지면서 경제 내에서 차지하는 비중도 높아지고 있다.

[그림 6-1]은 자금의 흐름을 기준으로 경제활동을 단순화시켜 놓은 그림이다. 경제활동을 두 경제주체 중 흑자단위인 가계와 적자단위인 기업을 축으로 실물거래와 금융거래로 나누어 보았다.

우선 실물거래를 살펴보면, 생산요소를 가진 가계부문은 생산요소 시장을 통하여 생산자는 기업부문에 노동, 토지 등을 제공하고, 임금이나 토지 사용료 등을 그 대가로 받는다. 이 대가는 가계부문의 소득을 형성한다. 그리고 가계부문은 이렇게 벌어들인 소득을 이용하여 상품시장을 통하여 기업이 생산한 상품이나 서비스를 구입 · 사용하고 그 대금을 지급한다. 이와 같이 가계와 기업 간에 생산요소의 교환과 상품이나 서비스의 거래가 이루어진다. 가계부문을 기준으로 임금이나 토지 사용료 등으로 받은 소득액과 상품(재화)이나 서비스를 위하여 지출하는 소비액을 비교할 때 항상 등식 관계가 성립하지는 않는다. 일반적으로 가계부문은 미래를 생각하여 소득의 일부를 남겨 놓는다. 이 잉여소득은 금융거래를 통하여 저축되거나 투자되게 된다.

금융거래를 살펴보면, 가계부문은 잉여 소득을 금융회사에 예탁하고 예탁증서를 받아 기업에 간접적으로 자금을 제공하거나, 자본시장에서 채권이나 주식 등의 증권 매입을 통하여 기업에 직접적으로 자금을 제공한다. 기업부문은 부족 자금을 가계부문으로부터 직접 조달하거나 금융시장을 통하여 간접금융의 형태로 조달한다. 이 자금을 활용하여 생산 설비를 확충하거나 새로운 사업을 전개하게 된다. 기업부문은 금융회사에서 대출받은 차입자금이나 채권의 형태로 빌려 쓴 자금에 대해선 활용의 대가로 이자를 지급하며, 자본금의 형태로 참여한 투자자금에 대해선 배당금을 지급하게 된다. 금융거래는 대출증서나 투자증권을 거래하는 것이므로 실물과 화폐의 교환으로 이루어지는 실물거래보다 금융거래의 형식과 절차가 훨씬 복잡하다.

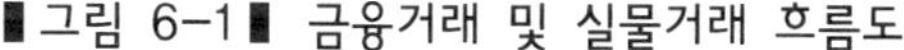
▌그림 6-1▌ 금융거래 및 실물거래 흐름도

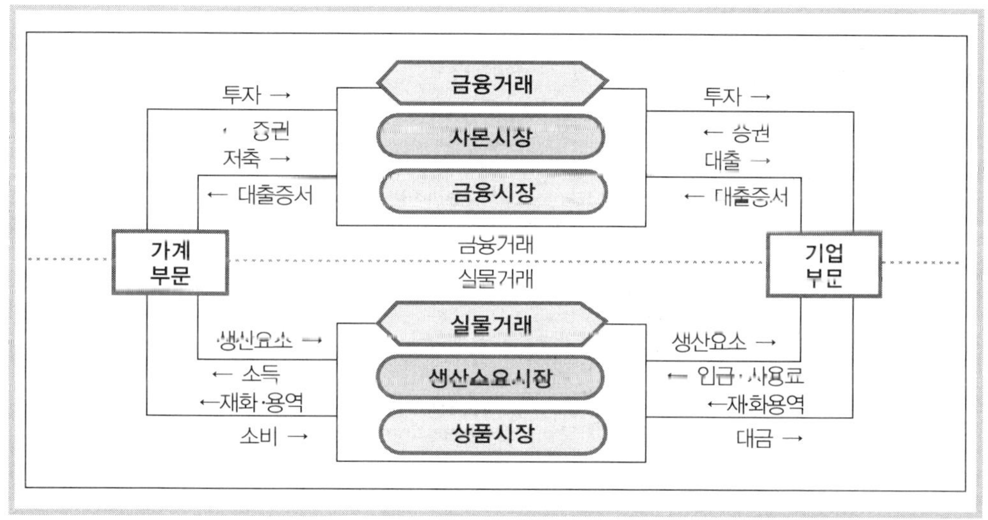

한 금융거래의 종결은 자금을 빌리거나 출자를 받아 사용한 주체가 미래 시점에 이를 자금 제공자에게 되돌려 줄 때 이루어진다. 이들 거래당사자 간의 금융거래를 확실하고 원활하게 하기 위하여 청구권이나 지분을 표시한 증서가 필요하며 이들 증서를 수단으로 하여 금융거래가 일어난다. 금융회사나 금융기관은 이러한 금융수단을 개발하거나 제3자 입장에서 금융거래가 원활하게 되도록 도와주는 역할을 하는 중개기관이다. 금융시장은 금융회사들이 활동하는 유·무형의 공간을 가리키며, 이곳에서 자금 수요자와 공급자간에 대출에 대한 이자율과 규모가 정해지고 채권, 주식 등 증권의 가격과 양이 결정된다.

자금은 생산의 중요한 요소로서 항상 무한정 얻을 수 있는 것이 아니다. 한정된 자금을 가장 효율적인 곳에 배분하는 것이 금융시스템의 역할이다. 즉, 지출의 양보다 소득의 양이 많은 경제주체로부터 잉여자금을 모아, 좋은 투자기회를 갖고 있으면서 자금이 모자라는 곳에 자금을 제공해 주는 일이다. 주요 흑자단위인 가계부문의 잉여자금은 대개 규모가 적고, 단기적인 성격을 가진 자금이다. 이에 비하여 만성적인 적자단위인 기업이 필요로 하는 자금은 규모가 크고 장기적인 성격을 가진다. 금융시스템은 이 같은 자금 수요자와 공급자간의 질적이고 양적인 모순을 다양한 금융수단이나 금융시장의 활성화를 통하여 해결해 주는 역할을 한다. [그림 6-2]의 하단에서 보듯이 금융회사는 간접증권을 발행하여 흑자단위의 잉여자금을 모으고, 이를 다시 대출이나 투자 등의 다른 형태로 변형시켜 자금을 필요로 하는 적자단위의 최종 수요자에게 공급한다. 금융회사가 자금 공급자에게 발행하는 대표적인 간접증권에는 은행의 예금증서, 보험회사의 보험증서, 투자신탁회사의 수익증권 등이 있으며 자금 수요자로부터 받는 증서에는 차입증서나 투자증서 등이 있다.

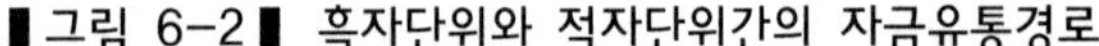
▌그림 6-2▌ 흑자단위와 적자단위간의 자금유통경로

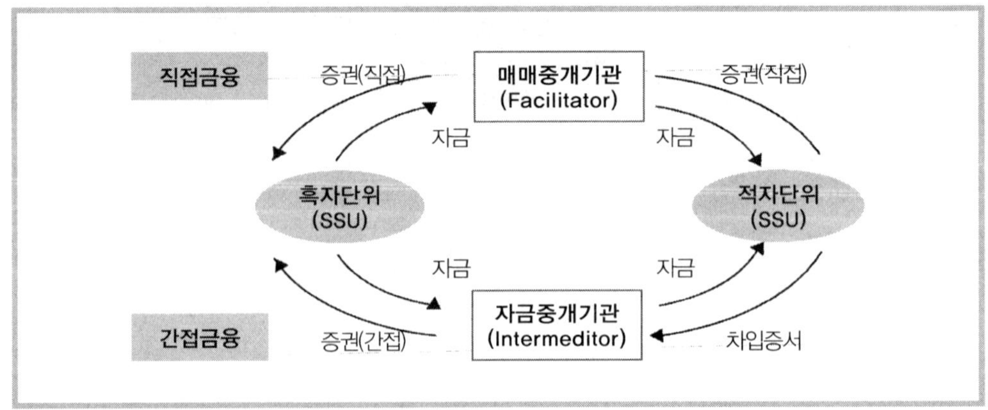

2-1. 직접금융

직접금융은 자금의 수요자가 증권을 발행하고 이를 자금 공급자의 잉여자금과 직접 교환하는 형태로 자금공급자는 자금을 빌려주는 대신 자금 수요자가 발행한 증권을 보유한다. 반면 자금 수요자는 현금이 대변에 증가되고 차변에는 자신이 발행한 증권을 부채 또는 자기자본으로 갖게 된다.

직접증권은 개별 자금의 수요자가 자신의 신용을 담보로 발행되는 것이므로, 금융회사의 신용을 담보로 발행되는 간접증권에 비하여 상대적으로 신용위험 및 시장위험이 높다. 그러나 직접증권은 대부분 양도가 가능하므로 자금 공급자는 자신이 보유한 증권을 자본시장에서 매매를 통하여 자신이 원하는 시기에 자금을 회수할 수 있는 이점이 있으며, 증권의 발행자, 즉 자금 사용자도 이들 증권의 매매와는 관계없이 자금을 사용할 수 있는 이점이 있다. 그밖에 간접금융에 요구되는 지급준비금, 보험료부담, 자기자본 요건 강화 등으로 인한 자금비용 상승요인이 없다는 점에서 최근 직접금융 활성화의 원인을 찾을 수 있다.

2-2. 간접금융

간접금융의 경우엔 자금 공급자와 자금 수요자 사이를 맺어주는 중간 매개자를 필요로 하며 이 역할을 금융회사가 한다. 잉여자금을 가진 사람으로부터 자금을 빌려서 이를 필요로 하는 사람에게 다시 빌려주는 중개자의 역할을 한다. 즉, 금융회사의 역할은 간접증권(예: 예금)을 통하여 모은 자금을 대출의 형태로 전환시켜 자금을 필요로 하는 사람에게 연결시키는 것이다. 자금의 공급자는 자금을 금융회사에 예금하고 대변에 은행예금이 늘어나게 되고, 자금사용자는 대출을 받으므로 차변에 은행차입금이 생겨난다. 최종적으로 금융회사의 대차대조표는 대변에 대출금과 차변에 간접증권(예수금)만 남게 된다.

예전부터 간접금융의 중요성은 잘 알려져 있다. 기업이 가장 손쉽게 접근할 수 있는 자금원으로 미국을 위시한 일본, 독일 등의 선진국에서 보듯이 기업금융의 큰 부분을 차지하고 있다. 최근 금융의 증권화 추세 확산으로 직접금융이 많이 늘어나고 있다. 하지만 직접금융 시장의 접근이 어려운 기업에게 간접금융은 여전히 중요한 자금조달 창구의 역할을 담당하고 있다. 이는 금융회사를 통한 간접금융을 이용하는 것이 금융회사에 지불하는 수수료를 상쇄하고도 남을 만한 충분한 이점이 있다는 것을 암시해 주고 있다.

글로벌 금융위기 이후 기업의 자금 조달 형태에 변화가 일고 있다. 기업자금 조달형태를 보면, 2009년 이후 직접금융의 비중이 빠르게 늘어나고 있다. 2009년부터 2013년까지 기업의 외부자금 조달에서 간접금융의 비중이 평균 23.4%인 반면, 직접금융의 비중은 평균 50.9%에 이르고 있다.

▌표 6-2▐ 우리나라 기업의 외부자금 조달 추이

(단위 : 조원, %)

	2007	2008	2009	2010	2011	2012	2013
조달총액	187.5	232.8	154.7	117.1	151.3	136.3	111.3
간접금융 (비중)	101.8 (54.3)	117.4 (50.4)	21.8 (14.1)	23.4 (20.0)	48.1 (31.8)	19.0 (13.9)	41.1 (37.1)
직접금융 (비중)	54.1 (28.9)	66.9 (28.7)	95.4 (61.7)	61.5 (52.5)	63.8 (42.2)	70.0 (51.5)	51.4 (46.5)
해외조달	6.4	8.4	6.1	4.3	15.2	14.7	17.7
기타	25.2	40.4	31.4	27.9	24.2	32.4	4.3

자료: 한국은행, 2013년 중 자금순환(2014. 3.17)

그럼에도 불구하고 간접증권이 직접증권에 대하여 갖는 이점을 정리해 보면 다음과 같다. 첫째, 소규모 자금을 필요로 하는 이와 소규모 여유자금을 가진 이들에게 자금이용 및 운용의 기회를 제공한다. 예를 들어, 소규모의 기업은 알려지지 않은 이름과 신용도 때문에 직접금융 시장에 대한 접근이 어렵고, 적은 규모의 자금을 가진 개인은 직접금융 시장을 활용하기가 어렵다.

둘째, 정보 수집 및 분석 비용이 적게 들고, 거래 비용 및 보유 비용이 적게 든다. 직접증권 투자 시 필요한 정보 발굴 및 거래 관련 비용을 절약할 수 있다.

셋째, 포트폴리오 분산 효과를 얻을 수 있다. 투자위험을 최소화시키기 위하여 분산투자가 필요한데, 간접금융의 경우 중개기관인 금융회사가 투자자를 대신하여 이 역할을 수행한다.

넷째, 간접금융은 높은 유동성을 보장한다. 직접금융이 환금을 위하여 일정한 시간이 필요하고, 시장상황에 따라 원금을 보장받지 못하는 것에 비하면 간접금융은 필요한 시기에 언제든지 원금을 다시 찾을 수 있어 상대적으로 유동성이 뛰어나다.

제2절 금융시장

1. 금융시장의 상품

실물경제에 필요한 자금을 공급하는 금융시장은 크게 간접금융시장과 직접금융시장인 자본시장으로 나눈다. 금융시장이 자금의 수요자와 공급자 사이에서 어떤 역할을 하는가를 이해하기 위해선 우선 금융시장의 거래수단인 금융상품을 이해할 필요가 있다. '자본시장과 금융투자업에 관한 법률'에서는 금융시장에서 생산되고 유통될 수 있는 금융상품을 포괄적으로 규정하고 있다. 이전의 개별법에 의한 열거주의를 탈피하여 각 금융상품을 각각의 특성에 따라 포괄적으로 분류하고 있다.

1-1. 금융투자상품과 비금융투자상품

금융상품은 투자성의 여부에 의하여 금융투자상품과 비금융투자상품으로 나눈다. 투자성이란 투자 원본의 손실가능성을 가리키는 것으로, '그 권리를 취득하기 위하여 지급하였거나 지급하여야 할 금전 등의 총액이 그 권리로부터 회수하였거나 회수할 수 있는 금전들의 총액을 초과하게 될 위험'을 말한다. 그러므로 자본시장법 하에서는 일반적으로 비금융투자상품으로 알려진 예금이나 보험상품도 투자성을 가질 경우엔 금융투자상품으로 분류되며 증권과 관련된 규제를 적용받게 된다.

투자성이 있는 금융투자상품은 다시 원본의 초과손실여부에 따라 증권과 파생상품으로 분류된다. 증권의 경우에는 투자자의 손실이 최대로 커지더라도 증권의 매입금액보다 커지지 않는 반면, 파생상품의 경우엔 기초자산의 가격변화에 따라 추가적인 지급의무를 지게 된다. 금융투자상품 중 증권은 채무증권, 지분증권, 수익증권, 투자계약증권, 파생결합증권 및 증권예탁증권의 6가지로 세분된다. 이 중에서 투자계약증권과 파생결합증권의 개념은 여타 증권의 개념을 포괄하는 개념이어서 6개 증권의 범주가 상호 배타적이지는 않다. 그러므로 특정증권이 6개 증권 범주 중 반드시 어느 하나에만 속한다고 할 수 없다.

1-2. 파생금융상품

빠르게 성장하고 있는 파생상품은 선도계약, 선물계약, 옵션, 스왑의 네 가지 유형으로 나누어지며, 거래소 시장에서의 거래 여부에 따라 다시 장내파생상품과 장외파생상품으로 나누기도 한다. 최근 금융공학을 이용한 구조화 증권(structured product)이 급속히 늘어남에 따라 파생상품과 파생결합증권의 구분이 어려우나 이들의 구분은 추가지급 의무의 여부로 한다. 예를 들어 옵션과 주식워런트증권을 비교해 보면, 두 상품 모두 행사가격과 만기가 존재하여 유사하지만 옵션의 경우 매도자가 추가지급의 의무를 지지만, 주식워런트증권의 경우엔 투자자에게 추가지급의무가 없다는 점에서 상이하다. 그러므로 옵션은 파생상품인 반면 주식워런트증권은 증권에 해당한다.

1-3. 단기상품과 자본시장상품

금융상품은 그 외에도 거래되는 시장의 성격에 따라 분류되기도 한다. 거래시장의 성격에 따라 단기금융시장(money market) 상품과 자본시장(capital market) 상품으로 분류할 수 있다.

단기금융시장 상품은 만기가 1년 미만의 증권으로 경제주체 간의 단기적인 자금 과부족을 해소하기 위하여 생겨난 상품이다. 그러므로 유동성이 높고 부도 위험이 상대적으로 낮은 특징을 갖고 있다. 이는 주로 금융기관, 기업, 정부에 의하여 발행된다. 대표적인 단기금융 상품으로는 금융기관에서 발행하는 양도성예금증서(certificate of deposit : CD), 환매조건부채권 매매약정(repurchase agreement : RP), 기업어음(commercial paper : CP), 전자단기사채 등이 있다. 선진국에선 대개 단기금융시장이 잘 발달되어 있다. 예를 들어 미국에서는 단기 재정증권(treasury bills : TB)이나 연방자금(federal funds), 유로달러 예금증서 등이 활발히 거래되고 있다.

자본시장 상품은 만기가 1년 이상인 증권과 파생상품을 가리키며, 대개 기업이나 정부기관의 장기적인 자금수요를 충당하기 위하여 생겨난 상품이다. 여기에는 정부기관에서 발행하는 각종 장기국채, 지방채 외에 공사채와 장기 금융채를 포함하는 특수채가 있다. 기업체에서 발행하는 것으로는 회사채, 자산유동화증권(ABS), 이중상환청구권부채권(covered bond) 등의 채무증권과 지분증권인 주식 등이 전형적인 예이다.

이 외에도 금융상품은 투자형태, 자산의 성격, 만기구조 등에 따라 여러 가지 형태로 분류가 가능하다.

2. 금융시장의 역할

시장이란 한정된 양의 자원을 효율적으로 배분하기 위하여 만들어진 유무형의 공간이다. 각각의 경제주체는 상품을 만들거나 서비스를 제공하는 데 필요한 노동력, 원자재, 에너지 및 금융자원 등을 나눠 갖기 위하여 시장이라는 공간을 이용한다. 뿐만 아니라 시장은 만들어진 상품이나 서비스를 유통시키는 통로이기도 하며 상품이나 서비스에 대한 수요자와 공급자가 만나서 가격과 양이 결정되는 곳이다. 예를 들어 공급되는 상품의 양에 비하여 상품에 대한 수요가 많으면 상품의 가격이 올라가게 된다. 이런 현상이 장기화되면 공급자인 기존기업이 생산규모를 늘리거나 신규기업이 진입하여 공급량을 늘리게 된다. 공급이 충분히 늘어나 수요를 충당하게 되면 가격은 다시 하락하여 안정을 찾게 된다.

경제시스템을 구성하는 시장은 크게 실물시장과 금융시장의 2개로 나눈다. 이 중에서 금융시장은 실물시장이 효율적으로 움직이도록 도와주는 중요한 역할을 한다. 금융시장은 잉여자금이 손쉽게 이전될 수 있도록 하는 유무형의 거래장소이나 거래에 필요한 전산시스템 등의 기반구조를 제공한다. 그리고 자금을 필요로 하는 이들과 잉여자금을 가진 이들을 이어주는 일을 한다. 즉, 거래를 원하는 이들을 한 곳에 모으거나 만날 수 있게 함으로써 일시에 많은 양의 거래가 이루어지게 하며, 다수의 자금공급자와 수요자가 상이한 기대가격을 조정하여 적정한 가격에 거래가 이루어지게 한다. 뿐만 아니라 금융시장은 거래에 필요한 정보를 끊임없이 만들어내고 이를 공시함으로써 시장참여자들이 적정한 가격을 결정할 수 있도록 도와준다.

금융시장의 다양한 역할을 경제적인 관점에서 정리하면 다음과 같다.

첫째, 저축의 형태로 축적된 잉여자금을 투자로 변화시키는 역할이다. 이를 통하여 기업부문이나 정부부문의 재투자와 신규 투자활동이 가능해지며, 이는 경제성장의 원동력으로 작용한다.

둘째, 금융거래와 관련된 위험을 감소시켜 주는 역할이다. 직접금융의 경우, 증권과 파생상품을 통하여 여러 곳에 분산 투자하거나 투자위험을 줄일 수 있는 길을 열어주며, 간접금융의 경우에는 자금공급자를 대신하여 금융회사가 투자에 따른 위험을 맡아준다. 금융회사는 여러 기업이나 개인에 대출하거나 투자함으로써 포트폴리오를 형성하여 투자의 위험을 감소시킨다.

셋째, 금융시장은 금융거래와 관련된 정보를 제공함으로써 금융거래 비용을 절감시키는 역할을 한다. 금융시장은 시장에 관한 정보와 거래 상대방에 대한 정보를 생산하고 제공하는 기능을 통하여, 개별 잉여자금 주체가 이를 필요로 하는 상대방을 찾고, 이들의 신용도를 분석해야 하는 비용과 위험을 감소시켜 준다.

넷째, 금융시장은 소비활동과 투자활동을 분리시켜 경제적 효용을 증대시키는 역할을 한다. 피셔(Irving Fisher)의 분리이론에 의하면 생산자와 소비자는 금융시장을 이용하여 각각 최적의 의사결정을 할 수 있다는 것이다. 소비자는 금융시장을 이용하여 현재의 소득을 미래에의 소비를 위하여 이전시키거나, 혹은 미래의 소득을 담보로 현 소득보다 더 많은 소비를 할 수도 있게 된다. 즉, 금융시장을 통하여 소비자들은 상이한 시차선호

(time preference)를 만족시킬 수 있다. 동시에 생산자는 금융시장을 이용하여 자금을 빌리거나 빌려줌으로써 최적의 생산을 할 수 있다. 이처럼 금융시장은 시장참여자들의 효용(utility)을 극대화시키는 역할을 한다. 그러나 이러한 역할을 잘 수행하기 위해서는 금융시장이 우선 효율적인 시장이어야 한다는 전제조건이 있다.[2)]

3. 금융시장의 분류

금융시장은 여러 가지 기준에 따라 달리 분류할 수 있다. 상품의 만기 구조에 따라 1년 미만의 단기금융상품을 거래하는 단기금융시장과 1년 이상의 장기금융상품을 거래하는 자본시장으로 분류할 수 있으며, 금융상품의 유통절차에 따라 발행시장과 유통시장으로 나누기도 한다. 또는 상품이 거래되는 장소에 따라 거래소시장과 장외시장으로 나누기도 한다. 이러한 분류에 따라 취급 금융상품이 상이할 뿐 아니라 시장참여자들도 달라진다. 또한 이들이 시장 내에서 공정한 거래를 할 수 있도록 참여자의 자격, 상품의 종류, 특정 시장의 규율 등을 규제하는 관련법과 규정도 달라지게 된다.

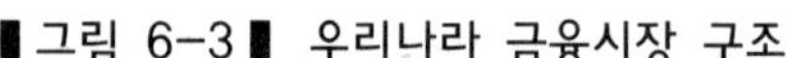
▮그림 6-3▮ 우리나라 금융시장 구조

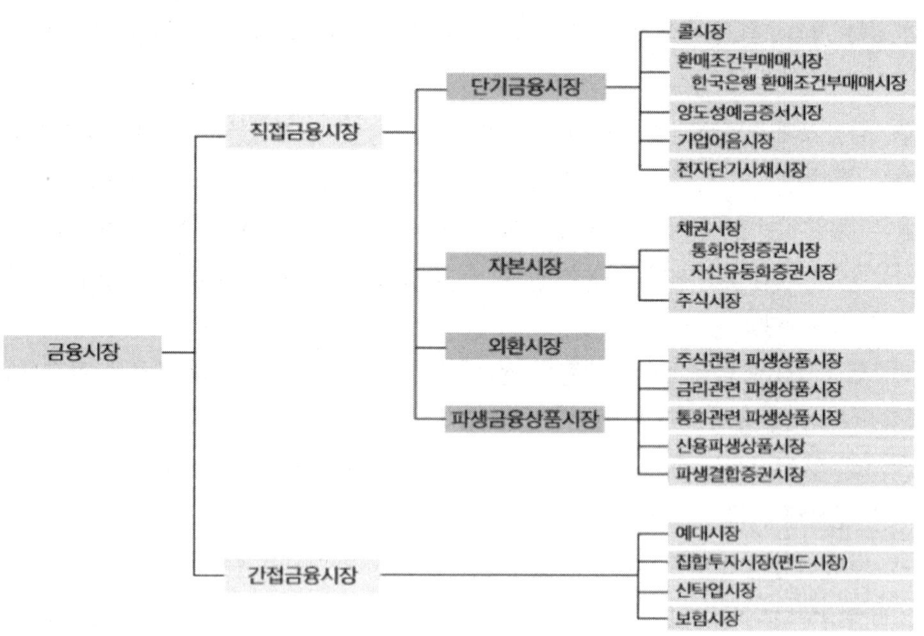

자료: 한국은행, 한국의 금융시장 2016

2) 후생경제학자들에 의하면 자원의 배분이 가장 효율적으로 이루어지는 시장은 완전경쟁상태의 시장으로 여기고 개별 경제주체들이 추구하는 이윤 극대화의 행위가 후생 극대화와 일치한다고 보았다. 이러한 상태를 파레토 최적(Pareto optimality)으로 볼 수 있다.

3-1. 단기금융시장과 자본시장

단기금융시장은 개인이나 기업, 금융회사 간에 일시적인 자금의 과부족 상태를 해소하기 위하여 1년 미만의 단기 자금거래가 이루어지는 시장이다. 단기금융시장의 자금 공급자 중에서 가장 중요한 역할을 하는 금융회사는 은행이다. 기업이나 각종 금융회사 간의 일시적인 자금부족을 메워주는 역할을 주로 담당한다. 은행 외에도 증권회사, 보험회사, 종합금융회사 등의 비은행 금융회사들도 일시적인 잉여자금을 자금이 부족한 이에게 공급하는 역할을 한다. 자금수요자 중에서 중요한 주체는 기업과 정부이다. 기업은 기업어음(CP)이나 전자단기사채[3] 등을 발행하여 운용자금을 조달하며 정부는 통화안정증권이나 재정증권 등을 발행하여 필요한 자금을 조달한다.

반면 자본시장은 장기적 성격의 자금을 조달하고 빌려주거나 투자하는 곳이다. 자본시장에서 가장 중요한 역할을 하는 주체는 기업이다. 기업이 조달하는 출자자금이나 장기차입자금은 주식이나 회사채 등으로 발행되며 이들은 금융상품으로 자본시장의 거래 수단이 된다. 자본시장의 참여자는 단기금융시장의 경우보다 참여폭이나 전문성 면에서 훨씬 다양하다. 개인이나 기업뿐만 아니라 보험회사, 연기금, 투자신탁회사, 은행의 신탁계정 등도 자본시장에 참여한다.

자본시장은 거래되는 상품의 성격에 따라 증권시장과 파생상품시장으로 구분된다. 증권시장에는 채무증권이 거래되는 채권시장과 지분증권이 거래되는 주식시장 등이 대표적인 시장이다. 채권시장은 채권의 발행자가 채권의 소지자에게 언제까지 정해진 금액의 돈을 지급하겠다는 채무증서가 거래되는 곳이다. 시장은 채권의 수요자와 공급자를 한 곳에 모아 거래를 성사시키고, 가격을 결정하는 기능을 담당한다. 채권은 만기일에 따라 단기채와 중기채, 장기채로 나누어진다. 단기채는 1년 미만인 채권을 가리키며, 만기가 1년 이상 5년 미만인 채권은 중기채로 분류된다. 장기채는 만기가 5년 이상인 채권을 가리킨다.

주식시장은 기업이 발행한 지분증권을 거래하는 시장이다. 주식은 기업에의 출자지분을 나타내는 증서이다. 기업은 주식을 발행하여 다수의 대중을 상대로 대규모 자본을 모은다. 이 주식을 소유한 이는 이익에 대한 분배권을 가지는 것과 동시에 기업의 재산에 대해서도 일정률의 청구권을 갖게 된다. 주식을 발행한 기업은 채권의 경우처럼 증권 소지자에게 이자를 지급할 필요는 없지만, 경영활동의 결과에 따라 주주에게 배당금을 지

3) 만기 1년 미만의 단기자금을 종이가 아닌 '전자' 방식으로 발행 및 유통되는 금융상품으로 줄여서 '전단채'라고도 함. 기업들이 단기 자금을 조달하기 위해 발행했던 기업어음(CP)를 대체하여 기존의 기업어음 거래의 부작용을 해소하고 단기금융시장을 활성화시키기 위한 것으로 2013년 1월 15일부터 도입됨

급한다. 주식은 파산 시 청구절차상 채권보다 뒤에 있으므로 기업의 경영활동이 좋아지면 이의 직접적인 혜택을 받는 이점도 있다. 주식시장의 주요 기능은 주식에 시장성과 유통성을 높여주는 데 있다. 뿐만 아니라 주식의 공정한 가격이 형성되도록 도와주는 기능을 한다.

3-2. 발행시장과 유통시장

금융시장은 증권이 발행되어 유통되는 절차에 따라 발행시장과 유통시장으로 나눈다. 발행시장은 1차 시장(primary market)이라고도 하며, 자금을 조달하고자 하는 기업이나 정부기관에서 발행한 신규 채권이나 주식 등의 증권이 최초의 투자자에게 매매되는 시장을 가리킨다. 이 시장을 통하여 증권의 발행자는 필요한 자금을 조달한다. 그러나 발행시장은 일반인에게는 잘 알려져 있지 않으며, 이 시장의 주요 참여자는 증권인수(underwriting) 업무를 주로 하는 금융회사들이다. 대개의 선진국 발행시장이 총액인수 체제를 많이 이용하고 있으므로, 이에 참여하는 금융회사들도 총액인수에 따르는 금융위험을 감내할 수 있고 시장조성 능력이 있는 대형회사들이 대부분이다.

유통시장은 이미 발행된 증권이 투자자들 사이에서 거래되는 시장을 말하며 2차 시장(secondary market)이라고도 한다. 발행시장과는 달리 유통시장의 거래 자체가 기업의 필요한 자금을 조달해 주는 것은 아니다. 그러나 유통시장은 발행된 증권에 유동성을 부여하고, 환금성을 높임으로써 금융시장 전체를 활성화시키는 역할을 한다.

원래 자금을 필요로 하는 기업은 공장 건설이나 기계설비, 연구개발투자 등을 위하여 장기간 사용할 수 있는 자금을 필요로 하나, 자금의 공급자인 가계의 여유자금은 대개 단기자금의 성격을 띠고 있다. 유통시장은 공급자의 여유자금과 이를 필요로 하는 자금 사이의 상이한 특성을 해결해 주는 데 기여한다. 유통시장은 투자자금을 회수하고 싶은 투자자에게 증권을 매각할 수 있는 장을 제공함으로써, 증권을 발행한 기업의 자금운용에 영향을 미치지 않고 자신의 투자자금을 회수할 수 있게 해준다. 뿐만 아니라 유통시장은 발행시장에서의 신규 발행증권의 가격결정을 도와준다. 이미 유통시장에서 거래되고 있는 유사한 증권의 가격과 유통시장의 전반적인 시장상황은 신규 증권의 가격결정에 중요한 요소로 작용한다.

이러한 유통시장은 크게 두 가지 형태로 나누어진다. 증권의 유형에 관계없이 장내시장인 거래소시장과 장외시장으로 구분된다. 거래소시장은 증권을 매도할 사람들과 매수할 사람들이, 더 정확하게는 이들을 대신하는 중개인들이 거래를 할 목적으로 만나는 장소를 말한다. 즉, 증권거래소와 같이 일정한 장소에서 지속적이고 조직적으로 증권 거래가 이루어지는 곳을 가리킨다. 거래소시장의 예로 우리나라의 한국거래소나 미국의 뉴욕

증권거래소(NYSE) 등을 들 수 있으며, 각 국의 대표적인 증권시장은 대부분 이 같은 거래소시장을 가리킨다.

장외시장[4]은 거래소외 시장의 뜻으로, 투자자 상호간의 직접접촉을 통하여 증권이 거래되는 직접매매시장과 증권회사의 창구에서 당사자간의 합의로 이루어지는 시장 등을 포함한다. 장외시장의 특징은 거래소시장과는 달리 일정한 장소나 시설이 없다. 그리고 거래대상 주식, 거래시간, 거래단위 등에 대한 엄격한 제한이 없어 상대적으로 비정형화 · 비조직적인 시장이다.

▌표 6-3▌ 우리나라 금융시장 규모[1]

(조원, %)

	1990(A)	2000	2010	2016.6(B)	B/A
단기금융시장[2]	44.3	138.8	264.8	359.9	8.9
자본시장	114.0	638.8	2,352.7	2,997.3	26.3
채권[3]	35.0	423.6	1,112.9	1,539.0	44.0
주식[4]	79.0	215.2	1,239.9	1,458.3	18.5
전 체(C)	158.3	777.6	2,617.5	3,393.2	21.4
C/명목GDP(%)	82.7	124.5	206.9	211.3	−
C/Lf[5](%)	79.9	82.4	122.5	104.9	−
C/대출금[6](%)	86.9	110.9	143.3	129.0	

주: 1) 기말잔액 기준
2) 콜, 환매조건부매매, 양도성예금증서, 기업어음, 전자단기사채, 표지어음 및 1년물 이하 통화한정증권, 재정증권 합계
3) 상장채권 기준(단 1년물 이하 통화안정증권 및 재정증권은 제외)
4) 한국거래소의 유가증권시장 상장주식 및 코스닥시장 등록주식의 시가총액
5) 금융기관 유동성(=M2+예금취급기관의 만기 2년 이상 유동성상품+증권금융 예수금 등+생명보험회사 보험계약 준비금 등)
6) 자금순환표상 대출금(단 한국은행이 대출금 제외)
자료: 한국은행, 한국예탁결제원, 코스콤, 한국신용정보원, 금융투자협회, 기획재정부

4) 장외시장은 증권회사의 창구를 통한 상대매매시장인 '점두(OTC : over-the-counter)시장'과 거래소시장의 상대개념으로서의 '거래소외(off-the board)시장'이 있다.

제3절 금융회사

1. 금융회사의 역할

금융회사는 영리를 목적으로 하는 기업이다. 그러나 국민경제상 금융의 중요성으로 인하여 기업성과 더불어 공공성이 요구되고 있다. 이로 인하여 금융회사의 인가 및 등록, 영업활동과 자산운용 등에 정부의 많은 규제가 뒤따르는 것이 현실이다. 이러한 금융회사의 역할은 다음과 같이 정리할 수 있다.

첫째, 금융회사는 정보생산자로서 금융자원 배분의 효율성을 높이는 역할을 한다. 시장참여자 사이에는 정보의 비대칭(information asymmetry)이 존재한다. 이 상황하에서는 도덕적 해이(moral hazard)나 역선택(adverse selection) 문제가 발생하여 자금의 원활한 거래가 저해될 가능성이 높다. 금융회사는 금융시장 및 증권발행자에 대한 내부정보를 수집 · 생산 · 분석하고 이를 내재화시킬 수 있다. 즉, 금융회사는 자금제공자들을 대신하여 우수한 정보의 생산을 촉진시키며, 이를 제공함으로써 자금거래와 관련된 위험을 낮추고, 거래비용을 감소시키는 역할을 한다. 결국 금융시장에서의 자원배분의 효율성을 높이는 데 기여하게 된다.

> ☞ 정보의 비대칭성/ 역선택/ 도덕적 해이
>
> 정보의 비대칭성(informational asymmetry)이란 거래의 두 당사자(차입자와 대출자)가 금융거래에 대해 서로 다른 비대칭적 정보를 가지는 경우를 말한다. 예를 들면 차입자는 사업의 내용, 자금의 용도 그리고 본인의 신용정도 등에 대해 잘 알고 있지만 대출자는 차입자의 사업내용, 자금용도, 차입자의 신용상태 등에 대해 잘 알지 못한다. 이처럼 거래의 두 당사자가 갖는 정보가 서로 일치하지 않고 한 쪽은 다른 쪽보다 정보를 덜 가지는 경우를 정보의 비대칭성이라고 한다.
> 이러한 정보의 심각한 비대칭성으로 인해 금융시장에서는 역선택문제와 도덕적해이 문제라는 심각한 문제가 발생하며 이로 인해 금융시장에서는 비효율성이 발생하거나 아예 시장이 형성되지 않게 되는 경우가 있다.
> 역선택(adverse selection)은 자금을 빌려줄 것인지, 말 것인지를 결정하는 과정에서(금융거래가 발생하기 전에) 정보의 비대칭성 때문에 나타나는 현상으로서 사전적(ex-ante) 정보비대칭성문제이며 이것은 잠재적 차입자의 숨겨

져 있는 특성 또는 감춰진 유형 때문에 나타나는 정보비대칭성문제이다. 즉, 금융시장에서의 역선택문제는 어느 차입자가 좋은 차입자이고 어느 차입자가 나쁜 차입자인지 알 수 없기 때문에 발생한다. 이러한 역선택은 대출이 잘못 될 가능성을 크게 만들기 때문에 대출자들은 시장에서 좋은 신용을 가진 사람이 있음에도 불구하고 구분이 안 되기 때문에 아예 대출을 하지 않기로 결정할 수 있으며 따라서 자금이 흘러가지 못하게 되어 자원배분이 비효율적으로 되도록 만든다.

도덕적 해이(moral hazard)는 금융거래가 이루어진 후(자금을 빌려준 후)에 나타나는 정보의 비대칭성문제로서 사후적(ex-post) 정보비대칭성문제이다. 금융시장에서의 도덕적 해이는 대출자의 관점에서 볼 때 차입자가 차입을 한 후에 바람직하지 않은(비도덕적, 위험한) 행동에 개입할 가능성을 말한다. 따라서 이것은 차입자의 숨겨져 있는 행동 때문에 나타나는 정보비대칭성문제이다. 자금을 빌려준 이후에 자금을 빌린 사람이 자금을 성실히, 안전하게 운용하여 상환을 하겠다는 차입당시의 말과는 달리 행동(태도)을 바꾸어 자금을 위험한 사업에 투자를 하는 행위를 말한다. 그러므로 도덕적 해이가 심해진다는 것은 숨겨져 있는 나쁜 행동이 나타날 가능성이 커진다는 것을 의미하며 이런 우려 때문에 자금을 빌려주는 것을 더욱 더 꺼린다는 것을 의미한다. 금융시장에서는 이러한 역선택과 도덕적 해이가 심하기 때문에 자금이 원활하게 대출되지 않을 가능성이 크며 때로는 역선택과 도덕적 해이문제가 매우 심해 금융거래가 거의 이루어지지 않거나 금융시장이 성립되지 않아 자원배분이 비효율적으로 되는 경우도 발생할 수 있다.

둘째, 금융회사는 자금의 성격을 변환시킬 수 있는 능력을 가지고 있어 대규모 자금의 거래를 가능하게 한다. 가계부문의 잉여자금과 기업에서 필요로 하는 자금은 규모, 투자 내지 저축기간, 가격이나 이자율 등의 면에서 큰 차이를 보인다. 소규모의 단기성 자금들을 모아서 대규모 장기 투자자금으로 변환시키는 것이 금융회사의 역할이다.

셋째, 금융회사는 자금공급자를 대신하여 금융자산의 위험을 관리해 준다. 이를 통하여 자신이 투자위험에 대하여 부담하기를 꺼리는 투자자들을 대신하여 위험을 부담함으로써 금융자원의 거래를 활성화시키는 역할을 수행한다. 자금공급자가 갖는 위험에는 포트폴리오 위험과 유동성 위험이 있다. 금융회사는 대출이나 투자 시에 투자 자산을 분산함으로써 자금공급자의 투자 자산이나 일부 기업이나 자산에 과도하게 투자되는 포트폴리오 위험을 사전에 줄여준다. 또한 자금공급자가 자금이 필요한 시기에 증권의 매각을 원활하게 하거나, 간접증권을 쉽게 회수할 수 있게 함으로써 유동성 위험을 덜어주는 역할을 한다. 그 외에도 자금공급자를 대신하여 자금사용자에 대한 정보를 제공하고 감시하는 역할까지 담당한다.

2. 금융회사의 분류

금융회사는 넓은 의미에서 간접금융을 담당하는 회사와 직접금융의 금융회사까지 포함하나, 좁은 의미로 이야기 할 때는 간접금융에 관계된 금융회사만 지칭하기도 한다. 금융회사를 분류하는 기준은 여러 가지이다. 일반적으로 사용되는 기준은 국제통화기금(IMF)의 통화성 기준으로 금융회사의 통화창출 기능의 유무에 기초하고 있다. 이에 따르면 금융회사는 크게 통화금융기관과 비통화금융기관으로 나누어진다.

통화금융기관은 다시 현금통화를 창출하는 중앙은행, 예금통화를 창출하는 은행과 비은행 예금취급기관으로 나누어진다. 은행은 다시 일반은행과 특수은행으로 나누어진다. 일반은행은 은행법에 의하여 설립 · 영업하는 것으로 시중은행, 지방은행, 외국은행 국내지점 등이 이에 속한다. 특수은행은 각각의 특수한 목적달성을 위하여 설립된 금융기관으로, 일반은행이 채산성 등의 제약 때문에 접근하기 어려운 특정 부분에 자금을 공급하여, 일반은행의 취약점을 보완하기 위한 목적으로 세워진 은행이다. 현재 영업 중인 특수은행은 한국산업은행, 한국수출입은행, 중소기업은행, 농업협동조합 등이 있다. 이 중 농 · 수협은 조합형태의 은행이고 나머지는 정부계 은행이다. 비은행 예금취급기관으로는 저축기관 성격을 가진 상호저축은행과 신용협동조합, 새마을금고, 우체국예금 등이 있다.

비통화금융기관에는 금융투자회사, 보험회사 및 기타 금융회사가 있다. 금융투자회사는 자금수요자가 발행한 증권을 자금공급자(투자자)와 연결시켜 주는 역할을 하는 금융회사이다. 직접증권을 취급하는 점에서 예금을 받아 간접증권을 발행하는 은행과는 업무의 성격이 다르다. 보험회사에는 생명보험회사를 비롯하여 재보험회사와 보증보험회사를 포함한 손해보험회사, 우체국보험이 이에 포함된다. 기타 금융회사에는 넓은 의미에서 금융중개기능을 수행하거나 금융회사와 관련성이 많은 업무를 수행하는 여신전문금융회사, 자금중개회사, 증권금융회사 등이 있다. 이 중 여신전문금융회사는 수신기능 없이 여신업무만을 취급하는 금융회사이다. 이들이 취급하는 여신업무는 주로 수요자 금융, 리스, 벤처금융 등이다.

금융의 개방화와 자유화 시대를 맞이하여 2007년 7월 자본시장법이 제정되었다. 금융산업은 '은행법', '보험업법', '자본시장법'의 3대 법률로 정비되어 법적으로 금융산업은 은행업, 금융투자업, 보험업의 3대 권역으로 분류하게 되었다. 그러나 금융산업은 세계적인 추세로 보면 분야별 전업주의에서 겸업주의로 옮아가고 있다. 우리나라에서도 고유업무에 대해서는 자회사를 통해서만 상호진출을 허용하지만, 부수 및 주변 업무에 대해서는 겸업을 허용하고 있다.

3대 권역에 따라 금융회사를 분류하면, 은행업 관련회사로는 일반은행과 특수은행을 포함하는 은행과 비은행 예금취급기관과 기타 금융회사의 여신전문금융회사인 리스회사, 할부금융회사, 신용카드회사, 신기술사업금융회사 등이 이에 해당한다.

금융투자업은 투자매매업, 투자중개업, 집합투자업, 투자자문업, 투자일임업, 신탁업의 6개 분야로 나눠진다. 이 중 집합투자업과 신탁업은 금융투자 상품을 만드는 업무를 하며, 나머지 4개 분야는 금융상품을 판매하는 업무를 담당한다. 투자매매업은 자기의 계산으로 금융투자상품을 발행, 인수, 청약의 권유, 매도 · 매수, 등의 업을 하는 것을 가리킨다. 집합투자업은 2인 이상에게서 자금을 모아 투자자산의 취득, 처분 등을 통하여 운용하고 이를 투자자에게 배분하는 것을 업으로 하는 것을 말한다. 투자자문업은 투자판단에 관한 자문을 영업으로 하는 것을 말하며, 투자일임업은 투자자로부터 투자판단의 전부 또는 일부를 일임받아 투자자산을 운용하는 것을 영업으로 하는 것을 일컫는다. 신탁업은 신탁을 영업으로 하는 것을 말한다.

보험관련회사로는 생명보험회사, 외국생명보험회사의 국내지사 및 법인, 손해보험회사, 우체국보험 들이 이에 해당한다.

▌표 6-4▌ 업무 영역별 금융회사 분류

업무영역	세부분류	관련금융회사
은행업	은행	일반은행: 시중은행, 지방은행, 외국은행지점
		특수은행: 산업은행, 수출입은행, 기업은행, 농협, 수협
	비은행 예금취급기관	상호저축은행, 신협, 새마을 금고, 상호금융, 종합금융회사, 우체국예금
	여신전문금융회사	리스사, 신용카드사, 할부금융사, 신기술사업금융회사
금융투자업	투자 매매업자	금융투자회사 및 금융투자업을 겸영하는 금융회사
	투자 중개업자	
	집합 투자업자	
	투자 자문업자	
	투자 일임업자	
	신탁업자	
보험업	보험회사	생명보험사, 손해보험사, 재보험회사, 보증보험회사, 우체국보험

연습문제

1. 실물거래와 금융거래의 차이점을 설명하시오.

2. 자금의 흑자단위와 적자단위간의 자금의 유통경로를 설명해 보시오.

3. 대차 관계를 이용하여 직접금융과 간접금융의 차이점을 비교 설명하시오.

4. 왜 가계는 은행에 저축을 하고 기업은 은행에서 차입을 하는가? 가계가 직접 기업에 자금을 빌려주는 것은 어떤 문제가 있는가?

5. 금융시장의 역할을 경제적 관점에서 설명하시오.

6. 금융회사의 역할에 대하여 설명하시오.

7. 대출을 받아 당신이 계획하는 일을 하려고 할 때, 역선택의 문제가 어떠한 방식으로 대출받는 것을 방해하는지 예를 들어 보시오. 당신은 이 문제를 해결하는 방법을 생각해 낼 수 있겠는가?

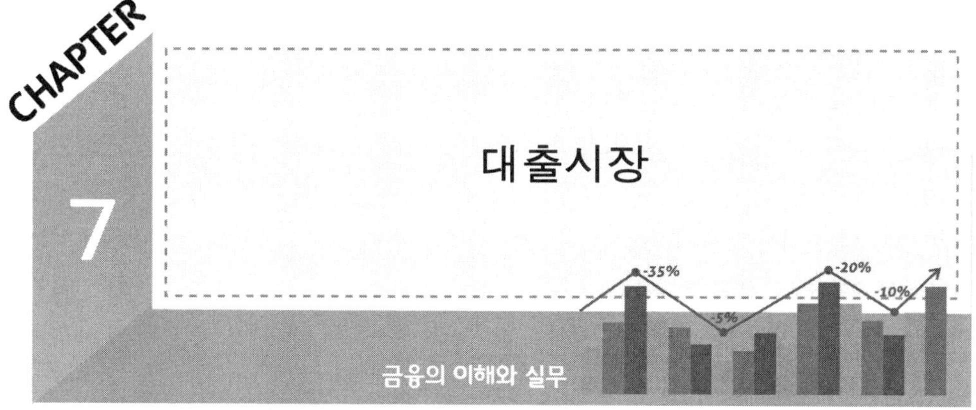

제1절 은행대출[1)]

대출(loan)이라 함은 은행이 자금을 필요로 하는 차입자에게 약정기한인 만기(maturity)에 원리금의 상환을 확정하고 필요자금을 차입자에게 일정 조건하에 빌려(대부)주는 것을 말한다. 일반적으로 이자는 매월마다 은행에 납부하도록 약정하며 이자 체납의 경우에는 연체 기간 동안 원금 전체에 대해 일정 가산율의 연체이자율이 적용된다.

대출의 종류에는 ① 대출형식에 따라 어음대출, 당좌대출, 증서대출로 구분된다.

어음대출은 은행이 차입자로부터 은행을 수취인으로 하여 그가 발행하는 약속어음을 받고 자금을 빌려주는 방식이다. 당좌대월(또는 당좌대출)은 당좌계정거래자와 은행 간의 약정에 의거하여 지급위탁계약인 당좌거래약정계약에 따라 은행이 일정금액(credit line) 범위 내에서 당좌거래자가 당좌예금잔액을 초과하여 발행한 당좌수표를 결제해주는 형식으로 자금을 빌려주는 방식이다.

다음은 ② 대출자금의 사용목적에 따라 생산자금융(기업대출), 소비자금융(소비자대출), 증권관계대출, 은행 간 대출 등으로 또 ③ 대출기간에 따라 장기대출, 단기대출로 ④ 대출금상환방법에 따라 분할상환대출, 일시상환대출, 대출하도거래 등으로 ⑤ 담부여부에 따라 담보대출과 신용대출로 그리고 ⑥ 대출계약의 이행시기에 따라 현물대출(spot lending), 선물대출(forward lending) 등으로 여러 가지 분류가 있다. 여기에서는 기업들에 대한 대출을 중심으로 살펴보기로 한다.

---

1) 강병호 · 김석동, 금융시장론 (박영사, 2012), 이요섭, 금융시장의 이해 (연암사, 2009) 참조

1. 유통금융

유통금융은 자금의 용도가 주로 재화의 생산·유통이나 기업의 운전자금(working capital)을 지원하기 위한 금융으로 그 기원은 1930년대 이전의 상업대출이론에서 찾을 수 있다.

이 이론의 핵심은 은행의 대출은 제조업자 또는 판매업자가 그들의 제품 또는 상품을 판매하여 동 판매대금으로 대출금을 상환(self liquidation)할 수 있도록 한 회전기간 동안 필요한 생산 및 구입자금을 지원하는 것이 바람직하다는 것이다. 이는 당시 은행예금이 주로 단기예금이었으므로 자산과 부채의 기간을 일치(maturity match)시킴으로써 예금의 인출이나 예기치 않은 자금수요에 대비하기 위해 적절한 환금성의 확보가 필수적이었던 데서 연유한다.

유통금융은 재화의 원활한 생산과 유통을 위해 제공되는 대출로 중간재를 대상으로 하는 생산자대출과 재판매업자에게 제공되는 판매신용을 포괄한다. 유통금융은 다음과 같은 경제적 기능을 갖고 있다.

① 중간재에 대한 기업 간 거래를 원활하게 함으로써 생산의 우회도를 증대시키고 기업 간, 특히 대기업과 중소기업 간의 수직적 계열화를 촉진함으로써 중소기업의 안정적 성장에 기여한다.

② 재화의 유통과정에서 발생하는 판매대금을 대상으로 통상 1회전 기간 동안 제공된다는 점에서 금융의 자동상환성이 확보된다.

③ 실물거래를 바탕으로 한 비인플레이션적 신용이라는 특성을 가지고 있다.

④ 대부분 물대를 대상으로 일어나므로 자금의 용도가 분명하여 자금의 유용을 억제함으로써 자금흐름의 개선을 도모할 수 있다.

⑤ 재판매업자에 대해 유통시설 및 운영자금을 제공하여 유통구조를 개선함으로써 운용비용의 절감과 소비자에게 보다 저렴한 가격으로 재화를 제공할 수 있다.

현재 금융기관에 의해 제공되는 유통금융은 상업어음할인, 무역금융, 매출채권담보금융, 팩토링 등이 있다.

1-1. 상업어음할인

어음할인이란 만기가 도래하지 않은 어음을 일반적인 배서양도의 방법으로 매각하고 어음금액으로부터 만기까지의 이자나 기타 비용을 공제한 금액을 수령하는 것을 말하며,

할인의뢰인과 할인인(금융기관)간의 법률관계는 어음매매의 성격을 가진다. 따라서 채권담보의 성격은 없으나 유동자산인 받을어음을 활용하는 중요한 금융수단의 하나이다.

전통적으로 은행의 할인대상이 되는 어음은 상거래에서 발생한 어음, 즉 진성어음(real bill)이었다. 이는 은행의 자금은 대부분 단기로 조달됨으로 은행은 단기적이고 자동 청산기능을 갖는 어음채권에 대해서만 대출이 이루어져야 충분한 유동성을 확보할 수 있기 때문이다. 또한 대출이 투기적이거나 또는 다른 용도로 전용되지 않도록 실물재화에 한정되어 지원됨으로써 자금의 공급량이 실물거래의 규모에 의해 자동적으로 규제되어 비인플레이션적인 금융수단이 되기 때문이다.

그러나 최근에 들어 수표제도와 전자결제의 보급으로 진성어음은 점점 줄어들고 대신 융통어음인 CP 등이 이를 대체하고 있는 추세이다.

1-2. 어음대체유통금융제도

어음제도는 상거래의 활성화, 기업간 신용공여 등 순기능도 있지만 발행기업 부도시 연쇄부도를 유발할 가능성이 있는데다 고의적인 부도 및 위·변조에 따른 선의의 피해자가 다수 발생하는 등 역기능도 크다. 그러나 어음제도를 폐지할 경우 기업 간 상거래 위축, 신용경색 등 부작용을 초래할 우려가 크다. 특히 대기업으로부터 납품대금으로 받은 약속어음을 금융기관에서 할인하여 자금을 조달해 온 중소기업의 금융애로가 증대될 가능성이 크다.

이와 같은 어음제도의 부작용을 줄이고 중소기업금융의 활성화를 위하여 최근에 새로이 도입된 유통금융제도로는 기업구매자금대출제도, 기업구매전용카드제도, 전자외상매출채권 담보대출제도 및 네트워크론(network loan) 제도 등이 있다.

(1) 기업구매자금대출

기업구매자금대출이라 함은 구매업체(외상구매자: 채무자)가 거래은행(지급은행)으로부터 구매자금(환어음결제대전)을 융자받아 납품업체(물품판매자: 채권자)에게 현금으로 결제하는 새로운 생산유통금융제도이다.

이는 현행 어음제도의 부작용(대기업의 하청기업에 대한 결제지연, 자금부담 전가 등)을 줄이고 중소기업금융의 활성화를 위해 도입된 금융제도이며 대표적인 유통금융의 한 형태이다.

▌그림 7-1▐ 기업구매자금 대출메커니즘

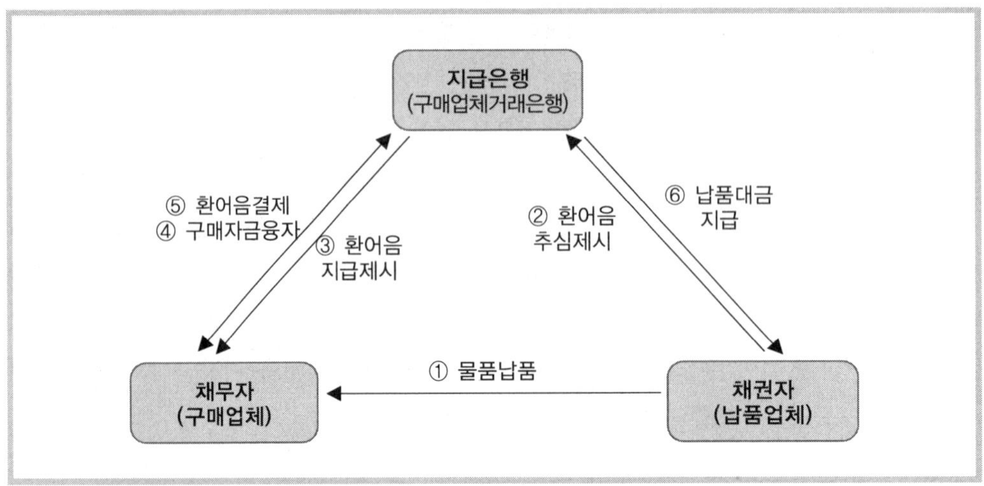

기업구매자금대출제도는 기업 간 상거래의 경우 어음사용을 줄이고 현금결제를 확대하도록 유도하는데 목적이 있다. 기업구매자금의 메커니즘을 그림으로 설명하면 [그림 7-1]에서 보는 바와 같다.

주요 내용을 보면 납품업체(채권자)가 물품을 납품한 후 구매기업(채무자)을 지급인으로 하고 납품대금을 지급금액으로 하는 환어음을 발행하여 거래은행(지급인)에 추심을 의뢰하고, 구매기업(채무자)은 거래은행을 통하여 통보받은 환어음의 지급결제시기, 약정대출한도 범위 내에서 기업구매자금을 융자(대출) 받아 그 환어음을 현금으로 결제하는 방식이다.

(2) 전자외상매출채권 담보대출

전자외상매출채권 담보대출은 납품업체가 구매기업으로부터 어음을 대신하여 받은 전자외상매출채권을 담보로 제공하고 거래은행으로부터 대출을 받아 현금화하는 것을 말한다.

전자외상매출채권은 전자채권상에 채권자의 이름이 표시된 지명채권으로서 은행과 전자외상매출채권거래계약을 체결한 기업이 상거래를 통하여 물품을 구매한 후 물품판매자를 채권자로 지정하여 일정금액을 일정시기에 지급하겠다고 발행하는 채권이다.

전자외상매출채권은 수표의 지급기능과 어음의 신용공여기능을 혼합한 전자적인 형태의 금융 · 결제수단으로 구매기업이 거래은행을 통하여 동 채권(전자증서)을 발행하여 구매대금을 결제하고 판매기업은 동 채권(전자증서)을 만기까지 보유하거나 만기 전에 이를 담보로 거래은행으로부터 대출을 받아 현금화한다.

▌그림 7-2▌ 전자채권 업무흐름도

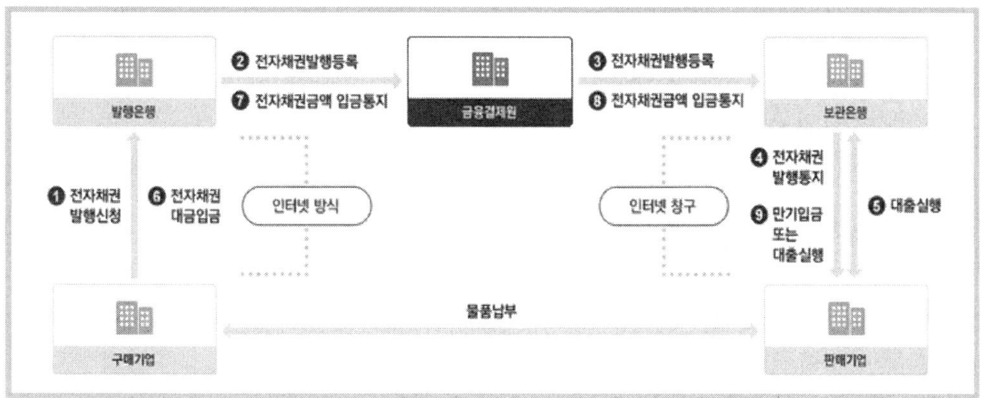

(3) 네트워크론

네크워크론 제도는 사전에 은행이 상호협력관계에 있는 구매기업 및 납품기업과 3자 협약을 체결한 후 구매기업이 납품기업에 발주를 하면 발주와 동시에 은행이 납품기업에 납품대금으로 생산자금을 대출해 주고 납품이 이루어지면 곧 바로 구매기업이 동 대출금을 상환하는 일종의 외상매출채권담보제도이다.

네크워크론은 그 지원대상인 납품기업이 주로 재무정보가 제대로 갖추어지지 않은 등 신용상태의 파악이 어려운 중소기업인 점을 감안하여 정보의 비대칭으로 인한 중소기업 금융시장의 실패를 부분적으로 보완하기 위해 창안된 제도이다.

▌그림 7-3▌ 네트워크론 메카니즘

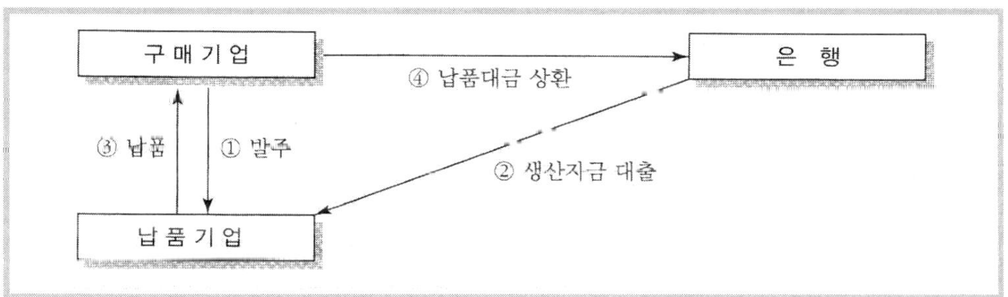

2. 일반대출

일반대출은 자금의 용도가 특별히 정해지지 않고 대출과목도 정하여지지 않은 대출을 총칭한다. 일반대출의 만기는 보통 1년 이내이며 기업시설자금대출의 경우 3~7 사이에 취급하는 것이 일반적이다.

일반대출 중 융자기간이 3년을 초과하는 경우 자금의 고정화를 방지하기 위하여 1년 이내의 할부내입으로 분할상환하며 대출 후 일정기간이 경과하여야만 수익이 발생하는 경우 일정기간의 상환유예기간(grace period)을 허용하는 경우도 있다.

3. 대출한도 거래

대출한도(line of credit)거래란 일정한 한도를 정하여 이 한도 내에서 고객이 대출을 신청하면 은행은 언제든지 대출을 하겠다는 약속이다. 이러한 약속은 구두로 하거나 또는 문서에 의한 약정의 형태를 취한다.

대출한도는 일정기간이 경과하면 재사정하는 것이 원칙으로, 통상 유효기간은 1년이다. 대출약정의 주요내용으로는 대출한도, 대출이자율, 약정기간, 대출약정수수료 등이 포함된다. 대출한도는 다시 은행이 지켜야 하는 대출약속의 구속력 정도, 약정기간의 장단기 등에 따라 일반대출한도(line of credit)와 회전한도(revolving credit)로 구분된다.

3-1. 일반대출한도

일반대출한도는 구두에 의한 은행의 비공식 대출약속이다. 따라서 이 약속은 법적 구속력이 있는 것이 아니라 도의적인 의무 정도로 간주된다. 그러나 대출한도거래를 하는 고객은 대부분이 은행의 주요한 고객이기 때문에 은행은 특별한 사정이 없는 한 이 약속을 지킨다.

일반대출한도는 다시 고객에게 한도를 알려주는 통지한도, 고객에게는 알려주지 않고 은행의 내부적 지침으로만 사용하는 내부한도 및 기업의 인수 등 특별한 거래에만 한정하여 설정하는 특별한도 등으로 분류되기도 한다.

일반대출한도는 주로 기업의 계절적인 자금수요나 기업이 자금시장에서 CP 등을 발행하여 자금을 조달할 때까지의 자금지원 등 1년 이내의 단기금융에 이용된다.

3-2. 회전대출한도

회전대출한도는 은행이 법적으로 구속력이 있는 대출의무를 지는 공식대출약정으로 선약대출(forward lending)이라 할 수 있다. 은행은 구속력이 있는 대출한도(committed line)를 제공하는 대가로 소정의 약정수수료(commitment fee)를 징수한다.

회전대출한도는 장기운전자금이나 시설자금 등 주로 1년 이상 장기금융에 이용된다. 은행은 대출의무를 지는 대신 고객에게 공식적인 대출조건을 제시하게 된다. 회전대출한도

거래 하에서 차주는 약정한도 내에서는 언제든지 대출금의 상환 또는 재차입이 가능하다.

기업은 은행과 대출약정을 맺음으로써 자금관리를 효율적으로 할 수 있다. 은행으로부터 대출에 대한 약속을 받음으로써 계절적 자금수요 등 일시적인 자금수요나 설비계획 등 미래의 자금수요에 대비하여 적절한 자금계획을 수립할 수 있기 때문이다.

대출한도거래는 기업의 자금수요가 불확실한 경우에 중요성이 더욱 크다. 왜냐하면 대출약정은 기업으로 하여금 필요할 때 언제든지 대출을 받을 수 있는 권리를 부여함으로써 기업의 자금수급계획에 차질이 났을 때 보험적 효과를 가지게 되기 때문이다. 반면, 은행은 장래에 대출을 선약할 경우 대출자금의 조달비용 이외에 자금의 사전적 확보에 따른 기회비용, 대출고객의 옵션행사에 따른 위험, 대출선약상의 금리와 실제조달금리와의 차이에 따른 금리변동위험 등을 부담하게 된다. 따라서 기업은 은행으로부터 이와 같은 서비스를 제공받는데 대해 기꺼이 대가를 지불하려 할 것이며, 이 대가는 보통 대출약정수수료나 보상예금잔액의 유지형태를 취한다.

4. 텀론

텀론(term loan)은 대출기간, 분할상환, 텀론약정 등에서 그 특징을 찾을 수 있다. 텀론의 만기는 최소한 1년 이상으로 3~5년이 보통이다. 텀론은 분할상환하는 것이 원칙이나 만기에 일시상환(bullet payment)하는 경우도 있다.

텀론의 분할상환방식은 일정금액씩 정기적으로 상환하는 것이 원칙이나 경우에 따라서는 만기가 도래함에 따라 상환금액이 체증하거나 만기시의 상환금액만을 크게 하는 풍선형 상환방식(ballon payment)도 있다.

텀론의 약정방식은 일반텀론방식과 회전대출방식을 결합한 혼합방식이 있다. 일반텀론은 대출금의 만기를 1년 이상으로 정하고 이 기간 중 정기적으로 분할하여 상환하는 방식이다. 혼합방식은 처음 얼마 동안만은 회전대출방식으로 운영하다가 기업의 자금소요기간이 확정되면 기업의 선택에 따라 일반텀론으로 전환하는 방식이다.

텀론의 약정사항은 여타 대출에 비해 은행 측의 채권보전조치가 강한 것이 특징이다. 텀론과 단순한 분할상환 시설자금대출과의 중요한 차이점은 텀론의 약정사항이 분할상환 시설자금대출에 비해 보다 제한적이고 차입자에게 부과되는 의무의 정도가 강하다는 점을 들 수 있다. 이 밖에 자금의 용도 면에서도 분할상환 시설자금대출이 주로 특정한 시설의 구입 또는 설치자금임에 비해 텀론은 시설자금뿐만 아니라 장단기 운전자금, 기업인수자금 등 그 용도가 다양하다는 것도 차이점의 하나라고 할 수 있다.

텀론은 장기대출이므로 은행 측으로 볼 때 신용위험이 크다. 특히 텀론의 상환자금은 주로 차입기업의 미래의 수익에 의존하므로 경제상태나 기업의 경영여건의 변화가 이 대출의 상환에 큰 영향을 미친다. 따라서 은행은 다른 대출에 비해 보다 철저한 채권보전조치를 대출약정에 넣게 된다.

5. 신용의 보강과 담보

5-1. 신용보강의 의의

채무자의 신용도가 미흡하거나 향후 채무자가 지급능력을 상실했을 경우를 대비하여 금융기관에서는 원리금을 회수할 수 있는 수단을 확보하고 있어야 한다. 이와 같은 신용보강의 수단으로는 담보물과 보증이 있다.

그러나 담보물은 이미 인정된 신용에 대한 부가적인 안전망일 뿐, 담보물에 대한 청산이나 강제집행을 예상하여 이를 상환재원으로 보고 대출해 주는 경우는 없다. 즉 타당한 자금의 용도나 상환재원의 확보가 없이 단순히 신용보강의 방법만으로 여신이 취급되는 일은 없다.

신용의 보강에서 신용여신이란 담보가 없거나 담보물건별 유효담보가액을 초과하여 취급하는 여신으로서 보증인을 세우지 않고 채무자 자신의 신용에 의해 취급하는 여신을 말하고, 신용여신비율이란 차주의 총여신금액에서 총담보금액을 차감한 금액을 총여신금액으로 나누어 산출한 비율을 말한다. 신용여신비율은 각각의 금융기관마다 다르게 운용한다.

신용여신은 위험도가 매우 크기 때문에 국가기관이나 정부투자기관 등과 같이 부실의 우려가 거의 없거나, 신용보증기금 등에서 발행하는 부분보증 신용보증서의 은행부담부분, 또는 신용등급이 우수하여 별도로 신용취급을 승인받은 경우 등에만 제한적으로 운용되고 있다.

5-2. 보증여신

보증여신이란 담보가 없거나 담보물건별 유효담보가액을 초과한 여신으로서 보증인이 있는 여신을 말한다. 보증인은 신용 및 자산이 확실한 자로서 채무관계인 자격에 적합하여야 한다.

금융기관 여신에 있어서 보증은 대부분 연대보증 방식으로 운용된다. 연대보증의 법적 성격에서 연대보증인은 보충성이 없어 최고와 검색의 항변권을 가지지 못하기 때문이다.[2)] 또한 연대보증은 수인[3)]이 있더라도 분별의 이익이 없기 때문에 채권자는 연대보증인 한명에 대하여도 주채무의 전액을 보증한도 금액까지 청구할 수 있어 채권확보에 유리하기 때문이다.

연대보증은 연대보증인의 의사와 여신의 종류 및 거래형태에 따라 특정채무보증 또는 근보증으로 구분 운용하고, 근보증은 다시 특정근보증, 한정근보증, 포괄근보증으로 구분하여 운용한다. 일반적으로 보증계약은 한정근보증 또는 특정근보증으로 운용하되, 기업의 실질적 소유주(과점주주 포함)는 포괄근보증으로 운용함을 원칙으로 한다.

기업의 실질적인 소유주(과점주주)가 아닌 고용임원은 보증인으로 입보할 수 없으며, 조합에 대한 여신에 있어서는 조합원 전원으로 하여금 개인자격으로 연대입보토록 한다.

5-3. 물적 담보여신

물적 담보여신이란 신용이나 보증과 달리 부동산이나 동산, 유가증권 및 채권, 보증서, 부동산담보신탁 수익증권 등 각 금융기관에서 인정하는 담보를 취득하고 취급하는 여신을 말한다.

담보로 인정되는 부동산으로는 주택, 나대지와 공장용지, 공장과 공장재단 등이 있으며, 이외에 등기 · 등록이 가능하여 부동산에 준하는 특수한 물건으로 인정되는 차량, 선박 등도 있다. 부동산은 종류가 다양하여 각각의 담보인정비율도 다르게 적용된다.

동산은 원료와 반제품, 완제품 또는 상품 등을 말하며, 시장성이 풍부하며 또한 판로도 안정적인 것을 말한다. 유가증권 및 채권이란 거래소 상장 주식과 코스닥 상장 주식, 국공채와 지방채, 회사채, 예금증서와 신탁증서, 양도성예금증서 및 표지어음, 유가증권신탁 등을 말한다.

보증서의 종류로는 은행발급 지급보증서와 신용보증기금, 기술신용보증기금, 한국주택금융공사 등에서 발행하는 보증서, 수출신용보증서, 보증보험증권, 수출보증보험증권 등이 있다.

담보는 담보로서 인정되는 범위와 취득하는 절차에 따라 정식담보와 견질담보, 저당권, 질권, 양도담보, 채권양도 등으로 구분한다.

(1) 정규담보

금융기관의 관련규정 등에서 정한 담보취득가능 대상물건으로서 담보물건의 조건을 충족한 담보를 말하다

2) 최고 검색의 항변권은 채권자가 보증인에게 채무이행을 요구할 때, 주채무자에게서 채무이행을 하도록 요구할 수 있는 권리를 말한다.
3) 수인(數人)이란 한 명이 아닌 두 명 이상을 말한다.

(2) 비정규담보

관련규정 등에 의해 정식담보로 취득할 수 없는 물건을 담보로 취득하였거나, 소정의 담보 평가절차 미필로 담보가액으로 인정되지 않는 담보물건을 말하며, 일반적으로는 정규담보에 대응하는 개념으로 사용하고 있다.

(3) 저당권

담보제공자가 채무를 담보하기 위하여 제공한 물건(부동산 등) 또는 권리를 담보제공자 수중에 두고 그 수익의 기회를 담보제공자에게 주면서 그 물건 또는 권리의 교환가치(매매시 받는 값)는 채권자가 우선적으로 지배하는 권리로서 저당물을 경매하여 그 대금에서 우선적으로 채무의 변제를 받는 담보권을 말한다.

(4) 질권

채무자 또는 제3자(담보제공자)로부터 받는 물건(예금 등) 또는 권리를 채무의 변제가 있을 때까지 점유 또는 지배하는 것으로 이는 간접적으로 채무의 변제를 강제하고 만일 변제하지 못할 때에는 그 물건 또는 권리로서 다른 사람에 우선하여 변제를 받는 담보권이다.

(5) 양도담보

채무의 담보로 제공되는 목적물의 점유는 담보제공자가 하도록 하고 다만 그 소유권을 양도받는 방법에 의한 담보권을 말하며 저당권 설정이 곤란한 동산 등을 대상 목적으로 한다. 이외에 채권양도는 채무의 담보로 채권에 대한 권리를 양도받는 방법을 말한다.

담보여신에서는 감정가액과 사정가액, 담보인정가액 등 담보가액과 관련된 용어들이 많은데 중요한 용어만 설명하면 아래와 같다.

① 감정가액

감정평가업체가 평가한 물건의 가액 또는 금융기관 자체적으로 인정한 추정가액을 말한다.

② 사정가액

감정평가업체의 감정가액을 토대로 각 금융기관에서 정하는 기준에 따라 물건의 실질적 담보가치를 평가한 가액을 말한다.

③ **담보인정가액**

사정가액에 담보종류별 담보인정비율을 곱하여 산출한 가액임. 여기에서 담보인정비율이란 담보물 종류별로 담보인정가액을 산출하기 위하여 제정한 비율로서 담보의 종류와 금융기관의 성격에 따라 각각 다르게 운용된다.

④ **유효담보가액**

담보인정가액에서 선순위 저당권 및 선순위 임대보증금 등을 차감한 금액과 근저당권 설정액 중 적은 금액이다.

⑤ **가용가액**

사정가액에서 선순위저당권 및 선순위임대보증금 등을 차감한 금액과 근저당권설정액 중 적은 금액이다.

⑥ LTV(Loan to value)비율

사정가액에 대한 여신규모를 나타내는 비율로서(여신금액 + 선순위채권 + 임차보증금 및 최우선변제소액보증금)/사정가액으로 산출한다.

⑦ **담보비율**

여신규모 대비 가용가액을 나타내는 비율로서 가용가액/여신금액으로 산출한다.

물적담보에서는 담보한도 설정비율을 정하여 운용하고 있다. 근담보한도 또는 근저당권 채권최고액은 여신금액을 기준으로 설정함을 원칙으로 하되 금융기관별로 내부지침에 의거 별도로 정하기도 한다. 예를 들면 가계 및 중소기업에 대한 여신은 120%, 그리고 대기업(계열기업 소속 중소기업 포함) 및 기타에 대한 여신은 130% 등으로 설정된다.

6. 대출금리의 결정

6-1. 대출금리 결정의 구성요소

금융기관의 대출금리는 경기동향, 기업의 자금수요, 대출시장의 경쟁구도 등 복합적인 요인들에 의해 영향을 받고 있다.

자금조달비용은 예수금, 차입금, 자본금, 채권발행 등 자금조달에 소요되는 비용으로 경제여건과 금융기관 정책에 따라 변동한다.

이자율리스크란 고정금리로 대출함에 따라 부가되는 금리변동리스크로 일반적으로 고정금리 대출은 변동금리대출보다 금리를 높게 책정하고 이자율의 변동성과 대출기간이 길수록 높게 책정한다.

감독 및 검토비용은 신용상태가 좋지 않은 기업은 양호한 기업보다 재무제표 요구, 경영진 방문, 현장검사, 산업동향 조사 등 사후관리 비용이 더 많이 소요되는 것을 고려하여야 한다.

대출상품은 각 차입자마다 상환능력이 다르고 상환의지도 다르기 때문에 다양성을 지니고 있고, 미래의 대출원리금 상환가능성과 상환의지에 대하여는 대출자인 금융기관보다는 차입자가 더 잘 알고 있기 때문에 정보의 비대칭성이 발생하는 특성이 있어 금리체계도 다르게 적용될 수밖에 없다.

6-2. 대출금리 결정체계

금융시장에서 자본용역의 대가로 형성되는 대출이자가 대출원금에 대한 비율로 표시될 때 이를 대출이자율 또는 대출금리라고 한다. 대출금리는 거시적으로는 정부의 금융정책과 자금수지동향, 경제동향, 물가의 정도, 국제금리 등에 따라 많은 영향을 받고, 미시적으로는 크게 은행요인과 기업요인의 두 가지가 있다.

은행요인이란 은행의 자금조달원가, 대출취급비용, 은행의 적정마진 등을 말하는 것이고, 기업체요인이란 업체의 신용도, 대출기간, 대출금액, 담보 유무 등 리스크 관련 요인과 예금 및 외환거래 등과 관련된 수익관련 요인을 말한다.

대출금리 결정은 금융기관이 차주에 대한 신용조사 및 여신심사를 거쳐 최종적인 가격을 부여하는 여신의 핵심요소이며, 대부분의 금융기관은 스프레드 방식에 의하여 대출금리를 결정하고 있으며 경우에 따라 위험조정수익률 등의 방식을 이용하기도 한다.

(1) 스프레드 방식

스프레드 방식은 자금조달 비용에 차주의 신용도 및 은행 기여도 등을 감안한 가산금리와 적정마진을 더하여 대출금리를 적용하는 가장 전통적인 금리결정 방식이다.

● **대출금리**

자금조달비용 + 업무원가 + 적정마진 + 신용도 가산금리 + 위험조정자본수익률 ± 정책적 조정요소

자금조달비용은 CD 유통수익률, 콜금리, 코리보 등 시장금리를 기준금리로 활용하거나 금융기관 본지점간에 이전되는 내부이전가격을 사용한다. 특정상품에 대하여 소비된

투입량을 분명하게 측정할 수 있는 원가로서, 조달부문의 직접원가에 해당하는 예금이자 지급액과 운용부문에서 그 특정업무와 매칭이 되는 부속원가를 합하여 이루어진다.

☞ **코리보(Koribor) 개요**

(도입 경과)

한국은행과 은행권은 CD유통수익률이 공급물량의 불확실성, 유통시장 미발달 등으로 지표금리로서의 위상이 점차 약화된데다 다양한 만기의 단기지표금리 도입 필요성이 지속적으로 제기됨에 따라 영국의 LIBOR를 벤치마킹한 코리보(KORIBOR : KORea Inter-Bank Offered Rate)를 도입하였다.

코리보는 은행간 무담보 원화자금 차입시의 호가금리로서 전국은행연합회가 2004년 7월 26일부터 공시하고 있다. 2016년 6월말 현재 1주일 및 1, 2, 3, 6, 12 개월물 등 총 6종 만기의 금리가 고시되고 있다.

(산출 및 공시)

코리보는 다음과 같은 절차로 산출 및 공시된다. 우선 금리제시은행들이 매 영업일 오전 10시 40분에서 55분 사이에 코리보 산출업체(연합인포맥스) 앞으로 만기별 호가금리를 제시하다. 산출업체는 12개 은행이 제시한 금리 중 상하 3개씩을 제외한 나머지 6개를 산술평균하여 코리보를 산출한 후 주관기관(전국은행연합회 코리보 전문위원회 및 한국은행)앞 통보하며, 한국은행은 은행별 제시금리와 산출된 금리의 착오 여부 등을 검토한 후 승인한다. 당일 코리보는 승인과 동시에 정보제공업체(연합인포맥스)를 통해 오전 11경 발표되며, 오후 3시경 전국은행연합회 홈페이지에도 게재된다.

※ 12개 은행 : 2016년 6월 현재 6개 시중은행(국민, 신한, 우리, KEB하나, SC제일, 씨티), 3개 특수은행(기업, 농협, 산업), 3개 지방은행(대구, 부산, 전북)

업무원가는 특정상품이 단독으로 부담하기 어려운 원가로서 일정한 배부기준에 의하여 상품별 소비량을 간접적으로 측정할 수 있는 원가를 말한다. 여기에는 인건비, 경비, 퇴직급여, 감가상각비, 제세공과금 등이 있다.

신용도 가산금리는 신용위험에 따른 리스크프리미엄에 의해 결정되며 차주 및 상품의 위험에 따른 연간 예상손실률(= 예상부도율 × 부도시 손실률)을 사용하여 산출한다. 즉, 신용도 스프레드는 '신용등급별 예상부도율 ×(1-예상회수율)'로 산출된다는 의미이다.

예제 7-1 신용도 스프레드 계산 사례

> 신용등급에 해당하는 예상 부도율 : 3.5%
> 대출과목 및 대출금액 : 일반자금대출 500백만원
> 담보 예상회수율 : 공장담보 예상회수율 60%
> 신용도 스프레드율 = 3.5% ×(1−0.6) = 1.4%

위험자본수익률은 예상손실을 초과하는 미예상손실을 대비하기 위한 위험자본 부담에 따른 내부유보 및 배당 등을 위한 요구수익률을 금리에 전가하는 자본비용의 개념이고 정책적 조정요소는 기여수익, 영업정책 등에 따른 조정을 말한다.

(2) 위험조정자본수익률 방식

위험조정자본수익률(Risk Adjusted Return on Capital : RAROC)방식은 대출액에서 예상되는 순이익을 그 대출의 신용위험을 감안한 위험조정 자본으로 나눈 비율을 목표수익률과 비교하여 대출금리를 결정하는 방식이다. 이는 금융기관이 가격결정과정에서 적절한 자기자본을 추가해야 한다는 필요성에 의하여 Bankers Trust에 의해 도입된 기법으로, 개별거래나 사업부서에 세후기준으로 1년 동안 발생할 수 있는 최대 기대손실과 동일한 요구자본을 배분하여 산출한다.

기존의 총자산이익률(ROA)이나 자기자본이익률(ROE)이 자산의 개별적인 위험은 고려하지 않고 수익률만 계산하기 때문에 각 사업부문의 수익성, 적정한 자본수준, 새로운 사업에 진출할 때 필요한 자본량에 대한 정확한 정보를 주지 못한다. RAROC는 위험조정 기준에 따라 개별 자산의 위험을 계산, 각 사업부문에 자본을 배분하고 배분된 자본에 대한 수익률에 위험을 고려해 수익률을 산정한다. 위험도가 다른 두 개의 사업에 똑같은 돈을 투자해 같은 이익을 얻었다면 ROA는 수익률이 같게 나오지만 RAROC는 위험이 높은 쪽의 수익률이 낮게 나타난다는 차이점이 있다.

(7-1) $$RAROC = \frac{\text{순이익}}{\text{위험조정자본}} \times 100$$

6-3. 대출가격의 충족범위

대출금리결정 모형을 분해해 보면 가격정책의 기본은 고객에 대한 가치를 중심으로 결정되고 있다는 것을 알 수 있다. 즉, 가격정책은 고객이 상품이나 서비스의 대가로 어느 정도의 금액을 지불할 용의가 있는가에 따라 결정된다는 것이다.

고객의 금융행동에 적절한 세분화가 이루어지고 그에 따라 어떠한 서비스를 제공해야 하는지가 분명해지면 금융기관이 이익을 획득하는 방안을 제시하여야 한다. 따라서 대출가격은 다음의 사항을 충족시킬 수 있어야 한다.

- 사전에 계획된 목표이익(목표 ROA 등)의 달성
- 자금조달원가의 완전한 상쇄
- 예측 가능한 위험에 대비할 수 있는 요소의 포함
- 여신과 관련된 영업비용과 서비스관련 제비용의 충당
- 수익과 관련된 법인세비용과 지급준비금과 관련된 영향을 고려

7. 대출의 유통화

은행대출은 대출만기에 도달되어야만 자금이 회수되므로 은행 쪽에서 보면 대출자산은 유동성이 매우 낮은 자산이다. 즉, 은행대출은 고정화되어 있는 반면에 예금은 여러 가지 단기구조로 유동화되어 있어 기간불일치 위험에 노출되어 있다. 따라서 은행이 대출만기가 돌아오기 전에 대출자원을 활용하는 과제가 대두되는데 이것이 대출의 유동화이다.

대출채권을 유동화하는 방법에는 대출채권 자체를 제3자에게 ① 매각하는 방식과, 대출채권을 근거로 새 증권을 발행하는 ② 증권화방식이 있다.

7-1. 대출채권매매

대출채권매매(loan brokering)의 경우는 대출을 실행한 은행 등 금융기관이 대출증서를 대출상환기일 도래 이전에 제3자(양수자)에게 매각하는 것을 말하며, 이 때 양수자는 원칙적으로 대출채권에 대해 원대출만기까지는 상환을 청구를 하지 않는다. 금융기관의 대출채권 매각방법은 권리의무의 승계, 채권원리금의 회수방법 등에 따라 양도(assignment), 경개(novation), 대출참가(sub participation) 등 세 가지로 구분된다.

(1) 양도

양도인(매도자)과 양수인(매입자)간에 양도양수계약을 통해 대출채권의 양도가 성립하며 효력발생 및 대항요건은 차주(원채무자)의 승낙 또는 차주에의 통지가 필요하다.

(2) 경개

양도인과 차주 간에 체결된 원계약에 기초하는 채권 · 채무관계를 소멸시킴과 동시에

양수인과 차주 간에 새로이 동일한 내용의 채권 · 채무관계를 발생시키는 것으로 양도인, 양수인, 차주 간의 3면 계약으로 이루어진다. 또 저당권설정이 되어 있는 경우에는 그 저당권의 이전도 동시에 이루어질 필요가 있다.

(3) 대출참가

양도인(original lender)이 양수인(sub-participation)에게 대출채권에 대한 원리금 수취권리의 일부만을 양도하는 것으로 채권양도 후에도 차주와 양도인과의 채권 채무관계는 계속 유지되며 양수인은 차주에 대해 직접 대출금변제를 요구하거나 '기한의 이익'을 상실[4)]시키는 행위를 할 수 없다.

7-2. 대출의 증권화

대출의 증권화(securitization)는 대출을 자본시장에서 거래될 수 있는 증권의 형태로 변화시키는 것으로서 다음과 같은 방식 등이 있다.

① 동질 · 동종 대출을 묶어 이를 표창하는 새 증권을 발행하는 방법
② 대출채권 자체를 담보로 하여 새 증권을 발행하는 방법
③ 대출채권을 신탁하고 신탁증서를 발급받아 이를 유통시키는 방법

제2절 리스(Lease) 금융

1. 리스의 의의

리스(lease)라 함은 임대인(lessor)이 설비시설 또는 현금이 아닌 자산을 임차인(leasee)에게 대여하여 일정기간 사용하게 하고 그 대가로서 임대인은 임차인으로부터 일정 리스료를 정기적으로 지급받는 것을 말한다. 전통적인 금융과 구분하여 물융이라 하기도 한다. 일반적으로 임대인은 설비의 제작회사나 금융회사 또는 독립된 리스회사들이며, 임차인은 주로 기업이다.

리스의 대상은 기업설비자산이 일반적이며, 최근에는 자동차리스 등 소비자금융, 항공기, 선박, 발전설비까지로도 확대되며 더 나아가 유통업계에서 렌탈회사와의 제휴 하에

---

4) 금융기관이 채무자에게 빌려준 대출금을 만기 전에 회수하는 것이다.

TV · 냉장고 · 세탁기 등을 리스 판매하는 사례가 활성화되고 있다.

리스시장의 메커니즘을 그림으로 설명하면 다음의 그림 [7-4]와 같다.

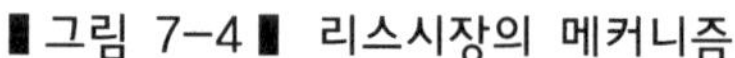
▌그림 7-4▐ 리스시장의 메커니즘

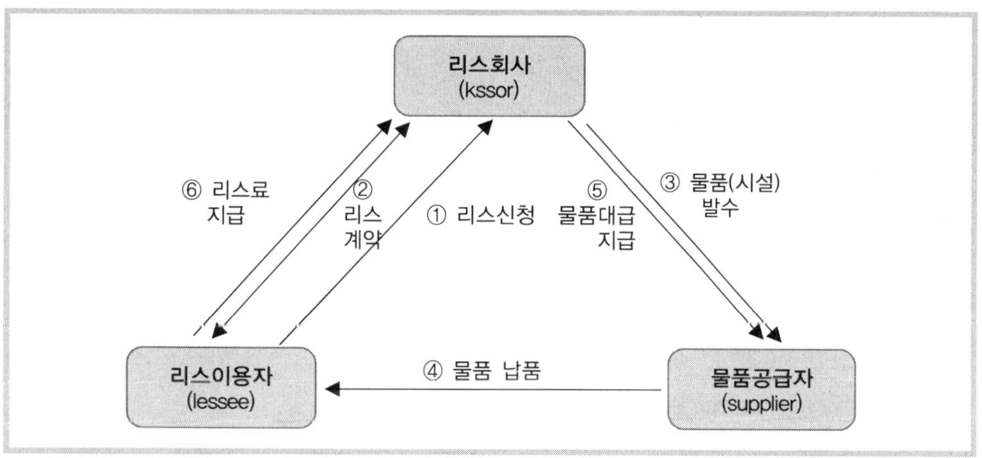

2. 금융리스와 운용리스의 구분

리스는 계약의 형식보다는 거래의 실질에 따라 금융리스나 운용리스로 분류한다. 이 중에서 가장 일반적인 형태의 분류는 리스의 기능에 따라 분류되는 금융리스(financial lease)와 운용리스(operating lease)이다.

금융리스와 운용리스의 구분은 기본적으로 리스자산의 소유에 따른 위험과 편익이 실질적으로 자산의 이용자(임차인)와 소유자(임대인) 중 어느 쪽에 있는지에 따라 결정된다. 따라서 리스자산의 소유에 따른 위험과 보상의 대부분을 리스이용자에게 이전하는 리스는 금융리스로 분류하고, 리스자산의 소유에 따른 위험과 보상의 대부분을 이전하지 않는 리스는 운용리스로 분류한다.

한편 회계기준에 따른 금융리스와 운용리스 분류의 구체적인 기준은 아래와 같다.

① 리스 실행일 현재 최소 리스료를 내재이자율로 할인한 현재가치가 리스자산공정가치의 90% 이상인 경우

② 리스자산의 소유권이 리스기간 종료 후 지불리스료 이외의 부담 없이 리스이용자에게 이전되는 경우

③ 리스기간 종료 후 리스이용자에게 리스자산의 공정한 시장가격보다 낮은 가격으로 구입선택권이 주어지는 경우

④ 리스자산의 소유권이 이전되지 않더라도 리스기간이 리스자산의 경제적 내용연수의 상당부분을 차지하는 경우(내용연수의 75% 이상)

위의 4가지 조건 중 하나라도 충족되는 경우 금융리스로 분류되며, 그렇지 않은 경우에는 운용리스로 분류한다.

또한 다음 경우 중 하나 또는 그 이상에 해당하면 금융리스로 분류될 가능성이 있다.

① 리스이용자가 리스를 해지할 경우 해지로 인해 발생하는 리스제공자의 손실을 리스이용자가 부담하는 경우

② 잔존자산의 공정가치 변동에 따른 손익이 리스이용자에게 귀속되는 경우

③ 리스이용자가 시장가격보다 현저히 낮은 가격으로 리스를 갱신할 능력이 있는 경우

2-1. 금융리스(financial lease)

금융리스는 그 성격상 자산구입을 위한 자금조달의 대체방법으로 이용되는 리스계약으로서 금융거래의 기능이 강하다고 볼 수 있다. 계약기간이 비교적 장기로서 자산의 경제적 내용연수에 가까우며, 임차인 임의로 중도해약이 불가하며, 유지관리비용이나 세금, 보험료 등 자산의 유지책임을 모두 임차인이 부담한다는 특징이 있다.

금융리스에 있어서는 임대인이 자기 책임 하에 자산구입에 소요되는 자본을 투자 하고 이를 리스료 형식으로 임차인으로부터 분할 회수한다. 즉 리스료는 리스금융기관의 총투자금액을 충분히 상환하고 장기융자에 부과되는 이자율과 비슷한 수준의 수익률을 얻을 수 있는 수준에서 결정된다. 따라서 금융리스는 투자금액과 동일한 액수의 대출과 유사하며 취소가 불가능하기 때문에 그 자산이용의 필요성 유무에 관계없이 확정된 금융비용 부담을 리스기간에 걸쳐 임차인이 부담하여야 한다.

금융리스의 대상자산은 주로 내용연수가 길고 고가인 토지, 공장, 항공기, 선박, 기계설비 등으로 볼 수 있다.

2-2. 운용리스(operating lease)

운용리스는 자산 확보를 위한 자금조달의 측면보다는 자산의 효율적인 사용을 중시하는 형태의 리스계약이다. 일반적으로 운용리스는 계약기간이 짧으며, 임차인의 의사에 따라 리스계약의 중도해지가 가능하며, 리스자산의 유지관리, 세금 및 보험료 등은 임대인의 책임과 부담이라는 특성을 가지고 있다. 따라서 통상적으로 임대인은 투자자금 전액을 한 번의 리스기간으로는 회수할 수 없으며 재리스 또는 투자자산 매각을 통해 나머

지 투자자금을 회수하게 된다.

그리고 임차인에게 리스기간 만료 시 재리스를 통해 리스기간을 갱신하거나 리스자산을 매입할 수 있는 권리가 주어지는 것이 보통이다. 또한 운용리스는 약정된 위약금을 지불하면 만기 전 언제라도 리스계약의 취소가 가능하기 때문에 임차인에게 자산이용에 대한 유연성을 부여한다는 중요한 특성을 갖고 있다. 이 경우에 리스료는 임대인의 서비스와 관련된 모든 비용에 대한 보상뿐만 아니라 자금조달 수단을 제공하는 데 대한 금리보상도 포함한다. 또한 임대인은 리스계약이 취소되거나 계약기간이 만료되어 자산을 처분하고자 할 때 리스자산의 시장가치가 하락할 수 있는 위험을 부담하게 된다. 따라서 이러한 위험에 대한 보상도 리스료에 포함되므로 운용리스의 리스료는 금융리스의 리스료보다 일반적으로 비싸지게 된다.

운용리스의 대상자산은 자동차, 컴퓨터, 사무용기계, 의료기기, 복사기 등과 같이 진부화의 위험이 큰 자산이다.

3. 리스금융의 장단점(리스이용자 측면)

3-1. 리스금융의 장점

(1) 리스자산 가액의 100% 융자 효과

금융기관으로부터의 차입금융에서는 자산가액의 100%에 해당하는 자금을 대출받기가 쉽지 않다. 다시 말하면 자산구입에 소요되는 자본의 일부와 부대비용(세금, 운임, 보험료 등)은 자기자금으로 부담하는 것이 일반적이다. 이에 반하여 리스금융은 자산의 구매가격은 물론 부대비용까지 리스제공자가 부담하게 되므로 리스이용자의 입장에서 보면 자기자금의 부담 없이 해당자산을 이용할 수 있다는 점에서 리스자산가액 100%의 융자효과를 가져오는 것이다. 따라서 리스이용자는 기술진보에 따른 설비의 진부화 위험 등 설비의 소유에 따른 위험을 줄일 수 있으며, 특히 운용리스의 경우에는 리스이용자는 이 위험을 리스제공자에게 완전히 전가할 수 있다.

(2) 현금흐름의 개선 효과

리스금융을 이용하게 되면 자산구입에 따르는 자기자금의 부담이 없으므로 기업의 현금유동성이 개선된다. 이러한 유동성의 개선은 다른 수익창출의 기회로 전용되어 보다 나은 투자효과를 기대하게 된다. 따라서 리스이용자는 궁극적으로 현금흐름의 개선효과를 누릴 수 있다.

(3) 부외금융(off-balance sheet financing) 효과

금융리스는 자산의 구입자금을 리스제공자가 리스이용자에게 빌려준 금융거래로 파악하여 회계처리를 하게 된다. 따라서 리스이용자는 리스자산의 취득가액에 상당하는 금액을 리스제공자에게서 차입한 것으로 보아 대차대조표에 자산과 부채로 각각 계상한다. 그러나 운용리스의 경우 대차대조표에 리스자산을 자산과 부채로 계상하지 않고 리스료만을 비용으로 처리하므로 자산이나 부채의 규모가 재무제표에 낮게 계상되어 부채와 연관된 비율은 낮고 자산수익률이 높게 표시된다. 리스이용자는 자산과 부채의 계상 없이 해당자산의 구입에 필요한 자금을 조달한 효과를 얻을 수 있으므로 이를 리스의 부외금융 효과라고 한다.

(4) 절세의 효과

리스금융의 유형이 운용리스로 분류되는 경우 리스료 전액이 세법상 손비로 인정받게 되므로 절세효과가 크다. 차입자금으로 자산을 구입하면 당해 자산의 감가상각비와 차입원금에 대한 지급이자만 손비로 인정되나, 리스료는 감가상각비와 지급이자를 합한 금액보다 크기 때문에 보다 많은 금액을 손비로 처리할 수 있다. 추가로 리스료의 크기에 결정적 영향을 주는 리스기간은 통상 자산의 내용연수보다 적기 때문에 리스이용자에게 가속상각의 효과를 부여하여 절세효과를 극대화한다.

(5) 담보물의 불필요 및 제약조건의 완화 효과

금융차입이나 사채발행의 경우에는 담보를 제공하여야 할 뿐 아니라 기업의 기존 부채비율이 높을 때에는 담보를 제공하여도 차입자체가 불가능할 경우가 있다. 그러나 리스금융의 경우에는 원칙적으로 신용거래이므로 담보물을 필요로 하지 않으며, 다른 장기차입계약보다 제약조건이 적다. 또한 운용리스의 경우에는 소유권을 취득하지 않으므로 매매계약, 발주, 보험료계산, 원가계산 등 소유에 따른 사무처리의 절차나 구비서류를 간소화할 수 있다.

3-2. 리스금융의 단점

(1) 높은 리스료

리스료는 은행대출 등 타인자본을 조달하여 직접 구입하는 경우에 발생하는 이자 및 비용보다 일반적으로 높다고 볼 수 있다. 이것은 리스료에 리스제공자가 금융차입을 통하여 자산을 구입했을 때의 차입금에 대한 이자, 리스자산의 감가상각비, 보험료, 일반관리비 및 적정이윤까지 포함되어 있기 때문이다.

(2) 잔존가치 이익 포기

운용리스의 경우 리스이용자는 리스계약 종료 시 자산의 잔존가치에 대한 이익을 누릴 수 없다. 대부분의 자산은 내용연수가 경과한 후라도 얼마 동안 사용이 가능하거나 어느 정도의 처분가치를 갖는다. 그러므로 리스금융 대상자산의 소유자는 리스제공자이므로 계약기간종료 시 리스금융 대상자산의 잔존가치가 크거나 앞으로의 사용가능 연수가 길수록 리스제공자는 유리한 반면, 상대적으로 리스이용자는 불이익을 감수하게 된다. 그러나 금융리스에 있어서는 대개 계약종료 시 리스자산을 시장가치보다 낮은 가격으로 구입할 수 있는 염가구매권을 통하여 이와 같은 불이익을 피할 수 있으며, 나아가서 리스계약기간 중 리스대상자산의 가치가 크게 상승할 때에는 이를 구입하여 이득을 얻을 수도 있다.

(3) 자산관리의 곤란

리스금융을 이용하는 경우에는 직접 자산을 소유하고 있는 경우에 비하여 자산을 효율적으로 관리하기가 어렵다. 리스대상자산의 소유권은 어디까지나 리스제공자가 가지고 있으므로 리스제공자의 승낙 없이는 리스이용자가 임의로 리스계약 대상자산에 대하여 용도 및 구조를 변경하거나 개량할 수 없다.

(4) 감가상각효과의 상실

해당자산을 직접 구입하는 경우에는 감가상각을 통하여 내부금융의 원천을 마련할 수 있으며 감가상각에 의한 법인세 절감효과를 얻을 수 있으나, 리스금융의 경우에는 이것이 불가능하다.

한편 리스 임대인의 이점으로는 다음과 같은 점을 들 수 있다.

① 세금절약 : 임대인은 리스자산의 소유권이 임대인에게 있으므로 리스자산에 대한 감가상각비나 설비유지비용에 대한 절세효과와 투자세액공제의 혜택을 누릴 수 있다.

② 담보효과 : 임대인은 리스기간 중 설비소유권이 자신에게 귀속되어 자동적으로 담보효력이 있기 때문에 이들 리스자산을 담보로 제공하고 금융기관으로부터 융자를 받을 수 있다.

③ 관리비절감 : 리스전문 임대인은 다량의 설비를 구매함에 따라 규모의 경제를 실현

할 수 있고 리스자산에 대한 전문적 지식을 활용하여 관리비를 절감할 수 있다. 또 리스계약이 표준화되어 있어 중소기업의 설비금융수단으로서도 장점이 있다.

4. 판매후리스

판매후리스(sale and leaseback)는 이미 설비를 보유하고 있는 기업이 이 설비를 리스회사에 매도함과 동시에 이 설비의 리스계약을 통하여 설비를 그대로 이용하는 것으로 법적 성격은 점유개정이다. 따라서 이 계약 하에서는 임차인인 기업은 설비의 매각으로 자금을 조달함과 동시에 이 설비는 계속 사용하게 된다.

판매후리스는 설비를 계속 사용하면서 설비를 자금화하고 통상 이 설비를 재매입할 수 있는 옵션을 가지고 있는 장점이 있으며, 이 밖에도 설비보유기업이 자사가 개발한 신제품의 개발에 대한 기밀의 누설을 방지하고자 하거나 영업수익이 부진하여 감가상각비에 대한 세금공제혜택을 충분히 받지 못 할 경우 영업수익이 큰 리스회사에게 동 설비를 매입케 함으로써 리스회사로 하여금 감가상각비에 대한 세금절약혜택을 받게 할 목적으로 이용되기도 한다,

우리나라는 판매후리스를 금융거래로 간주하여 형식상 소유권 이동이 있음에도 재화의 이동으로 간주하지 않아 부가가치세를 부과하지 않으며, 리스이용자가 새로 제조하거나 구입한 자산을 판매후리스하는 경우 판매와 관련된 손익을 리스기간에 균등하게 배분되도록 상각 또는 환입해야 한다. 그리고 리스이용자가 이미 사용하고 있는 자산을 판매후리스하는 경우 금융거래로 간주하여 리스이용자와 리스회사 공히 그 매매거래에 관하여 회계처리를 하지 않는다.

제3절 무역금융

무역금융이란 국가 간에 체결된 수출입거래와 동 거래와 직접 연관되는 국내거래(내국신용장거래) 및 해외현지거래의 각 단계에 필요한 자금을 제공하여 무역증대에 기여함을 목적으로 하는 제반 여신을 의미한다. 무역금융은 수출입거래에 직접 수반되는 경우뿐만 아니라 무역거래의 각 단계에 있어 상품의 생산, 가공, 집하, 구매를 위한 것까지 포괄한다.

현행 우리나라 무역금융제도는 무역거래의 유형에 따라 수출금융과 수입금융, 신용공여 기간에 따라 단기무역금융과 중장기무역금융 그리고 자금공여시기에 따라 선적 전 금

융과 선적 후 금융으로 구분할 수 있는데 단기수출금융으로서 선적 전 금융이 주축을 이루고 있다.

▌그림 7-5▌ 수출절차와 무역금융 내용

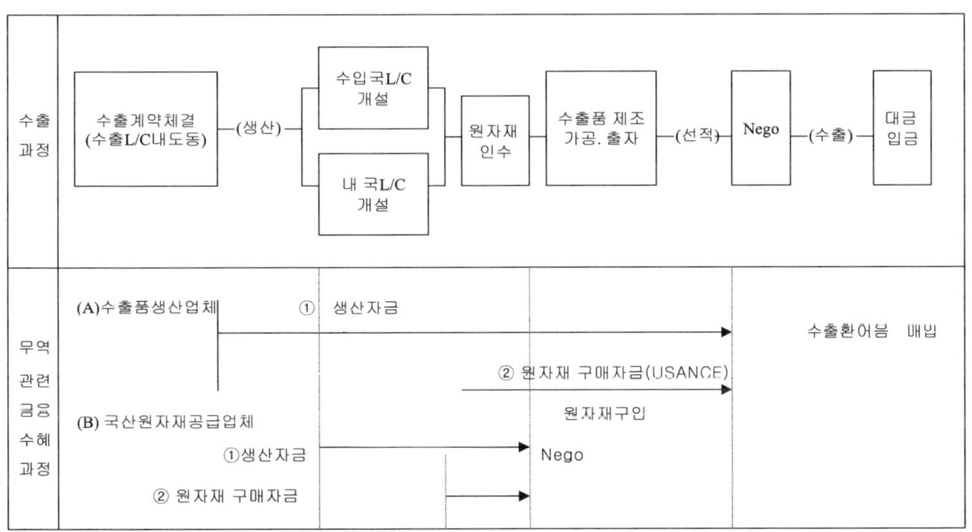

이 절에서는 무역거래에서 발생하는 대금결제방법과 무역금융의 형태에 대해 살펴보기로 한다.

1. 무역대금 결제 방법

오늘날 세계 무역시장에서 수출기업이 다른 외국 경쟁자들과의 경쟁에서 이기기 위해서는 그들의 고객에게 적절한 대금지급방법과 경쟁력 있는 판매조건들을 제시해야 한다. 그러나 한편으로 수출자에게는 매 수출거래에 있어 제 때 수출대금 전액을 회수하는 것이 궁극적인 목적이므로 수입자의 요구를 충족시켜주면서 한편으로 대금회수 위험을 최소화할 수 있는 대금지급방법을 찾아야 한다.

국제무역거래에서 가장 이상적인 대금결제방법은 국내 매매와 같이 상품의 인도와 대금의 지급이 동시에 이루어지는 동시이행조건일 것이다. 그러나 국제무역거래에서는 국내거래와는 달리 수출자와 수입자가 멀리 떨어져 있으므로 상품의 수수와 대금결제에 있어서 시간적인 차이가 많이 발생하게 되며, 이로 인해 물품이나 대금회수에 대한 불확실성이 게재하게 된다.

이러한 대금결제시기의 차이 및 대금결제의 확실성 보장 등에 따라 대금결제방법을 송금결제방식, 추심결제방식, 신용장결제방식 등으로 나눌 수 있다.

1-1. 송금결제방식

송금결제방식은 크게 사전송금방식(payment in advance), 사후송금방식(later remittance) 그리고 동시결제방식(concurrent payment)으로 구분할 수 있다.

(1) 사전송금방식

사전송금방식은 수입자가 대금의 전액을 물품선적 전에 외화나 수표 등으로 수출자에게 미리 송금하여 지불하고, 수출자는 일정 기간 내에 이에 상응하는 상품을 선적하는 방식이다. 사전 송금방식에 의한 수출의 경우 수출대금 영수방식은 D/D(demand draft), M/T(mail transfer), T/T(telegraphic transfer) 등이 주로 이용되며 견본구매나 소액의 시험주문시 주로 이용된다.

(2) 동시결제방식

동시결제방식은 수입상이 물품 또는 서류가 인도될 당시 또는 인도된 후에 바로 대금을 지급하는 것을 조건부로 하는 수출입대금 결제방식을 말한다. 이 방식은 상품인도결제방식(COD : cash on delivery)과 서류인도결제방식(CAD : cash against delivery)으로 구분할 수 있다.

COD는 수입업자가 대금을 지급하기 전에 물품의 품질을 직접 검사할 수 있다는 장점이 있기 때문에 상품가격이 고가이며 동일 상품일지라도 상품의 색상, 가공방법, 순도 등에 따라서 가격의 차이가 있는 보석류나 귀금속 상품 등에 주로 이용된다.

CAD는 수출자가 상품을 선적후 이를 증명하는 선적서류를 수입자의 대리인(주로 수출자의 국가에 소재) 또는 거래은행에 제시하여 선적서류와 상환으로 대금을 결제하는 방식이다.

(3) 사후송금방식

이 방식은 T/T 및 M/T를 거래가 마무리 된 후에 지급하는 송금방식 또는 일정기간 대차거래가 있은 후에 잔액만 결제하는 청산계정을 말하나 일반적으로는 후자를 말한다. 청산계정은 채권의 발생과 결제가 연계되는 여타 결제방식과 달리 여러 건의 거래를 상계한 후 차액을 결제하기 때문에 결제에 따른 부대비용이 크게 절감된다. 단점으로는 서로 믿을만한 거래선이 아닌 경우에는 쉽게 채택할 수 없다는 점이다.

사후송금방식으로 최근 크게 활용되고 있는 것이 장부결제(O/A : open account) 방식이다. 이는 순수한 외상판매방식으로 수출자가 미리 상품선적을 해서 서류를 보낸 후 일정기일이 경과하면 수입자가 송금하여 결제해 주는 방식이다. O/A 수출거래를 '선적통지 결제방식' 수출이라고도 불리는데 이 방식이 사후송금방식 수출의 형태를 띠고 있으나 송금방식 수출과 다른 점은 수출자가 선적후 선적서류 원본은 수입자에게 직접 발송하고 수입자의 동의를 얻은 수출채권을 외국환은행에 양도한다는 데 있다. 즉, 양도된 수출채권을 은행이 매입한다는 점이다.

이 방식의 장점은 관리가 간편하고, 은행수수료 등이 거의 들지 않는다는데 있다. 또한 수입자가 대금 지급전 상품을 조사할 수 있는 기회를 제공한다는 점에서 수입자 입장에서 매력적이다. 그러나 은행으로 볼 때는 수출채권이 해외에서 입금전에 수출자로부터 매입하며 환어음이 발행되지 않고 선적서류 원본이 없어 담보권의 행사도 불가능하므로 거래신용도가 확실한 경우에 한하여 매입에 응하게 되는 결제방식이다.

수출자로서는 수입자의 신용에 전적으로 의존하여야 하기 때문에 불리한데 실제로 신용거래가 보편화된 선진국들 사이에서 많이 이용되고 있으며 수입자의 정보 입수가 상대적으로 용이한 대기업들이 중소수출자들 보다 유리하다.

표 7-1 O/A 거래방식과 타 방식과의 비교

거래종류	수출채권 성립시기	선적서류 송부방법	환어음 발행여부	대금결제방법
O/A방식거래	선적통지시점	은행 미경유	미발행	수출자앞 송금
COD · CAD거래	선적서류 또는 물품인도시점	은행 미경유	미발행	수출자앞 송금
D/P · D/A거래	선적서류 인도	은행 경유	발행	추심은행앞 입금

1-2. 추심결제방식

추심(推尋)이란 어음 · 수표 소지인이 거래은행에 어음 · 수표대금 회수를 위임하고, 위임을 받은 거래은행은 어음 · 수표 발행점포 앞으로 대금의 지급을 요청하는 일련의 절차이다. 따라서 국제무역거래에서 추심결제방식은 취소불능 화환신용장 없이 단순히 매매당사자간의 계약에 의거하여 수출자가 상품을 선적한 후 관련서류를 첨부한 화환어음을 수입업자에게 제시하면 수입업자가 그 어음에 대한 지급 또는 인수를 하여 결제하는 방법이다.

추심결제방식에는 지급인도조건(D/P : documents against payment)과 인수인도조건(D/A : documents against acceptance)이 있으며, 대금결제가 수입자로부터 이루어지는 것이지만 환어음의 이동방향이 반대로 움직이기 때문에 역환방식이라고 불린다.

추심결제방식은 송금방식에서 문제가 되었던 수입자의 상업위험을 커버할 수 있는 보다 발전된 방식이다. 이 방식은 신용장방식에서와 같이 은행이 수출업자에게 대금지급을 보장하는 것이 아니라 매매당사자간의 매매계약에 의하여 대금결제가 이루어지는 순수 외상거래 방식이기 때문에 수입자의 신용이 매우 중요하다. 따라서 본사와 해외 자회사간의 거래에 주로 이용되는데 최근에는 일반적인 무역거래에서도 그 비중이 점차 높아져 가고 있다.

(1) 지급인도조건(D/P : documents against payment)

D/P거래는 수출자가 물품을 선적한 후 관련서류가 첨부된 일람불환어음(documentary sight bill)을 수입자를 지급인으로 발행하여 추심을 의뢰하면 수출국의 추심의뢰은행이 동 어음을 수입자의 추심은행으로 송부하고, 추심은행은 그 환어음의 지급인인 수입자로부터 대금을 지급받으면서 서류를 인도하고, 지급받은 대금은 수출자의 거래은행인 추심의뢰은행으로 송금하여 결제하는 방식이다.

> ☞ 일람불어음 : 수취인(어음소지인)이 지급인에 대하여 어음을 제시하면 즉시 대금이 지급되는 어음

(2) 인수인도조건(D/A : documents against acceptance)

D/A거래는 수출자가 물품을 선적한 후 관련서류가 첨부된 기한부환어음(documentary usance bill)을 수입자를 지급인으로 발행하여 추심을 의뢰하면 추심의뢰은행이 동 어음을 수입자의 추심은행으로 송부하고, 추심은행은 환어음의 지급인인 수입자로부터 어음의 인수를 받고 서류를 인도하고, 어음의 만기일에 대금을 지급받아 추심의뢰은행에 송금하여 결제하는 방법이다.

> ☞ 기한부어음 : 어음지급인이 어음을 인수한 후 일정한 미래의 일자에 지급이 이루어 지는 어음

▌그림 7-6▌ 추심거래방식 절차도

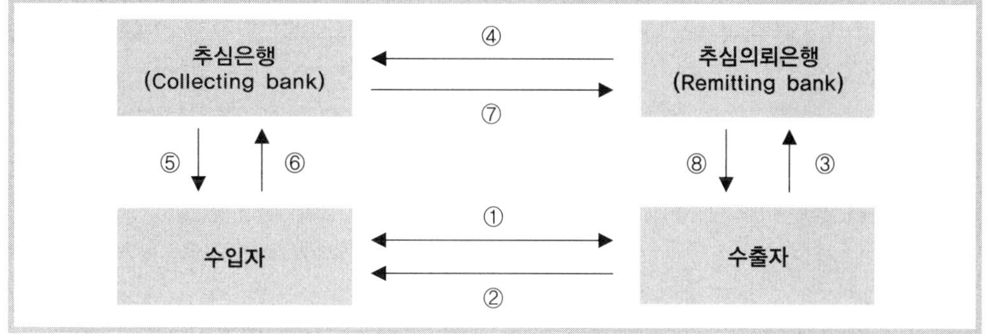

① 수출자와 수입자는 신용장 없이 추심방식으로 매매계약(수출입계약)을 체결한다.

② 수출자는 수입자의 선적지시를 받는 대로 매매계약에 일치한 물품을 통관하여 기한내에 선적을 완료한다.

③ 수출자는 관련 제서류들이 첨부된 일람불 추심환어음(Documentary sight bill)이나 기한부 환어음(Documentary usance bill)을 수입자를 지급인으로 하여 발행하여 자신의 거래은행에 제시하면서 수입자의 거래은행에 환어음대금을 추심의뢰하여 줄 것을 요청한다.

④ 수출자로부터 추심요청을 받은 거래은행은 추심에 필요한 모든 지시사항을 기재한 추심의뢰서를 작성하여 수출자의 환어음과 선적서류를 첨부한 후 수입자의 거래은행에 송부하고 수입자 앞으로 추심해 줄 것을 의뢰한다.

⑤ 서류를 접수한 수입자의 거래은행은 추심환어음과 선적서류를 접수하는 즉시 수입자에게 서류가 도착하였다는 통지서를 발송하고 환어음 대금을 지급 또는 인수할 것을 요청한다.

⑥ 은행으로부터 추심을 받은 수입자는 환어음의 지급이나 인수를 한다. 그러면 수입자로부터 환어음의 지급이나 인수를 받은 추심은행은 선적서류를 인도해 준다. 그 후 수입자는 선적서류를 가지고 통관절차를 거쳐 운송업자로부터 물품을 수령한다.

⑦ 수입자의 거래은행은 수입자로부터 지급 받은 추심대금을 추심의뢰서에 명기된 대로 추심의뢰은행에게 송금한다.

⑧ 수출자의 거래은행은 수출자에게 대금을 지급한다.

1-3. 신용장결제방식

사전송금방식에 있어서 수입자는 계약물품을 계약조건대로 입수할 수 있을지에 대한 의문을 갖게 되며, 사후송금방식에 있어서는 반대로 수출자가 선적한 물품의 대금을 일정기간 내에 회수할 수 있을 까 하는 위험을 갖게 된다. 또한 D/P, D/A 방식에서도 수출자가 수출대금 회수가 보장되지 않아 대금회수의 위험을 느끼게 된다. 따라서 수출자는 상품의 인도전에 대금을 지불받기 원하고 수입자는 상품을 받고 대금을 결제하기를 원한다.

송금 또는 추심결제방법에 의한 일방의 불이익을 방지하고 당사자 간의 신용결여에 따른 무역거래상의 어려운 점을 해결하기 위하여 등장한 것이 신용장(L/C : letter of credit)이다. 즉 신용장의 개설은행이 수입자를 대신하여 대금지급에 확약함으로써 수출자의 대금회수 불능에 대한 위험을 방지하고, 수입자는 조건과 일치하는 서류를 인도받으면서 개설은행에 대금을 지급하므로 상품인수 불능에 대한 위험을 방지할 수 있게 된다.

이처럼 신용이 있는 은행이 매매당사자 사이에 개입하여 당사자간의 상호 다른 위험을 제거할 수 있다. 즉 신용장은 제3자인 은행이 지급을 보증하는 것이므로 수입자의 신용과 관계없이 대금회수에 안정성을 가져다준다.

(1) 신용장 취급절차

신용장 종류에 따라 취급절차가 다소 상이한데 여기서는 신용장 중 가장 보편적으로 사용되는 은행인수신용장(banker's usance credit)의 거래흐름을 통하여 신용장 취급절차를 살펴보고자 한다.

은행인수신용장은 수출자가 발행한 기한부 환어음을 만기일 전에 은행이 할인·매입하여 수출자에게는 대금을 일시불로 지급해주고 수입자에게는 기한부 환어음의 만기일까지 대금결제를 유예시켜주는 방식의 신용장을 말한다.

▌그림 7-7▌ 은행인수신용장 거래의 흐름

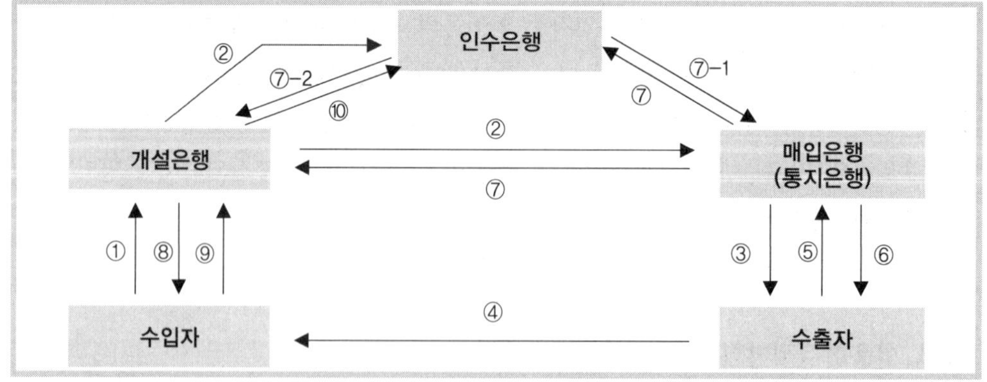

① 수입자의 Banker's Usance L/C 개설 신청

② 개설은행의 Banker's Usance L/C 개설 및 인수은행앞 상환(결제)수권서 통지
* 개설은행과 인수은행간 Banker's Usance 인수에 대한 협약 기체결
③ 수출자앞 Usance L/C 통지
④ 수출품 선적
⑤ 환어음, 선적서류 매입의뢰
⑥ 매입대금 지급(at sight)
⑦ 개설은행앞 선적서류 송부 및 인수은행앞 매입대금 인수요청(환어음 송부)
⑦-1 인수은행은 매입은행앞 지급(at sight)
⑦-2 인수은행의 개설은행앞 인수 통보
⑧ 선적서류 인도 및 만기일 통보
⑨ 만기일에 대금 결제
⑩ 인수은행앞 만기일에 대금 지급

신용공여의 주체가 되는 은행이 국내의 개설은행이 되는 경우에는 국내은행인수신용장(domestic banker's usance credit)이라 하고, 신용공여의 주체가 해외의 인수은행인 경우 해외은행인수신용장(overseas banker's usance credit)이라 한다.

이 해외은행인수신용장의 경우를 통해 은행인수신용장의 흐름을 좀 더 구체적으로 살펴보면 신용장에 의해 발행된 환어음을 수출자가 매입은행에 매각하여 수출대금을 지급받게 되고, 이어서 매입은행은 신용장조건에 따라 인수은행 역할을 하는 해외은행 앞으로 매입어음을 제시하여 대금을 바로 수령하게 되는 절차를 갖는다.

매입은행 앞으로 환어음대금을 지급한 인수은행은 제시된 기한부어음(usance bill)을 즉시 인수 및 할인하여 신용장 개설은행 앞으로 어음인수 사실을 통지하고 인수수수료와 할인료를 청구한다. 이렇게 인수된 어음을 은행인수어음(banker's acceptance bill)이라고 하며 인수은행에서는 인수한 어음을 자체 보유하거나 은행인수어음시장(B/A market)에서 할인하여 자금을 조달하기도 한다.

인수사실을 통지받은 신용장 개설은행은 신용장 개설의뢰인(수입자)으로부터 인수수수료 및 할인료를 지급받고 환어음을 인수시킨 후에 서류를 인도하게 된다. 서류를 인도받은 수입자는 선박회사로부터 수입물품을 찾아서 매각한 후 어음만기일에 수입대금을 지급하게 된다. 인수은행(결제은행)인 해외은행은 신용장 개설은행의 계좌를 가지고 있는 경우 어음만기일에 신용장 개설은행계정에서 어음금액을 인출하고 신용장 개설은행 앞으로 차기통지서(debit advice)를 송부하게 된다.

Banker's usance는 수출자의 입장에서는 일람불(at sight base)과 마찬가지로 매입

대금을 즉시 지급받을 수 있는 장점이 있고, 수입자의 입장에서도 만기까지 발생하는 이자만 지급하고 원금은 만기일에 신용장 개설은행을 통해서 지급하므로 자금 부담을 덜 수 있다.

(2) 신용장 관련서류

신용장 거래는 서류상의 거래이므로 신용장 개설은행은 수익자가 매입은행을 통하여 제시한 서류가 신용장 조건과 일치할 경우에는 대금의 지급을 거절할 수 없게 된다. 또한 매입은행은 매입된 환어음이 은행에 의해 지급거절 또는 인수거절을 당하면 어음발행인 또는 서류작성자인 수익자에 대해 상환청구권을 갖고 있으므로 어음채권 담보로서 서류가 중요한 의의를 갖는다.

신용장과 관련한 상업서류는 크게 나누어 기본서류와 부속서류로 구분된다. 기본서류란 화환신용장이면 어느 신용장에서나 공통적으로 제출을 요구하고 있는 서류로서 운송서류(transport document), 상업송장(commercial invoice) 및 보험서류(insurance document)를 가리킨다. 부속서류란 상기 서류 외에 영사송장(consular invoice), 세관송장(customs invoice), 원산지증명서(certificate of orgin), 포장증명서(packing list), 검사증명서(inspection certificate) 등이 이에 해당된다.

기본서류 또는 신용장상에서 요구되는 부속서류 외에 거래에 따라 품목에 따라서 이상에 언급한 서류들 외에도 여러 가지 서류들이 추가로 요구된다. 수입자의 의사에 따라 신용장상에 요구되는 기타 부속서류들은 모두 은행의 매입에 필요한 서류의 일부가 된다.

2. 무역금융 형태

2-1. 수출환어음 매입

(1) 개요

수출환어음 매입이란 수출자가 신용장 또는 계약서 조건에 따라 물품선적을 완료하고 화환어음 및 선적서류를 거래은행에 매입하여 줄 것을 요청하면 매입은행은 수출대금의 입금 전에 물품의 대금을 수출업자에게 지급하고 그 매입서류를 신용장 개설은행 앞으로 발송하여 동 은행으로부터 대금을 회수하는 것을 말한다.

매입대상 수출환어음은 크게 신용장방식 수출환어음과 무신용장방식 수출환어음으로 구분한다. 신용장방식 수출환어음 매입은 취소불능신용장의 공신력을 바탕으로 하여 선적서류를 담보로 한 매입은행의 수출자(또는 어음양수인)에 대한 여신이며, 신용장은 당해 신용장의 조건과 일치하는 서류에만 선적서류의 대금을 지급하겠다는 조건부 보증이므로 매입을 위해서는 신용장의 엄격한 해석과 제시된 선적서류와 당해 신용장 조건과의 일치여부에 대한 면밀한 심사가 요구된다.

따라서 은행이 신용장 조건과 일치하지 않는 하자있는 서류를 매입하는 경우 채권보전책의 강구 등 신중히 처리하여야 한다. 수출환어음 매입 시에는 앞 서 말한 서류위험 외에도 신용장 개설은행 소재국의 자금사정 악화로 인한 대외지급정지조치 또는 전쟁으로 인하여 개설은행으로부터 대금상환을 받지 못할 국가위험(country risk)과 개설은행이 파산하거나 지급불능사태에 빠지는 신용위험을 점검하여야 한다.

은행의 지급보증이 없는 무신용장방식 수출거래인 D/P, D/A 거래는 수출입거래 당사자 간의 계약을 근거로 하여 수출업자가 계약물품을 선적한 후 수출환어음 및 계약서에 명시된 서류를 구비하여 거래은행을 통하여 수입업자에게 추심하는 거래로서 매입은행의 입장에서 보면 추심의뢰인인 수출업자에 대한 여신으로 간주하여야 한다.

(2) 수출환어음 발행 및 매입절차

환어음은 채무자(수입자)를 지급인으로 하여 채권자(수출자)가 발행하는 유통증서이다. 무역거래에서는 환어음은 수출자에 의해 발행되고 수입자에 의해 인수된다. 즉 수출자는 어음발행인으로서 피발행인(수입자)에게 만기일에 합의된 금액을 지불할 것을 명령하고, 수입자는 어음 뒷면에 배서하고 이를 수출자에게 되돌려 보냄으로써 그 명령을 인수하는 것이다. 이 인수는 수입자에 의한 무조건적 지급 약속을 의미하는 것이다.

한편 수출자는 동 어음의 배서를 통하여 자신의 권리를 제 3자에게 양도할 수 있는데 이는 수출자가 만기전에 어음을 은행 또는 제 3자에게 할인 매각함으로써 수출대금을 신속히 결제받을 수 있다는 것을 의미한다.

수입자은행은 환어음에 보증(aval)[5]을 첨기하거나 보증서(letter of guarantee)를 별도로 발행함으로써 수입자의 대금지급을 보증할 수 있다. 또한 환어음은 신용장의 서류조건으로 발행되기도 한다.

환어음은 양도절차가 단순하다는 장점을 가지고 있다. 세계 각 국의 환어음에 대한 법률은 선의의 어음소지인에게 환어음을 양도하는 수단으로 다양한 배서방식을 규정하고 있다. 배서란 현재의 선의의 어음소지인이 서명과 함께 간단하게 양도의 의사표시를 하는 것이다.

5) Aval은 보증인이 채무자의 자격으로 어음만기에 조건없이 어음금액을 지급하겠다는 어음보증으로, 'per aval'이란 문구를 약속어음이나 환어음 상에 기재하고 보증인이 서명함. Aval은 어음의 유통성을 저하시키지 않으면서도 보증에 따른 절차가 간편하여 포페이팅 시장에서 많이 활용되고 있음.

(3) 수출환어음의 종류

① 일람출급어음(sight bill)과 기한부어음(usance bill)

일람출급어음은 제시되는 즉시 지급되어야 하는 어음이며, 기한부어음은 발행 또는 제시 후 일정시간이 경과한 후 지급되는 어음이다

② 화환어음(documentary bill)과 무화환어음(clean bill)

화환어음은 어음에 운송서류가 첨부된 것을 말하고, 무화환어음은 운송서류가 첨부되지 않은 어음이다.

③ 은행어음(bank bill)과 개인어음(private bill)

환어음의 지급인이 은행으로 되어 있으면 은행환어음이라고 하고, 그 지급인이 수입자와 같은 개인으로 되어 있으면 이는 개인 환어음이라고 한다.

(4) 수출환어음의 법적 요건

환어음은 요식증권이므로 반드시 일정한 형식을 갖추어야 하며 또한 무인증권으로서 어음상의 권리도 추상적인 것이므로 다른 유가증권에 비해 엄격한 형식이 요구되고 있다. 어음의 필수기재사항은 그 중 어느 하나라도 누락이 되면 어음으로서의 법적 효력이나 구속력을 갖지 못하게 되는데 다음과 같은 사항들이 있다.

① 환어음의 표시

어음법에서 환어음임을 표시하는 문자의 기재를 요구하는 것은 이 증서가 어음, 특히 환어음임을 표시하기 위한 것이다. 따라서 증권의 문언 중에 환어음이라는 것을 표시한 문구 즉 'bill of exchange'가 들어가야 한다.

② 일정금액의 무조건 지급위탁문언

일정금액을 지급하라는 조건 없는 위탁문언(unconditional order of writing)이 표시되어야 한다. 보통 "pay to xxx the sum of xxx"가 이에 해당하며, "to" 다음에는 수취인이 되는데 통상 매입은행이 된다. 그리고 "the sum of"다음에 금액을 표시하여야 하는데 이것은 지급하는데 무슨 조건을 붙이거나 지급자금 또는 지급방법을 한정시키는 문언이 기재되어서는 안 된다는 뜻이다.

③ 지급인의 표시

지급인은 지급을 위탁받은 자로서 보통 신용장 개설은행이나 발행의뢰인이 된다.

④ **지급만기일의 표시**

어음만기일(tenor)의 표시방법에는 네 가지가 있는데 첫 번째는 일람출급(at sight)으로서 어음의 지급인에게 제시하는 날이 어음만기일이 된다. 일람 후 정기출급(at xxx days after sight)은 어음의 지급인에게 제시된 날로부터 일정기일이 경과된 후에 어음의 만기일이 된다.

발행일자후 정기출급(at xxx days after B/L date or draft date)은 어음이 발행되거나 선적일로부터 일정기일이 지난 후에 어음의 만기일이 되는 방법이고 확정일출급(at a fixed date)은 어음상에 만기일을 기재하고 있는 어음이다.

⑤ **지급지**

지급지는 실제로 존재하는 지역이어야 하며 현존하지 않는 지역을 기재한 경우에는 어음이 무효가 된다. 지급지의 기재가 없으면 지급인의 명칭에 부기한 지역을 지급지로 하며 영미법에서는 지급지의 표시는 임의 기재사항이다.

⑥ **수취인의 표시**

어음금액의 지급 받을 자를 표시하는 방법으로는 네 가지가 있으며 주로 지시식이 많이 이용된다. 기명식은 "pay to xxx bank"와 같이 직접 지급 받을 자를 기명해서 표시하고, 지시식은 "pay to xxx bank or order, pay to the order of xxx bank"와 같이 지급 받을 자의 지시에 의하여 지급할 것을 표시한다. 소지인식은 "pay to bearer"와 같이 어음을 소지한 자에게 지급하도록 하고, 선택 무기명식은 "pay to xxx bank or bearer"와 같이 소지인이나 기명된 사람 모두 지급이 가능하도록 표시하는 방식이다.

2-2. 국제팩터링

(1) 팩터링의 의의

팩터링(factoring)이라 함은 금융(신용)공여자인 팩터(factor: 금융기관)가 고객(client)이 보유한 매출채권의 구입을 통해서 고객에게 간접적으로 금융을 제공하는 것을 말한다. 팩터는 원래 수수료를 받고 위탁상품의 판매를 대신해 주는 판매대행인이었으나 점차 이런 기능이 없어지고 매출채권의 매입을 통한 신용공여자로서 변모하였다.

팩터링의 경우 매출채권을 금융의 대상으로 한다는 점에서 매출채권 담보대출과 매우 유사하지만 매출채권의 회수책임과 거래선(customer)의 지급불능사태의 발생시 손실을 누가 부담하느냐에 있어서 양자가 다르다. 즉, 매출채권담보대출(pledging)의 경우는 이 책임이 고객 자신에게 있는데 반하여 팩터링의 경우는 고객이 매출채권을 매각함에 있어서 팩터에게 대하여 당초 이미 소구불능조건(遡求不能條件 : without-recourse basis)[6]으로 매각한 것이므로 그 책임도 팩터에게 있게 된다는 점이다. 팩터링의 메커니즘을 설명하면 [그림 7-8]와 같다.

▌그림 7-8▌ 팩터링의 메커니즘

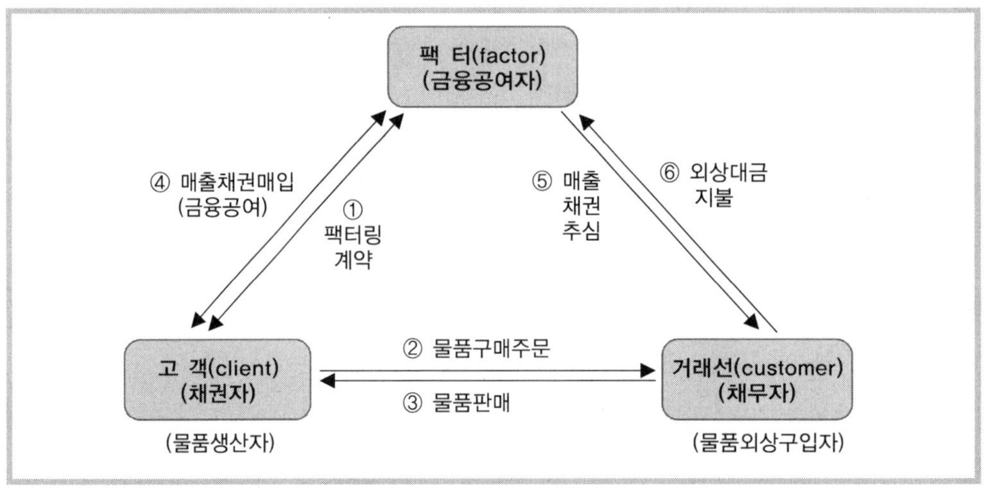

(2) 국제팩터링(international factoring)

팩터링이 국제무역의 결제기능을 수행하기 위하여 국제간 무역당사자 사이에 거래 쌍방의 수출팩터(export factor) 또는 수입팩터(import factor)가 개입하여 무역대금을 결제해 주는 것을 국제팩터링이라 말한다. 이는 다시 계약자가 수출업자인가 수입업자인가에 따라 수출팩터링(export factoring), 수입팩터링(import factoring) 등으로 구분된다.

국제팩터링은 '무신용장방식'(non L/C base)인 일종의 '단순송금방식'에 의해 무역거래가 이루어질 경우, 팩터가 수출업자와 수입업자 사이에서 무역대금의 지급보증과 '선급금융'(advance financing)을 제공하는 것이 주요 기능이다.

국제팩터링회사는 거래처의 신용조사, 신용위험인수(지급보증), 대금회수, 회계업무처리대행 등 여러 가지 서비스까지 총망라해서 제공한다. 따라서 수출업자(client)에게는 수입팩터링회사의 신용승인(지급보증)으로 대금회수에 대한 불안감 없이 외상수출을 확대할 수 있기 때문에 거래처의 다양화 및 수출물량 확대가 용이해지고, 수출계약상 외상수출대금 회수 시까지 선급금융을 수혜 받을 수 있어 자금압박에서 벗어날 수 있으며, 수

6) 수입자의 상환불능시 팩터는 수출자에게 상환을 요구하지 않는다는 조건임. 수출환어음 매입의 경우 동 어음을 매입한 금융기관은 수입자의 상환불능시 어음을 매각한 수출자에게 상환을 요구하는데 이를 소구조건이라 함.

입팩터링회사를 통한 수입업체의 신용상태 등 정보획득이 용이하고 외상판매대금 관리대행에 따라 인력 및 비용절감을 기할 수 있는 이점이 있다.

국제팩터링거래에 따른 수수료는 수출채권 양도 시 수출업체가 부담하는데, 수수료의 책정기준은 수입업자의 자체신용도, 수입국의 국가신용등급에 따라 송장금액의 일정률 범위 내에서 결정한다.

▌그림 7-9▌ 국제팩토링(제휴방식) 거래 절차도

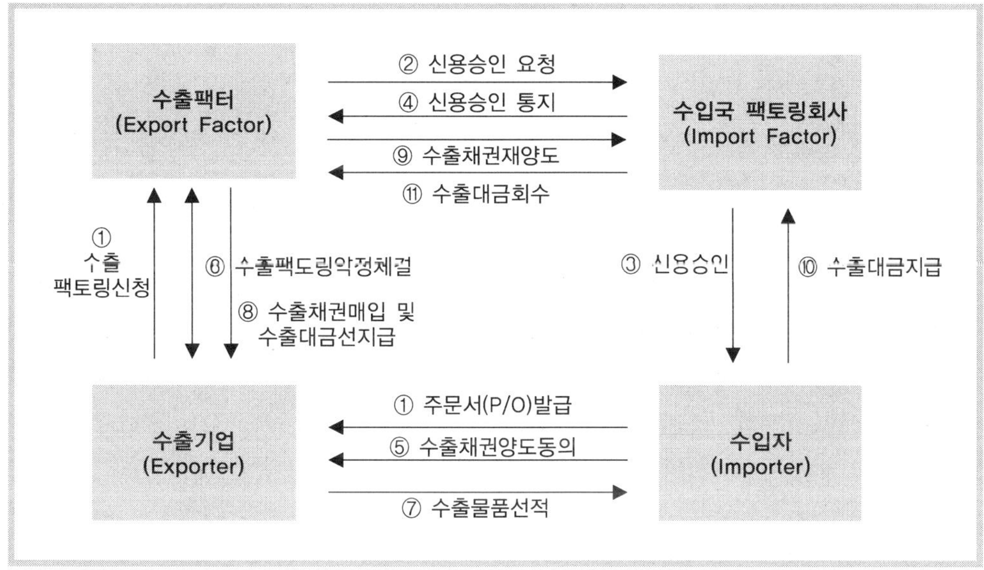

2-3. 포페이팅(forfeiting)[7]

포페이팅이라 함은 일반적으로 자본재수출과 관련하여 발생한 외상수출채권을 은행 등 금융기관(forfeiter, 포페이터)이 소구권을 행사하지 않는(without recourse)조건으로 수출업자와 사전에 약정한 고정금리로 할인 매입하는 중장기무역금융을 말한다.

포페이팅 거래에서 매입대상 금융채권은 통상 수입업자 발행의 약속어음(promissory note)이거나 또는 수출업자 발행의 환어음(bill of exchange)이 이용된다. 이들 어음 거래는 국제무역거래에서 양도가 용이하고 빈번하게 통용되는 방식이다.

신용공여기간은 3년에서 5년 이내의 중장기금융, 또는 초단기 90일에서 10년까지 매우 다양화된 기간이 활용된다.

7) forfeit라는 어원은 채권(債權)을 포기 또는 양도하는 대가로 현금을 받는 것을 의미하는 프랑스어 'a forfeit'에서 유래된 말이다.

▌그림 7-10▌ 포페이팅의 거래 절차도

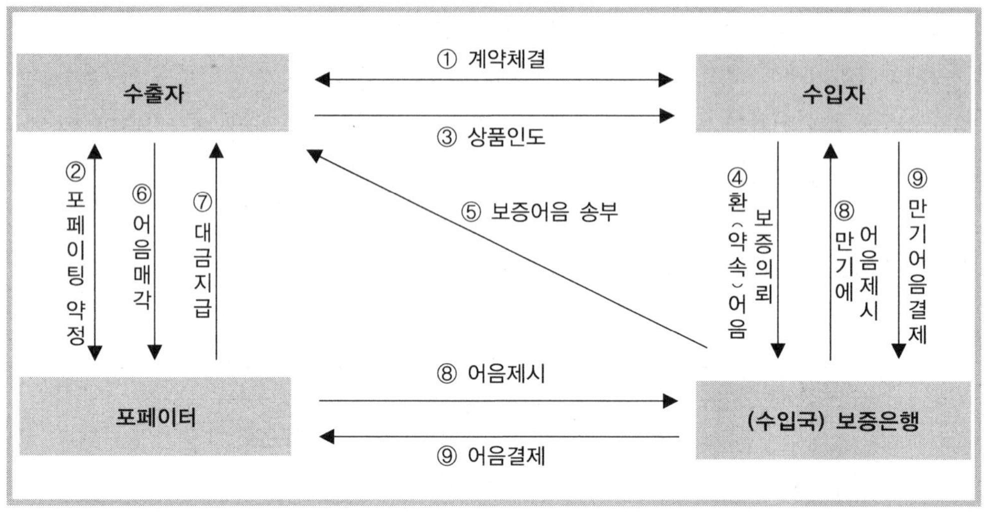

포페이팅의 메커니즘을 설명하는 [그림 7-10]과 같다. 이 금융기법은 수출업자 측에서는 매출채권의 신속한 현금화, 매출채권의 신속회수 및 서류작성 등 각종 부대비용 절감, 신용위험의 회피 등을 기대할 수 있으며, 한편 수입업자 측에서는 차입능력의 증대 및 다양화를 도모할 수 있고, 포페이터 입장에서는 다른 투자수단에 비해 높은 수익률을 기대할 수 있다. 또한 보증은행의 경우는 보증료와 인수수수료 등 수익증대를 기할 수 있게 된다.

2-4. 공적수출신용

(1) 개요

공적수출신용(official export credit)는 ① 자국의 수출촉진이라는 정책적 목적을 달성하기 위하여 ② 재정자금을 재원으로 ③ 상업금융의 한계를 보완하는데 제공되는 ④ 대출 · 보증 · 보험으로 정의될 수 있다. 즉, 공적수출신용지원제도는 민간금융시장의 무역금융을 보완하거나 기능을 강화하는데 목적이 있다.

공적수출신용의 구체적 형태 및 조건 등에 관해서는 OECD 수출신용협약에서 정하고 있다. 동 협약에서는 공적수출신용을 "수출신용기관(ECA : export credit agency)이 재화와 용역의 수출을 위하여 상환기간 2년 이상의 공적인 지원(official support)을 할 경우"로 정의하고 있으며, 수출신용의 상품종류를 다음과 같이 열거하고 있다.

① 직접대출(direct credit/financing)

② 이자율지지(interest rate support)

③ 수출신용보증(export credit guarantee)

④ 수출보험(export insurance)

위 지원수단 중 ①과 ②는 자금을 제공한다는 점에서 대출 또는 수출금융으로 칭한다. 한편 ③의 수출신용보증은 채무자의 채무불이행시 채권자에 대하여 무조건부(unconditional) 지급보증을 하는데 비하여 ④의 수출보험은 담보위험에 해당되는 경우에만 지급하는 조건부(conditional) 보장이라는 점에서 차이가 있으나, 크게 보아 양자 모두 대지급 기능을 한다는 점에서 유사한 성격이며 OECD 수출신용협약에서도 이를 묶어 퓨어커버(pure cover)로 칭한다.

일반적으로 대형 플랜트 등의 해외공사 시 발주처는 공사자금 조달을 위하여 입찰자에게 다양한 금융조달 방안을 요구하고 있어 입찰자의 가격 · 기술경쟁력 외에 금융주선 능력이 수주에 관건으로 대두되고 있다. 특히 개도국 발주처의 경우 자체 재원조달 능력 부족으로 계약금액 전액에 대해 100% 금융주선을 요구하는 사례가 빈번해 지고 있다.

이러한 발주처의 금융주선 요구에 대응하여 입찰 참가자들이 주선할 수 있는 금융지원 수단은 상업금융, 공적수출신용 및 원조자금 등이 있다. 그러나 상업금융기관들은 개도국 또는 신흥시장의 국가위험을 부담하면서 거액을 장기로 대출하기를 꺼려하고, 원조자금은 주로 저소득 개도국의 공공사업 지원에 사용되어지므로 그 대상과 규모에 제약이 있는데다 시일이 많이 소요되는 한계점을 안고 있다.

따라서 대부분의 해외공사에 있어서 공적수출신용이 주요한 금융지원 수단 역할을 하고 있으며, 이를 위해 미국, 일본, 영국 등 선진국과 중국, 인도 등 신흥 개도국들의 정부는 공적수출신용기관을 설립하여 자국의 수출진흥을 지원하고 있다.

한편 WTO는 각국 정부의 직 · 간접적인 수출지원에 대하여 엄격히 규제하고 있으나 OECD 수출신용협약에 따른 수출신용은 수출보조금 규제대상에서 제외되어 있어 공적수출신용은 국제규범에서도 허용된 공적 금융지원 수단이라 할 수 있다.

(2) 직접대출

직접대출은 수출신용기관이 2년 이상의 중장기자금을 수출자 또는 수입자에게 직접 공여하는 것을 말한다. OECD협약 상 수출계약의 15%[8]는 선수금으로 충당되어야 하므로 수출신용기관의 금융 제공액은 수출계약액의 85%이내에서 이루어진다. 수출신용 금액을 결정하는 수출계약액에는 제 3국 비용 분은 포함되며, 현지비용은 제외된다. 한편 새로운 설비건설의 경우 건설기간중 이자도 중요 비용요소이다.

8) 선박의 경우 20%

수출신용기관의 대출은 차주가 누구인가에 따라 공급자금융(supplier credit)과 구매자금융(buyer credit)으로 분류된다. 차주가 자국의 수출자인 금융을 공급자금융 또는 연불금융이라 부르고, 차주가 수입자인 경우를 구매자금융 또는 직접대출이라 부른다.

① **공급자 금융**

공급자금융의 경우 수출자는 수출계약 이행 후 바로 대금을 지급받을 수 있어 절차가 신속하고 편리하다는 장점이 있다. 수출신용기관은 차주의 재무상태 등 상환능력에 대한 정보를 쉽게 접근할 수 있고, 담보설정, 사후관리 등이 용이하다는 이점이 있다. 그러나 공급자금융는 수출자가 금융을 직접 주선해야 하고, 상환부담을 져야 하며 이에 따라 부채비율이 상승한다는 등의 문제가 있다.

공급자금융 제공시 대출기관은 수출자가 신용도가 높을 경우 신용으로 취급하고, 신용도가 낮은 경우 중장기수출보험증서를 담보로 징구하기도 한다. 한편 실제 대금상환의 주체인 외국 수입자에 대해서는 수입국이 개도국인 경우 정부나 정부기관(중앙은행 등) 또는 세계 일류은행의 지급보증을 요구하는 것이 일반적이다.

▮그림 7-11▮ 공급자금융 구조

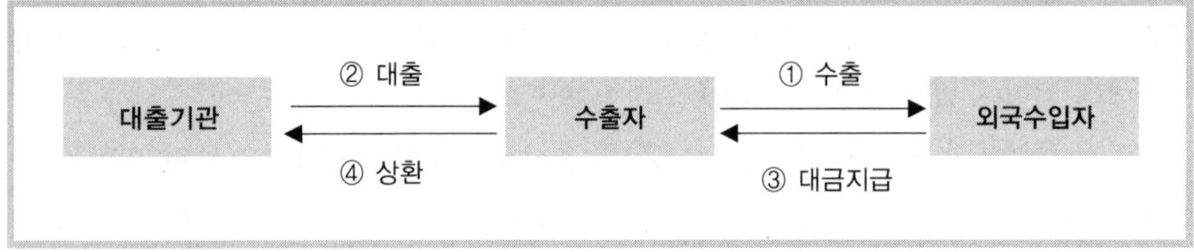

② **구매자금융**

구매자금융은 외국의 수입자가 국내 수출자로부터 제품 및 서비스를 수입하는 경우 그 수입에 필요한 자금을 수출신용기관이 외국의 수입자 앞 직접 대출을 통하여 지원하는 것이다. 국내 수출자는 수출을 이행한 후 수출신용기관을 통하여 수출대금을 직접 수령하게 되어 수출대금 상환위험을 회피하고 현금 일람불거래(cash payment)와 동일한 결제조건을 갖는 이점이 있다.

구매자금융방식의 금융지원은 공급자금융과 달리 국내 수출자의 부채로 반영되지 않기 때문에 수출자 입장에서는 재무개선 효과를 갖는다. 우리나라에서는 1990년대 말 IMF 외환위기 이전까지는 공급자금융이 대세였으나 이후 수출자들이 금융상환 부담을 안게 되는 공급자금융을 기피함에 따라 대부분의 연불거래가 구매자금융 방식으로 이루어지고 있다.

▌그림 7-12▌ 구매자금융 구조

▌표 7-2▌ 구매자금융의 장단점(공급자금융과의 비교)

구 분	장 점	단 점
수출자입장	· 재무구조 개선(현금결제베이스와 동일) · 수출대금 상환위험 및 사후관리 부담 회피	· 융자승인에 보다 많은 시간 소요
수입자입장	· ECA와의 직접협상을 통한 유리한 금융조건 확보 · 이중과세방지협정이 체결되어 있을 경우 이자원천세 감면	· 금융계약 체결과정에서 추가 비용(심사출장비, 법률비 등) 발생 가능

(3) 공적수출신용 기관 운영 현황

수출신용기관[9]이란 자국의 수출촉진을 목적으로 설립된 기관으로 정부부처 또는 정부가 출자하여 설립한 국영은행이나 수출보험회사를 말하며, 일부는 민간은행 또는 보험회사에서 대행체제 형태로 운영되고 있다.

수출신용기관은 자국의 기업이 자본재 또는 용역을 수출하는 경우 자국기업에 대해 수출상품의 제작을 위한 운전자금을 지원하거나 자국기업이 수출하는 물품을 수입하는 외국기업에 대해 수입에 필요한 자금을 지원한다. 지원형태는 수출금융을 직접 대출하거나 상업은행으로부터 대출을 받을 수 있도록 보증 또는 수출보험 등의 방식으로 이루어지며, 단독대출 또는 상업은행과의 협조융자 등 다양한 방식으로 금융이 제공된다.

원론적인 의미에서 수출신용기관은 상업금융기관이 기피하는 대외거래관련 금융을 제공하거나 위험을 커버해주는 '최종 위험부담자(last resort of risk taker)'의 역할을 수행한다. 상업금융기관들은 국가위험이 높은 개도국 수출거래나 회수불능위험이 큰 장기·거액의 대외거래 대출에 대한 금융제공에 한계(시장의 실패)를 갖고 있기 때문에 이를 보완하기 위해 정부의 개입이 필요하다.

수출신용기관의 효시는 영국의 수출금융청(UKEF :UK Export Finance)[10]으로 1919

9) 민간부문에서 수출신용을 제공하는 것과 구분하기 위해 공적수출신용기관이라고 표기함

년에 설립되었으며, 미국은 1934년에, 일본은 1950년에 각각 수출신용기관들을 설립하였다.

현재 대부분의 선진국들은 자국의 수출지원을 위해 수출신용기관을 두고 있으며 1980년대 이후 개도국들도 수출신용기관 설립에 주력하여 전 세계 약 80개국들에서 수출신용기관이 운영되고 있다. 우리나라는 1976년 개도국 최초의 수출신용기관으로 한국수출입은행을 설립하였다.

각국의 공적수출신용 지원체제는 직접대출·보증·보험을 어느 기관이 수행하고 있느냐에 따라 통합수행형과 분리수행형으로 구별해 볼 수 있다.

통합수행형 체제는 금융·보증·보험을 1개 기관이 모두 취급하는 것으로 미국, 영국, 캐나다, 호주, 대만 등에서 채택하고 있고, 분리수행형 체제는 금융·보증·보험을 2개 기관이 나누어 수행하는 것으로 한국, 일본, 독일, 프랑스, 이태리 등에서 운용하고 있다.

▌표 7-3▌ 주요국의 수출신용기관

국가명	기관명	국가명	기관명
미국	USEXIM	캐나다	EDC
영국	UKEF	호주	EFIC
오스트리아	OeKB	터키	터키수출입은행
대만	대만수출입은행	태국	태국수출입은행
독일	KfW(대출·보증) HERMES(보험)	프랑스	NATIXIS(대출·보증) Coface(보험)
이태리	Mediocredito(대출) SACE	스웨덴	SEK(대출) EKN(보험)
일본	JBIC(대출·보증) NEXI(보험)	중국	EXIM(대출·보증) Sinosure(보험)
인도	EXIM(대출·보증) ECGC(보험)	헝가리	EXIM(대출·보증) MEHIB(보험)

2-5. 이행성보증(performance guarantee)

금융기관(주로 은행)들은 무역거래에서 대출을 통해 금융을 제공하는 것 이외 이행성보증을 통해 무역거래를 지원하기도 한다.

은행보증은 수출입계약에 있어서 수입자의 대금지급을 담보하기 위하여 이용되는 경우 외에 플랜트건설과 같은 수출물 제작에 많은 시일이 소요되는 수출계약에 있어서 여러

10) 1919년에는 ECD였던 것이 1926년 ECGD로 개칭되었으며, UKEF는 ECGD의 운영명칭임.

가지 수주자의 계약불이행 위험(risk)을 담보하기 위한 이행성 보증에 많이 이용된다.

예를 들어 국제적인 플랜트건설계약에 있어서 ① 낙찰자가 계약을 체결하지 않을 경우에 발생하는 손해에 대비하여 요구하는 입찰보증(bid bond) ② 수주자가 계약을 이행하지 못 할 경우에 대비한 계약이행보증(performance bond) ③ 수주자가 선수금을 받은 경우에 해당 선수금을 반환하여야 할 사유가 발생한 경우에 대비한 선수금환급보증(advance payment bond) 등이 이에 해당한다.

(1) 입찰보증(bid bond)

입찰보증은 국제입찰에 참여한 수출자가 입찰서상 규정된 내용을 위반할 경우 이에 대한 발주자의 손해를 보상할 것을 보증하는 것을 말한다.

입찰보증금은 이러한 경쟁입찰에의 참가자(bidder)의 성실한 의무이행 확보수단으로 적립케 하는 계약금이다. 입찰보증금은 계약위반시 몰수되는 조건으로 계약가격의 1% 또는 2% 해당액을 현금, 유가증권이나 지급보증서 등으로 적립하는 것이다. 그러나 보증금을 현금으로 적립하는 경우는 드물며, 외국환은행의 보증신용장(stand by L/C) 또는 무화환신용장(clean L/C)을 제공하는 경우도 있다.

건설계약 입찰참가자들은 보증금을 미리 내야 입찰에 참가할 수 있으며, 만약 낙찰자가 계약의 체결을 거절할 경우 그 보증금을 몰수함으로써 부실업자의 응찰을 방지하고 있다. 보증금의 몰수시기는 응찰자가 유효기일(bid validity)전에 또는 낙찰 후 계약에의 참가를 포기하거나 소정기일 내에 해당계약 이행보증금을 적립하지 않을 때 발생한다.

(2) 선수금환급보증(advance payment bond, or refund guarantee)

수입자가 수출목적물 인도전에 지급하는 선급금(수출자 입장에서는 선수금)에 대하여 수출자 귀책사유로 인하여 계약조건대로 수출목적물을 인도하지 못하는 경우에 그 선수금을 반환할 것을 보증하는 것을 말한다.

선박, 플랜트 등 대형 자본재 수출 시는 선수금이 중요한 요소를 차지한다. 예를 들어 해외건설공사에서는 공사의 원활한 진행을 위하여 발주자가 사전에 건설회사에게 미리 계약의 일정금액(대개 10~20%)을 선수금으로 지급한다.

(3) 계약이행보증(performance bond)

수출자가 자신의 귀책사유로 계약조건(성능, 납기 등)대로 수출을 이행하지 못할 경우, 수출금액의 일정비율을 보상할 것을 보증하는 것을 말한다. 통상 보증금은 계약가격의 일정비율(5% 또는 10%)이며, 입찰보증의 경우와 마찬가지로 실제 현금이 적립되는 경우는 드물고, 보증서(L/G) 또는 무화환 신용장을 발급하는 방식을 취한다.

프로젝트 회사는 공사이행 보증서에 의해서 수주자의 신용상태나 거래실적에 대한 신뢰를 얻을 수 있다. 왜냐하면 발급 은행은 시공회사가 양호한 신용상태나 거래실적을 보유하고 있지 않으면 보증서를 발급하지 않을 것이기 때문이다. 만약 시공회사가 계약을 이행하지 않을 경우에는 손해에 대하여 보증서 발급은행으로부터 전액을 보상받을 수 있게 된다.

(4) 유보금보증(retention bond)

유보금보증은 계약이행 후 일정기간 동안 공사의 하자에 대하여 수출자가 책임을 지는 하자보증금조의 유보금 환급에 대한 보증이다.

사업주가 하자 보수를 위해 공사대금의 일정 비율을 유보시킬 경우, 이 유보금은 하자보증 기간이 끝나는 시점에서 되돌려 주도록 되어 있다. 그러나 공사 완공시점에서 건설시공회사는 유보금 환급보증을 제공하고 동 대금을 환급받을 수 있다. 건설시공회사는 종종 유보금이 없는 경우에도 일정비율에 해당하는 금액의 환급보증서를 제공하기도 한다.

(5) 하자보수보증(warranty bond or maintenance bond)

하자보수보증서는 공사완공 또는 물품인도 후 일정기간 동안 하자보수 등 유지를 담보하기 위하여 발급되는 보증서이다. 하자보수보증은 하자보수기간 동안 해당 물품이나 설비의 정상적인 작동을 보장하기 위한 것이므로 그 기능에 있어서 계약이행보증과 동일하다. 따라서 하자보수보증은 계약이행보증과 동시에 발급하지 않는 것이 원칙이다.

특히 건설공사계약에서는 최종 결제대금을 유지보수기간 종료 후 지급하는 것으로 규정하는 경우가 많은데 건설회사는 건설공사 종료 시에 하자보수보증서를 발주처에 제공하고 최종결제대금의 지급을 요청하는 것이 일반적이다.

제4절 프로젝트 파이낸스(Project finance)[11]

1. 프로젝트 파이낸스의 개요

1972년 영국 British Petroleum사가 북해 유전개발사업의 소요자금을 프로젝트 파이낸스 방식으로 조달한 이래 대규모 경제적 투자나 금융방식의 한 수단으로서 프로젝트 파이낸스가 새로운 조류로 형성되어 왔다. 우리나라의 경우에도 1995년 인천 신공항고속도로 사업을 시작으로 항만과 유료도로 사업 등 인프라 사업을 중심으로 프로젝트 파이낸스 방식의 금융이 널리 활용되고 있다.

프로젝트 파이낸스는 '미래의 현금흐름을 주요 상환재원으로 하고, 프로젝트의 자산, 권리 등을 담보로 하여 제공되는 금융' 으로 정의 된다.

즉 프로젝트 파이낸스는 사업주의 직접적인 지급보증 없이 프로젝트 자체의 수입(cash flow)과 자산을 바탕으로 자금조달을 가능하게 함으로써 대규모 신규투자를 촉진하는 역할을 한다. 특히 이해당사자간 프로젝트 위험을 합리적으로 배분한다는 기본 원리와 전통적인 기업금융에 비해 기업의 금융 가용성을 증대시키는 점은 기업이 대규모 프로젝트를 추진하는데 커다란 동기를 제공하고 있다.

프로젝트 파이낸스는 1970년대 후반에서 1980년대 초반까지는 원유개발사업을 중심으로 활발히 이루어졌으며, 1990년대 중반이후에는 개발도상국 정부의 예산부족, 외채문제 해결 및 공공부문의 효율성 제고를 위한 민영화 추진과정에서 인프라사업을 중심으로 민간부문 자금조달의 한 수단으로 활용되어 왔다. 최근에는 인프라사업은 물론, 원유 및 가스개발, 정유, 석유화학, 부동산개발 등 다양한 산업에서 중장기 금융의 주요 조달수단으로 광범위하게 이용되고 있다.

2. 기업금융과의 비교

기업이나 사업주가 자금을 제공하는 금융기관(lenders)에 대해 부담하는 법적인 상환책임(recourse)의 범위를 기준으로 분류할 때 프로젝트 파이낸스(project finance)는 '기업금융(corporate finance)'과 구분된다. 이를 금융기관 입장에서 보면 일정 프로젝트에 대한 금융지원에 있어 프로젝트 회사(project company)가 아닌 사업수행의 주체 또는

11) 이재민·배인성, 글로벌 무역금융 (두남 2015), 배인성, 국제 프로젝트파이낸스 (범서북스 2014) 참조

프로젝트 회사의 모기업인 사업주 등 제3자에게 대출 원리금 상환을 청구할 수 있는지 없는지에 따른 구분이라 할 수 있다.

예를 들어 A기업이 사업을 확장할 목적으로 해외에 자회사(프로젝트 회사)를 설립하는 경우 자회사 설립에 소요되는 자금을 조달하는 방법에는 여러 가지가 있다. 먼저 A기업(모기업, 사업주)이 스스로 자금을 조달(내부 유보금 또는 금융기관 차입)하여 자회사의 지분에 투자함과 동시에 자회사에 대출형식으로 지원하는 방법이 있다. 이 때 금융기관으로부터 차입한 자금의 차주는 A기업으로 그 원리금을 상환할 책임이 있으며, 금융기관 입장에서는 해외 자회사의 성공여부와 관계없이 A기업의 신용만을 바탕으로 자금을 제공한 것이다. 이러한 방식을 기업금융이라 한다.

또 다른 방법으로 A기업은 자회사에 지분 투자만 하고, 나머지 소요자금은 금융기관이 자회사를 차주로 직접 대출하도록 하는 방법이 있다. 전자와 달리 금융의 차주가 모기업이 아닌 자회사가 되는 것이다. 이러한 금융기관의 대출에 대해 모기업이 원리금 상환을 보장한다면 궁극적으로 전자의 기업금융과 다르지 않다. 그러나 모기업이 그 원리금 상환을 보장하지 않는다면 금융기관은 차주인 자회사로부터 원리금을 직접 회수하여야 한다. 결국 대출 원리금의 회수여부는 A기업의 신용도보다 자회사의 영업성과에 좌우되며 자회사가 상환능력이 없는 경우라도 금융기관은 모기업에게 직접 상환을 청구할 수 없다. 이러한 금융방식을 프로젝트 파이낸스라 한다.

프로젝트 파이낸스는 금융기관 입장에서 해당 사업이나 프로젝트 자체에서 발생하는 미래의 수익(cash flow)을 상환재원으로 할 뿐 사업주에게 아무런 상환청구를 할 수 없는 금융형태인 반면, 기업금융은 궁극적으로 상환책임을 사업주가 책임지도록 하는 금융, 다시 말해 당해 프로젝트뿐만 아니라 다른 프로젝트를 수행하는 사업주 전체의 수익을 상환재원으로 제공되는 금융형태를 말한다. 결국 프로젝트 파이낸스란 신설 프로젝트 회사(project company)를 차주로 하고, 그 프로젝트 자체에서 발생하는 미래 수익을 주요 상환재원으로 하는 금융형태를 말한다.

그러나 일반적으로 금융기관은 대출의 상환재원을 프로젝트의 미래수익에만 한정하는 것은 아니다. 프로젝트 회사가 보유한 유·무형 자산에 대한 담보 취득, 사업주 등 이해당사자의 프로젝트 지원 보장 등 간접적인 수단도 확보한다. 다만 이러한 자산 담보나 이해당사자의 지원보장이 원리금 상환에 직접 연계되어 있는 것이 아니라 제3자에 대한 권리 확보나 프로젝트 사업성을 보완하는 간접적인 방식으로 활용될 뿐이다.

▮표 7-4▮ 프로젝트 파이낸스와 기업금융의 비교

구 분	프로젝트 파이낸스	기업금융
차 주	프로젝트 회사 (특수목적회사)	사업주 자신
사업성 분석대상	프로젝트 자체의 미래 현금흐름	사업주의 전반적인 신용도
상환재원	프로젝트 수입(현금흐름)	사업주의 전체 재무능력
사업주앞 상환청구권	비소구 또는 제한적 소구	완전소구(구상권, 연대보증)
채권보전	프로젝트 자산, 이해당사자의 지원보장, 주요 계약상 권리의 양도	모기업의 연대보증, 물적 담보 등
현금흐름 통제	약정에 의한 통제	사업주의 재량권 허용
금융구조	복잡(이해당사자 다수)	단순
비용 · 시간	고 비용, 장기간 소요	저 비용, 단기간 소요

3. 프로젝트 파이낸스의 구조와 구성요소

프로젝트 파이낸스는 프로젝트 회사를 설립하고 운영되는 과정과 관련이 있는 여러 이해당사자와 각 이해당사자의 역할이나 권리와 의무를 기술한 여러 종류의 계약서로 구성된다. 이를 하나의 그림으로 나타낸 것을 프로젝트 구조도라 하며, 프로젝트의 전반적인 내용을 이해하거나 프로젝트 위험을 분석하는 기초가 된다. 일반적인 형태의 프로젝트 파이낸스의 구조도는 [그림 7-13]과 같다.

▌그림 7-13▐ 프로젝트 파이낸스 구조도

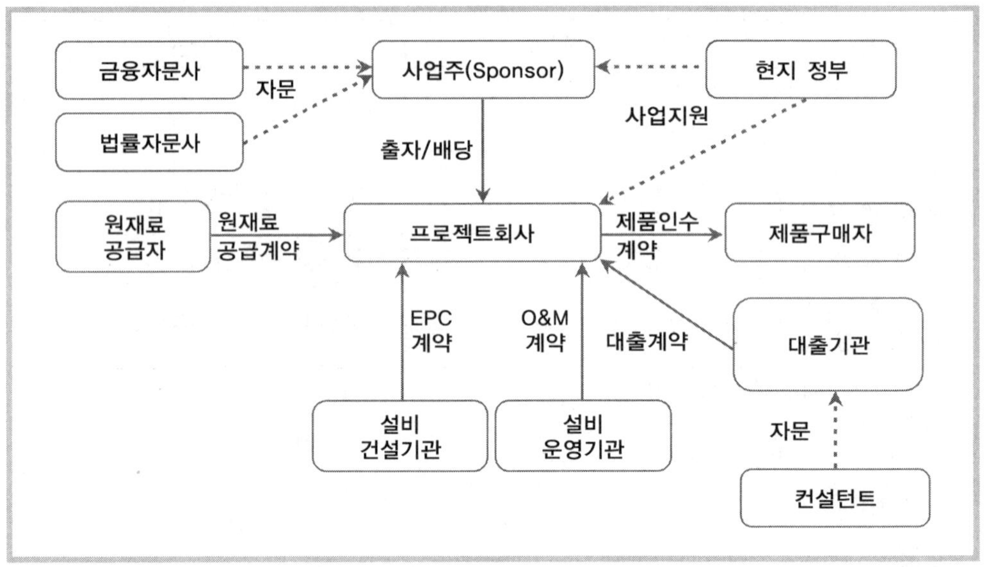

프로젝트 파이낸스를 구성하는 이해관계자는 프로젝트 회사를 중심으로 크게 사업주 그룹, 대주단과 제3의 그룹 등 3개 그룹으로 나눌 수 있다.

(1) 프로젝트 회사(project company)

먼저 프로젝트 회사는 사업주가 프로젝트 수행을 위해 설립한 회사로서 프로젝트의 개발과 운영의 형식적, 법률적 주체[12)]이며, 프로젝트 파이낸스의 차주가 된다. 프로젝트 회사의 형태는 사업소재국의 법률이나 사업주의 투자 목적, 사업의 성격 등에 따라 결정된다. 일반적으로 프로젝트 회사는 주식회사(limited liability company)나 합작기업(incorporated joint venture)의 형태로 설립되나, 법인격이 없는 합작기업(unincorporated joint venture), 파트너쉽(partnership), 신탁구조(trust structure) 등의 형태로 설립되기도 한다.

(2) 사업주(sponsor/developer)

사업주는 프로젝트를 개발하고, 운영하는 실질적인 주체이며, 프로젝트 회사의 모기업으로서 건설과 운영기간 중 프로젝트를 지원하는 역할을 한다. 따라서 이해당사자 사이에 프로젝트 위험을 배분하는 과정에서 가장 중심 역할을 하며, 정부나 대주로부터 프로젝트 성공을 위한 상당한 지원을 요청받게 된다. 프로젝트 파이낸스는 사업주의 신용도

12) 프로젝트 회사는 독립된 법인으로서 자체 인력으로 사업을 운영하기도 하지만 사업주나 전문 운영업체를 고용하여 프로젝트의 운영을 위탁하기도 함.

와 직접 관련이 없는 금융방식이지만 사업주의 사업운영 경험과 능력이나 재무적 안정성은 프로젝트 성공의 기본이 되므로 사업주의 역량과 신용도는 프로젝트 파이낸스를 성공적으로 이끌어내는 기본 요소가 된다.

프로젝트 위험을 효율적으로 배분한다는 프로젝트 파이낸스의 기본 속성을 유지하기 위해서 프로젝트의 건설과 운영과 관련된 여러 역할을 서로 독립된 기업이 담당하는 것이 바람직하지만 정유나 석유화학 사업 등과 같은 분야에서는 사업주가 프로젝트 건설계약자, 원재료 공급자나 생산제품 인수자로서의 역할도 동시에 수행한다.

▌표 7-5▐ 프로젝트 파이낸스 이해 당사자

사업주 그룹	대 주 단	제3자 그룹
· 사업주 · 금융자문기관 · 법률자문기관 · 기타 컨설탄트	· 금융주선기관 · 상업은행 · 수출신용기관(ECA)/국제개발금융기관/펀드 등 · 법률자문기관 · 기타 컨설탄트	프로젝트소재국 정부 · 설비제작업체 · 제품구매기관 · 원료공급기관 · 설비운영기관 · 보험기관 · 신용평가기관

(3) 금융자문기관(financial adviser)

금융자문기관은 프로젝트 개발 초기부터 사업주를 위해 프로젝트 구조, 프로젝트 위험의 배분, 사업 타당성 평가, 자금조달방법 등 사업 전반에 대해 사업주에게 자문하는 전문기관을 말한다. 이러한 금융자문기관은 프로젝트 파이낸스 시장에서 경험이 풍부한 상업금융기관이나 투자은행이 담당하며, 얼마나 유능한 금융자문기관을 선임하느냐는 문제는 프로젝트를 얼마나 효율적으로 추진하느냐에 직접적인 영향을 미친다.

금융자문기관은 법률·산업분석·기술 분야 등에서 사업주를 자문하는 다른 자문기관을 이끌어 가는 역할을 하며, 프로젝트 예비설명서(PIM : preliminary information memorandum)를 작성하고 대주단과의 협상에 주도적 역할을 담당한다. 따라서 사업주는 가급적 프로젝트 개발 초기단계에서 경험과 능력이 있는 금융자문기관을 선임할 필요가 있다.

(4) 대주단(lender group)과 금융주선기관(mandated lead arranger)

대주단은 프로젝트 회사에게 자금을 대출하거나 보증하는 금융기관들을 말하며, 국제상업은행, 현지 금융기관, 국제개발금융기관(WB, IFC, ADB 등), 수출신용기관, 펀드,

채권(bond) 투자자 등이 참여한다. 일반적으로 대규모 프로젝트의 대주단은 10개 이상의 여러 종류 금융기관이 필요한데 사업개발 초기에 대주단을 한꺼번에 구성한다면 협상과정에서 프로젝트 추진에 많은 어려움을 겪게 된다. 따라서 프로젝트 진행단계별로 대주단을 구성하는 방법과 역할이 다르게 이루어진다.

먼저 사업주는 사업개발 초기에는 차주로서의 사업주 측과 직접 협상하는 소수의 금융기관을 선임하는데 이런 목적으로 선임된 금융기관을 금융주선기관(MLA : mandated lead arranger)이라 한다. 금융주선기관은 대주의 입장에서 프로젝트 사업성을 평가하는 과정, 즉 실사(due diligence)를 주도적으로 추진하며 사업주를 상대로 금융조건을 협상하는데 이때 각자의 역할에 따라 기술담당은행(technical bank), 보험담당은행(insurance bank) 재무모델담당은행(financial modelling bank), 계약서담당은행(documentation bank) 등으로 구분되기도 한다. 이러한 금융주선기관은 주로 상업금융기관이나 투자은행이 담당하는데 IFC와 같은 국제개발금융기관이나, 수출신용기관도 금융주선기관으로서 역할을 담당한다.

금융주선기관은 프로젝트에 소요되는 자금을 주선하는 역할을 하므로[13] due diligence 이후 신디케이션 과정에서 금융주선기관은 주간사은행(lead manager)으로서의 역할을 하게 된다. 신디케이션이 클럽딜(club deal) 방식으로 이루어진다면 타 금융기관에게 주선금액을 매각하는 절차는 이루어지지 않지만 일반적인 신디케이션 과정에서는 타 금융기관을 간사은행(manager)이나 참여은행(participant bank)으로 참여시킨다.

(5) 법률 자문기관(legal advisor)과 전문 컨설턴트(independent consultant)

금융기관이 due diligence를 효율적으로 추진하기 위해서는 법률, 기술, 환경, 산업분석, 보험, 회계 등 여러 분야에 걸친 철저한 심사과정이 필요하다. 이를 위하여 대주는 각 분야의 전문가를 고용하여 이들로부터 각 분야별로 조언을 받는다. 특히 경험 있는 법률 자문기관의 활용은 프로젝트 성공에 직접적인 영향을 미치는데 이는 프로젝트 파이낸스가 모든 이해당사자의 역할과 권리·의무를 계약서화 한다는 속성에서 비롯된 것이다.

대주단을 위한 법률 자문기관은 프로젝트 구조나 관련 계약서에 대해 그 문제점과 해결방안을 제시하며, 각 이해 당사자의 역할이나 프로젝트 위험의 합리적 배분을 비롯한 금융구조의 설계, 채권보전장치의 마련에 대해 대주단에게 조언하는 역할을 담당한다. 또한 금융관련 계약서나 담보관련 계약서의 초안을 작성하고 사업주 측과 협상하는 역할을 수행한다.

---

13) 금융주선방식은 주선기관의 의무정도에 따라 전액인수기준(full underwriting basis)와 최대노력기준(best effort basis)으로 구분됨.

(6) 제3자 그룹

프로젝트 파이낸스에는 사업주와 대주단 이외에도 사업소재국 정부, 설비 거설 또는 제작업체(EPC contractor), 설비운영업체(O&M contractor), 보험회사, 신용평가 전문기관, 원재료 공급업체, 제품 구매자 등 다양한 당사자가 참여한다.

특히 인프라 사업의 민영화 프로젝트나 개발도상국 프로젝트에서는 사업소재국 정부의 역할이 중요하다. 정부는 특정 사업을 수행할 사업자를 선정하여 사업권(concession)을 부여하며, 관련 법률의 제정이나 개정을 통해 세제상 혜택을 부여한다. 또한 대출 원리금이나 투자 배당금의 송금을 위한 환전 보장과 외화 송금을 보장하는 주체이며, 사업부지와 용수, 전력 등 인프라 시설을 제공하는 역할을 하기도 한다. 특히 개발도상국에서 추진되는 프로젝트의 경우 사업소재국 정부의 프로젝트에 대한 지원은 프로젝트 파이낸스의 전제조건이 되기도 한다.

4. 프로젝트 파이낸스의 유용성

프로젝트 파이낸스는 사업주나 금융기관 입장에서 상반된 속성을 가지고 있으며, 이로 인해 프로젝트 파이낸스를 활용하는 이유가 서로 다르다.

4-1. 사업주의 입장

① 사업주가 원리금 상환을 직접 보증하지 않으므로 프로젝트 위험이 금융기관(대주)에게 전가되는 효과가 있다.

② 프로젝트 파이낸스의 차주는 일반적으로 신설 기업인 프로젝트 회사가 되고 모기업으로서의 사업주는 차입금에 대해 지급보증을 하지 않으므로 자신의 재무상태에는 아무런 영향을 미치지 않는다. 즉 부외금융(off balance sheet) 효과가 있어 사업주의 부채에 직접적인 영향을 미치지 않는다.

③ 프로젝트 파이낸스는 프로젝트 자체의 수익성을 바탕으로 이루어지므로 사업주의 신용도에 크게 구애받지 않고 대규모 자금의 조달이 가능하다.

4-2. 금융기관(대주)의 입장

① 금융기관은 프로젝트 파이낸스 방식의 금융을 통하여 사업주가 수행하는 모든 사업에 대한 위험을 부담하는 것이 아니라, 수익성이 있다고 판단되는 특정 부문(프로젝트)에 대한 위험만 부담함으로써 다른 부문의 부실여부에 관계없이 대출금을 상환 받을 수 있다.

특히, 외채 부담이 큰 개발도상국에서 시행되는 프로젝트에 대한 프로젝트 파이낸스는 위험에 대한 적절한 대응책만 마련된다면 일반 대출보다 안정성이 높다고 할 수 있다.

② 프로젝트 파이낸스는 일반 금융보다 이자율, 수수료 등의 수준이 높아 금융기관은 높은 수익을 얻을 수 있다.

③ 프로젝트 파이낸스 전문 금융기관이 세계적으로 제한되어 있다는 점에서 프로젝트 파이낸스를 실시하는 기관은 국제금융계에서 차별화의 이익을 얻을 수 있다.

사업주와 금융기관 입장에서 프로젝트 파이낸스의 장점과 단점은 〈표 7-6〉과 같이 정리할 수 있다.

▌표 7-6▌ 프로젝트 파이낸스의 장점과 단점

구 분	장 점	단 점
사 업 주 입장	- 프로젝트의 사업위험 분산 - 대규모 자금 조달 가능 - 부외금융	- 금융비용 등 사업추진비용 증대 - due diligence 등 금융추진에 장시간 소요
금 융 기 관 입장	- 전문 금융기관으로서의 차별화 지위 확보 - 수익 증대 - 금융 안전성 제고 가능	- 프로젝트 위험 부담

5. 자금조달의 원천

프로젝트 소요자금을 조달하는 원천에는 사업주의 자기자금(출자금)과 금융기관의 차입금이 있으며, 이 들의 중간적 성격인 혼합자본도 활용되고 있다.

5-1. 출자금(equity)

출자금은 사업주와 함께 해당 프로젝트에 직·간접적으로 이해관계를 갖고 있는 투자자, 순수한 투자수익을 목적으로 하는 투자자 등으로부터 조달된다.

- 사업주(sponsor)
- 시공회사(contractor), 원료공급자(feedstock supplier), 제품구매자(off-taker)
- 인프라 펀드(infrastructure fund)

- 국제개발금융기구(MDB : IFC, ADB 등)
- 현지 자본시장에서의 공모주(IPO) 발행 등

프로젝트의 신뢰도를 높이기 위해서는 지분참여자들이 재무적으로 건실하며 신용도가 높고, 프로젝트와 긴밀한 이해관계가 있어야 한다. 또한 금융기관 입장에서는 총 소요비용 중 출자금이 차지하는 비중이 클수록 대출 원리금 상환이 안정적이며 지분투자자가 사업으로부터 이탈하려는 것을 억제할 수 있지만, 반대로 지분투자자의 입장에서는 출자비율이 적을수록 재무 레버리지(financial leverage) 효과에 의해 자기자본 수익률(ROE)이 높게 된다. 총 소요비용에 대한 자기자본의 비중은 프로젝트 성격이나 위험, 사업성에 따라 다르지만 일반적으로 자기자본의 규모는 총 소요비용의 30% 정도로 이루어진다.

한편 국제개발금융기구는 지분출자를 하더라도 통상 프로젝트 경영에는 참여하지 않지만 국제개발금융기구의 지원은 상당한 전시효과와 상업금융을 유인하는 촉매역할을 하게 되며, 현지금융시장에서 주식을 발행하여 자금조달을 하는 경우 환 리스크와 정치적 위험이 감소되는 효과가 있다.

5-2. 혼합자본(mezzanine capital)

'혼합자본'(또는 중간층 자본)이란 다소 애매한 표현이긴 하지만 일반적으로 전통적인 차입금(senior debt)과 출자금(equity) 사이의 특성을 지닌 일종의 'hybrid financing instrument'를 의미한다. 이러한 혼합자본은 출자금과 차입금이라는 전통적인 자본구조를 대체할 수 있다는 개념이 아니라 전통적인 자본구조에 보완적인 요소로 이용되고 있다.

프로젝트 파이낸스에 있어 혼합자본은 아직 일부에 한정되어 이용될 뿐 보편적으로 활용되고 있지는 않지만 프로젝트의 신인도를 높이는데 중요한 역할을 하기도 한다. 가장 일반적인 경우는 프로젝트의 공사비용이 예상보다 초과되거나 운영자금이 부족할 경우 사업주가 일정 한도 내에서 현금부족분을 지원(cash deficiency support) 하는 경우이다. 이때 사업주는 현금부족분을 추가 지분출자의 형태로 하는 경우도 있으나 후순위채무(subordinated debt) 형식으로 하기도 한다. 한편 금융기관이 후순위 채무를 지원하는 경우도 있다.

혼합자본은 프로젝트나 사업주의 입장에서 출자금 규모를 줄일 수 있어 재무레버리지 효과를 증가시킬 수 있으며, 일반적인 차입금보다는 지원조건 면에서 융통성이 크다는 장점이 있는 반면 계약구조가 복잡해지며, 사업주의 재무위험(financial risk)이 증가된다는 단점이 있다. 혼합자본은 일반적인 차입금의 조달비용보다 높지만 일반적인 차입금의 조달이 어려울 경우 지분출자 대신 혼합자본을 활용하는 경우 의미가 있을 것이다.

5-3. 차입금(debts)

차입금을 조달하는 방법에는 앞에서 설명한 바와 같이 기업금융(corporate finance)과 프로젝트 파이낸스(project finance)를 들 수 있다. 이것은 사업주가 프로젝트의 차입금에 대해 실질적인 상환책임을 부담하는지 여부에 의한 구분이며, 인프라 사업이나 대규모 산업설비를 필요로 하는 사업의 경우 프로젝트 파이낸스 방식으로 자금을 조달하는 것이 일반적이다.

또한 재원조달 형식을 기준으로 할 때 차입금 조달방법에는 금융기관 대출(loan)에 의한 형식과 자본시장에서의 채권(bond)발행에 의한 형식으로 구분할 수도 있다. 전통적으로 프로젝트 파이낸스는 금융기관으로부터 대출에 의해 이루어지는 것이 일반적이지만 최근 금융기관의 대출보다 장기의 차입금 조달이 가능한 SEC Rule 144A와 같은 사모방식의 채권발행이 자주 이용되기도 한다.

프로젝트 파이낸스에 있어 외국상업금융기관, 현지금융기관, 수출신용기관(ECA), 국제개발금융기구(MDB), 인프라 펀드(infrastructure fund) 등이 대출을 제공하는데 상업금융의 경우 위험분산 목적으로 신디케이션(syndication)을 통하여 이루어지는 것이 일반적이며, 비교적 소규모 자금인 경우에는 클럽 딜(club deal) 방식이 이용되기도 한다.

5-4. 재원별 자금의 특성

(1) 현지금융(local financing)

현지금융은 사업소재국에서 현지금융기관으로부터 프로젝트 소요재원을 조달하는 것을 말하며, 개발도상국 프로젝트인 경우 프로젝트 건설자금의 일부를 현지화로 조달하기도 하며, 초기 운영기간 중 운전자본소요액(working capital facility)을 충당하려는 목적으로 조달하는 경우도 있다. 후자의 경우 현지금융은 해외상업금융기관이나 ECA 등의 외화금융(foreign currency debt)에 대해 후순위채무(subordinated loan)가 되기도 한다.

개발도상국에서 현지금융을 이용하는 경우 프로젝트의 정치적 위험이 어느 정도 완화되는 효과가 있으며, 내수산업이나 인프라 프로젝트의 경우에는 통화 갭을 감소시킬 수도 있다. 그러나 개발도상국 현지금융은 조달비용이 높고, 유동성이 부족하여 대규모 자금을 조달하기 어렵다는 문제점도 있다.

(2) 상업금융(commercial bank loan)

상업금융은 프로젝트 파이낸스에서 가장 일반적으로 사용되는 대출로서 유동성이 풍부하고, 지원조건 및 지원절차 등에 있어 융통성이 매우 큰 특징을 지니고 있다. 상업금융의 대출기간은 일반적으로 10년~15년 정도이지만 최근 중동 GCC 국가 프로젝트에는 20년 이상을 적용한 사례도 있다.

그러나 상업금융기관은 단일 금융기관이 하나의 프로젝트에 대규모 자금을 지원하지 않으며 다수의 금융기관이 참여하는 신디케이션에 의해 조달된다. 유로터널 프로젝트의 경우 250여개의 상업금융기관이 참여하는 신디케이션에 의해 자금을 조달한 바 있다. 이와 같은 신디케이션은 금융기관의 위험분산효과와 효율적 자금운용 차원에서 이루어지고 있다.

또한 상업금융은 프로젝트의 정치적 위험을 부담하는데 한계가 있어 개발도상국 프로젝트 파이낸스 시장에서는 수출신용기관이나 국제개발금융기관이 제공하는 정치적 위험보증(PRI/PRG : political risk insurance/guarantee)에 의존한다.

(3) 국제개발금융기구(MDB) 금융

프로젝트 파이낸스를 지원하는 국제개발금융기구(MDB : multilateral development bank)로는 세계은행(World Bank), 국제금융공사(International Finance Corporation), 국제투자보증기관(Multilateral Investment Guarantee Agency), 아시아개발은행(Asia Development Bank) 등이 있다. 이들은 지분출자(equity), 대출(loan) 또는 보증(guarantee)의 형식으로 개발도상국에서 추진되는 프로젝트를 지원하고 있다.

국제개발금융기구는 프로젝트 파이낸스에 있어 하나의 프로젝트에 대규모 자금을 지원하지는 않지만 전시효과(demonstration effect)와 상업금융으로부터 대규모 투자를 유인하는 촉매역할(catalytic role)을 한다. 또한 국제개발금융기구가 지원하는 프로젝트는 정치적 위험이 감소되며, 프로젝트 신인도가 높아지는 효과를 누리게 된다. 이것은 국제개발금융기구가 국제기구로서의 특별한 지위가 있을 뿐만 아니라 사업소재국의 정치·경제사정에 대한 지식이 풍부하고 사업소재국 정부와의 관계 등으로 상업금융기관이 안심하고 투자에 참여할 수 있기 때문이다.

그러나 국제개발금융기구로부터 프로젝트 재원을 조달하는 경우 그 절차가 간단하지 않으며, 추진과정에 융통성도 부족하고, 환경문제 등 프로젝트 위험에 상대적으로 보수적인 입장을 가지고 있어 시간과 비용이 많이 소요될 뿐만 아니라 원조자금(aid)을 제외하고는 조달비용도 상업금융과 비슷한 수준이라는 단점이 있다.

(4) 수출신용기관(ECA : export credit agency)[14] 금융

수출신용기관(ECA)은 자국의 수출촉진 및 고용확대를 목적으로 설립된 공적금융기관(government agency)으로서 주로 자국 기업의 자본재수출을 위한 수출금융(export credit)을 직접대출이나 보증, 보험의 방식을 통해 지원하고 있다. ECA의 형태는 주로 독립된 국영기관, 정부 부처, 또는 민간부문 대행체제 등으로 되어 있으며, 선진국뿐만 아니라 개발도상국에도 설립되어 있다.

ECA의 궁극적인 역할은 자국의 수출을 촉진하기 위하여 수출자나 상업금융기관의 수출(재화·용역)대금에 대한 해외채무자의 지급불이행 위험을 부담하는 것으로 엄격한 의미에서 ECA의 역할은 신용위험 또는 상업위험을 제외한 정치적 위험만을 보증하는 것이나, 일반적으로 정치적 위험과 신용위험을 구분하기 어렵기 때문에 두 위험에 대해서 모두 인수하기도 한다.

ECA는 위와 같은 명백한 정책목표와 더불어 수출신용에 있어서 다음과 같은 경제적인 동기가 있다.

첫째, 무역규제가 있는 불완전한 세계경제에 있어서 수출보조금은 자국 경제발전에 바람직하다는 것이며, 둘째, 정부의 지원을 받는 ECA는 채무국과의 리스케쥴링(rescheduling)에 있어서 비교우위에 있다는 것이다.

즉 ECA는 차주국의 채무불이행시 정부차원에서 궁극적인 해결을 목적으로 운영하기 때문에 채무국과의 리스케쥴링 협의에 의한 장기적인 원금상환을 추구함으로써 일반상업금융기관이 포기하게 되는 원금을 원칙적으로 상계하지 않게 된다.

개발도상국에서 진행되는 인프라 사업은 일반적으로 그 규모가 크고 상환기간이 장기이므로 정치적 혼란, 대외지급 능력부족 등 예기치 못한 정치적 위험이 크다. 따라서 상업금융은 이를 감당하기 어려운 입장이며, 전통적으로 ECA가 직접대출이나 상업금융의 보증을 통하여 지원하여 왔다.

수출금융은 자국 수출자를 보호하기 위한 특수금융의 일종으로 사업주는 개발도상국의 프로젝트에 대하여 대규모 자금을 비교적 낮은 고정금리로 장기의 상환기간동안 이용할 수 있다는 성격을 지니고 있다. 수출금융을 제공하는 수출신용기관이 정부 또는 국영기관이라는 면에서 수출금융은 국제개발금융과 마찬가지로 프로젝트의 정치적 위험을 감소시키는 효과가 있으며, 상업금융을 유인하는 효과도 있다.

(5) 채권발행

개발도상국의 인프라사업 등 프로젝트 파이낸스로 추진되는 대규모 사업의 재원조달방

---

14) 자세한 사항은 앞의 3절 참조

법으로 채권발행방법을 고려할 수 있다. 그러나 최대의 채권시장인 미국에서 공모발행(public offering)을 하는 경우 미국 증권거래소(SEC : Securities and Exchange Commission)에 등록해야 하며, 이때 채권발행자는 연결재무제표의 작성, 미국회계원칙의 적용, 사업부문별 정보제공의 의무가 뒤따른다. 또한 최초 공모 발행시 SEC의 심사에 수개월이 걸리게 되어 개발도상국 프로젝트를 위한 재원조달방법으로 활용되지 못하였다. 또한 사모발행(private placement)의 경우 SEC 등록의무는 면제되지만 조달비용이 크고 채권의 유동성이 부족하다는 문제점이 있다.

한편 1990년 4월 신설된 Rule 144a는 유통시장에서의 거래에 적용되는 규정으로 등록되지 않은 유가증권(non-fungible securities)을 일정한 자격을 갖춘 기관투자가(QIB)[15]에게 재매각하는 경우에 연방증권법상 SEC 등록의무를 면제해주고 있다. 이에 따라 Rule 144a에 따라 비등록증권을 발행할 경우에는 ① 등록증권 만큼 풍부한 유동성을 가질 수 있으며, ②공모발행에 비해 발행비용이 감소되고, ③최초 발행시 SEC의 심사과정이 필요 없으므로 시장접근이 유리하며, ④공모와 비슷한 가격(pricing)으로 발행될 수 있어 개발도상국 프로젝트의 적절한 재원조달수단으로 자리 잡아 가고 있다.

사모발행의 경우 투자자는 개인의 판단에 의해 채권인수여부를 결정하지만 Rule 144a에 의한 경우에는 가격의 결정을 위해 S&P, Moodys' 등으로부터 신용평가등급을 받아야만 하며, Offering Circular에서는 프로젝트(채권 발행자)의 내용이 명확히 나타나 있어야 한다.

채권이 대출보다 유리한 점은 시장접근이 용이하고 비교적 낮은 비용으로 장기자금을 조달할 수 있다는데 있다. 그러나 프로젝트의 자금은 공사기간에 걸쳐 소요되는데 반해 채권을 발행하는 경우 일시에 자금이 조달되기 때문에 지나치게 많은 여유자금이 발생하게 되어 소위 'negative carry(negative arbitrage)'[16]의 위험이 나타난다. 이와 함께 채권인수자의 공사완공위험 수용에 어려움으로 인해 프로젝트 피이낸스에 있어 채권은 공사완공시점 또는 착공 후 일정기간이 경과된 뒤 기존의 금융기관 대출을 대체(refinancing)하는 역할에 치중되어 있다.

사업주는 프로젝트의 소요재원을 조달하는 경우 조달조건으로 고정금리의 장기자금(long-term fixed rate funding)을 선호하게 되는 한편 연금기금이나 보험회사는 자금

---

15) QIB(Qualified Institutional Buyer) : 유가증권 투자자산 규모가 1억달러 이상인 은행, Savings & Loan Association, Registered Broker-Realers, 보험회사, Registered Investment Companies 등으로서 자기 고유계정으로만 비등록증권의 매매가 가능

16) 채권발행으로 조달한 금액을 프로젝트에 다 투입하지 못하게 되면 유휴자금(idle money)가 생기게 되어 불필요한 이자비용을 지급해야 하는 문제가 발생함.

운용상 유동성이 높고 안전한 장기투자대상을 선호하게 된다. 이것으로만 볼 때 연금기금이나 보험회사를 상대로 한 채권발행이 인프라사업의 프로젝트 파이낸스에 가장 적합한 조달수단이 된다고 할 수 있다. 또한 채권발행으로 프로젝트 재원을 조달하는 경우 조달비용이 상대적으로 낮아지며, 전통적인 대출에 있어 복잡하고 광범위하게 규정되어지는 특별약정조항(covenants)을 완화시킬 수 있어 사업주가 프로젝트를 운영함에 있어 제약이 적어지게 된다.

그러나 현실적으로는 프로젝트 파이낸스에 있어 채권발행이 아직은 활성화되어 있지 못한 상태이다. 이것은 채권인수자는 은행과 같은 금융기관과는 달리 프로젝트 위험을 스스로 분석하여 투자여부를 결정하기 보다도 채권의 신용등급(credit rating)에 의존하기 때문에 신용평가 전문기관의 평가가 필요하며, 사업주나 금융자문기관의 입장에서는 채권발행만으로 소요자금을 조달하기에는 아직 경험이 적어 확신을 갖지 못하기 때문이다. 최근 BOT/BOO 프로젝트에 있어 채권발행을 통해 소요자금을 조달하는 경우가 증가하고 있지만 아직까지는 금융기관의 대출과 더불어 또는 대출에 종속되어 프로젝트 금융조달의 일부분으로 이루어지고 있다.

프로젝트 파이낸스에 있어 채권발행은 국제금융의 추세인 증권화(securitization)의 일종이며, 직접적인 채권발행뿐만 아니라 수출금융 등의 대출채권을 증권화하여 조달비용을 감소시키려는 방법도 시도되고 있다.

(6) 인프라 펀드(infrastructure fund)

최근 아시아와 중남미를 중심으로 한 개발도상국에서는 전력, 통신, 교통 분야 등 인프라사업의 개발이 촉진되고 있으며, BOT/BOO 등 민영화과정에 있어 민간자금의 수요가 급증하고 있다. 이에 따라 세계은행, 아시아개발은행 등은 개발도상국의 민영화사업을 지원하기 위한 방법으로 보증제도의 신설과 함께 민간기금의 설립을 지원하여 왔다. 한편 기업, 기금, 금융기관 등 민간부문에서도 개발도상국 인프라 사업의 자금수요가 급증하고 있어 이에 부응코자 국제개발금융기구와 함께, 또는 민간부문 단독으로 인프라기금을 설립하고 있다.

이러한 인프라 기금은 영리법인 형태로 프로젝트 컨설팅업무를 하거나 프로젝트에의 출자와 프로젝트 파이낸스 방식의 대출을 통하여 프로젝트에 투자하고 있으며, 민간부문의 지식과 경험을 바탕으로 예상수익률을 15~25% 정도로 기대하고 있다.

(7) 이슬람금융

① 이슬람금융의 개념과 특징

이슬람금융이란 이슬람 샤리아(Sharia) 율법을 준수하여 행해지는 융자나 채권발행 등의 금융을 말하며, 고유가에 따른 오일머니 급증, 전통적인 금융기관의 이슬람금융 활용 확대와 동서간의 무역·투자 활성화 등에 따른 영향으로 이슬람 금융시장이 급성장세를 보이고 있다. 특히 근대적 이슬람 금융은 1970년대 고유가를 바탕으로 출범하였으며, 이후 아시아 금융위기에 따른 서방 금융에 대한 불신과 9·11 테러 이후 미국 내 이슬람 자산의 동결 등을 계기로 급성장하였다.

이슬람금융시장은 이슬람권에서는 바레인, 말레이시아 등이 중심이 되어 이슬람 금융의 시장기반 확충, 상품 개발과 더불어 회계 및 건전성 등에 대한 통일 기준 마련 등을 추진하고 있으며, 비이슬람권에서는 영국과 싱가포르가 정부 차원에서 이슬람 금융의 육성에 힘쓰고 있으며 일본, 중국 등도 이슬람 금융의 성장성에 주목하고 이슬람 국가와의 제휴 등을 통해 진출을 모색하고 있다.

이슬람금융은 다음과 같은 샤리아 율법을 따른다는 점에서 전통적인 금융과 차이가 있다.

– 금융이자 금지 : 자금이용의 대가로 자산에 의한 수익, 자산 이용료 등을 지급이자 대신에 참여지분에 따른 수익(return)을 렌트, 리스, 배당금 등의 형태로 수수

– 과도한 위험과 불명확성 배제 : 현실에 없거나 가격책정이 불가능한 거래는 배제되며, 관계 당사자 간에 미래의 현금(재화) 흐름 등을 계약 당시에 명확히 규정

– 도덕적, 사회적, 종교적 판단에 부합되는 금융거래에 한정 : 이자를 수취하지 않는 실물거래라 하더라도 도박, 포르노, 술, 돼지고기 유통 등과 관련된 업종에 대한 금융거래는 엄격히 금지

– 이익과 손실의 공유 : 금융기관과 고객이 사업 파트너로 참여하여 이익과 손실을 공유하는 것을 원칙으로 하며, 원금보장 약정은 금지

간단히 말하면 이슬람금융은 이자 개념을 배제하고, 금융기관과 자금이용자 간의 유무형자산을 매개로 거래가 이루어져야 하며, 자금 중개의 각 단계가 이슬람 교리에 부합되는지 여부를 심사하기 위하여 샤리아 위원회(Shariah Board)를 의무적으로 설치한다.

② 이슬람금융의 종류

이슬람금융의 구조와 내용은 일반 금융방식보다 복잡하며, 〈표 7-7〉과 같이 금융기관과 자금 이용자 간의 거래 매개방식에 따라 소비자금융, 생산자 금융, 리스 및 출자 금융

형태가 있다. 이 중 소비자 금융인 무라바하가 가장 대표적으로 이슬람 은행 자산의 70% 정도를 차지하고 있다.

▌그림 7-14▐ 이슬람 금융의 개요

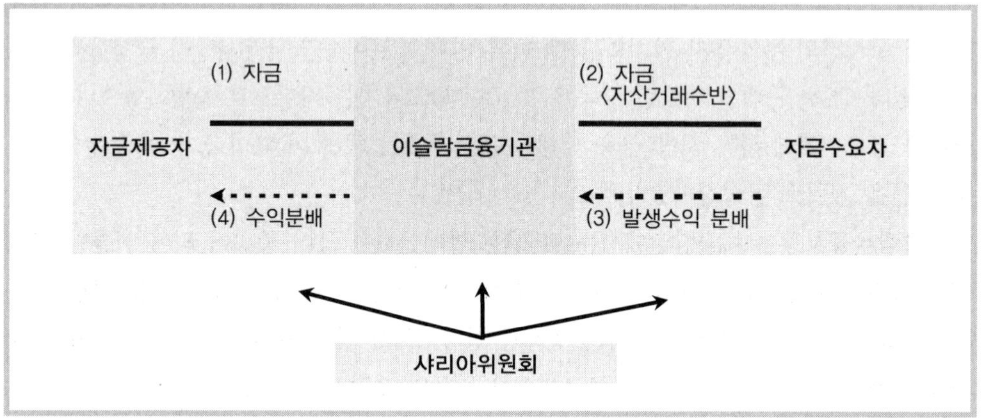

이슬람의 원리에서 보면 이슬람금융은 무라바하(Murabaha), 이스티스나(Istisna'a), 무다라바(Mudarabah), 무샤라카(Musharaka), 이자라(Ijara) 등으로 구분할 수 있다. 무라바하(Murabaha)는 이슬람은행은 고객이 필요한 상품을 사서 이윤을 붙여 고객에게 분할상환을 조건으로 고객에게 상품을 팔고, 상품명의는 고객이 대금을 전부 지불할 때까지 은행이 가지며, 고객은 상품대금을 분할로 전부 지불이 완료될 때 비로소 상품의 명의를 가진다.

▌표 7-7▐ 이슬람금융의 종류

종 류	금 융 방 식	유사 금융
무라바하 (Murabaha)	금융기관이 물품 구입자에게 구입자금을 제공하고 동 자금과 수수료를 할부로 회수하는 방식	소비자 금융
이스티스나 (Istisna'a)	금융기관이 생산자에게 자금을 제공하고 생산 완료후 판매 수입에서 동 자금을 회수(미래자산 매매계약)	생산자 금융
무다라바 (Mudarabah)	금융기관이 사업자에게 출자 형식으로 자금을 제공하고 수익 발생시 원금과 수익의 일부를 회수	벤처캐피탈
무샤라카 (Musharaka)	금융기관이 거액 투자자를 모집하여 사업에 투자하고 수익을 출자비율에 따라 분배	투자은행
이자라 (Ijara)	금융기관이 물품을 구입하여 수요자에게 이용권을 이전(리스)하고 물품 이용료를 회수	리스

무샤라카(Musharaka)는 은행과 고객은 이익과 손해를 사전에 정하면서 공동으로 자본을 출자하여 사업을 벌이는 것과 같음을 말하며, 무다라바(Mudarabah)는 은행과 고객은 손해와 이익을 사전에 정하고 공동으로 기업을 만드는데, 보통 은행은 자본을 공여하고 고객은 땅이나 기계 혹은 기술을 가지면서 사업을 추진한다. 또 은행은 자산을 사서 고객에게 빌려주고 고객은 고정된 가격을 매달 지불하는 것이 이자라(Ijara)이다.

한편 다수의 대주가 참여하는 프로젝트 파이낸스 방식 거래에서 이슬람금융은 비이슬람금융과 pari-passu(동등조건)로 지원되는데, Istisna'a(미래자산 매매계약)와 Ijara(리스계약)라는 방식이 주로 사용된다. 이슬람 금융기관은 프로젝트 자산의 소유권을 취득하고 사업자 앞 판매나 리스를 위하여 특수목적회사(SPC)를 설립하며, 이슬람 금융기관과 SPC는 이슬람금융 대리인을 선정하여 이슬람금융의 조건에 부합하는 금융을 취급한다.

■그림 7-15■ 이슬람금융의 기본계약 구조

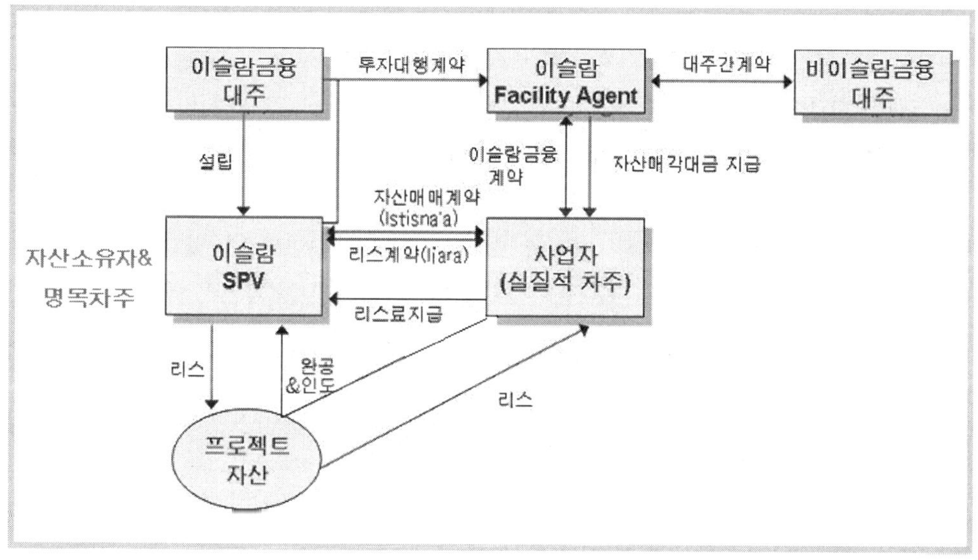

연습문제

1. 유통금융의 특징에 대해 설명해 보시오.

2. 우리나라 중소기업들이 주로 활용하는 기업구매자금대출과 일반대출은 어떠한 차이가 있는지 설명해 보시오.

3. 텀론에서 상환방식의 종류와 그 내용에 대해 설명해 보시오.

4. 저당권과 질권의 차이에 대해 설명해 보시오.

5. 현재 우리나라 주택담보대출에서 LTV(Loan to value)비율은 얼마이고, 이는 어떤 의미를 갖는가?

6. 우리나라 은행들이 대출금리를 정할 때 고려하는 요소를 나열해 보시오.

7. 대출채권매매에서 양도(assignment)와 경개(novation)의 차이를 설명해 보시오.

8. 리스금융의 장점을 리스이용자 측면에서 설명해 보시오.

9. 금융리스와 운용리스의 차이를 설명해 보시오.

10. 무역대금 결제방법으로 '사전송금방식, 사후송금방식, 추심결제방식, 신용장결제방식' 등이 있는데 수출자 입장에서 대금회수가 확실한 방식 순으로 나열해 보시오.

11. 수출환어음과 수출팩토링 중 어느 방식이 수출자 입장에서 대금회수를 더 확실하게 보장할 수 있는가? 그 이유는 무엇인가?

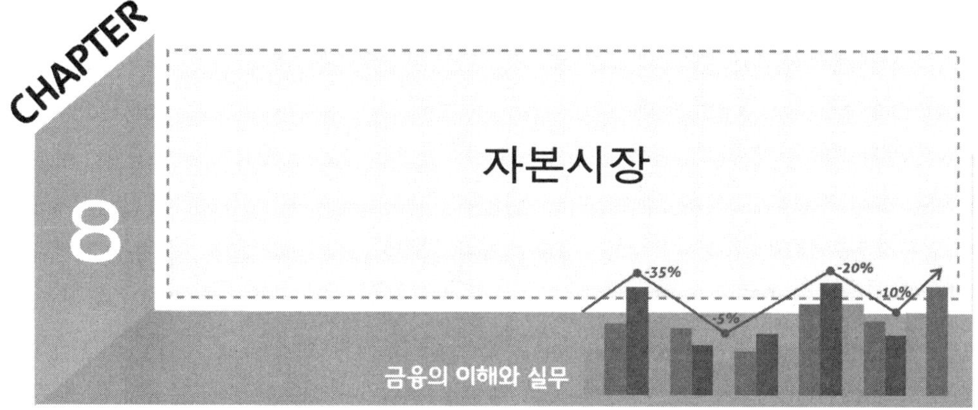

자본시장은 자금의 수요자와 공급자를 직접 연결하는 직접 금융기능을 담당해 왔다. 은행을 중심으로 한 간접금융이 각 경제주체들의 부족자금 조달의 주경로로 이용되어 온 지난 수세기 동안 직접 금융부문은 꾸준히 그 성장을 지속해 왔다. 정보 · 통신의 발달은 각국 자본시장의 개방을 가능케 하였으며, 결국 국제 자본시장의 통합을 가져오는 계기가 되었다. 뿐만 아니라 간접금융시장의 위험 증가 및 금융공학의 발달 등은 금융의 증권화 현상을 더욱 가속화하였다. 이는 곧 금융시장 내에서 직접금융을 담당하는 자본시장 규모 확대 및 역할의 증대를 가져 왔다.

이에 따라 기업들은 자금조달 원천으로 자본시장의 활용을 크게 늘려나가고 있다. 이 장에서는 자본시장에서의 주요 구성요소인 채권시장, 주식시장 그리고 펀드시장에 관해 살펴본다.

제1절 채권시장[1)]

1. 채권시장의 기능

채권시장이 건전하고 효율적으로 운영되어야 자금이 필요한 기업이나 정부는 다양한 자금조달 수단을 가질 수 있고, 자금을 투자하는 투자자는 채권시장을 통하여 투자위험을 분산시킬 수 있는 수단을 가질 수 있다.

---

1) 김석진 등, 한국자본시장론 (삼영사, 2014) 참조

정부는 국공채시장을 통하여 재정수요를 충당하고, 통화를 조절하며, 특정사업의 수행에 필요한 재원을 조달한다. 기업은 새로운 투자, 자본구조의 적절화 그리고 특별한 목적으로 자기자본 이외의 타인자본이 필요한데, 채권시장은 이러한 기업목표의 달성을 위한 자본조달을 용이하게 한다. 한편 투자자에게 적절한 투자수단을 제공하기 위해서는 공정한 가격으로의 거래가 보장되어야 하는데, 이를 위해서도 효율적인 채권시장이 필수적이다.

일반적으로 채권시장이 건전하고 효율적이기 위해서는 다음과 같은 세 가지 전제조건이 기본적으로 충족되어야 한다. 첫째, 투자자에게 유동성을 제공하기 위하여 채권 발행시장에서 양질의 채권이 다량으로 공급되어야 하며, 또한 다수의 투자자에게 분산하여 매도되어야 한다. 둘째, 유동성의 제고를 위해서는 유통시장에서 자율경쟁에 의해 공정하게 형성된 시장가격으로 항시 거래할 수 있도록 거래비용, 세금 등의 시장마찰요인들을 충분히 낮게 유지해야 한다. 셋째, 이미 발행된 채권의 가격을 공정하게 형성시켜 줄 수 있는 시장운영체계가 정립되어야 하는데, 이를 위해서는 채권매매에 있어 거래의 투명성, 가격정보에 대한 접근 용이성 등이 보장될 수 있도록 규제 및 시장의 하부구조가 정비되어야 한다.

다음에서는 우리나라 채권시장에서 발행되고 있는 채권의 종류와 채권시장의 특징에 대해 알아본다.

2. 채권의 종류

2-1. 발행주체에 의한 분류

(1) 국채

국채란 국가가 공공적 목적을 수행하기 위하여 필요한 자금을 조달하기 위해 국채법에 따라 발행하는 채권이다. 다만, 다른 법률에 규정이 있는 경우에는 그 법률에 따라 회계, 다른 기금 또는 특별계정의 부담으로 국채를 발행할 수 있다.

한국에서의 국채의 효시는 1949년에 발행된 건국채권으로 정부수립 후 계속된 재정적자를 보전하기 위하여 발행하였다. 현재 한국에서 발행될 수 있는 주요 국채는 국고채권, 재정증권, 물가연동국고채권, 외국환평형기금채권, 국민주택채권 등이 있다.

(2) 지방채

지방채는 지방자치단체가 지방재정법의 규정에 따라 특수한 사업에 필요한 자금을 조달하기 위해서 발행하는 채권이다. 지방채는 국채보다 발행액수가 적고 그 신용도가 국채에 비해 비교적 떨어져 유동성이 낮은 편이다. 현재 각 지방자치단체가 특정사업의 재원을 조달하기 위해서 발행하고 있는 도시철도채권, 상수도공채, 도로공채, 지역개발채권 등이 대표적인 지방채이다.

(3) 특수채

특수채는 한국토지주택공사, 한국전력공사, 한국도로공사 등 특별법에 의하여 설립된 법인이 발행하는 사채의 형태이나 명시적으로나 묵시적으로 정부가 보증을 하는 채권이므로 회사채와는 그 성격이 다르다.

(4) 금융채

금융채는 통화조절을 위해 한국은행에서 발행하는 통화안정증권과 은행이 발행하는 금융채가 있다.

① 통화안정증권

통화안정증권은 통화량을 조절하기 위하여 한국은행이 발행하는 특별 유통증권으로 특수채의 일종이다. 선진국과는 달리 채권시장의 발전이 미흡하고 공개시장조작 대상증권이 부족하기 때문에 중앙은행인 한국은행이 직접 자신의 채무증서를 발행하여 이를 대상으로 공개시장조작을 원활히 수행하기 위해 발행된다.

② 은행발행 금융채

산업은행법, 중소기업은행법, 수출입은행법에 의거하여 이들 은행에서 발행하는 채권도 금융채로 분류한다. 1997년부터는 일반은행의 금융채발행도 허용되고 있다.

은행이 발행하는 금융채의 발행방법은 인수매출과 일반매출이 있다. 인수매출 시에는 인수수수료율을 조정하여 실세금리에 맞추어 발행한다. 일반매출은 개인과 법인을 대상으로 하여 발행금리로 매출하는 경우이다.

금융채는 순수할인채, 복리채, 이표채로 구분되어 발행되며 유통시장에서는 순수할인채 및 복리채가 매매되고 있다.

(5) 회사채

회사채는 상법상 주식회사가 일반대중으로부터 자금을 조달하고 회사가 채무자임을 표시해 발행하는 유가증권이다. 현재 한국 채권시장의 주종을 이루고 있으며 3년 만기 은행보증 회사채 수익률은 실세금리로 사용된다. 회사채를 보유한 자는 일반적으로 매 3개월마다 이자를 지급받고 원금은 만기에 상환받으며 회사채는 보통 3년에서 5년 사이의 만기로 발행된다.

보증 및 담보의 유무에 따라 보증담보부, 일반사채로 구분하며 사채권자에게 특수한 권리가 부여된 내용에 따라 전환사채, 교환사채, 신주인수권부사채, 옵션부사채 등 여러 가지로 분류할 수 있다.

① **전환사채**(convertible bond : CB)

사채권자의 청구에 의하여 일정한 조건(전환조건)에 따라 발행회사의 주식으로 전환할 수 있는 권리(전환권)가 부여된 사채이다. 전환권의 행사로 사채를 주식으로 전환하면 사채권자는 주주로서의 권리를 취득하는 동시에 사채권자로서의 권리는 잃게 된다.

② **신주인수권부사채**(bond with warrants : BW)

사채발행 후 일정기간에 사채권자가 일정가격으로 일정수량(혹은 금액)의 신주발행을 발행회사에 청구할 수 있는 권리(신주인수권)가 부여된 사채로, 권리행사시에는 추가로 자금을 납부하여 신주를 인수해야 하므로 권리행사 후에도 사채권자로서의 권리를 보유하게 된다. 신주인수권부사채는 주식시장이 활황이던 1988~1989년 기간 동안 발행되다가 주식시장의 침체와 더불어 1990년 이후부터는 발행실적이 없다.

③ **교환사채**(exchangeable bond)

사채권자가 특정기간 내에 사전에 합의한 교환조건에 따라 발행회사가 보유한 유가증권으로 교환할 수 있는 권리(교환권)가 부여된 채권을 말한다. 교환사채의 발행조건은 사채발행조건 등에 관한 기준에 의하여 정해진다. 이 형태의 채권은 자기주식과 교환하지 않으므로 자본금의 증가가 필요 없다는 점에서 앞의 전환사채나 신주인수권부사채와 차이가 있다.

④ **옵션부사채**(bond with imbedded option)

사채발행 시에 일정한 조건이 충족되면 발행회사가 만기일 전이라도 사채의 원리금을 상환할 수 있다고 단서조항이 첨부된 사채이다. 이 채권의 발행회사는 매수청구권(call option)을 행사하여 조기상환할 수 있고, 투자자도 조기에 투자원금을 회수할 수 있는 상환청구권(put option)을 행사할 수 있다.

(6) 자산유동화증권(ABS)

자산유동화증권(asset-backed securities : ABS)이란 단어 그대로 자산을 유동화 하여 발행한 증권을 말한다. 일반적으로 자산유동화증권은 기업 또는 금융기관이 보유하고 있는 자산을 표준화하고 특정 조건별로 집합하여 이를 유동화전문회사에 양도하고, 그 자산의 현금흐름과 신용도에 기초하여 유동화전문회사가 발행하는 증권을 의미한다.[2)]

유동화증권의 종류에는 채권(ABS채권), 기업어음(ABCP), 수익증권, 유동화전문회사의 출자증권 등이 있는데 대부분 채권의 형태로 발행된다. 기업의 경우 보유하고 있는 외상매출금과 같은 자산을 당해 회사의 파산위험으로부터 분리하여 자금을 조달할 수 있다는 이점이 있고, 금융기관의 경우 위험자산을 매각하므로 자기자본비율(BIS비율)을 개선할 수 있는 효과를 얻을 수 있다. 현재 자동차할부채권, 리스채권, 은행의 기업 및 개인대출, 담보부 부실채권, 기업토지 등 다양한 자산이 유동화 되고 있다.

자산유동화증권은 자산을 보유하고 있던 자가 그 자산을 유동화전문회사에 매각하기 때문에 자산보유자의 신용도와는 독립적이 된다는 특성이 있다. 그러나 유동화증권은 기초자산의 현금흐름과 신용도에 근거하여 발행되므로 기초자산의 신용도가 유동화증권의 신용도에 가장 큰 영향을 미친다. 따라서 필요에 따라 다양한 수단을 동원하여 신용도를 제고시켜 채권시장에서 유통이 가능한 상품으로 만든다.

한편 1997년 외환위기 이후 기업의 회사채 발행이 매우 어려워지자 이를 해소하기 위해 2000년 6월에 자산유동화 기법을 이용하여 발행시장에서 신규로 발행된 회사채를 기초로 채권담보부증권(collateral bond obligation : CBO)을 발행하는 제도를 도입하였다. 이를 발행시장 CBO(primary CBO)라고 하는데, 이는 기업이 신규로 발행하는 B 내지 BBB 등급의 회사채를 증권회사가 먼저 인수하여 유동화전문회사에 매각한 후 유동화전문회사가 이를 기초로 하여 발행하는 유동화증권이다. 반면에 유통시장에서 거래되는 회사채를 기초로 하여 발행한 ABS채권은 유통시장 CBO(secondary CBO)라고 한다.

이와 유사한 방법으로 금융기관의 대출채권을 기초자산으로 발행하는 자산유동화증권을 대출채권담보부증권(collateral loan obligation : CLO)이라고 하는데, 마찬가지로 신규 대출채권을 기초로 하는 발행시장 CLO와 무수익 대출채권 등을 포함한 기존 대출채권을 기초로 하는 CLO가 있다. 그리고 회사채, 대출채권 등 채권형 자산의 집합을 기초로 발행하는 유동화증권을 종합적으로 자산담보부증권(collateral debt obligation : CDO)이라고 한다.

2) 이에 대응하여 금융회사가 보유하고 있는 채권을 유동화전문회사에 매각하지 않고 보유하고 있는 채권 등을 기초자산으로 직접 발행하는 채권을 커버드 본드(covered bond)라고 한다. 이는 2008년 미국의 서브프라임모기지 위기 이후 MBS 문제의 해결을 위해 대안으로 제안된 것이다.

(7) 이중상환청구권부채권(커버드본드)

① 개념

커버드본드(covered bond)란 회사채 중 담보부 사채의 하나이지만 특별한 일면을 가진다. 즉, 커버드본드의 투자자는 발행기관이 파산할 경우 담보자산에 대한 우선변제권을 보장받으며, 상환재원이 부족하면 발행기관의 다른 자산으로부터도 변제받을 수 있어 이중상환청구권(dual recourse)이 보장된다.

커버드본드는 유동화증권(MBS), 담보부사채 등과 유사한데 이들과 구별되는 주요 특징은 다음과 같다. 첫째, 발행기관이 파산한 경우 담보로 제공된 집합자산(cover pool)에 대한 우선변제권으로 모두 변제받지 못한 경우 발행기관의 다른 자산에 대한 선순위청구권을 행사할 수 있다. 한편 MBS는 발행기관에 대한 청구권이 없으며, 담보부사채는 담보자산에 대한 우선변제권이 제한적으로만 인정된다.

둘째로, 커버드본드의 담보자산은 발행기관의 다른 자산과 법적으로는 절연되지만 대차대조표상으로는 장부내(on-balance) 상태를 유지한다. 반면에 유동화증권은 자산보유자의 대차대조표에서 장부외(off-balance) 상태가 된다.

셋째로, 발행기관은 최초 발행 시 기초집합자산을 구성하는 담보자산의 규모를 확정한 후, 정기적인 자산 건전성 점검을 통해 자산을 교체·추가하여 만기까지 기초집합자산의 담보력을 유지한다. 그러나 일반적으로 유동화증권, 담보부사채의 경우는 담보자산의 변경이 없다.

② 기대효과

커버드본드를 허용함으로써 기대되는 효과는 먼저 발행자 측면에서는 ① 위기 시 무보증은행채 등 다른 조달수단에 비해 상대적으로 안정적인 스프레드(가산금리)의 유지가 가능하다는 점, ② 커버드본드는 발행기관의 신용도를 상회하는 신용등급으로 발행할 수 있으므로 조달비용을 절감할 수 있다는 점, ③ 국내은행의 자금조달 만기가 장기화되어 장기·고정금리대출 재원 확보가 용이하다는 점 등을 들 수 있다.

투자자 측면에서는 ① 커버드본드의 발행으로 고신용도·초우량상품의 투자기회가 제공된다는 점과 ② 커버드본드는 고유동성자산에 포함되어 은행권의 규제준수가 용이해진다는 점 등이 도움이 될 수 있다. 그리고 금융시장 측면에서는 ① 통상 만기 5년 이상으로 발행되어 최근 증가하는 보험사 등의 국내 장기채권 수요를 충족할 수가 있고, ② 안정적인 장기·저금리 자금조달 확대로, 장기·고정금리대출을 활성화할 수 있을 것이다.

2-2. 이자지급방법에 따른 분류

(1) 이표채(coupon bond)

이표채는 채권의 권면에 이표가 붙어 있어, 이자지급일에 이표를 떼어 이자를 지급받을 수 있는 채권이다. 현재 회사채의 대부분이 이러한 이표채로 발행되고 있다.

(2) 순수할인채(pure discounted bond 또는 zero coupon bond)

순수할인채는 액면금액에서 상환일까지의 이자를 미리 할인한 금액으로 발행하는 채권이다. 대표적인 순수할인채로는 통화안정증권, 재정증권, 금융채 중에서 일부가 이에 속한다. 한국 채권시장에서는 이표채 다음으로 순수할인채의 발행비중이 높으며, 거래도 활발하게 이루어지고 있다.

우리나라도 국고채 중에서 이표채의 원금과 이표를 분리하여 각각을 별개의 무이표채권 zero coupon bond)으로 매매할 수 있도록 하는 스트립(seperate trading of registered interest and principal of securities : STIRIPS) 제도를 도입하고 있다.

(3) 복리채

복리채는 이자지급 기간 동안 이자가 복리로 재투자되어, 만기 상환시에 원금과 이자를 동시에 지급하는 채권이다. 대표적인 복리채로는 국민주택채권 1·2종, 지역개발채권, 금융채 중 일부가 있다.

2-3. 보증유무에 따른 분류

(1) 보증채

보증채에는 정부보증채와 일반보증채가 있는데 정부보증채는 보증의 주체가 정부로서 국채가 이에 속한다. 일반보증채는 시중은행이나 금융기관이 지급을 보증하는 채권으로 1997년 말 외환위기 이전 우리나라에서 발행되던 보증사채(保證社債)가 일반보증채의 대표적인 형태이다.

(2) 무보증채

무보증채는 원리금의 상환에 대한 금융기관의 보증이나 담보의 제공 없이, 발행주체의 신용에 의하여 발행되는 채권이다. 무보증사채의 경우 투자자의 입장에서는 보증사채나 담보부사채보다 안정성이 적기 때문에 신용도가 우수한 회사에게만 발행이 허용된다. 그러나 투자자보호를 위하여 발행회사의 대주주 또는 운영지배권자에게 원리금 상환에 대하여 연대책임을 지도록 하는 것이 보통이다.

(3) 담보부사채

담보부사채는 채권을 발행하는 기업이 소유하고 있는 부동산 등을 담보로 발행하는 회사채이다. 한국 기업의 경우 담보로 제공할 수 있는 재산이 대부분 은행담보로 제공되어 있으므로 담보부사채로 발행되는 경우는 매우 드물다.

2-4. 모집방법에 의한 분류

(1) 사모채

사모채는 채권발행기관이 인수기관에 대하여 일정조건의 인수계약을 체결하고, 그 발행총액을 인수기관이 전액 인수함으로써 발행되는 채권이다. 보통 중개인 또는 대리인을 통하지 않고 발행기관이 제반 절차를 직접 수행하는 직접발행의 형태를 취한다.

일반적으로 회사채의 발행규모가 적을 때, 비상장기업인 경우에는 회사채발행 여건이 악화된 경우, 그리고 자금조달의 신속성이 요구될 때 사모사채가 발행된다. 한국의 사모사채 인수업무는 산업은행, 중소기업은행 등 특수은행과 일부 생명보험회사가 취급하였으며, 1990년 9월 이후 시중은행 및 지방은행에 대해 사모사채 인수업무가 허용되면서 사모사채의 발행규모가 급속히 증가하고 있다.

(2) 공모채

공모채는 발행주체가 불특정 다수인에게 채권을 발행·매각하는 방법으로 직접발행과 간접발행의 두 종류가 있다.

직접발행은 발행자가 투자자로부터 직접 자금을 조달하는 방법인데, 직접모집과 매출발행이 있다. 직접모집은 채권발행액을 미리 정하고 발행자가 직접 채권투자자를 모집하여, 채권발행에 따르는 모든 사무절차를 이행하는 방법이다. 이 경우 발행예정액보다 채권응모총액이 적을 경우 미발행채권으로 부터 발생하는 위험을 발행자 자신이 부담하여야 한다. 매출발행은 발행총액을 확정하지 않고 일정기간을 정하여 그 기간 내에 응모자의 신청에 따라 매출된 금액만 발행한다.

간접발행은 발행자가 채권발행업무를 전문기관에 대행시켜 간접적으로 자금을 조달하는 방법이다. 이 경우 발행 사무를 신속하고 효율적으로 처리할 수 있고 일반 대중으로부터 자금을 쉽게 조달할 수 있으나, 수수료 등 비용이 많이 소요된다.

3. 채권발행시장제도

3-1. 회사채의 발행절차

회사채를 발행할 회사는 먼저 사채의 종류, 발행가액, 이자율, 이자지급방법, 상환방법 및 기간 등을 이사회에서 결의해야 한다. 회사채의 발행은 상장법인 및 등록법인으로 제한되기 때문에 미등록기업은 주간사계획서 제출 전까지 금융위원회에 기업등록을 해야 한다. 기업은 회사채를 직접 발행할 수 있으나, 보통 증권회사를 통한 간접발행을 이용한다. 간접발행의 경우 절차는 다음과 같다.

① 대표주관회사를 결정하고, 유가증권 인수를 의뢰받은 대표주관회사는 유가증권 신고서 제출예정일이 속하는 월의 전월 20일까지 주관회사계획서를 한국금융투자협회에 제출한다.
② 발행회사는 보증기관과 원리금 지급보증계약을 체결하고, 원리금지급 대행계약을 은행과 체결한다.
③ 대표주관회사는 채권의 인수단을 구성하여 발행회사와 매출계약을 체결한다.
④ 발행회사는 유가증권신고서를 작성한 후 금융감독원에 제출한다.
⑤ 발행회사는 이미 확정된 사채납입 은행의 취급 지점에 납입일 전일까지 납입의뢰서를 발송하고, 대표주관회사는 사채발행을 신문에 공고한다.
⑥ 사채의 청약이 완료되면 인수기관은 납입일에 청약금액을 지정은행에 납입하고, 사채의 납입이 완료되면 발행회사는 즉시 금융위원회에 유가증권 발행실적보고서를 제출해야 한다.

회사채의 발행금리는 1993년 이후 완전자유화되었다. 회사채 발행금리는 한국금융투자협회가 공시하는 대표수익률을 기준으로 발행회사와 주관회사가 협의하여 결정한다. 회사채는 인수방식과 매출에 의해 기관투자자 및 일반에게 소화되고 있다.

3-2. 발행시장의 특성

(1) 회사채 발행시장

회사채 발행시장에 있어서 만기구조를 살펴보면 이제까지 중·장기채권발행이 부진하고 단기채권의 발행이 중심이다. 이와 같이 중·장기채권 발행의 부진요인은 다음과 같다.

첫째, 발행자 측면에서 고정채무의 장기화에 따른 금리위험 노출 증가로 인해 장기채권의 발행을 회피하여 왔다. 둘째, 중·장기채권에 대한 수요계층이 형성되어 있지 않은데다 수요계층의 개발노력도 부족했다. 셋째, 그간 우리나라가 고도성장국면에서 만성적인 인플레이션과 토지 등 실물자산투자의 높은 수익달성 등으로 투자자들이 채권에 대한 장기투자를 기피했다.

(2) 자산유동화증권 발행시장

① 발행구조

자산유동화증권(ABS)의 발행구조는 [그림 8-1]과 같다. 기본적으로 자산유동화는 유동화전문회사가 자산보유자로부터 매출채권과 같은 유동화 대상자산을 매입하고 이를 바탕으로 증권을 발행하여 투자자에게 매각하는 과정이다. 자산유동화증권을 발행하기 위해서는 그림에서 보는 바와 같이 자산보유자(originator), 유동화전문회사(issuer), 수탁관리기관(trustee) 및 자산관리자(servicer) 등 여러 기관이 기능과 역할을 분담한다.

자산보유자는 유동화 대상자산을 보유한 기업이나 금융기관으로 자산을 유동화하여 현금화할 수 있다. 자산유동화증권의 발행에 있어 자산보유자의 신용과 자산의 신용은 구분되지만, 결국 자산의 현금흐름이 자산보유자의 경영능력 등과 무관하지 않으므로 유동화 대상자산의 분석에는 자산보유자에 대한 분석도 중요한 부분이 된다. 우리나라의 경우에는 법률에서 자산보유자의 자격을 제한하고 있다.

유동화전문회사는 자산유동화 과정에서 가장 핵심적인 기관이다. 유동화전문회사는 자산보유자로부터 자산을 매입하는 형태로 자산을 분리하고 유동화증권의 발행을 위해 설립하는 특별한 목적을 가지는 서류상의 회사(paper company)이다. 우리나라 법률에서 유동화전문회사는 자본금 1천만 원 이상의 설립절차가 간편한 유한회사로 설립하도록 되어 있다. 유동화전문회사는 자산유동화계획에 따라 유동화증권의 발행, 유동화증권 상환에 필요한 제반업무 등을 수행한다. 유동화전문회사는 서류상의 회사이기 때문에 전반적인 업무는 자산관리자 또는 수탁관리기관에 위탁하여 수행한다. 이들은 자산관리업무 이외에도 유동화전문회사의 결산, 회계감사, 기장, 세무 등의 업무를 대행한다.

수탁관리기관은 투자자를 대신하여 자산관리업무 전반을 감시하며, 유동화자산의 상환에 따른 현금관리와 계좌관리를 담당하고, 자산관리자의 운용지시에 따라 사전에 약정된 방식으로 재투자업무도 하고 유동화증권의 상환을 대행하기도 한다.

자산관리자는 유동화 대상자산과 그로부터 발생하는 현금흐름의 관리를 책임진다. 즉, 유동화 대상자산의 청구, 상환, 그리고 채권추심 등 실질적인 자산관리업무를 수행하며, 자산관리와 관련된 각종 정보의 제공 및 보고 의무를 지는 등 유동화증권의 상환과 관련된 주요 업무를 담당한다. 일반적으로 자산관리자는 자산보유자가 담당하는데, 이 외에 자산관리만 전담하는 기관이 존재하는 경우도 있다. 자산관리자가 정상적으로 업무를 수행하지 않을 경우 수탁관리기관은 대체자산관리자를 선임할 수 있다.

▌그림 8-1▌ 자산유동화 증권의 발행구조

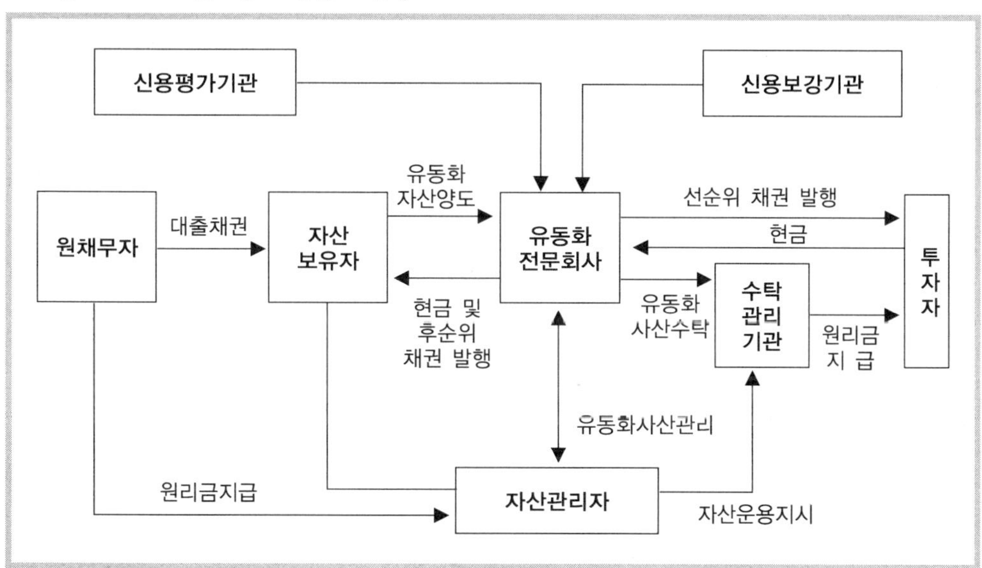

② 발행절차

자산유동화의 발행절차는 발행타당성 검토 등 발행준비 → 유동화 대상자산의 선정 및 평가 → 자산유동화전문회사 설립 → 발행될 유동화증권의 조건 결정 → 유동화증권의 발행 등의 단계로 구분할 수 있다.

먼저 발행준비 단계에서는 보유자산을 유동화하는 것이 경제적으로 타당성이 있는지, 법적으로 유동화 대상자산이 되는 지 등의 판단과 대표주관회사, 자산관리자, 수탁관리기관 등 발행관계자의 선정 및 용역계약과 함께 발행일정들을 수립한다.

다음으로 유동화 대상자산을 선정하여 자산의 양도가액을 결정하기 위한 심사와 평가를 한다. 자산유동화증권의 발행한도는 평가액 또는 양도가 한도 내이어야 하므로 발행한도는 평가에 따라 결정된다.

평가액이 결정되면 자산보유자의 양도가액을 결정할 수 있으므로 유동화전문회사를 설립하여 이 대상자산을 양도한다. 유동화전문회사는 유동화증권만을 발행하기 위해 설립되는 특수한 회사이므로 특별목적회사(special purpose company : SPC)라고 말하기도 한다. 일반적으로 유동화전문회사는 유동화증권과 관련한 기관에서 일부 또는 전부를 출자하여 설립한다. 유동화전문회사에 자산을 양도함으로써 자산보유자가 파산하는 경우에도 자산유동화증권 투자자들은 피해를 입지 않는다.

유동화전문회사에 자산을 양도하고 난 후에는 발행될 유동화증권의 조건을 결정하게 된다. 가장 중요한 조건은 신용보강 정도를 결정하는 것이다. 신용보강에 따라 신용등급이 낮은 자산을 신용등급이 높은 자산으로 변환시킬 수 있다. 신용보강의 방법은 유동화 대상자산의 예상되는 현금흐름의 특성에 따라 다르지만 보통 보증기관이 보증을 하는 방법과 후순위채권을 발행하는 방법이 이용된다. 여기서 후순위채권을 발행하는 방법이란 선순위채권과 후순위채권의 비율을 결정하여 후순위채권은 다시 자산보유자 등이 매입함으로써 신용을 보강하는 방법을 말한다. 그리고 대상자산으로부터 발생하는 현금흐름을 그대로 유동화증권의 투자자에게 돌려주는 형태로 지급할지(pass-through) 또는 현금흐름을 새로 균일하게 조정하여 다르게 지급할지(pay-through) 등의 구조도 선택을 해야 한다.

4. 채권의 가치평가

4-1. 순수할인채

순수할인채(무이표채)란 만기일에 한 번의 현금 지급만을 약속하는 채권이다. 이러한 순수할인채가 확정적 현금흐름을 약속하는 모든 계약의 가치평가를 위한 기본 요소가 된다.

순수할인채에서 만기에 지급하는 금액은 액면가(face value 또는 par value)라 한다. 순수할인채로부터 투자자가 받을 수 있는 이자는 채권 구입가격과 만기에 받게 될 액면가액의 차액이다. 그러므로 1년 만기에 액면가가 $1,000인 순수할인채를 $950의 가격으로 구입했다면 차액인 $50가 벌어들인 이자이다.

순수할인채의 수익률(이자율)은 구입해서 만기까지 보유한 투자자가 얻을 수 있는 연기준 수익률이다. 앞의 예에서와 같이 1년 만기 순수할인채의 경우

$$\begin{aligned} \text{1년 만기 순수할인채의 수익률} &= \frac{\text{액면가} - \text{구입가격}}{\text{액면가}} \\ &= \frac{\$1,000 - \$950}{\$950} = 0.0526(5.26\%) \end{aligned}$$

그러나 만일 만기가 1년과 다르다면, 우리는 연율로 된 수익률을 찾기 위한 현재가치 계산식을 사용해야 한다. 액면가가 $1,000이고 가격이 $800인 3년 만기의 순수할인채의 수익률은 다음과 같은 식으로 계산된다.

(8-1) $PV = \frac{FV}{(1+i)^n} \rightarrow \$800 = \frac{\$1,000}{(1+i)^2}$ 에서 i를 구하면 i는 7.72%가 된다.

4-2. 이표채

이표채(coupon bond)는 발행인이 보유자에게 채권 만기까지 이자를 지급하고 만기에 채권의 액면가액을 지급할 의무가 있는 채권을 말한다.

채권의 액면이자율(coupon rate)은 이자지급 계산을 위해 액면가액에 적용되는 이자율이다. 따라서 액면이자율이 10%일 때 액면가액이 $1,000인 채권은 발행인이 매년 $100(0.1×$1,000)를 지급할 의무가 있다.

$100의 연간 이자지급 금액은 채권의 발행시점에 고정된 것이며 채권의 만기까지 일정하게 유지된다. 일반적으로 발행일의 채권가격은 액면가액인 $1,000이 된다.

이표채의 가격과 수익률 사이의 관계는 순수할인채의 경우보다 조금 더 복잡하다. 이표채의 가격이 액면가액과 다를 경우 수익률이라는 용어의 의미는 그 자체가 애매해진다.

액면가액과 동일한 시장가격의 이표채는 액면발행채권(par bonds)이라 불린다. 이표채의 시장가격이 그 액면가치와 동일할 경우 채권의 수익률은 채권의 이자율과 동일하다. 예를 들어 액면 $1,000이고 연 10%의 이자율을 지급하는 1년 만기 채권을 고려해 보자. 이 채권은 지금으로부터 1년 뒤에 채권 소지인에게 $1,100을 지급한다. 이와 같이 10% 이표채의 유통가격이 $1,000이라면 그 수익률은 10%이다.

그러나 종종 이표채의 가격과 그 액면가치는 다르다. 예를 들어 채권 발행 후 경제 내에서 이자율 수준이 떨어지는 경우를 생각해 보자. 19년 전에 20년 만기로 발행된 만기가 1년 남은 이표채를 가정해 보자. 그 당시 수익률곡선은 연 10%의 수평을 유지했다. 이제 채권은 만기가 1년 남아 있고 현재 시장이자율은 연 5%이다.

10% 이표채가 액면가로 발행되었지만 현재의 시장가격은 $1,047.62이다. 왜냐하면 현재 채권가격이 그 액면가보다 더 높아졌기 때문이다. 이것을 할증발행채권(premium bond)이라 한다. 수익률은 얼마인가?

우리가 계산할 수 있는 수익률에는 두 가지가 있다. 첫 번째는 연이자를 채권가격으로 나눈 단순수익률(current yield)이다.

$$\text{단순수익률} = \frac{\text{액면이자}}{\text{채권가격}} = \frac{\$100}{\$1,047.62} = 9.55\%$$

단순수익률은 할증발행채권이 만기에 채권구입 시 지급한 금액보다 $47.62 적은

$1,000만을 수취한다는 사실을 무시하고 있기 때문에 실제 수익률보다 높을 것이다.

채권의 액면가와 그 가격이 다를 수 있다는 사실을 고려해 보면 만기수익률(yield to maturity)이라는 수익률을 계산할 수 있다. 만기수익률은 액면가액을 포함하여 채권구입으로부터 받게 될 모든 현금흐름을 고려한다. 앞의 예에서는 만기가 1년만 남았기 때문에 계산이 간단하다.

$$\text{만기수익률} = \frac{\text{이자} + \text{액면가액} - \text{채권가격}}{\text{채권가격}} = \frac{\$100 + \$1,000 - \$1,047.62}{\$1,047.62} = 5\%$$

이표채의 만기가 1년 이상일 때 만기수익률의 계산은 복잡하다. 예를 들어 가격이 $1,100인 액면가 $1,000의 2년 만기 10% 이표채를 구입했다고 가정하면 만기수익률은 얼마이겠는가? 만기가 1년 이상인 경우의 만기수익률은 채권가격과 현금흐름의 가치를 동일하게 만드는 할인율이다.

$$\text{(8-2)} \quad PV = \sum_{i}^{n} \frac{C}{(1+YTM)^n} + \frac{FV}{(1+YTM)^n} \rightarrow$$

$$\$1,100 = \frac{\$100}{(1+YTM)^1} + \frac{\$100}{(1+YTM)^2} + \frac{\$1,000}{(1+YTM)^2}$$

에서 YTM을 구하면 4.65%이다.

이제 2년 만기 4% 이자율의 채권을 생각해 보자. 그 가격이 $950라면 가격이 채권액면보다 낮으므로 할인발행채권(discount bond)이라고 부른다(주의할 것은 이자를 지급하므로 순수할인채는 아니라는 것이다)

수익률은 어떻게 되는가? 이전의 할증발행채권의 경우에서처럼 단순수익률과 만기수익률의 서로 다른 두 가지 수익률을 구할 수 있다.

$$\text{단순수익률} = \frac{\text{액면이자}}{\text{채권가격}} = \frac{\$40}{\$950} = 4.21\%$$

할인채의 경우 단순수익률은 실제수익률보다 과소평가된다. 왜냐하면 단순수익률은 만기에 채권의 구입금액보다 더 많은 금액을 지급받는다는 사실을 무시하고 있기 때문이다. 할인채의 경우 만기에 구입할 때의 가격 $950가 아닌 액면가 $1,000를 지급한다.

만기수익률은 만기의 액면가액 $1,000를 포함하여 채권 구입으로부터 얻을 수 있는 모든 현금흐름을 고려한다. 앞의 예에서 만기가 2년일 경우 만기수익률을 구해보면

$$\$950 = \frac{\$40}{(1+YTM)^1} + \frac{\$40}{(1+YTM)^2} + \frac{\$1,000}{(1+YTM)^2}$$

를 만족시키는 YTM은 6.76%이다.

제2절 주식시장

1. 주식의 개념 및 종류

1-1. 주식의 개념

자본시장법에서 지분증권의 하나로 정의되는 주식(share, stock)이란 주식회사의 물적 기반이 되는 자기자본에 대한 출자 지분권(equity)을 나타내는 유가증권이다. 주식은 회사에 대해 출자를 했다는 증거를 나타내고, 출자에 의해 주주의 권리를 나타내는 증권이다. 주주란 주식을 신주발행을 통해 취득하거나 매수 또는 상속을 통해 취득함으로써 주식이 가지고 있는 권리·의무의 주체가 되는 자를 말한다. 주주의 자격에는 제한이 없어 자연인은 물론이고 법인 또는 외국인도 주주가 될 수 있다.

이러한 주식이 거래되는 시장이 주식시장이다. 주식시장은 크게 발행시장과 유통시장으로 구분된다. 발행시장은 새로운 증권이 발행되어 발행주체가 장기적인 자본을 조달하는 시장이며, 유통시장은 이미 발행된 유가증권을 수단으로 투자자들 사이에서 상호간에 거래가 이루어지는 시장을 의미한다.

1-2. 주식의 종류

우리나라 상법에서 주식은 자본구성단위와 주주의 지위로서의 의미를 지닌다. 따라서 출자단위로서의 주식은 자본금을 산출하는 기초로서 금액이 표시되는 액면 주식만이 인정되고 있다. 1주의 금액은 100원 이상으로서 균일하여야 하며, 발행주식의 액면총액이 회사의 자본금이 된다. 우리나라에서 법률상 발행이 허용되고 있는 주식의 종류는 다음과 같다.

(1) 보통주

보통주(common stock)의 주주는 기업경영에 직접 참가할 임원을 선출하는 의결권을 가짐으로써 기업경영에 간접적으로 참여하게 된다. 보통주는 여러 가지 기준에 따라 분류할 수 있다.

주권에의 기명여부에 따라 : 기명주식, 무기명주식
주권에의 액면표기여부에 따라 : 액면주식, 무액면주식
의결권의 부여여부에 따라 : 의결권주, 무의결권주
발행시점에 따라 : 구주, 신주
증자 시 주금납입에 따라 : 유상주, 무상주

(2) 우선주

우선주(preferred stock)는 이익이나 이자의 배당, 잔여재산의 분배 등에 관하여 보통주에 비하여 우선적 조건이 인정되는 주식을 의미한다. 우선주는 회사채의 성격과 보통주의 성격이 합쳐진 증권이라 볼 수 있다. 기업이 해산될 때의 잔여재산청구권과 기업에 대한 이익청구권의 우선순위가 사채보다는 낮으나 보통주보다는 높은 증권이 우선주이다.

우선주에 의한 자금조달은 사채발행에 비해서는 융통성이 있는 자금조달이라는 장점이 있다. 즉, 배당금을 지급하지 않아도 법적으로 채무불이행이 되지 않으며, 수익성이 악화되거나 기업의 재무상태가 좋지 않으면 배당을 연기 또는 취소할 수 있다. 사채나 차입금을 통한 자금조달은 기업의 운영 상태와는 관계없이 이자를 지급하여야 하나, 우선주의 배당은 미래의 기업 상태에 따라 변경될 여지가 있다. 우선주를 통한 자금조달의 또 다른 장점은 만기가 없다는 점이다. 또한 기업의 입장에서 보면 우선주는 자기자본이기 때문에 자본구조를 건전하게 한다. 물론 우선주의 비용은 사채의 비용보다 높지만 이러한 이점들 때문에 우선주를 발행하게 된다.

2. 주식발행제도

2-1. 주식발행 형태

주식이 발행되는 형태를 보면 주식회사의 설립에 의한 주식발행과 기업공개에 의한 주식발행, 그리고 증자에 의한 주식발행 등으로 구분할 수 있다.

첫째, 주식회사의 설립에 의한 주식발행이다. 주식회사가 설립되기 위해서는 3인 이상의 발기인이 필요하며 발기인은 정관을 작성하고 설립등기를 해야 한다. 회사를 창업할 때 발행하는 주식의 규모는 회사에서 발행할 수 있는 주식총수(수권주식수)의 4분의 1 이상이어야 하며, 나머지 미발행주식은 회사의 설립 이후 필요하다고 생각될 때 이사회의 의결에 의하여 수시로 발행할 수 있다.

둘째, 기업공개란 일정한 요건을 갖춘 기업이 새로운 주식을 발행하여 일반투자자들에게 균일한 조건으로 공모하거나, 개인이나 소수의 주주에게 집중되어 있는 주식을 일반투자자에게 널리 분산시키기 위하여 매출하는 것을 기업공개를 통한 주식발행이라 한다.

셋째, 증자에 의한 주식발행이다. 기업이 증자할 때는 실질적으로 투자자들이 출자를 함으로써 자본금이 증가하는 유상증자와 형식적으로는 회사의 자본금이 증가하여도 여기에 상당하는 실질적인 현금유입을 가져오지 않는 무상증자가 있다.

2-2. 주식발행시장의 기능

주식 발행시장은 우선 자금조달기능을 가지고 있다. 주식발행을 통해 광범위한 투자자로부터 거액의 장기자금을 일시에 조달할 수 있게 하여 기업자본의 대규모화를 가능하게 하고, 이러한 자금 공급에 따라 창출되는 부가가치를 배당 또는 이자 등의 형태로 투자자들에게 적절히 배분하는 기능을 하게 된다. 따라서 불특정 투자자로부터 증권을 매개로 하여 자금의 수요자에게 자본을 집중시켜 주는 역할을 한다. 그리고 신규로 발행되는 증권의 최초 분산을 가능하게 하여 기업의 소유구조를 분산시키게 된다.

투자자는 주식을 매입함으로써 기업에 자금을 제공하고 배당을 받는다. 따라서 주식발행은 투자자 등에게 투자수단을 제공한다.

2-3. 주식발행 방법

주식유가증권의 발행은 일반적으로 발행증권의 수요자를 구하는 방법에 따라 공모발행(public offering)과 사모발행(private placement)으로 나누어지며, 발행에 따른 위험부담과 발행모집 사무절차를 누가 부담하느냐에 따라 직접발행과 간접발행으로 나누어진다. 이 중 공모발행의 경우 주로 간접발행의 형태로 이루어지게 된다.

(1) 공모빌행과 사모빌행

사모발행은 주식발행 기업이 직접 특정 소수[3]의 투자자에게 모집 이외의 방법으로 주식을 매각하는 방법이다. 사모의 경우 감독기관에 유가증권신고서 등을 제출하지 않아도 되기 때문에 신속하게 발행할 수 있다는 이점이 있다. 그러나 보통의 경우 사모는 공모가

---

3) 자본시장법 제 9조 제 7항, 동 시행령 제11조에 의해 50인 이하

어려운 경우에 대안으로 택하는 방법으로 대부분 직접발행의 형태를 취한다.

공모발행은 50인 이상의 불특정 다수의 투자자를 대상으로 주식을 모집·매출하는 방법이다. 공모발행은 대부분의 발행주체가 간접발행의 형태를 취하게 된다. 공모를 통해 증권을 모집·매출하는 경우는 금융위원회에 증권신고서를 제출해야 한다.

(2) 직접발행과 간접발행

① 직접발행

직접발행은 발행주체가 스스로 발행위험을 부담하고 발행모집사무를 직접 행하여 증권을 발행하는 방법이다. 만약 모집 부족액이 발생하면 주식의 경우 그 부분이 미발행되거나 다시 재소화시켜야 하며, 채권의 경우에는 발행자체가 성립되지 않는다.

② 간접발행

간접발행은 기업이 직접발행에 따른 사무처리의 번잡을 피하고 직접모집능력의 부족과 인수위험부담의 해소를 위하여 발행주체가 발행기관(중개인)의 도움을 받아 간접적으로 발행하는 방법이다. 발행기관은 전문적인 지식과 조직을 갖춘 증권회사 등의 금융기관이 되어 통상 발행 및 모집사무를 담당한다. 여기에 발행위험부담방법에 따라 위탁모집, 잔액인수, 총액인수 방법으로 나누어진다.

(a) 위탁모집(모집주선, best-efforts basis) : 유가증권 모집에 관한 사무절차와 모집자체를 제3자인 발행기관에 위탁하는 방법으로서 발행주체가 스스로 인수위험을 부담하고 발행 및 모집사무는 전문기관(발행기관)에 위탁하여 발행하는 방법이다. 모집 후 소화되지 않은 증권은 발행주체(발행자)에게 되돌려 주게 되며, 잔량의 증권은 발행자가 처리하게 된다.

(b) 잔액인수(standby agreement) : 발행 및 모집사무와 인수위험을 분리하여 발행기관에 위임하는 방법으로서 일단 전문기관에 발행 및 모집사무를 위탁하고 일정 매출기간 동안 모집을 한 다음 그 기간 경과 후 모집부족액이 발생하였을 경우 그 잔량에 대해서만 이미 맺은 대표주관계약에 따라 잔량을 인수기관에 인수시키는 방법이다. 발행증권을 일반투자자들로부터 모집하고 만약 응모총액이 모집총액에 미달할 경우 잔액인수기관이 자기의 책임과 계산으로 당초 정해진 발행가액으로 인수하여야 한다.

(c) 총액인수(전액인수, firm commitment) : 대표주관회사가 구성한 인수기관들의 집단이 인수단이 공모증권 발행총액의 전액을 자기의 책임과 계산 하에 인수하고 이에 따

른 발행위험과 발행 및 모집사무 모두를 담당하는 방법으로서 인수매출이라고도 한다. 따라서 불리한 가격변동에 따른 손해 등 모든 위험은 발행기업으로 부터 인수단으로 이전되며 인수단은 인수를 위하여 많은 자금을 필요로 할 뿐 아니라 매출하기까지의 기간 동안 매출잔량을 보유하여야 하므로 발행증권의 가격변동에 따른 모든 위험을 부담하게 된다. 간접발행의 대부분은 이 총액인수방식으로 공모발행되고 있다.

2-4. 주식발행시장의 구조

주식발행시장은 자금의 수요자인 발행주체, 자금의 공급자인 투자자 및 여기에 증권발행의 사무절차를 주도하고 대행하는 기능과 발행위험을 부담하는 기능을 하는 기관인 발행기관으로 구성된다. 유통시장은 시장참가자들이 서로 동일한 자격으로 수평적인 구조를 가지는데 반해, 발행시장은 시장참가자들이 증권과 자금의 이동을 축으로 하여 청약과 납입, 인수와 매출에 의한 수직적인 구조를 가진다.

(1) 발행주체

발행주체는 자금조달의 주체로서 발행시장에서 유가증권을 발행하는 자이며, 증권의 공급자인 동시에 자금의 수요자이다.

(2) 투자자

투자자는 발행시장에서 모집 또는 매출에 응하여 최종적으로 유가증권을 취득하여 발행주체에 자금을 공급하고 이것을 다시 유통시장에서 매각하는 자를 말한다. 투자자는 발행주체에 대해 자금의 공급자가 되며, 유통시장에서의 최초 투자자가 된다. 자본시장법에서는 투자자를 전문투자자와 일반투자자로 구분한다. 한국의 주요 기관투자자는 전문투자자로 구분되고, 일반투자자는 전문투자자 이외의 투자자를 의미한다.

(3) 발행기관

발행기관은 발행시장을 구성하는 구성원 중 가장 중요한 역할을 하고 있으며 투자금융회사(증권회사) 고유업무(위탁매매, 딜링업무, 인수업무) 중 하나인 넓은 의미의 인수업무(underwriting)를 수행하는 기관들의 집단이나.

발행기관은 증권의 발행주체와 투자자 사이에서 증권과 자금이 적절하게 배분될 수 있도록 증권발행에 따른 사무처리를 하고, 유가증권의 모집, 인수, 매출, 딜링업무를 수행하는 등의 여러 가지 위험을 부담하는 기관이다. 이러한 책임과 위험을 분산하고 발행증권의 매출을 원활히 하기 위해 여러 발행기관이 공동으로 하나의 증권발행에 참여하는 것이 보통인데, 이러한 발행기관의 집단을 넓은 의미의 인수단(syndicate)이라 하며 발행기관은 주관회사, 좁은 의미의 인수단, 청약회사로 그 역할을 달리하고 있다.

① **주관회사**(lead underwriter)

증권의 발행자와 투자자 사이에서 증권이 원활하게 이동·배분될 수 있도록 인수단을 구성하고 증권발행에 따른 사무처리, 발행자에 대한 조언 및 사무절차를 대행하는 기관이다. 역할에 따라 대표주관회사, 주관회사가 있으며 투자금융업의 인수업무가 여기에 해당된다. 따라서 주관회사의 자격을 가지는 회사는 투자금융회사와 종합금융회사만이 해당된다.

② **좁은 의미의 인수단**(underwriting syndicate)

발행기관의 기능 중 가장 중요하고 큰 기능을 하는 발행기관의 집단으로서 증권을 발행자로부터 직접 매입하는 인수기능을 하는 기관이다. 이 기능 때문에 발행주체는 일시에 거액의 자금을 조달할 수 있게 된다. 인수단의 자격을 가지는 회사는 위의 주관회사그룹의 자격을 가지는 회사 및 집합투자업자와 은행의 신탁계정이 해당된다.

③ **청약기관**(selling group)

일반적으로 불특정다수인을 대상으로 모집하여 청약을 대행해 주는 기관으로서 자기의 책임과 계산 없이 단순히 청약만 대행하며 모집내역을 집계하여 인수단에 직접 청약을 하게 된다. 그러므로 여기에는 특별한 자격이 없으며 불특정 다수인을 모집할 수 있는 기관이면 청약단의 자격이 가능하다. 실제로는 투자금융회사가 청약단의 역할을 대행하고 있다.

2-5. 기업공개제도

(1) 기업공개의 의의

기업공개(initial public offering : IPO)란 주식회사가 발행한 주식을 일반대중에게 널리 분산하고 재무내용을 공시함으로써 명실상부한 주식회사의 체제를 갖추는 것을 말한다. 형식상으로는 주식회사가 주식을 일반 대중에게 분산시킴으로써 기업공개요건을 갖추는 것을 지칭하나, 실질적으로는 소수의 대주주가 소유한 주식을 일반 대중에게 분산시켜 증권시장을 통하여 자유롭게 거래될 수 있게 함으로써 기업 자금조달의 원활화를 기하고 기업 내용을 일반 대중에게 공시하여 공적 기업으로서 다시 탄생하는 것을 말한다.

소유를 분산시키기 위해 자본시장법 등의 규정에 따라 주식회사가 구주주의 신주인수권을 전액 배제한 공모증자나 대주주 소유주식의 일부매출을 통해 일반 대중에게 청약을 받아 공개 후 주식수의 일정부분(예: 30%) 이상을 분산시키는 것이다. 공모한 주식은 시장성과 유동성을 확보하기 위해 한국거래소에 상장하게 된다. 즉, 원칙적으로 기업공개와 상장은 같은 개념이 아니고 기업의 공개를 원활히 하기 위해서 상장이라는 수단을 사용하게 되는 것이다.4)

표 8-1 기업공개와 상장의 구분

구분	기업공개	상장
시장	발행시장	유통시장
목적	기업의 자금조달	유가증권의 원활한 유통, 공정한 가격 형성
성격	주식분산의 한 형태	거래적격 유가증권의 선별
규제취지	공시주의(발행당사자)	규제주의(상장 적격성여부 심사)
특성	발행기업과 청약자의 이해 조화 발행물량의 소화를 중시	공익과 투자자보호, 기업의 계속성, 시장성 중시

(2) 기업공개의 효과

① 자금조달능력의 확대

신주모집에 의한 기업공개의 경우 기업공개 자체가 유상증자의 일종이므로 증권시장을 통하여 필요자금을 일시에 대량으로 조달할 수 있으며 공개 후에도 유상증자, 사채발행, 해외증권발행 등에 있어 비상장기업에 비해 훨씬 유리하며, 자본시장을 통한 직접자금조달이 적시에 가능하다.

② 경영합리화 도모

공개기업이 되면 회사의 중요한 재무 및 경영내용이 공시되어 타 상장 경쟁사와의 경영실적 비교가 용이해지고 주가라는 지표를 통해 객관적으로 평가받게 된다. 또한, 회사와 대외적인 이해관계자가 많아지게 되어 효율적인 조직이 필요하게 된다. 따라서 사연히 회사는 경영합리화를 도모하여 재무구조 건실화와 매출증대, 조직합리화 등에 힘쓰게 된다.

4) 미국의 경우 기업공개는 기업이 주식을 최초로 공모하는 것을 의미하며 기업공개후 대부분 나스닥 시장에서 상장되어 거래되거나 NYSE와 AMEX 등 증권거래소의 상장절차를 거쳐 상장되고 있다.

③ **기업의 홍보효과**

공개기업이 되면 명실 공히 공기업으로서 일반 대중 및 외부기관 등으로부터 많은 주목을 받게 된다. 따라서 기업정보가 언론기관, 증권관계기관 등의 매체를 통해 국내외에 전달되며 최근에는 기업자신이 투자자를 대상으로 투자설명회 등을 개최하여 많은 홍보효과를 거두고 있다.

④ **기업의 신용도향상 및 공신력 제고**

공개기업은 증권시장을 통해 유상증자와 같이 손쉽게 낮은 비용으로 적시에 다양한 자금조달이 가능하여 기업의 안정성이 증가하고 재무구조의 건실화를 통한 신용도가 향상된다. 높은 주가 등을 통한 대외적인 신인도가 증가하여 공신력을 확보하게 되어 해외진출이나 합작투자 등의 경우에 국제적인 신뢰도를 쉽게 확보할 수 있다.

(3) 기업공개 절차 개요

기업공개의 절차는 선행조건절차, 예비절차, 본절차 등의 순서로 진행된다.

기업공개를 추진하는 기업은 선행조건으로 금융위원회에 등록하고 증권선물위원회가 지정하는 감사인에게 최근 사업연도 재무제표에 대한 회계감사를 받아야 한다. 이 때 주간사회사(book runner)로 증권회사를 선정해야 한다.

기업공개의 예비절차로는 수권주식 수 조정, 발행주식 종류, 신주인수권 배제 여부, 전환사채 및 신주인수권사채 발행 등과 관련하여 정관을 개정하고 명의개서 대리인을 선정하여 우리사주조합을 결성하여야 한다.

기업공개의 본절차는 먼저 신주의 종류와 주식 수, 신주의 발행가액 등에 대한 이사회 결의서, 주간사의 인수가액 결정, 금융위원회에 유가증권신고서 제출 등을 진행되며, 주간사는 금융위원회가 유가증권신고서를 수리한 날로부터 15일이 경과하면 신주발행기업과 협의를 거쳐 청약안내를 공고하고 청약기간 동안에 청약을 받는다. 납입일에 주금납입이 이루어지고 신주발행 기업이 자본금변경등기, 금융위원회에 유가증권발행실적보고서 제출, 증권거래소 또는 증권업협회에 상장 또는 등록 신청함으로써 기업공개절차가 마무리된다.

2-6. 유상증자제도

증자는 회사가 자본을 증가시키는 것을 말하며, 자본을 증가시키는데 신주의 발행이 따르므로 증자를 신주의 발행이라고도 한다. 기업이 필요로 하는 자금수요는 일상적인 경영활동을 위한 유동성 자금과 시설투자나 R&D투자 등의 장기적 투자자금으로 구분할 수 있는데, 대부분의 경우 유동성 자금은 은행차입금 등의 단기자금원에서 조달하고 장기적 자금수요는 채권이나 주식의 발행을 통한 장기자금원에 의해 조달하는 것이 보통이다. 이 중 주식발행에 의한 자금조달은 기업이 외부에서 자금을 조달할 수 있는 방법 중에서 기업재무구조의 개선을 위해 가장 바람직한 방법이다.

수권자본제도를 채택하고 있는 우리나라 현행 상법은 회사가 발행할 수 있는 주식의 총수를 정관에 기재하도록 하고 있으며, 신주발행은 정관에 기재된 수권자본금의 범위 내에서만 할 수 있도록 되어 있다. 증자에는 주식자본의 증가와 함께 실질적인 재산의 증가를 가져오는 유상증자와 주식자본은 증가하지만 실질재산은 증가하지 않는 무상증자의 두 가지 형태가 있다.

유상증자의 경우 신주발행에 따른 주금납입으로써 회사의 주식자본이 증가되는 것이고, 무상증자는 준비금의 자본전입 등에 의해 주식자본을 증액시키고 그 금액만큼의 신주를 발행하여 주주에게 무상으로 할당하기 때문에 주금의 납입에 의한 회사의 재산 증가가 없는 경우이다. 유상증자는 신주의 발행가격과 배정방식에 따라 다음과 같은 종류로 구분할 수 있다.

(1) 발행가격에 따른 분류

신주의 발행가격은 구주주의 재산권과 관련하여 매우 민감한 문제이다. 새로 발행되는 주식이 구주주 이외의 투자자들에게 배정되고 발행가격이 기업의 진정한 가치와 차이가 있는 경우에는 소위 희석효과(dilution effect)가 생겨서 구주주의 재산권에 침해가 있거나 반대로 구주주들에 의한 일반투자자의 재산침해가 생길 수가 있다.

① 액면발행

액면발행은 유상증자 시 주식의 시가와 관계없이 액면가로 신주를 발행하고 해당주금을 납입받는 방법이다. 대륙법계의 상법을 채택하고 있는 한국은 주식에 액면이 표기되며 이 액면가가 신주발행시의 납입주금이 되는 방법이다. 미국과 같이 무액면주가 보편화되어 있는 나라에서는 찾아볼 수 없는 방식이며 뒤에서 다루는 구주주배정에 의한 신주발행방법이 많이 사용되고 있는 나라에서 흔히 찾아볼 수 있는 방식이다.

② 시가발행

신주의 발행가격이 액면가와 상관없이 기존주식의 주식시장 거래시가에 의해 결정되는 방식을 말한다. 영미계의 무액면주가 보편화되어 있는 나라에서 흔히 찾아볼 수 있는 방법이며, 미국의 경우에는 구주주배정에 의한 신주발행의 경우에도 시가발행이 일반적이다. 실제로는 시가발행이라 하더라도 발행에 따르는 인수업자의 수수료와 투자자들에 대한 투자유인의 제공 등을 위해 시가에서 일정한 할인율을 감한 가격으로 신주발행이 이루어지는 경우가 일반적이며 우리나라와 같이 그 할인율이 상당한 경우(평균 20~30%)에는 특히 시가할인발행이라고 부를 수 있다.

우리나라의 경우도 상장법인의 경우 재무구조의 건실화를 도모한다는 취지 아래 금융위원회의 증권의 발행 및 공시 등에 관한 규정에 의해 시가발행에 의한 유상증자를 할 수 있도록 되어 있다.

(2) 신주의 배정방식에 따른 분류

유상증자는 50인 이상의 불특정 다수인을 대상으로 한 공모와 특정 소수인을 대상으로 한 사모로 크게 나눌 수 있고 공모의 경우 대상 다수가 특정 다수인가 불특정 다수인가에 따라 일반공모와 구주주배정 증자, 주주우선 공모증자, 그리고 제3자 배정증자로 다시 나눌 수 있다.

① 일반공모 증자(general cash offer)

일반공모는 불특정다수의 일반투자자를 대상으로 공정한 가격으로 신주를 발행하는 방법이다. 이는 구주주의 신주인수권을 인정하지 않는 형태로 미국에서는 일반화되어 있으며, 한국에서는 정관에 구주주의 신주인수건에 대한 제한 규정이 있어야 가능하다. 일반공모의 경우는 인수업자의 역할이 매우 중요하며 인수업자는 발행의 사무를 대행할 뿐만 아니라 발행주식의 판매를 보장하는 역할을 담당하게 된다.

② 주주배정 유상증자(direct rights offer)

주주배정자는 기존 주주에게만 신주인수권을 부여하는 방법으로 신주를 발행하는 방법이다. 이는 현행 우리나라 상법체제에서 가장 흔한 유상증자의 방법이다. 신주가 주주 이외의 자에게 할당됨에 따라 주주의 지위 특히 의결권의 비례적 지위에 변동을 가져오는 것을 막을 수 있고, 신주의 발행가격이 시가와 차이가 있는 경우에 주주의 재산상의 피해를 막을 수 있으며 일반공모에 비해 발행비용이 적게 들고 절차가 비교적 간단하다는 장점이 있는 반면에, 발행금액이 대규모인 경우에는 적당한 방법이 되지 못한다는 단점이 있다.

③ 주주우선공모(standby rights offer)

주주우선공모란 주주우선 배정 후 일반공모의 줄인 말로써, 인수단(대표주관회사 등)이 유상증자분을 총액인수한 후 기존주주와 우리사주조합에게 우선 청약권을 준 다음 청약미달분에 대해서는 발행기업의 이사회의 결의로 일반공모에 붙이는 방법이다. 이는 일반공모방법과 주주배정 유상증가의 혼합된 형태로 실권주 청약 후 잔여주식이 있을 경우 인수기관이 인수를 하기 때문에 발행기업의 입장에서는 신주의 발행에 따르는 위험을 부담하지 않는다는 장점이 있다.

④ **제3자 배정 유상증자**

제3자 배정은 발행회사가 주주의 신주인수권을 배제하고 특정의 연고자, 즉 회사의 임원, 종업원, 거래처 등의 제3자 중에서 특정한 자에 대하여 신주인수권을 주어 신주를 인수하게 하는 방법으로서 그리 흔한 형태의 증자는 아니며 우리나라에서는 우리사주 제도가 대표적인 예에 속한다고 할 수 있다.

3. 주식의 가치평가

3-1. 배당할인모형

현금흐름할인법(discounted cash flow, DCF)은 기대되는 현금흐름, 즉 주주들에게 지급되는 배당이나 회사영업으로부터의 순현금흐름을 할인하여 주식의 가치를 결정하는 방법이다. 배당할인모형(discounted-dividend model, DDM)은 미래에 기대되는 현금배당의 현재가치로 주식가치를 평가하는 모형이다.

이 배당할인모형은 보통주의 투자자가 현금배당과 주식의 가격 변화를 통한 수익을 기대한다는 것에서 출발한다. 예를 들어 만일 ABC 주식으로부터 연간 D_1의 배당이 기대되고 1년 후 주식의 배당락 이후 가격이 P_1이 된다고 하자(예를 들어 D_1=\$5, P_1 =\$110).

위험조정할인율(risk-adjusted discount rate)은 투자자들이 기꺼이 주식에 투자하기 위해 요구하는 기대수익률을 의미한다. 그것을 k로 표시하기로 하고 일단 k는 15%라는 가정을 적용한다.

투자자들이 기대하는 수익률 $E(r_i)$은 배당 D_1에 주식의 가격변화($P_1 - P_0$)를 더하고 이를 현재의 주식가격 P_0로 나눈 것이다. 이 기대수익률을 요구수익률인 15%와 같도록 놓으면

(8-3) $$E(r_i) = \frac{D_1 + P_1 - P_0}{P_0} = k$$

$$0.15 = \frac{5 + 110 - P_0}{P_0}$$

식(8−3)은 배당할인모형의 가장 중요한 특징을 보여 주는데 이는 어떤 기간의 기대수익률은 위험조정할인율 k와 같다는 것이다. 이 식으로부터 현재의 주식가격을 1년 후 기대되는 주식가격으로 나타내는 공식을 도출할 수 있다.

(8-4) $$P_0 = \frac{D_1 + P_1}{1+k}$$

달리 말하면 현재 주식의 가격은 주식으로부터 기대되는 배당에 1년 후 주가를 더한 뒤 이를 요구수익률로 할인한 현재가치이다. ABC 주식의 경우

$$P_0 = \frac{\$5 + \$110}{1.15} = \$100$$

그런데 이 모형에서는 1년 후 주가 P_1이 어떤 값을 갖는가가 중요하다. 그러나 어떻게 투자자들이 이 가격을 예측할 수 있는가? P_0을 이끌어 내는데 사용된 논리를 한번 더 이용하면, 두 번째 연도 초에 기대되는 ABC주가는

(8-5) $$P_1 = \frac{D_2 + P_2}{1+k}$$

식(8−5)을 식(8−4)에 대입하면 P_0는 D_1, D_2 그리고 P_2로 나타낼 수 있다.

(8-6) $$P_0 = \frac{D_1 + P_1}{1+k} = \frac{D_1 + \frac{D_2 + P_2}{(1+k)}}{1+k}$$
$$P_0 = \frac{D_1}{1+k} + \frac{D_2 + P_2}{(1+k)^2}$$

위와 같은 작업을 반복하면 일반적인 배당할인모형을 얻을 수 있다.

(8-7) $$P_0 = \frac{D_1}{(1+k)} + \frac{D_2}{(1+k)^2} + \ldots\ldots = \sum_{t=1}^{\infty} \frac{D_t}{(1+k)^t}$$

달리 말하면 주가는 기대되는 미래의 모든 주당 배당을 위험조정할인율로 할인한 현재가치이다.

3-2. 항상성장률과 배당할인모형

식(8−7)의 배당할인모형식을 사용하기 위해서는 매기의 미래 배당금액을 모두 끝없이

예측해야 한다. 그러나 이것은 실용적이지 못하다. 그러나 미래 배당에 대해 좀 더 단순한 가정을 한다면 배당할인모형은 실용적인 모형이 될 수 있다.

그 가장 기본적인 가정은 배당이 일정한 비율 g로 증가한다는 것이다. 예를 들어 지속성장기업의 배당이 매년 10% 증가할 것으로 기대된다고 하자.

미래 배당의 기댓값은 $D_1 = \$5$, $D_2 = \$5.5$, $D_3 = \$6.05 .....$이다.

배당 성장 예상 $D_t = D_1(1+g)^{t-1}$을 식(8-7)에 넣어 간단하게 표현하면, 일정률 g로 성장하는 영구적 배당의 현재가치는

(8-8) $$P_0 = \frac{D_1}{k-g}$$

지속성장 기업의 자료를 이용하면 주가는

$$P_0 = \frac{5}{0.15-0.10} = \frac{5}{0.05} = \$100$$

항상성장 배당할인모형이 갖는 몇 가지 의미에 대해 살펴보기로 한다. 첫째, 만일 기대성장률이 0이라면 이는 일정한 영구현금흐름의 현재가치 모형이 된다: $P_0 = D_1/k$

D_1과 k가 일정하다면 g가 클수록 주식의 가치가 더 커진다. 그러나 g가 k에 가까워질수록 이 모형은 적절하지 않게 된다. 즉 주식의 가치가 무한대에 가까워지게 되는 것이다. 그러므로 이 모형은 기대배당성장률이 k보다 작을 때에만 성립된다.

제3절 펀드시장5)

1. 펀드시장의 발달

1-1. 펀드시장의 개념과 역사

투자는 직접투자와 간접투자로 구분된다. 직접투자는 투자자가 여유자금을 자신의 판단과 책임 하에 주식, 채권 그리고 이들 증권에서 파생된 파생상품 및 부동산과 같은 실물상품에 투자하는 것을 의미하고, 간접투자는 자신의 여유자금을 전문투자자에게 맡게

5) 김석진 등, 한국자본시장론 (삼영사, 2014) 참조

운용하게 하는 것을 의미한다. 전문투자자는 여러 개인투자자, 기업, 여타 기관의 자금을 모아(pooling) 여러 가지 투자대상상품에 다양한 방법으로 투자하여 수익을 추구하고, 이 투자수익을 운용과 관련된 수수료를 제외하고 투자자들에게 돌려준다.

여기에서 투자를 위해 모아진 자금을 펀드(fund)라고 한다. 이렇듯 간접투자의 형태로 조성된 펀드가 투자되는 시장을 넓은 의미의 펀드시장이라 한다.

'자본시장과 금융투자업에 관한 법률'(이하 자본시장법)에서는 집합투자기구를 규정하고 있다. 그리고 집합투자를 "2인 이상에게 투자권유를 하여 모은 금전 등 또는 '국가재정법' 제 81조에 따른 여유자금을 투자자 또는 각 기금관리주체로부터 일상적인 운용지시를 받지 아니하면서 재산적 가치가 있는 투자대상재산을 취득처분, 그 밖의 방법으로 운용하고 그 결과를 투자자 또는 각 기금관리주체에게 배분하여 귀속시키는 것을 말한다." 고 정의하고 있다. 따라서 여기에서 집합투자기구는 투자자에게 익숙한 간접투자를 수행하는 펀드를 의미한다. 일반적으로 펀드는 자금을 모아 운용하는 전문투자자가 투자자에게 투자계약의 증서로 수익증권을 발행하는 투자신탁의 형태와 모아진 자금으로 투자회사를 설립하여 투자자를 투자회사의 주주로 참여시키는 투자회사의 형태로 대별된다.

조직화되고 체계화된 펀드시장은 14세기 이후 영국에서 신탁업의 형태로 발생하였다. 교인이 사후 개인 토지를 포함한 재산을 교회에 헌납하는 것을 금지하는 몰수법이 시행되면서 토지소유자가 자기 토지를 제 3자에게 관리를 맡겨 거기에서 생기는 수익을 교회에 헌금하는 제도가 고안되었는데 이것이 오늘날의 투자신탁(Trust)의 기원이 되었다.

1-2. 펀드 르네상스와 펀드자본주의

14세기 영국에서 투자신탁이 발달한 이래 간접투자수단의 하나인 펀드사업은 세계 금융시장의 한 축을 이루며 발전해 왔다. 20세기 후반에 들어 세계 금융시장이 직접금융에서 간접금융으로 그 시스템이 전환되면서 각종 펀드상품의 다양화와 더불어 뮤추얼펀드, 사모펀드, M&A 펀드, 헤지펀드 등의 시장이 급속하게 성장하였다. 세계 펀드시장은 순자산 기준 2013년 6월말 현재 27.4조 달러에 달했다. 펀드시장의 천국이라 할 수 있는 미국의 경우 펀드시장 규모는 13.6조 달러로 세계 펀드시장의 49.6%를 차지하고, 미국 GDP의 81.4%를 차지하고 있다. 한국의 경우도 1970년대 본격적으로 시작된 펀드시장이 2013년 6월 현재 순자산 328조원(2,592억 달러로 세계 13위)에 이르는 시장으로 급성장했다.

이러한 펀드자본주의는 세계 금융시장 및 자산의 양적 확대에 따라서 나타난 현상에서 유래되었다. 펀드자본주의 이전의 단계를 전문경영인이 큰 권력을 가졌던 '경영자 자본주의'라 한다.

펀드자본주의는 ① 뮤추얼펀드, 사모펀드, 헤지펀드, 국부펀드, 연기금 등의 펀드화 ②

금융시장의 증권화, 겸업화, 파생상품화, IT화 등으로 나타내지는 복합화, ③ 금융시장의 개방, 규제완화, 아시아머니 및 오일머니 등의 활성화에 따른 글로벌화를 3 대 특징으로 한다. 뮤추얼펀드, 사모펀드, 헤지펀드, 국부펀드, 연기금과 투자은행(Investment Bank: IB)들이 금융시장에 주요 플레이어로 등장하게 됨으로써 촉진되었다. 그리고 펀드는 포트폴리오와 주주권 행사 비용을 감내하는 정도에 따라 수익성 확보 수단으로 경영개입을 하게 되었다. 즉, 펀드가 과거에는 투자한 기업의 경영에 관여하지 않는 소극적 태도에서 기업의 경영에 적극적으로 개입해서 기업경영의 투명성 확보는 물론 투자펀드의 수익을 극대화하려는 행동주주의 투자자로 전환하였다.

2. 펀드의 종류

2-1. 펀드의 형태에 따른 분류

일반적으로 간접투자의 수단인 펀드는 조직형태, 중도에 자금회수(환매)의 가능 여부, 추가자금 설정 여부, 거래소에 상장 여부 등의 기능 및 형태에 따라 다음과 같이 분류된다〈표 8-3〉.

▮표 8-3▮ 펀드의 형태에 따른 분류

구 분	형 태	내 용
조직	계약형	수익자, 위탁자, 신탁자 등의 계약형태(투자신탁)
	회사형	주식회사로서 조직, 투자자가 주주가 되는 형태(투자회사)
환매가능	개방형	언제라도 현금화(환매)가 가능한 형태
	폐쇄형	계약기간 내에 현금화가 불가능한 형태
추가설정	추가형	추가로 펀드의 자금을 증액하여 설정이 가능한 형태
	단위형	추가로 자금을 증액할 수 없는 형태
운용대상의 변경	고정형	최초 설정 당시 투자종목이 정해지면 계약 종료 때까지 변경하지 못하는 방식
	융통형	투자대상의 변경을 운용자의 재량에 맡기는 형태
상장	상장형	수익증권 또는 주식이 거래소에 상장되어 거래되는 형태
	비상장형	수익증권 또는 주식이 거래소에 상장되지 않고 장외에서 거래되는 형태
투자지역	국내투자형	모집된 자금을 국내에서 발행된 유가증권 등에 투자하는 형태
	해외투자형	모집된 자금을 해외에서 발행된 유가증권 등에 투자하는 형태
	혼합형	모집된 자금을 국내 및 해외에서 발행된 유가증권 등에 투자하는 형태

(1) 계약형과 회사형

일반적으로 간접투자를 조직형태에 따라 계약형, 회사형으로 구분한다. 계약형인 투자신탁은 신탁재산을 운용하는 위탁회사, 신탁재산을 보관관리하는 수탁회사, 상품을 판매하는 판매회사 그리고 일반투자자인 수익자로 성립된다. 위탁회사와 수탁회사가 체결한 신탁계약에 의하여 발행되는 수익증권을 판매회사를 통해 수탁자가 취득하게 된다. 투자신탁은 법인격이 없어 투자신탁 계약에 의해 펀드가 설정되며, 수익분배는 운용실적에서 신탁보수 등의 비용을 공제한 후 전액을 분배한다. 투자신탁의 법률관계는 신탁계약에 의한다.

회사형인 투자회사는 간접증권투자를 영업목적으로 하는 주식회사를 설립하여 그 주식을 투자자가 취득하는 형태이다. 신탁재산에 법인격이 부여되는 회사형태로, 펀드가 회사법에 의해 설정되며, 수익의 분배는 비용공제 후의 이익을 주주에게 배당형태로 분배한다. 법률관계는 정관에 의한다. 계약형의 신탁약관은 회사형의 정관, 수익자는 주주, 수익증권은 주권, 추가설정은 증자, 일부해지는 감자에 각각 해당된다.

(2) 단위형과 추가형

간접투자기구는 당초 설정한 펀드의 원본에 추가로 투자재산을 추가하느냐의 여부에 따라 단위형과 추가형으로 구분된다. 단위형은 일단 펀드의 규모가 설정되면 추가로 해당 펀드에 대한 투자가 원칙적으로 불가능한 펀드이다. 단위형(예를 들면 은행신탁계정의 단위금전신탁)은 일정한 간접투자기간이 정해져 있어 중간에 투자자금을 회수하는 환매가 불가능하며, 각 펀드마다 각기 상이한 특징을 가진 수익률, 신탁보수, 중도해지, 상환규정을 적용하는 것이 일반적이다. 대개 신규설정 후 단기간 내에 간접투자 증권이 전액 매각되고, 그 이후에는 기존 투자자가 중도에 환매한 부분에 한해서 펀드 추가가 가능하다.

추가형(기금형이라고도 함)은 펀드 설정에 따라 발행될 간접투자증권(수익증권 또는 주식)이 투자자에게 모두 매출된 경우 일정 한도 내에서 원본액을 추가로 증액하여 간접투자증권의 발행이 가능한 펀드이다. 펀드의 추가설정은 주식회사의 유상증자에 해당된다.

(3) 개방형과 폐쇄형

투자자(투자신탁의 수익자 또는 투자회사의 주주)가 투자기간이 만료되기 전에 투자자금의 전부 또는 일부를 회수하는 것을 환매라 한다. 환매의 가능 여부에 따라 개방형과 폐쇄형으로 구분된다. 개방형(open-end)은 간접투자기간 중 투자자가 간접투자증권의 발행자에게 자유로이 환매가 인정되는 펀드이다. 보통 환매가격은 간접투자재산의 순자산가치로 산정된 기준가격에서 환매수수료를 차감하여 계산한다. 개방형은 통상적으로 추가설정을 할 수 있는데 이를 완전한 개방형이라고 하고, 제한적인 환매가 가능하나 추가설정은 허용되지 않는 형태를 준개방형이라고 한다. 개방형의 대표적인 펀드는 미국의 뮤추얼펀드이다. 한국에서 채권형은 대개 추가형과 개방형이다.

폐쇄형(close-end)은 간접투자기간 중 투자자의 사망, 천재지변 등 소정의 사유 발생 시에 한하여 환매가 인정되는 펀드이다. 환매가 인정되지 않는 대신에 폐쇄형 간접투자증권의 유동성을 기하기 위하여 간접투자증권이 거래소에 상장되어 거래되기도 한다.

2-2. 투자대상에 의한 분류

(1) 투자대상에 따른 펀드의 종류

증권을 대상으로 하는 집합투자기구는 증권의 종류에 따라 주식형(지분증권형), 채권형(채무증권형), 혼합형으로 구분된다. 주식형은 펀드자산을 주로 주식으로 운용하는 펀드이며, 채권형은 펀드자산을 주로 국공채 및 회사채로 운용하는 펀드이다.

(2) 투자기간과 투자방법에 따른 펀드의 종류

펀드의 투자기간과 방법에 따른 펀드의 종류는 다음과 같이 구분된다.

▌표 8-4▌ 투자기간과 투자방법에 따른 펀드의 종류

분 류	종 류	내 용
투자기간	단기형	보통 6개월 미만의 단기투자
	장기형	보통 6개월 이상의 중·장기자금 운용에 유리한 투자신탁 상품, 수익증권 명칭 앞에 장기라는 용어를 사용(예 : 근로자장기저축 채권형)
투자방법	임의식	투자기간 및 투자금액을 정하지 않고 자유로이 입출금이 가능한 방식(은행의 보통예금과 유사)
	거치식	투자금액을 일정기간 이상 투자하여 매월 정기적으로 이자를 인출할 수 있는 상품(은행의 정기예금과 유사)
	적립식	투자기간 및 투자금액을 미리 정하여 투자기간동안 매월 투자하는 방식(은행의 정기적금과 유사)

(3) 펀드의 투자자금 모집방법에 따른 종류

펀드의 판매방법에는 매각식과 모집식이 있다. 매각식은 먼저 집합투자업자(위탁자)의 고유재산인 현금이나 유가증권으로 신탁규모를 설정한 후 펀드를 발행하여 투자자에게 매각하는 방식인데, 국내 투자신탁은 대부분 매각방식을 채택하고 있다. 모집식은 집합투자업자가 불특정 다수인으로부터 균일한 조건으로 투자자금을 모집하고 신탁 설정일에 동 자금을 납입하여 모집된 투자자금으로 신탁을 설정하는 방법이다.

(4) 투자자금의 모집대상 수에 따른 펀드의 종류

집합투자펀드는 모집방법에 따라 공모(public offering)와 사모(private offering)로 구분된다. 공모는 자본시장법상 50인 이상의 불특정 다수의 투자자를 대상으로 모집하는 것을 의미한다. 그런데 자본시장법에서는 '모집'이란 대통령령으로 정하는 방법에 따라 50인 이상의 투자자에게 새로 발행되는 증권의 취득의 청약을 권유하는 것으로 정의하여 공모를 '모집'이라 정의하였다. 그리고 사모란 새로 발행되는 증권의 취득의 청약을 권유하는 것으로서 모집에 해당하지 아니하는 것으로 정의한다.

공모에 의해 모집된 공모집합투자기구의 운용은 금융위원회의 감독을 받는다. 예를 들어 펀드 총액의 10% 이상을 동일 종목에 투자할 수 없고, 특정회사가 발행한 주식 총수의 10% 이상을 투자할 수 없으며, 성과보수에 대한 제약이 따른다. 그러나 사모에 의한 사모집합투자기구(사모펀드)의 운용에 있어서는 규제가 완화된다.

2-3. 사모펀드의 분류

(1) 자본시장법 관련 사모펀드

① 사모집합투자기구

우리나라에서 사모집합투자기구란 공모(자본시장법상 모집, 매출)가 아닌 사모의 방법으로 자금을 집합하여 운용하는 펀드로 50인 미만의 투자자로부터 자금을 모으는 행위로 규정된다.

사모집합투자기구는 펀드에 관련된 법규를 원칙적으로 적용하되, 재산 운용 및 공시사항 등 일부 규정의 적용을 면제하고 특례를 인정하고 있는 형태로 공모펀드에 비하여 규제가 완화되어 있다.

국내법에서 사모집합투자기구는 집합투자업 인가를 받은 자에 한하여 운용이 가능하므로 원칙적으로 집합투자업 규제를 적용받는다. 투자신탁·투자회사·조합 등 집합투자기구의 다양한 회사 형태를 선택할 수 있고, 집합투자기구가 설정·설립된 경우 그 집합투자기구를 금융위원회에 등록해야 할 의무를 지닌다.

그리고 집합투자업자가 운용업무를 수행하며, 투자회사 등의 집합투자재산 운용업무는 그 투자회사 등의 법인이사·업무집행사원 또는 업무집행조합원인 집합투자업자가 이를 수행한다. 또한 재산의 보관관리업무를 신탁업자에게 위탁하고, 펀드를 판매하고자 하는 경우 투자매매업자와 판매계약을 체결하거나 투자중개업자와 위탁판매계약을 체결하여야 한다.

② 전문사모집합투자기구

전통적인 투자와 접근 방법이 다른 대체투자 수요증대, 신성장동력 분야의 투자 필요성, 자본시장의 토종 헤지펀드 육성 필요성이 제기되어 왔다. 이에 따라 2009년 정부는 자본시장법 개정과 관련 시행령 제정을 통하여 '적격투자자만을 대상으로 하는 사모집합투자기구'를 법률화하여 '헤지펀드'의 법적 근거를 마련하였다.

전문사모집합투자기구는 집합투자증권을 적격투자자만을 대상으로 사모로만 발행하는 집합투자기구 중 사모투자전문회사를 제외한 집합투자기구로 정의되며, 여기서 적격투자자란 국가 및 외국정부, 은행, 보험사, 금융투자업자, 연기금·공제법인 등을 포함하게 된다.

전문사모집합투자기구의 경우 투자신탁, 투자회사, 조합 등 집합투자기구의 다양한 형태 중 선택할 수 있으며 등록의무는 배제되고 사후 보고의무를 지닌다.

③ 사모투자전문회사

사모투자전문회사는 경영권 참여, 사업구조 또는 지배구조의 개선 등을 위하여 지분증권 등에 투자·운용하는 투자합자회사로서 지분증권을 사모로만 발행하는 집합투자기구를 말하며, 다른 정함이 없는 한 원칙적으로 '상법'의 합자회사에 관한 규정이 적용된다.

사모투자전문회사의 운용은 원칙적으로 경영권참여 목적의 운용만 허용하고 포트폴리오 투자는 금지된다.

④ 기업재무안정 사모투자전문회사

사모투자전문회사의 경우 재산 운용방법이 경영권 참여 목적 투자로 제한되어 있어 부동산, 부실채권(Non-Performance Loan : NPL) 등 부실자산 매입이 곤란한 측면이 있다. 그래서 2010년 3월 3년 한시법으로 사모투자전문회사에 대한 자산운용 등의 특례를 신설하였다.

(2) 자본시장법 이외 법률 관련 특수펀드

특수펀드는 자본시장법이 아닌 개별법이나 외국법에 의해 설정 · 설립된 펀드를 말한다. 현재 개별법에 의해 설정 · 설립된 펀드로 위탁관리부동산투자회사와 구조조정부동산투자회사(이상 '부동산투자회사법'), 선박투자회사('선박투자회사법'), 창업투자조합('중소기업창업지원법'), 기업구조조정조합과 기업구조조정전문회사(이상 '산업발전법') 등이 있다.

그러나 이와 같은 개별법에 근거를 둔 집합투자업에 대해서도 원칙적으로는 자본시장법상의 집합투자업 규제가 적용된다. 다만 개별 집합투자업의 특수성에 따라 동법의 규정을 배제하고자 할 경우에는 해당 법률에 명시적인 규정을 두어야 하며 이 경우에도 투자자 보호를 위한 이해상충 방지체제 구축, 내부통제기준 제정 등 11개의 집합투자업 핵심규제는 해당 법률로도 배제할 수 없다.

개별법에 의한 특수펀드는 대부분 단위형 · 환매금지형으로 설정되는데 이는 투자의 특성상 투자대상 사업이 종료되면 신탁계약 또한 종료되므로 단위형이 적합하고 투자대상 사업이 종료되기 이전에는 투자자금을 회수하기가 곤란하므로 중도환매를 허용하지 않는 환매금지형이 불가피하기 때문이다.

사례 : 선박투자회사

선박투자회사는 '선박투자회사법'에 의거 설정 · 운영되는 투자회사로 선박에 투자하여 그 수익을 주주들에게 배분하는 펀드이다. 선박투자회사는 해양수산부 장관의 인가(금융위원회 통보)를 받아야 하며 최소자본금은 50억 원 이상으로 설정된다. 동 펀드는 투자자금 모집→선박투자회사 설립→선박 건조 또는 매입→해운선사에 대선(용선)→용선료로 차입금 상환 및 투자자 배당 등의 구조를 갖고 있다.

현재 가장 많이 이용되고 있는 선박펀드는 선박투자회사, 선박운용회사, 자산보관회사 및 해외자회사 등의 운영구조를 가지고 있다. 선박투자회사는 투자자들의 자금조성을 위한 주식회사 형태의 명목회사이고 선박운용회사는 선박투자회사로부터 선박투자 운용관련 업무를 위임받아 처리한다. 자산보관회사는 선박소유관련 증서, 증권, 현금 등의 자산보관업무를 담당한다.

▮그림 8-2▮ 선박펀드의 구조

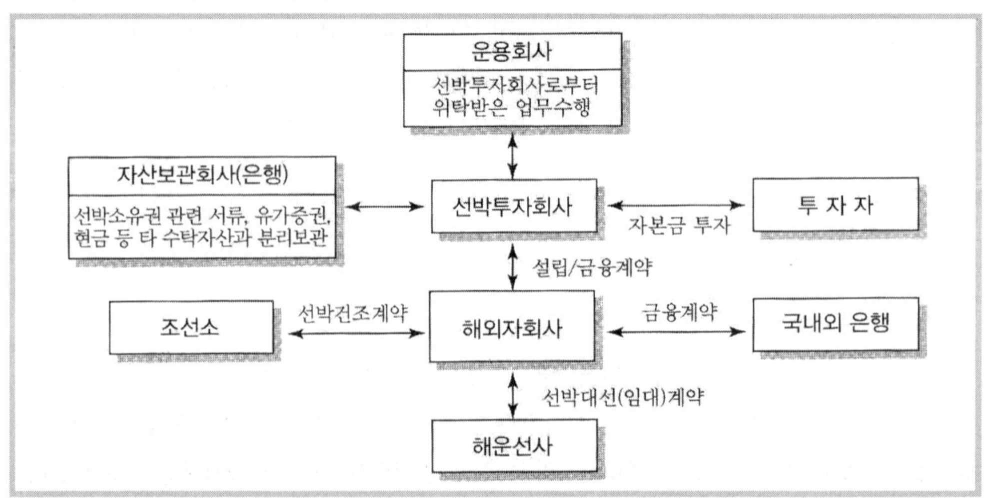

3. Private Equity Fund(PEF)[6]

3-1. PEF의 개념

(1) PEF 구조

PEF는 사모의 방식으로 자금을 모집하여(Private placement) 비상장지분(Private Equity : PE) 투자를 하는 집합투자기구를 통칭한다.

비상장지분이란 상장주(Public Equity)와 반대되는 개념으로서 기업공개 이전 상태에 있는 비상장기업의 지분(ownership)으로 실질적으로 비상장기업 지분 유형의 증권을 의미한다. 비상장지분의 종류는 그 특성과 투자대상인 비상장기업의 성장단계가 지닌 특성에 따라 다양한 형태로 나타나고, 비상장기업의 자금 조달 필요성, 자금 조달 규모, 기업 성숙도에 따라 각각 다른 형태의 투자방법이 나타날 수 있다. 비상장지분은 주식 또는 주식과 유사한 성격을 가진 채권으로 구분된다.

이러한 비상장지분에 대한 투자를 PE 투자(Private Equity Investment) 또는 PE라고 하며, PEF는 이 비상장 지분에 투자하는 사모펀드를 통칭한다.[7]

일반적으로 PEF는 무한책임사원(General Partner: GP)과 유한책임사원(Limited Partner: LP)이 출자하여 합자회사(limited partnership) 형태의 사모투자펀드를 설립하고, 무한책임사원 중에서 업무집행사원을 정하여 자금을 운용하도록 한다. 그 후 투자대상인 기업의 가치제고, 회수 과정을 거쳐 투자수익을 취한다.

PEF의 투자 과정을 살펴보면 적극적인 투자전략을 통하여 투자대상을 발굴하고(deal sourcing), 기업에 대한 정밀 실사(due diligence) 및 투자조건에 대한 협상(negotiation)을 통하여 투자를 실행하며, 투자 이후 투자기업의 기업가치 증대를 위한 다양한 노력을 하게 되어 투자 수익을 극대화하는 과정을 거친다.

이러한 PE 투자는 상장기업에 대한 투자와 달리 투자대상 기업이 속한 산업 및 업종에 대한 전문적인 지식을 바탕으로 투자대상 기업을 발굴하고, 유리한 투자조건을 이끌어낼 수 있는 협상력과 투자수익 제고를 위한 투자기업의 기업가치 증대를 위해 다양한 전략을 펼쳐야 하는 전문적인 투자방식이다.

---

6) 김규림·김수민·문주호, Private Equity Fund (한국금융연수원 2015) 참조
7) 우리나라에서는 현행 자본시장법상 ‘사모투자전문회사=PEF’라는 좁은 의미로 PEF를 정의하는 경우가 있음.

▌그림 8-3▌ 일반적 PEF 구조

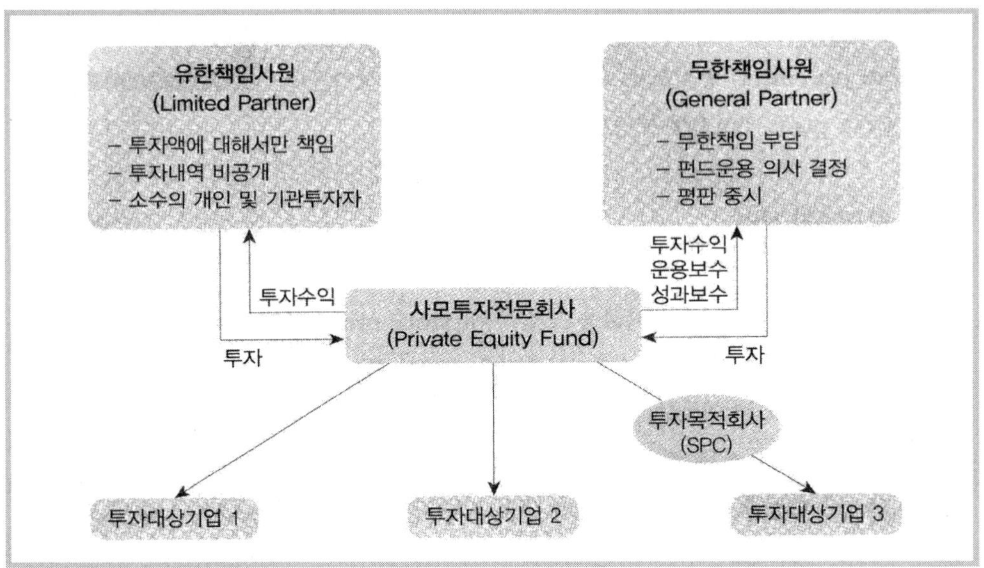

☞ 우리나라 회사의 형태

- 우리나라 '상법'은 회사를 5 종류로 나누어 합명회사, 합자회사, 유한책임회사, 주식회사, 유한회사로 규정하고 있다.

구 분	정의 및 사원 책임
합명회사	- 무한책임사원으로 구성된 회사 - 각 사원은 회사의 채무에 대하여 연대하여 무한의 책임 부담
합자회사	- 무한책임사원과 유한책임사원으로 구성된 회사 - 무한책임사원은 회사의 채무에 대하여 연대하여 무한의 책임 부담 - 유한책임사원은 출자금액의 한도 내에서 책임 부담
주식회사	- 5,000만원 이상의 자본금으로 설립 - 각 주주는 보유 주식의 인수가액 한도 내에서 책임 부담
유한책임회사	- 사원의 출자 및 설립등기에 의하여 설립 - 사원은 출자금액의 한도에서 책임부담
유한회사	- 50명 이하의 사원으로 조직되는 회사 - 1,000만 원 이상의 자본금으로 설립 - 각 사원은 그 출자금액의 한도 내에서 책임 부담

(2) PEF의 시장 참가자

PE 투자는 상장기업에 대한 투자보다는 상대적으로 위험도가 높고, 투자대상 기업이 속한 산업 및 업종에 대한 전문적인 지식을 바탕으로 투자대상 기업을 발굴하고 유리한 투자조건을 이끌어낼 수 있는 협상력과 투자수익 제고를 위한 투자기업의 기업가치 증대 능력이 요구된다.

또한 일반 펀드의 경우 주식 등을 통한 분산투자가 가능한 반면, PE 투자의 경우 현실적으로 다양한 투자대상에 분산투자를 할 수 없으므로 본질적 고유위험을 감수해야 한다. 따라서 PE 투자에 참여하는 이해 관계자들은 법률 · 회계 · 금융에 관한 전문 지식과 실무에 대한 풍부한 능력과 경험을 갖추어야 한다.

① 출자자(investors)

연금(pension fund), 기금, 공제회, 은행, 보험사, 증권사, 일반 기업 등 다양한 그룹이 PEF에 출자하고 있으며, 통상 5~7년 이상의 장기 자금운용 수요를 가진 기관 및 개인이 주류를 이루고 있다.

② 중개자(intermediaries)

새로운 형태의 PEF 출시, 다양한 투자자의 등장으로 PE 시장이 성장함에 따라 다양한 참가자가 중개자로 활동하고 있다. 선진국의 경우 무한책임사원으로 PEF 운용사, 투자은행, 금융자회사, 벤처캐피털이 투자자로부터 자금을 위탁받아 운용하는 주체로 활동하고 있다.

PEF 운용사의 경우 투자자금의 조달과 투자의 집행이라는 기능을 수행하며, 전체 운용사의 약 80%가량이 이익극대화와 이해상충 등의 이유로 별도의 독립적인 합자회사 형태로 펀드를 운용하고 있으며, 나머지 20%가량이 PEF 운용사와 협약 형태로 PE에 투자하고 있다.

③ 투자대상기업(companies)

PE의 투자를 유치하는 회사로, 투자대상기업의 특징에 따라 크게 벤처캐피털 투자와 이를 제외한 비벤처캐피탈인 PEF 투자로 나누기도 한다.

벤처캐피털 투자의 경우 일반적으로 향후 높은 수익률이 기대되는 신생기업, 창업단계(seed/start-up)의 기업, 확장단계의 기업을 대상으로 하여 주로 지분 투자를 목적으로 하며, 비벤처캐피털 PEF 투자의 경우 중견 기업을 포함하여 투자대상을 선정하며, 주로 자본구조의 개선이나 자금조달, 기업인수 및 구조조정을 목적으로 한다.

▌그림 8-4▐ PEF의 시장 참가자

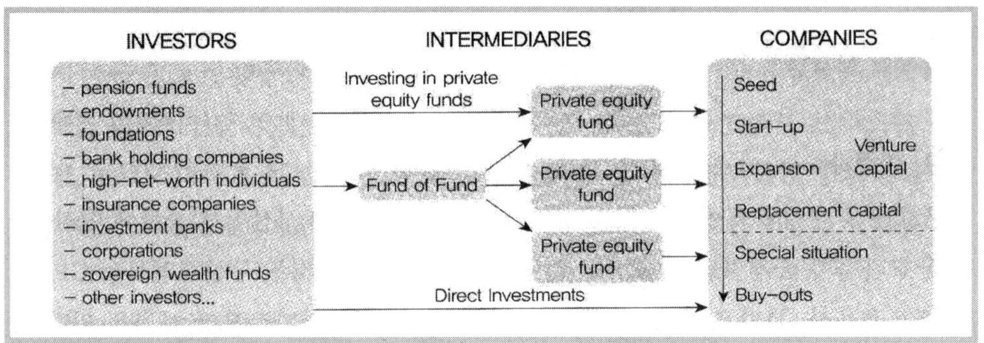

출처: Federal Reserve Bank of Dallas, EVCA/Thomson Reuters/PwC

④ **대리인 및 자문단**(agents and advisors)

대리인 및 자문단은 주로 PEF 설립 및 등록, 자금의 모집, 투자자와 PEF 운용사와의 연결, 조세 및 청산, 국내외 투자 및 투자대상 회사관리 등 PEF 설립과 운용 전 과정에 수반되는 다양한 문제들을 다루며, 잠재적 고객을 위한 펀드의 가치 평가 등을 전담하는 정보 생산자의 역할을 담당한다.

PEF 관련계약서를 작성하거나 진행과정 동안 절차에 따른 법률적 검토 등 법률 자문을 담당하는 법무법인과 변호사, 대상기업의 분석을 위해 재무제표를 바탕으로 대상 기업의 장부와 자료를 조사하고 그에 따른 회계 정보를 찾아내며, 실제 정밀실사를 수행하는 등 회계적인 자문을 담당하는 회계법인과 회계사 등이 중요한 참가자가 된다.

또한 PEF의 펀드구조, 거래시점, 자금모집 구조 설계, 인수 금융 지원 등 재정적 자문인 역할을 주로 담당하는 투자은행(investment bank) 역시 대리인 · 자문인으로서 중요한 역할을 담당한다.

3-2. PEF의 분류

(1) 프로젝트펀드와 블라인드펀드

① **프로젝트펀드**(project fund)

프로젝트펀드는 구체적인 투자대상을 정하고 자금을 모집하는 방법으로 투자대상 확정 후 펀드를 모집·설립한다. 따라서 투자자들이 투자대상에 대해 미리 파악할 수 있으므로 펀드 모집이 용이하다. 그러나 인수 협상 도중에 대상 기업의 정보가 유출되어 가격이 높아져서 펀드 결성 후 인수에 실패할 가능성이 있다.

대부분은 펀드 설립에 앞서 입찰 등에 참여하고 최소 우선협상대상자로 선정된 이후

펀드를 설립하고 있다. 이에 따라 투자자 간 계약관계 정비 및 일정의 검토가 요구되며, 전략적 투자자(SI)와의 공동 투자시 설립 전에 회사의 모든 구조설계를 완료하여 투자자를 유치해야 한다.

② **블라인드펀드(blind fund)**

블라인드펀드는 사전적으로 투자대상기업에 대한 일정 방침 및 기준을 제시하고 펀드 자금을 조성하는 펀드이다. 사전에 투자대상이 정해진 것이 아니기 때문에 운용상 자율성이 높아서 다양한 업종에 대한 투자 및 포트폴리오 구성이 가능하며, 투자대상 기업에 대한 비밀을 유지할 수 있다. 그러나 펀드 투자자가 투자대상에 대한 리스크를 알 수 없고, 무한책임사원에 대한 신뢰가 구축되지 않으면 자금모집이 용이하지 않으며, 일부 출자자가 캐피털 콜(capital call)에 불응할 경우 투자에 차질이 발생할 수 있다.

우리나라의 경우 2004~2010년 설정된 펀드 162개 중 블라인드펀드는 98개(60%)인 반면 프로젝트펀드는 64개(40%)가 설정되어 있어서 이 시기 전체적으로 블라인드펀드의 비중이 높은 것으로 보인다.

표 8-5 프로젝트펀드와 블라인드펀드

구 분	프로젝트펀드	블라인드펀드
투자대상	사전에 정해진 투자대상에 투자	투자대상 미확정상태 (투자대상 기업에 대한 일정 방침 및 기준을 제시)
투자 의사결정 주체	LP투자심의위원회	GP투자심의위원회
장 점	투자자금모집 용이	- 비밀유지 - 운용에 대한 자율성
단 점	투자대상 기업의 정보유출 가능성	- 펀드 자금모집 난해 - 펀드투자자의 경우 리스크 알 수 없음 - 출자자의 캐피털 콜 불응시 투자 차질 우려 가능

(2) 운용전략별 구분

PEF의 투자대상 기업의 성격과 기업의 성장단계를 연결시켜서 운용전략을 구분할 수 있다. 우선 PE는 주식형 PE와 부채형 PE로 대별될 수 있다. 주식형 PE는 증권이 지분을 나타내는 주식인 반면, 부채형 PE는 주식의 성격을 가진 채권으로 기업의 지분으로 전환될 수 있는 권리를 보유한 부채로 볼 수 있다.

① **벤처캐피털 펀드**

벤처케피털의 운영형태는 다른 PEF와 마찬가지로 1명 이상의 무한책임사원과 1명이상의 유한책임사원으로 구성되는 합자회사 형태를 선택하는 것이 일반적이다.

이러한 형태의 벤처캐피털이 많은 이유는 회사설립의 용이성 및 세금 부담이 조합원에게 이전될 수 있으므로 이중과세를 피할 수 있다는 장점 때문이다. 유한조합 설립 시 사원은 투자를 약정하게 되고, 캐피털 콜이 있는 경우 실질적으로 자금의 출자투자가 집행된다.

벤처캐피털은 합자회사형태 이외 유한채무회사(Limited Liability Company: LLC) 형태를 띠기도 한다. 주식회사와 같이 투자금액 한도 내에서 책임을 지되 합자회사와 마찬가지로 자본이득을 포함한 이익과 손실은 회사의 지분을 가진 투자자들에게 이전된다. 특히 투자 시 발생된 순이익은 투자자들에게 이전되어 투자자들이 개인소득세를 납부하여 투자회사에 대한 이중과세를 피할 수 있는 장점이 있다.

기업이 여유 현금을 적절히 투자하기 위한 방법으로 기업 벤처캐피털펀드를 만들어 운용하기도 한다. 이는 일종의 사내 벤처펀드로 외부투자자의 투자참여를 허용하지 않지만 펀드의 투자가 사내 벤처에만 국한되는 것이 아니고 외부의 벤처기업에도 투자가 이루어질 수 있으므로 전략적 투자자가 이를 이용하기도 한다. 이러한 기업 벤처캐피털펀드는 자회사 형태로 운용된다.

② **기업인수펀드(Buy-out fund)**

기업 성장단계상 기업인수펀드는 벤처캐피털이 투자하는 기업과 다른 점이 있다. 사업이 비교적 안정적이거나 성숙단계의 산업에 속한 기업 중 성장이 일시 정체되어 있거나 경영상의 비효율성이 높아 기업가치가 하락된 기업의 경영권을 행사할 수 있는 충분한 지분(100% 또는 최대주주로서의 지분)을 인수하거나 핵심 자산을 매수한 후 재무구조 개선이나 사업구조조정 또는 기업합병 등을 통해 기업가치를 제고하여 운용이익을 추구하는 펀드이다.

일반적으로 M&A와 기업인수는 기업의 경영권을 매수한다는 의미에서는 동일하지만 경영권 인수 주체와 동기 및 목적에서 상이하다. M&A는 전략적 투자자에 의해 경영권을 매수하게 되고, 기업의 다각화 차원에서 경영권을 매수한 후 피매수기업은 매수기업의 자회사가 되거나 매수기업과 합병이 이루어진다. 반면 기업인수는 재무적 투자자에 의해 경영권 매수가 이루어지며, 기업가치를 제고한 후 재매각을 전제로 한다. 일반적으로 PEF에 참여하는 재무적 투자자는 경영노하우와 기업가치 제고 경험에 따라 다른 투자 패턴을 지닌다.

i) PEF 운용회사가 인수 투자 경험이 없는 경우, 경영능력을 보유한 전략적 투자자와 컨소시엄을 구성하여 기업을 인수할 수 있다. 이때 전략적 투자자가 최대주주로서 기업을 경영하고, PEF는 수동적으로 경영에 참여하여 자본이득을 추구할 수 있다.

ii) PEF 운용회사가 독자적으로 기업을 인수하거나 경영할 능력이 부족한 경우, 전략적 투자자와 함께 기업을 인수하고 공동으로 기업을 경영해나갈 수 있다. 이를 통하여 PEF 운용회사는 공동 경영인인 전략적 투자자로부터 경영노하우를 전수받을 수 있다.

iii) PEF 운용회사가 독자적으로 기업을 인수하고 전문 경영인을 선임하거나 내부의 컨설팅팀을 이용하여 이들을 기업 경영에 참가시키는 방식으로 투자할 수도 있다.

③ LBO 펀드

기업인수 과정에서 자기자본 외 차입을 통해 자금을 마련하는 경우 차입인수(Leveraged Buy-out: LBO)라고 칭한다. 자금 여력이 충분하지 않은 매수 기업이 피매수기업의 자산 및 수익력을 바탕으로 은행이나 보험회사로부터 차입 등을 통해 기업을 매수할 수 있다. M&A를 성사시킨 후 매수한 기업의 자산 매각 대금으로 차입금을 상환하는 방식이다. 적은 자기자본을 가지고 큰 기업을 매수할 수 있다는 장점이 있다.

LBO 펀드가 막대한 레버리지를 일으킬 수 있는 이유는 목표 기업이 신생벤처기업이 아니라 양(+)의 현금흐름을 일으킬 수 있는 기업이기 때문이다. 따라서 LBO는 목표기업의 과거 현금흐름과 향후 현금흐름의 개선 가능성과 그 범위, 개선된 현금흐름으로 부채의 원리금을 상환할 수 있는 기간, 실질적 기업의 현금흐름을 향유할 수 있는 시점 등에 대한 분석이 요구된다.

LBO 거래의 핵심은 자본구조화(capital structuring), 즉 해당 기업에 대한 인수자금 중 차입비중과 자본구성을 어떻게 할 것인가에 있다. 이때 매수자금을 조달하여 매수대상 기업의 부채를 상환하고 경영권을 확보할 수준으로 주식을 매수해야 한다. 일반적으로 자금의 대부분은 레버리지를 통해 조달하고, 나머지는 펀드의 지분자금을 통해 조달하게 된다. 따라서 LBO 거래에는 선순위부채(senior debt), 후순위부채(subordinated debt) 또는 메자닌부채(mezzanine debt), 직접출자금을 의미하는 지분(equity)이라는 방식으로 자금조달이 이루어진다.

일반적인 LBO의 자본구조는 기업인수(Buy-out)펀드의 직접 출자금을 20~30%로 하고, 나머지는 후순위부채 20~30%, 선순위부채 50~60%로 구성된다.

PEF의 대표적인 예로 LBO 펀드의 거래구조를 살펴보면 펀드 조성단계에서 블라인드 형태 또는 프로젝트 형태로 투자대상을 정하고 투자자를 모집하여 유한책임사원과 무한책임사원이 만든 합자회사 형태로 PEF를 설립한다. 무한책임사원 중 1인 이상을 업무집

행사원으로 두도록 되어 있다.

일반적으로 유한책임사원은 무한책임사원에게 출자하고, 무한책임사원은 이를 운용하는데 무한책임사원은 일반적인 펀드 매니저와 달리 기준 수익률을 넘는 초과수익의 일정 비율을 자신이 가져갈 수 있는 성과보상 체계를 가지게 된다. 통상 각 출자자의 출자약정금액은 구체적인 실행 시 소요금액 지분 비율에 따라 각 출자자의 출자 약정금액 한도 내에서 지출하는 방식인 캐피털 콜 방식으로 이루어진다.

투자 실행단계에서는 적정 투자대상 기업을 물색하는 기업탐색과정(deal identification), 투자 후보기업에 대한 영업 및 현황을 살펴보는 실사과정(due diligence)을 거친다. 그리고 수익의 극대화와 리스크를 최소화하기 위한 출자 및 차입 규모를 결정하고, 해당 기업의 가치를 평가하는 거래 구조화 및 평가(deal structuring and valuation)과정, 기업의 매입가격을 매도인과 협상하고 결정하는 매입가격결정(pricing), 투자대상기업의 주주 및 채권자에게 매입대금을 지급하고 주식의 소유권을 이전하는 자금집행 및 거래종결(closing)과정을 거친다.

투자대상 기업의 선정기준에 따라 후보기업이 선정되면 실사 작업을 통해 매입가격을 매도인 측에 제시하고 자본구조화 즉, 해당기업에 대한 인수자금중 차입비중과 자본구성을 어떻게 할 것인가에 대하여 검토한다.

LBO의 전형적인 형태는 매수대상기업의 인수를 위해 별도의 특수목적회사(special purpose company: SPC)를 설립하고, 이 SPC가 출자증권과 채권을 발행하여 조달한 자금으로 매입대금을 지급하는 방식이다. 이때 대상기업의 부채가 많은 경우 제3자로부터 차입 대신 부채를 인수하고 기업인수펀드에 의해 조달된 자본금만 매도인에게 지급하는 방식이 활용되기도 한다.

우리나라 법규에서 무한책임사원과 유한책임사원이 만든 PEF는 다른 PEF 또는 회사로부터 차입할 수 없다. 다만 자유로운 업무를 하기 위해 SPC를 만들어 출자를 하는데, 이 출자과정에서 자기자본의 300%한도 내 차입이 가능하다. 이때 업무집행사원은 무한책임사원이므로 회사에 대한 무한책임을 지게 되나, 현실적으로 SPC를 유한주식회사로 만든 후 차입하게 되어 무한책임을 지지 않게 된다. 이러한 이유뿐만 아니라 SPC를 만드는 주요 요인은 세금 문제에 기인한다. 일반적으로 조세회피지역에 SPC를 만들어 중복과세를 피하고, 비용절감을 통하여 다양한 PEF가 기업 인수 기회를 포착하도록 하고 있다.

▌그림 8-5▐ LBO펀드의 기본구조

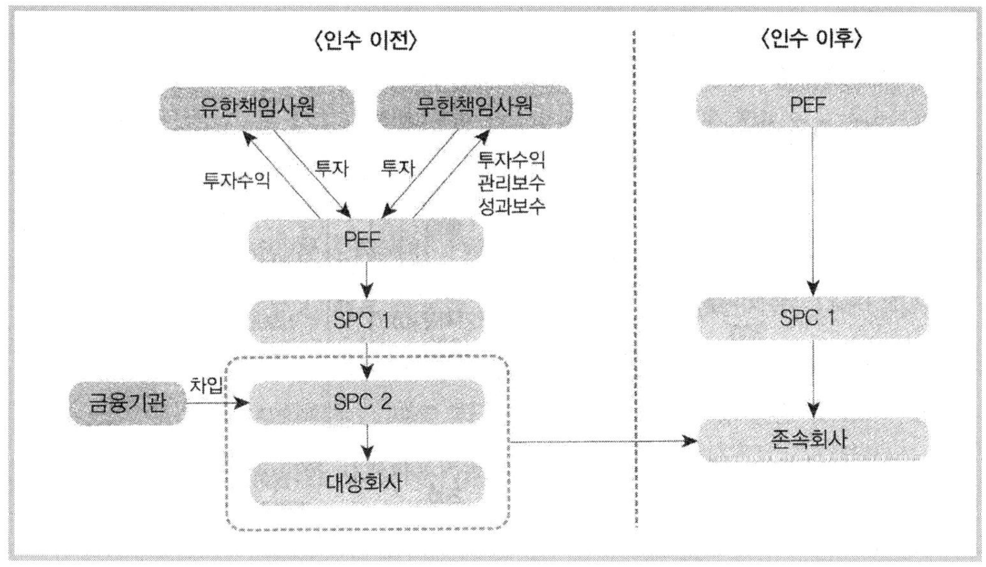

국경간 M&A의 경우 [그림 8-5]와 같이 해외에 SPC1을 설립하여 SPC1이 고수익 후순위채권을 발행하여 추가자금을 조달하고, 인수대상회사가 소재한 국가에 SPC2를 설립하기도 한다. SPC2는 인수대상회사의 자산 또는 현금흐름을 담보로 금융기관으로부터 차입하여 자금을 조달한다. SPC2는 모집된 자금을 바탕으로 대상회사의 주주로부터 주식을 인수하거나 회사의 자산을 양수하여 합병을 추진한다. 인수 후 합병회사는 SPC1의 자회사가 되고 합병에 의하여 SPC2의 초기 부채는 존속회사의 부채로 남아 있게 된다. 따라서 LBO의 대상이 되는 기업이 부채가 적고 안정적이며 충분한 현금이 확보되고 건전한 재무상태를 가진 기업일수록 안정적 LBO가 가능한 구조를 지닌다.

4. 헤지펀드

4-1. 헤지펀드 개념

헤지(hedge)의 사전적 의미는 "내기에서 양다리를 걸치다"이다. 금융분야에서는 위험을 회피한다는 의미로 사용된다. 따라서 원래의 헤지펀드는 투자위험을 줄이기 위해 매도와 매수를 동시에 하거나, 현물과 선물에 분산해서 투자하는 펀드를 의미했다. 그러나 헤지펀드의 귀재라고 일컫는 조지소로스가 등장하면서 다양한 금융기법을 이용해 세계 각국을 넘나들며, 적대적 M&A, 환투기, 파생상품거래 등으로 투자위험을 감수하면서 단기투자수익을 추구하는 단기투기자본의 통칭이 되었다.

헤지펀드는 특정 소수의 투자자로부터 사모방식(private placement)으로 자금을 모아 고수익을 추구하는 사모펀드다.[8] 헤지펀드는 민간유한책임회사 또는 조합의 형태로 설립되며, 일반파트너(general partner)와 유한파트너(limited partner)로 구분된다. 일반파트너는 상당한 정도의 자기 자산과 투자자의 자금을 모아 펀드를 설정한다. 펀드규모는 대략 5백만 달러에서 1억 달러 정도이며, 보통 성과수수료 20%와 순자산가치의 1%를 운용수수료로 받는다. 유한파트너는 투자자의 자금으로 최소 25만 달러 이상의 펀드를 설정하고, 봉쇄조항(lock-up)에 따라 투자기간(보통 1년) 투자자금을 회수할 수 없는 것이 원칙이다.

이러한 헤지펀드의 공격적 운영에 대한 반응으로 헤지펀드 시장에 메릴린치, 모건스탠리, 씨티그룹 등의 세계 굴지의 투자은행과 일부 사모펀드(Private Equity Fund)가 적극 참여하고 있다.

4-2. 헤지펀드의 투자전략

헤지펀드는 '투자이익의 극대화', '비용의 최소화', '위험의 민감화'라는 3대 원칙을 철저히 지킨다. 이를 위해 다양한 투자기법을 구사하고 있는데, 전통적인 자산운용회사와는 다음과 같은 점에서 차이가 있다. 헤지펀드는 ① 레버리지를 이용하고, 대규모의 매도포지션을 과감히 보유하는 등 이익극대화를 위해 high risk-high return의 적극적인 전략을 구사한다. ② 투자전략이 자산구성이나 투자시장 선택보다는 실현가능한 성과(performance)에 중점을 두고, 따라서 높은 성과보수를 추구한다. ③ 공매도, 파생상품 거래 등을 활용하여 시장위험을 회피할 수 있는 헤지기법을 병행하기도 하며, 차익거래를 통해 시장상황과 관계없는 투자수익을 추구하기도 한다.

4-3. 레버리지

헤지펀드의 경우 레버리지 활용도가 높아 투자전략에 따라 통상 2~20배까지 투자자산규모가 확대될 수 있다. 따라서 금융시장에 대한 영향력도 확대될 수 있다. 헤지펀드의 경우 레버리지는 ① 자기자본(자산-부채)을 초과하는 자금을 외부에서 차입하거나 주식 공매도, ② 브로커 회사에 있는 신용거래계좌를 통해 자금을 차입, ③ 선물계약, 파생상품 등을 이용한 방법 등을 통해 레버리지를 확대할 수 있다. 그리고 거래전략에 따라 레버리지 비율이 달라질 수 있다.

일반적으로 헤지펀드의 레버리지는 투자수단과 시장상황에 따라 신축적이다. 예를 들

8) 미국의 경우는 100인의 투자자를 기준으로 100인 이하의 투자자로부터 자금을 모집하면 사모로 간주되어 펀드 운용이 자유롭다.

면 1998년 LTCM(Long Term Capital Mgt.) 사태 당시 LTCM의 레버리지는 28배 수준이었다. 2000년 이전에는 헤지펀드의 평균 레버리지는 약 10배 정도였다.

4-4. 헤지펀드와 리스크

헤지펀드는 속성상 고수익을 추구하는 펀드이기 때문에 태생적으로 고위험을 내포하고 있다. 그리고 헤지펀드는 사모펀드여서 금융당국의 규제와 감독이 강하지 않다. 또한 레버리지비율이 여타 투자전략보다 높아 투자손실이 커질 가능성이 높다. 따라서 세계 금융시장의 불안이 발생할 때마다 헤지펀드의 대형 투자손실이나 파산이 관련되어 있는 것이 보통이다. 최근에 발생한 대형 헤지펀드의 위험을 보면 다음과 같다.

1998년 10월, 러시아 국채에 1조 달러를 투자했다가 러시아의 모라토리움 선언으로 파산한 미국 LTCM사건은 헤지펀드의 위험을 그대로 설명해 주는 사건이다. 당시 LTCM의 파산으로 국제금융시장이 큰 충격을 입었다.

2005년 5월의 'GM쇼크'도 유수한 헤지펀드를 파산하게 한 사건이다. 2005년 3월부터 미국 GM과 Ford 자동차회사의 판매부진과 근로자 복지관련 지출에 대한 부담으로 파산설이 나돌았다. 5월 무디스사와 S&P사가 GM과 Ford사에 대해 신용등급을 투자부적격인 B등급으로 하향조정하자 헤지펀드들이 엄청난 손실을 입었고, 이에 따라서 헤지펀드발 6월 금융위기설이 미국을 비롯하여 세계 금융시장을 강타했다.

헤지펀드들은 신흥시장에 투자한 자금을 우선적으로 회수한다. 따라서 신흥시장에서는 외국인투자자금의 이탈에 따라 통화가치와 주가가 폭락하기도 한다. 선진국에서 헤지펀드 위기가 발생할 때마다, 선진국 시장에는 별 영향이 없다가 신흥시장에는 커다란 파장을 가져오는데 이를 나비효과라 한다. 이렇듯 헤지펀드는 고위험·고수익을 추구하는 속성에서 잠재적 위험을 가지고 있다.

5. 국부펀드

5-1. 국부펀드의 개념과 종류

국부펀드(Sovereign Wealth Fund)란 정부가 공적 외환보유액과는 별도로, 재정흑자 등의 잉여자금을 재원으로 조성하여 다양한 종류의 사산에 수익성 위주로 운용하는 국가기금펀드를 의미한다. 쿠웨이트가 1953년 석유판매수입을 재원으로 쿠웨이트 투자위원회를 설립하고 런던에 투자사무소를 개설한 것이 국부펀드의 시작이다. 이러한 의미에서 국부펀드를 민간 금융자본과 비교하면, 민간자본과는 달리 국부펀드에는 자원의 민족주의 등 정부의 전략적 동기가 개입되며, 운용목적에는 수익성 이외에 전략적 자원의 확보,

선진기술의 도입 등이 투자 목표가 될 수 있다. 이러한 차이점을 요약하면 다음 〈표 8-6〉과 같다.

▌표 8-6▐ 국부펀드와 민간금융펀드의 비교

구분	민간금융자본	국부펀드	국부펀드의 특징
운용주체	영리법인	정부	- 투자운용상 정부의 전략적 동기가 개입 - 정보공개 의무가 없음
자금조달	외부 (일반투자자)	내부 (정부재원)	- 수익상환의 부담이 적음 - 장기투자 가능
운용목적	수익성	수익성+α	- 수익성 이외에 경제력 확충, 성장동력 확충, 전략적 목적 달성
펀드 수	1만개 이상	40여개	- 자금투입의 집중력, 투자위험성이 높음 - 경쟁강도는 낮음

자료: LGERI, "국부펀드가 몰려온다", LG Business Insight, 2007. 11. 14.

5-2. 국부펀드 현황과 전망

2013년 10월 현재, 전 세계 국부펀드의 자산규모는 약 6조 달러에 이르는 것으로 추정되고 있다. 글로벌 국부펀드의 규모는 글로벌 금융위기 여파를 겪었던 2009년을 제외하고는 매년 꾸준히 증가하는 추세를 보이고 있다. 이러한 국부펀드 규모는 2011년 기준 글로벌 헤지펀드(약 2조 달러), 글로벌 사모펀드(약 3조 달러)보다는 큰 규모이나, 뮤추얼펀드(약 23조 달러), 보험펀드(약 24조 달러), 연금펀드(약 30조 달러)보다는 작은 규모이다.

2013년 10월 현재 단일 국부펀드로 세계 최대 규모의 펀드는 8572억 달러의 노르웨이 Government Pension Fund이다. 국가별로는 중국이 3개의 국부펀드를 운용하고 있는데, 펀드 총규모는 1조 3037억 달러로 단연 최대 규모이다. 중국의 국부펀드는 외환보유액을 출자한 비상품펀드이다. 한국의 경우 한국투자공사(KIC)가 외환보유액출자 등으로 566억 달러를 운용하고 있다. 한편 2013년 10월말 현재 국부펀드의 기금소스를 보면 원유 및 가스가 59%를, 기타 비상품이 41%를 차지하였다.

국부펀드의 종류에 있어서 비상품(Non-commodity) 국부펀드가 증가하는 추세를 보이고 있다. 2009년 말까지 전체 국부펀드의 60% 이상을 상품펀드가 차지하고 있었으나, 최근 아시아 국가들의 무역수지 흑자로 비상품펀드의 비중이 점차 증가하여, 2013년 말 현재 비상품펀드의 비중이 전체의 45.4%를 차지하였다.

한편 국부펀드의 운용에 있어서도 글로벌금융위기와 남유럽재정위기가 세계경기가 침체되고, 세계 금리도 최저수준을 유지하고 있어, 과거의 소극적 투자전략에서 공격적 투자전략으로 확대되고 있다. 글로벌 위기 이후 투자 대상별로는 상대적으로 채권 등의 안전자산 투자비중은 줄어든 반면 주식, 사모펀드 등 위험자산과 에너지, 자원, 부동산 등 대체투자 비중이 확대되고 있다. 또한 특히 국부펀드의 규모가 커지면서 국경간 인수합병을 위한 지분투자목적의 투자가 크게 증가하고 있다. 그리고 인프라 등 자산 분야의 공격적 투자전략 구사를 위한 장기투자비중도 증가하고 있다.

제4절 투자은행

1. 투자은행업

1-1. 투자은행업의 약사

(1) 미국 투자은행의 발흥

투자은행(investment bank)은 기업이 주식과 회사채를 발행해서 자금을 조달하는 경우 기업을 대신해서 발행된 증권을 인수(underwriting)하려는 투자자를 찾아주고 기업간의 M&A를 자문하거나 주선하는 업무를 핵심업무로 영위하는 금융기관으로 상업은행과 대별된다. 투자은행은 직접금융을 담당하는데 반해, 상업은행은 기업과 투자자 사이에서 간접금융을 담당하는 금융기관이다. 이러한 투자은행은 미국에만 존재하는 금융기관으로 한국의 경우 금융투자회사가 이에 해당된다.

금융산업은 진업주의(Specialized Banking System, 분업주의)와 겸업주의(Universal Banking System)로 구분된다. 한국과 미국이 채택하고 있는 진업주의는 은행, 증권, 보험의 3대 금융 축을 각각의 독립된 금융기관에서 이들 금융업을 영위하는 것을 의미한다. 다만 규모의 경제와 범위의 경제를 추구하기 위하여 각각의 금융산업을 지주회사형태나 자회사의 형태로 결합하기도 하고, 고유 금융업무를 제외하고는 금융기관 간에 전략적 제휴를 통해 여타 금융업무를 영위하는 것이 보통이다. 겸업주의는 하나의 금융기관에서 은행, 증권, 보험의 업무를 영위하는 것을 의미하는데, 독일이 대표적이다.

현대적 의미의 투자은행은 미국 경제의 산물로 1800년대 말 남북전쟁(1861~1865년) 이후 산업화가 진행되면서 시작되었다. 당시 미국의 최대 산업이었던 철도산업, 철강산업과 석유산업이 급속히 성장하는 과정에서 투자은행이 핵심적인 역할을 담당했다.

미국에서 상업은행과 투자은행의 경쟁이 심화되는 가운데 투자은행과 상업은행의 업무를 분리하는 정책은 1999년 Gramm-Leach-Bliley Act에 의해 폐지될 때까지 약 70여년간 유지되었다. 1980년대 세계 금융시장에서 발생한 세계화(globalization), 증권화(securitization), 규제의 완화(deregulation)라는 조류는 미국에서도 금융산업의 개혁을 촉진시켰다. 영국은 1986년 소위 'Big Bang'을 통해 금융산업의 개혁을 가져와 국제금융시장의 지위를 넓혔다. 그리고 아시아에서 일본, 홍콩 등의 금융시장의 발전은 미국의 금융산업에 대한 경쟁요인으로 작용하였다. 그리고 헤지펀드, 사모펀드, 뮤추얼펀드 시장의 확장은 국제자본시장의 구조를 변화시키고 경쟁을 심화시켰다. 또한 미국 내에서도 1980년대에 발전한 정크본드(Junk Bond)는 기존 상업은행의 대출기반을 위협하였다.

이러한 환경의 변화에서 미국의 상업은행들은 투자은행들의 업무영역을 넘어서기 시작했다. 1999년 Gramm-Leach-Bliley Act와 Bank Holding Company Act의 수정으로 Glass-Steagall Act가 공식 폐기되기 전에 이미 상업은행들은 증권인수업무시장에 진출하였다. 예를 들면 1986년 FRB는 Bankers Trust의 CP 업무를 허가했고, 1989년에는 씨티은행, 체이스맨하탄은행 등 일부 상업은행이 회사채인수 업무의 허가를 받았다.

이러한 맥락에서 1994년 Riegle-Neal Act에 의해 은행의 주간(州間) 영업이 전면으로 허용되어 본점이 있는 주 이외에서도 영업을 할 수 있게 되었다. 1999년 Glass-Steagall Act가 Gramm-Leach-Bliley Act와 Bank Holding Company Act의 수정으로 대체되면서 미국의 투자은행과 상업은행의 업무 간 장벽은 없어졌다. 상업은행에게 증권인수업무와 투자업무가 광범위하게 허용되고, 보험상품의 개발과 판매도 대폭 자유화 되었다.

(2) 2008년 금융위기와 투자은행

2007년부터 이후 미국의 서브프라임 모기지 사태에서 촉발되어 2008년 하반기 전 세계금융시장이 금융위기를 겪게 되었다. 2006년 이후 미국에서 주택가격의 버블이 꺼지면서, 2007년 3월 HSBC가 서브프라임 모기지 손실을 발표했고, 이어서 New Century Financial이 파산하였다. 7월에는 미국의 투자은행인 Bears Sterns와 프랑스 BNP Pariba 산하의 헤지펀드가 파산하고, 11월에는 투자은행들의 실적악화가 심화되고, 단기금융시장이 경색되고 크레딧 리스크가 부각되기 시작했다.

그러다가 2008년 3월 거래상대방 위험이 미국 금융기관에 확산되어 MBS 보증기관인 Monoline에 대한 신용등급이 강등되고, Bear Sterns가 상업은행인 JP Morgan Chase에 매각되었다. 7월에는 모기지 부실이 프라임 부문으로까지 확산되면서 미국의 양대 모기지업체인 Fannie Mae와 Freddie Mac을 미국 정부가 각각 1,000억 달러를 투입하여 인수하였다. 9월에는 투자은행들의 파산 가능성이 확대되어 Lehman Brothers가 파산 신청을 하고, Merrill Lynch BOA에 인수되었다. 그리고 Morgan Stanley와 Goldman Sachs는 은행지주회사체제로 전환하여 상업은행을 신설하거나 인수하여 자회사로 두게 되었다. 투자은행은 증권감독기관(SEC)의 감독과 규제를 받아왔으나 은행지주회사로 전환하여 FRB, 통화감독청(OCC), 연방예금보험공사(FDIC)의 감독과 규제를 받게 되었다.

미국의 투자은행은 글래스-스티걸법(Glass-Steagall Act of 1993)에 의해 출발하여 1999년 금융서비스현대화법(Gramm-Leach-Bliley Act)의 제정으로 은행과 증권업의 분리가 사실상 폐지되고 은행과 보험회사가 증권업무를 영위하게 되었다. 그러나 2008년 글로벌 금융위기를 겪으면서 그 동안 투자은행의 사업모델 중 일부는 실패하였다는 평가를 받게 되었다.

투자은행 사업모델의 실패원인으로는, 1990년 이후 급속히 증가한 세계 유동성의 과잉을 배경으로 투자은행이 단기로 자금을 조달하여 높은 레버리지를 이용하여 자산규모를 확대하고 고수익을 추구하는 사업모델을 추구한데서 찾아볼 수 있다. 투자은행은 상업은행과는 달리 예금을 통한 안정적인 자금조달수단이 없어 자금조달의 대부분을 시장에 의존했기 때문이다. 그러나 이러한 고수익 모델은 자산가치의 하락에 따른 손실급증가능성, 자금운용에 있어서 기간구조가 일치하지 못하는데서 오는 유동성리스크, 그리고 과소자기자본리스크 등에 취약했다. 즉, 자산가격이 하락하면 디레버리지(deleverage) 진행에 따라 자산매각이 확대되고, 이는 다시 가격하락의 악순환을 초래하였다.

1-2. 투자은행업의 업무 범위

(1) 전통적인 투자은행 업무

전통적인 투자은행의 업무는 주식이나 채권 등의 증권 인수업무(underwriting)를 포함하는 증권발행업무와 기업 M&A나 구조조정 등에 대한 자문(financial advisory) 업무를 영위하는 금융기관이다. 그러나 세계 금융시장에 세계화, 규제완화, 증권화의 조류가 확산되면서 투자은행의 업무에는 전통적인 증권인수업무외에 기업이나 투자자의 특성과 니즈(needs)에 맞는 새로운 증권을 개발(securities design)하는 기능이 추가되었다. 그리고 M&A 측면에서 투자은행은 대리인으로서의 자문 및 주선업무의 주체에서 자기거래의 주체(principal)자로 등장하였다. 또한 IT가 발달하면서 대리인 기능의 자동화에 따른 수익성 약화를 극복하기 위해 다양한 차익거래, 자산관리, 청산업무, 리서치업무 등으로 업무영역이 확대되고 있다. 그리고 1980년대 금융공학(financial engineering)의 발달에 따라 각종 선물과 옵션 등의 파생상품을 취급하게 되었다.

투자은행의 업무는 증권인수업무, 금융자문업무, 위탁매매업무, 자산관리업무, 자기거래업무 등인데 이를 요약정리하면 다음 〈표 8-7〉과 같다.

▌표 8-7▐ 투자은행업의 업무범위

구분	기능	주요업무내용
협의	자본시장 형성	–유가증권인수(underwriting) –증권분배업무(distribution)
	금융자문	– M&A, 기업구조조정 자문 – 기업재무관련 컨설팅 및 정보제공(advisory)
광의	위탁매매	– 위탁매매 중개업무(시장조성의 업무 포함)
	자산관리	– 펀드판매를 통한 자산운용(은행의 private banking)
	자기자본투자	– 주식 : 상장·비상장주식 – 채권 : 국공채, ABS, MBS, 정크본드 등 – 파생상품 : 선물, 옵션, 스왑, 신용파생상품 등 – 부동산투자(REITs, 직접투자)
	기타	– 벤처캐피탈, 프로젝트파이낸싱, 리서치 등

① 증권인수업무

투자은행은 기업공개(IPO), 유상증자, 채권, ABS, MBS 등의 발행을 통해 자금을 조달하려는 기업을 위해서 다양한 증권설계(security design) 기법을 활용하여 유가증권인수업무를 수행한다. 여기에는 어떤 형태의 증권을 어떤 모집방법(공모, 사모 등)으로 택하는 것이 유리한지도 자문한다. 따라서 발행회사 증권에 대한 인수업무의 성패는 투자은행의 축적된 노하우에 따라 결정된다. 그리고 투자은행은 기업의 증권인수 과정에서 결과적으로 기업의 가치를 평가하고 이를 자본시장에 알리는 역할을 하게 된다.

그리고 기업의 요구와 상황에 맞는 자금조달 상품을 디자인하여 증권이나 채권 같은 전통적인 증권을 통해 자금을 조달할 수 없는 기업의 자금조달도 가능하게 한다.

② 금융자문업무

투자은행은 기업의 M&A, 기업구조조정에 대해 타당성, 절차, 자금조달 방법, 기업가치 평가 등을 포함한 자문업무를 수행한다. M&A나 기업구조조정 분야는 투자은행의 전문적인 지식과 대내외의 네트워크, 인적자원에 따라 성패가 좌우되고 부가가치도 높은 분야이다.

③ 위탁매매업무

투자은행은 발행회사의 증권이 유통시장에서 원활하게 거래될 수 있도록 일련의 서비스를 제공한다. 여기에는 시장조성의 업무도 포함된다. 그러나 IT의 발달로 위탁매매업무와 관련해서는 투자은행의 수익성이 악화되고 있다.

④ 자산관리업무

투자은행은 연금기금이나 기관투자자의 자산을 운용하거나 투자신탁 등 개인투자대상의 펀드를 직접 운용한다. 투자은행이 자신의 방대한 네트워크와 정보를 이용해 고객의 자산을 관리하는 은행의 PB 기능도 행하고 있다. 미국의 투자은행은 자산운용업, 투자자문 및 일임업, 랩어카운트업도 수행한다.

⑤ 자기거래업무

투자은행은 자기매매(principal trading)와 자기계정거래(proprietary trading)를 행한다. 자기매매란 스왑시장에서 스왑딜러나 ELW(equity linked warrants) 시장에서 유동성공급자처럼 증권의 수요와 공급 간에 존재하는 시간적, 공간적, 수량적 불일치를 조정하여 수급을 합치시키기 위해 자기 자신이 매매당사자가 되어 거래의 중개자가 되는 것을 의미한다.(한국 증권회사의 딜링업무)

자기계정거래란 자기자본투자 또는 모험투자라고도 하는데 자금조달의 우위적 위치를 이용하여 수익의 극대화를 위해 M&A, 부동산 프로젝트 지분투자 등에 참여하여 고위험·고수익을 추구하는 투자를 의미한다. 최근에는 투자은행들이 구조조정시장에서 직접 위험을 부담하고 기업에 투자하는 주체로서 참여하기도 한다. 예를 들면, 일반 상업은행의 부서 또는 유한책임사원(limited partnership) 형태의 자회사를 통해 구조조정기업에 투자하기도 한다.

1-3. 국내 투자은행업

(1) 국내 금융기관의 투자은행업

한국의 금융투자업자(증권회사)는 자본시장법에 의해 허용된 투자은행의 업무가 가능하다. 그러나 금융투자업자의 경우는 업무의 선택에 따라 투자은행의 업무가 달라진다. 대형 금융투자업자를 지향하는 경우는 모든 투자은행의 업무를 수행할 수 있다.

은행의 경우 투자금융업의 인가를 받은 겸영은행에게 가능한 투자은행 업무는 증권회사에 비해 다소 제한적이다. 은행은 증권인수·매출업무에서는 국공채 인수만 가능하고, 증권매매업무도 국공채 및 회사채만 매매가 가능하다. 자산관리업무와 M&A 주선업무는 금융투자업자와 마찬가지로 은행이 수행할 수 있지만 위탁매매업무는 은행이 영위할 수 없다. 그리고 장외파생상품매매와 벤처캐피탈업무에서도 은행에는 제약이 가해지고 있다.

▌표 8-8▌ 우리나라의 금융투자업자와 은행의 투자업무 취급

구 분	금융투자업자	은 행
증권인수·매출	가능	국공채 인수업무만 가능
증권 매매	가능	국공채 및 회사채만 매매 가능
M&A 재정자문	가능	가능
위탁매매	가능	불가능
자산관리	가능	펀드판매, 신탁업 등 가능
장외파생상품 매매	가능	법인고객의 위험 회피목적만 가능
벤처캐피탈, PEF	가능	주식담보대출 20% 이내로 제한

자료: 자본시장연구원, "국내 투자은행의 현위치와 과제", 2008. 6

(2) 헤지펀드 제도 도입과 금융투자업자의 투자은행업

한국의 경우는 금융위기 이후에도 금융업의 핵심업무는 전업주의를 지향하되 부수업무는 겸영을 허용하고 있다. 은행의 예대업무 및 환업무, 증권의 유가증권 인수·중개·매매업무, 보험회사의 보험인수, 보험료 수수 및 보험금 지급업무는 전업으로 영위한다. 그러나 부수업무는 금융회사의 내부겸업을 통해 업무영역을 확대해 왔다. 은행의 경우 수익증권 판매, 변액보험 도입 및 방카슈랑스 도입, 자산운용 및 판매 등이 허용되었다.

증권의 경우 신탁업무, 헤지펀드 허용 및 헤지펀드에 대한 대출 등 전담중개업무 허용이 이루어졌다. 보험의 경우 자산운용 및 판매, 신탁업무를 영위하고 있다.

그러다가 2011년 12월 한국형 헤지펀드가 시행되면서, 헤지펀드 시장 구조상 중요한 역할을 행하는 프라임브로커(prime broker : PB) 업무가 종합적인 금융투자업을 영위하는 자본금 3조원 이상인 증권회사에 허용되었다. 2011년 12월 PB 업무를 인가받은 증권회사는 삼성증권, KDB대우증권, 우리투자증권, 한국투자증권, 현대증권 등 5개사이다. PB는 헤지펀드와 관련하여 주식주문, 리서치 등의 브로커리지 업무, 거래청산 및 결제업무, 주식대차 등 주식대여업무, 그리고 투자자모집을 통한 자금조달과 기업대출(레버리지 제공, 자기자본의 100% 이내로 제한) 업무를 영위하고 있다.

연습문제

1. 1997년 외환위기 이후 우리나라 채권시장은 거의 개방되었다. 그러나 아직 외국인투자가 주식시장에 비해서는 활발하지 못한데 그 이유는 무엇인지 설명해 보시오.

2. 전환사채(CB)와 신주인수권부사채(BW)의 차이를 설명해 보시오.

3. 자산유동화증권(ABS) 발행시 신용보강방법에 대해 설명해 보시오.

4. 투자자들이 커버드본드(covered bond)에 투자하는 이유를 설명해 보시오.

5. 우리나라 회사채 발행시 주관기관이 주로 하는 일은 무엇인지 설명해 보시오.

6. 우리나라 채권발행규모를 최근 3년간 종류별로 나타내 보시오.

7. 만기가 3개월 남은 미국 국채를 구입한다고 가정하자. 국채는 순수할인채로 액면가는 $100,000이다. 만일 3개월 동안 수익률이 1%라면 현재 가격은 얼마이겠는가?

8. 당신은 매년 이자를 지급하는 10년 만기 7% 이표채 미국 정부채권의 가격을 알기 원한다고 가정하자.
   1) 만기수익률이 8%라면 가격은 얼마인가?
   2) 이표(이자)가 1년에 두 번 지급되고, 만기수익률이 연 8%라면 가격은 얼마인가?

9. 공모발행(public offering)과 사모발행(private offering)의 차이에 대해 설명하시오.

10. 간접발행시 위탁모집(best-efforts basis)방식은 총액인수방식과 어떻게 다른지 설명하시오.

11. 기업공개(IPO)의 효과에 대해 설명하시오.

12. 기업이 유상증자를 하게 되면 주식가격이 단기에는 대체로 하락하는 경향이 있는데 그 이유는 무엇인가?

13. 어떤 기업이 요구수익률은 10%, 배당성장률은 2%로 일정하다고 한다. 차기의 배당은 $5로 예상된다. 배당할인모형을 이용할 때 현재의 주가는 얼마인가?

14. 선박펀드는 회사형, 폐쇄형, 단위형, 상장형인 것이 보통이다. 왜 그럴 까?

15. 프로젝트펀드와 블라인드펀드의 차이를 설명하시오. 우리나라의 경우 어느 쪽의 비중이 더 높은가?

16. 차입인수(LBO) 방식에 대해 설명하시오.

17. 헤지펀드와 국부펀드의 어떠한 점에서 분명한 차이를 보이는가?

18. 투자은행업의 업무범위를 나열해 보시오.

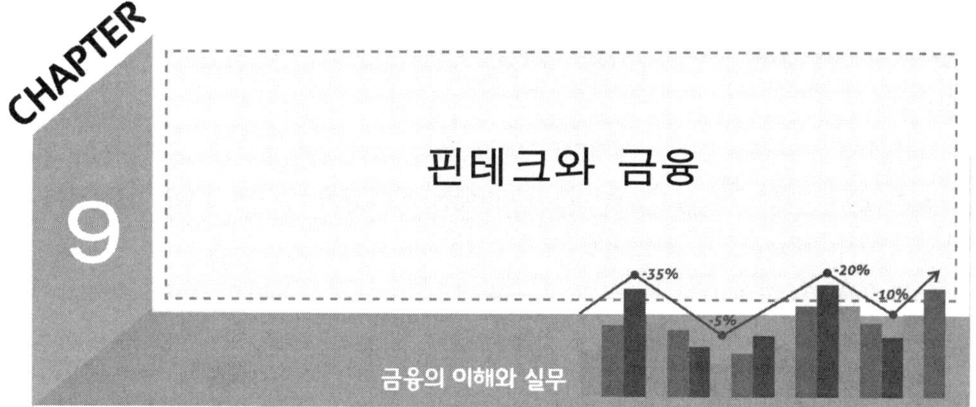

시난 수년간 우리는 화폐와 금융의 다양한 변모 -기존화폐와는 달리 정책당국의 금융규제 바깥에 있는 디지털화폐의 등장, 금융거래를 기존의 중앙집중 방식이 아닌 분산방식으로 유지 · 관리하는 블록체인 기술의 확산과 그 혁신적 응용, 모발일 간편결제 및 간편송금의 확산, 기존 은행대출과는 판이하게 다른 P2P 대출, 로보-어드바이저에 의한 자산운용서비스 제공 등-를 일상에서 직접 목격하고 있다. 이것은 화폐 및 금융 시스템의 새롭고도 급격한 진화과정의 시작부분에 우리가 와 있음을 의미한다. 이러한 화폐금융 진화의 핵심 추진력은 다름 아닌 '핀테크(Fin Tech)'-금융기술(Financial Technology)의 줄임말-혁신이다. 핀테크는 금융혁신의 새로운 조류로, 세계 각 지역 및 국가에서 전통적인 금융의 모습을 급속히 바꾸고 있으며, 이러한 변화는 앞으로도 한동안 지속될 것으로 예상된다.

제1절 핀테크 : 금융혁신의 새로운 조류[1)]

지난 수년간 세계 각국에서는 모든 산업에 걸쳐 디지털 혁신(digital innovation)[2)]이

1) 9장은 정운찬 · 김홍범, 화폐와 금융시장 (율곡출판사, 2018)에서 발췌

2) 디지털 혁신이란 "정보, 컴퓨팅, 통신, 네트워크 등의 디지털 기술 또는 동 기술의 조합을 이용하여 새로운 형태의 제품 및 서비스를 만들어 내는 최근의 산업트렌드를 통칭"한다. 세계경제포럼의 슈왑(K. Schwab)은 이와 같은 최근의 디지털 혁신을 「제4차 산업혁명」(The Fourth Industrial Revolution)의 맥락에서 파악한다. 그에 따르면 "여러 기술의 융합을 통해 물리학적 · 디지털 · 생물학적 영역의 경계를 무너뜨리"는 것을 핵심 특징으로 하는 제4차 산업혁명은 1960년대부터 진행된 제3차 산업혁명("디지털 혁명")에 기반을 둔 것이긴 하지만, 그 "전개속도, 범위, 그리고 생산 · 관

두드러진 추세로 빠르게 자리 잡고 있다. 최근 세상에 널리 알려진 핀테크란 이와 같은 디지털 혁신의 거대한 흐름이 금융산업과 만나 가능해진 최근의 금융혁신 현상을 일컫는 용어이다.

최근 수년간 핀테크 투자는 세계적으로 급증했다. 2012년에는 25억 달러 수준이던 핀테크 투자액이 매년 꾸준히 증가하여 2016년에는 2012년의 약 7배 정도로 성장했다. 여기에는 아시아(특히 중국)의 기여가 컸다.

이와 같은 핀테크의 영향으로 기존의 금융서비스가 더욱 효율적으로 제공되는 것은 물론이고, 다양한 금융서비스가 새롭게 창출됨으로써 금융의 지형자체가 빠르게 바뀌고 있는 중이다.

물론 금융혁신 자체가 최근의 현상은 아니다. 역사적 기록에 따르면 지금부터 약 반만년 인류는 채무계약의 사용이나 물물교환에서 화폐교환으로의 이행을 이미 경험하고 있었으며, 이와 같은 오래 전 사건 또한 당대의 경제생활을 근본적으로 뒤바꿔놓은 획기적 금융혁신이었다.

그동안의 금융혁신은 13세기의 환어음과 복식부기로부터 21세기의 블록체인과 크라우드소싱에 이르기 까지 다양한데 특히 지난 반세기 동안 금융혁신의 진행속도가 엄청나게 빨라졌다. 그 시작은 20세기 중반 근대적 신용카드의 도입이었다. 그 이후 1970~1980년대에는 ATM과 온라인뱅킹이, 1990년대에는 무점포은행과 인터넷은행이, 2000년대에는 모바일뱅킹이 각각 자리를 잡으면서 은행업무 전반에 걸쳐 고객과 은행 간 상호작용의 비대면화가 가능해졌고, 이러한 반세기 동안의 변화를 토대로 글로벌 금융위기 이후부터는 금융혁신이 디지털 혁신이라는 새로운 모습으로 더욱 빠르게 전개되는 중이다.

20세기 중반부터 약 반세기에 걸쳐 빠르게 진행되었던 과거의 금융혁신과 21세기 들어와 더욱 가속화된 최근의 금융혁신은 어떻게 다른가? 요즘의 금융혁신이 핀테크라면 과거의 금융혁신은 기술금융, 즉 테크핀(TechFin : Technological Finance)이라 부를 수 있다. 요즘의 핀테크는 기술(본체)에 금융이 접목되고 있다는 점에서 금융(본체)에 기술이 접목되었던 과거의 금융혁신과는 차이가 난다. 실제로 "금융기업이 아닌 비금융기업, 예를 들면 IT · 전자상거래 · 온라인 결제 · 스마트폰 제조 · 이동통신 등을 포함하는 기술기업이 금융기술을 주도"하는 최근의 금융혁신은 금융기업이 전자적 기술을 받아들여 혁신을 주도했던 과거의 금융혁신과는 양상이 다르다.

리 · 거버넌스 시스템 전체에 미치는 충격"으로 볼 때 제3차 산업혁명과는 확연히 구분된다는 것이다. 하지만 이러한 디지털 혁신 및 융합현상이 과연 제4차 산업혁명인지 여부는 논쟁적이다.

제2절 핀테크와 금융의 변모

1. 개관

핀테크 혁신을 주도하는 핵심기술에는 블록체인 기술, 무선통신 기술, 사물인터넷, 바이오 인증, 빅데이터, 인공지능과 클라우드 컴퓨팅 등이 포함된다. [표 9-1]은 이들 각각의 기술을 간략하게 정리한 내용이다.

▮표 9-1▮ 핀테크의 핵심 기술

블록체인 기술 (Blockchain)	중앙 서버가 모든 거래정보를 집중적으로 관리하는 기존 방식이 아니라 P2P 네트워크의 참여자들이 거래정보의 검증에 다함께 참여하여 분산적으로 관리하는 기술 2008년 비트코인의 탄생과 함께 그 거래기록 원장을 관리하는 기술로 처음 소개되었으나, 최근에는 각종 자산의 거래 및 소유권 관련 정보의 관리와 같은 다양한 분야로의 응용가능성이 활발히 모색되고 있음
무선통신 기술 (Wireless Communication Technology)	전선으로 연결되어 있지 않은 두 기기 사이에 정보 이동이 가능하도록 해주는 기술(예: 마그네틱 보안전송, 전자테크(RFID), 근거리통신 등)
사물인터넷 (IoT: Internet of Things)	센서, 유·무선 통신네트워크, 서비스 인터페이스 등을 활용하여 사물과 사물간, 그리고 사물과 사람 간 정보를 교환하고 정해진 조건 하에 사람의 개입없이도 사물(Things)이 특정 작업을 자동적으로 수행하도록 통제하는 기술
바이오 인증 (Biometrics)	개인의 신체나 행동의 특징과 같은 생체정보를 그 개인의 식별·인증에 활용하는 기술
빅데이터 (Big Data)	전통적인 데이터 처리·분석 방식으로는 다룰 수 없는 대규모의 복잡한 정형, 반정형, 비정형 데이터(예를 들어 텍스트, 이미지, 오디오, 비디오 등)를 의미; 또는 인공지능을 이용한 빅데이터 분석을 통해 경제주체의 행동이나 가격 패턴을 예측하는 기술을 의미; 금융업에서 빅데이터 및 인공지능의 응용사례로는 "신용승인·투자자문의 자동화, 규제준수·사기포착의 촉진, 그리고 금융자산 트레이딩의 자동화"를 들 수 있음

인공지능 (AI: Artificial Intelligence)	컴퓨터 알고리즘을 통해 데이터를 조직화하고 분석·추론함으로써 인간의 학습능력이나 문제해결력을 기계로 구현하는 기술 인공지능의 핵심기술인 기계학습(machine learning)을 통해 "경험을 통해 컴퓨터 알고리즘의 자동적 개선"을 도모 최근 부상한 심화학습(deep learning)기술은 기계학습의 하나로 "인공신경망"을 응용
클라우드 컴퓨팅 (Cloud Computing)	언제 어디서나 이용자가 필요 시 공동 네트워크에 접속만 하면 데이터 처리와 분석에 필요한 IT자원(예: 컴퓨터 네트워크, 서버, 저장공간 등)을 제공하는 기술

이와 같은 핀테크의 여러 핵심 기술은 궁극적으로 기존 금융서비스의 저렴한 제공 또는 새로운 금융서비스 수요의 창출을 가능하게 해준다. 한편, 금융활동은 일반적으로 그 경제적 기능을 중심으로 "지급, 청산 및 결제", "예금, 대출과 자본금 조달", "보험", "자산관리", 그리고 "시장 지원"의 5개 활동부문으로 대별된다.

2. 블록체인 기술

블록체인 기술은 디지털 화폐인 비트코인(Bitcoin)의 운영을 위해 사용되는 분산원장기술(DLT: Distributed Ledger Technology)로 세상에 처음 알려지게 되었다. "비트코인 자체는 실물도, 디지털 파일도 아니고 블록체인 원장에 기록된 항목에 불과하므로 비트코인을 소유하는 일은 블록체인에 담긴 하나의 정보 조각에 대한 청구권을 갖는 일일 뿐"이다. 그 청구권 이전에 관한 비트코인 거래정보는 하나의 블록으로 만들어져 매 10분마다 기존 블록들에 추가되는 방식으로 원장에 기록된다. 그러므로 비트코인 거래 원장은 시간 경과에 따라 전 세계의 수많은 비트코인 거래기록이 소상히 담긴 새로운 블록(block)이 기존 블록들에 계속 사슬(chains)로 연결됨으로써 만들어지는 공개된 "거대장부(giant ledger)" –모든 거래정보의 역사적 집적체– 에 해당된다. 실제로 블록체인에는 2008년 10월 말 비트코인이 탄생한 이래 지금까지의 모든 거래기록이 집대성되어 있으며 지금 이 시간에도 끊임없이 업데이트되고 있다.

블록체인 기술이 갖는 가장 중요한 특징은 거래정보를 중앙집중식으로 관리하는 기존 방식과는 달리 분산적으로 관리한다는 사실이다. 구체적으로 비트코인의 실시간 거래내역은 약 10분마다 신규 블록으로 만들어져 '채굴자(miners)[3]로 구성된 분산형 P2P 네트워크'로 발송된다. 그 순간부터 각 채굴자는 자신이 접수한 새 블록의 거래내역을 연산작

3) 채굴자란 비트코인의 획득과정을 마치 금을 캐는 채굴과정에 빗대어 표현한 용어로 실제로는 대형 연산능력을 가진 '데이터 센터'를 가리킨다. 세계적으로 약 1만 채굴자가 비트코인 블록의 내역 검증작업에 자발적·경쟁적으로 참여하고 있으며, 그에 대한 보상으로 비트코인이 지급된다.

업을 통해 검증하기 위해 경쟁하게 되는데 이때 검증이란 '수학문제에 대한 해(solution)의 발견'을 의미한다. 이 과정에서 어떤 채굴자가 해를 최초로 발굴하면 다른 채굴자들 다수가 그 해를 확인하고 승인해야만 신규 블록이 비트코인 거래원장에 비로소 편입된다. 이러한 절차를 통해 사기 거래자에 의한 소위 '이중지급(double spending)'의 가능성이 효과적으로 봉쇄되며, 해의 최초 발견자에게는 소정 수량의 비트코인이 보상으로 제공된다.

▌그림 9-1▌ 비트코인 거래의 처리방식

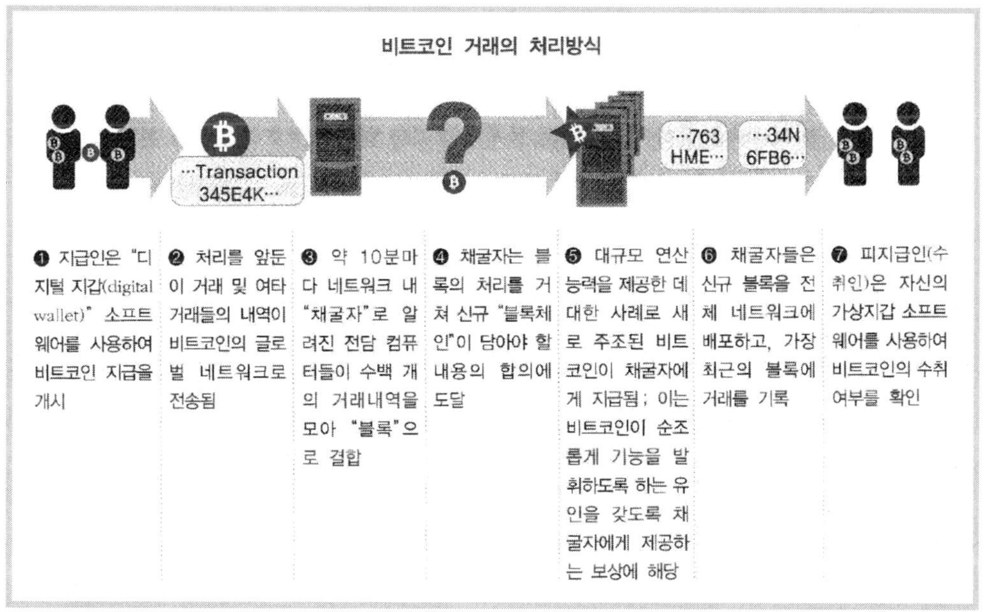

[그림 9-1]은 비트코인의 지급에서 수취에 이르는 전 과정을 블록체인 기술이 자동에 초점을 맞춰 보여준다. 이와 같은 과정은 "서로에 대한 특별한 신리가 없는 사람들(그림에서 비트코인의 지급인 A와 수취인 B)이 중립적인 중앙 당국을 통하지 않고서도 블록체인 기술 덕분에 상호 협조하게 된다"는 사실을 잘 보여 준다. 이런 점에서 블록체인 기술은 한마디로 "신뢰를 만들어내는 장치"에 해당한다.

블록체인 기술에 의한 분산원장의 작성 및 관리는 효율성, 보안성, 시스템 안정성, 그리고 투명성의 측면에서 기존의 중앙집중 방식보다 뛰어난 것으로 평가된다. 나아가 블록체인 기술의 등장은 향후 금융시스템의 모습을 크게 바꾸게 될 것으로 기대된다. 금융시스템은 신뢰를 기반으로 작동하는데 블록체인은 바로 그 '신뢰' 자체를 '창조'하는 기술이기 때문이다.

한편 블록체인은 디지털 통화의 운영 이외에도 지급결제시스템을 포함한 금융서비스 전반에 걸쳐 다양한 기술적 응용이 가능하다는 전망이 지배적이다. 일부에서는 블록체인이 "차세대 거대기술(The next Big Thing)"로 부상할 것으로 기대하는 정도이다. 이에 따라 최근 블록체인 기술에 관한 연구개발은 대체로 세 가지 갈래로 진행되고 있다. 첫째, 기술의 활용 범위를 확장하려는 노력이다. 기존 블록체인에 자산의 특성 또는 소유권 관련 데이터를 추가적으로 기록·관리함으로써 주식, 채권, 부동산 등 다양한 자산의 거래와 그에 따른 소유권 정보를 체계적으로 확인할 수 있는 사이버 자산등기소로 활용하는 가능성의 탐구가 그런 좋은 예이다.

둘째, 특화된 용도에 활용하기 위한 새로운 블록체인 기술을 개발하려는 노력이다. 예를 들어 이더리움(Ethereum)은 스마트 계약에 특화된 기술을, 리플래브즈(Ripple Labs)는 해외송금에 특화된 기술을 각각 개발 중이다. 셋째, 개방형이 아닌 폐쇄형 기술을 개발하려는 노력이다. 가상통화 발행을 염두에 둔 기존의 개방형 블록체인은 참여대상에 제한을 두지 않은 상태로 모든 참가자들 간의 신뢰를 작업증명으로 창조해내는 것이 관건이지만 상호 신뢰가 가능한 제한된 범위의 참가자들이 모여 특정 목적을 위해 분산원장 기술의 이점을 활용하고자 하는 경우에는 폐쇄형 블록체인이 적절할 수 있다.

블록체인 기술의 다양한 적용을 위해 각국 금융권 및 핀테크 신생기업은 흔히 다양한 컨소시엄을 구성하여 실무적 연구 및 개발에 매진하고 있다. 또한 국제금융기구와 각국 정책당국은 비트코인 기술이 지급결제시스템에 미치게 될 영향에 대한 검토는 물론, 향후 비트코인 기술의 응용이 다양한 분야로 확산되는 경우 이것이 물가안정, 금융안정과 지급결제시스템 감시 및 규제에 대해 갖게 될 정책적 함의에 대한 탐구도 진행 중이다.

3. 디지털 화폐

디지털 화폐(digital currency)의 효시는 2008년 10월 31일 나카모토(S. Nakamoto)라는 필명의 발명가(들)가 공표한 비트코인이다. 비트코인은 전적으로 중앙은행의 통제권 바깥에서 발행된다는 점에서는 화폐의 초기 유형인 상품화폐와 유사하지만 물리적 실체가 없는 무형자산 또는 디지털 상품이다.

또한 블록체인이라는 명칭의 분산원장 기술을 토대로 지급인과 수취인 간 자금(비트코인) 이체가 직접 이루어진다는 점에서 중개기관의 개입하에 이루어지는 현행 중앙집중 방식의 자금이체와는 전혀 다르다. 이와 같이 획기적 기술로 운영되는 새로운 유형의 화폐, 즉 비트코인은 처음부터 전 세계의 비상한 주목을 받았다.

이후 근 10년 비트코인의 기술적 변종이라 할 수 있는 다양한 디지털 화폐가 세상에 나오게 되어, 2018년 1월 현재 시장에서 인지된 것들만 해도 그 수효가 무려 1,500종 정도나 되고 전체 시가총액도 5,800억 달러를 상회하는 것으로 알려져 있다. 비트코인 이외의 여타 디지털 화폐, 즉 '알트코인(alt-coin)'은 모두 블록체인 기술을 토대로 개발된 비트코인의 변종들로, 비트코인에 새로운 기능을 기술적으로 추가하거나 코인 생성구조를 일부 변경하는 방식으로 블록체인 기술을 확장하려는 다양한 시도를 반영한다.[4] 이는 나카모토가 블록체인 소프트웨어를 처음부터 인터넷을 통해 "공개 플랫폼"으로 제공한 덕분이다.

비트코인이 알려진 이후 한동안 이러한 부류의 화폐는 기존의 지폐나 동전과 같은 물리적 실체가 없이 전자적으로만 존재한다는 의미에서 가상화폐(virtual currency)로 또는 암호 방식을 사용한다는 의미에서 암호화 화폐(cryptocurrency)로 흔히 불러왔다. 하지만 최근에는 디지털 혁신의 맥락에서 디지털 화폐라는 명칭이 보다 널리 쓰이게 되었다. 2015년 초 유럽중앙은행(ECB)은 디지털 화폐를 "중앙은행, 신용기관이나 전자금융업자에 의해 발행되지는 않았으나 경우에 따라서는 화폐 대신 사용될 수 있는 디지털 방식의 가치표현물(digital representation of value)"로 정의한 바 있다. 디지털 화폐는 "칩카드(chip card) 또는 개인용 컴퓨터(PC)의 하드 드라이브와 같은 기기에 전자적으로 저장된 가치"로 정의 되는 광의의 전자화폐에는 원칙적으로 포함된다.

비트코인이 세상에 알려진 이후 초기의 가장 큰 관심사는 디지털 화폐를 과연 화폐로 볼 수 있는지 여부였다. 이에 대한 판단은 디지털 화폐가 가치저장, 지급수단(교환매개)와 가치척도(계산단위)와 같은 화폐의 여러 표준적 기능을 얼마나 충실히 수행하는지에 따라 내려져야 한다. 영란은행의 최근 연구에 따르면 디지털 화폐의 지급수단기능은 그 디지털 화폐를 받아들이는 가맹점 수효와 거래규모로 가늠해 볼 수 있는데 아직까지는 가맹점 수효도 거래규모도 각기 미미한 수준인 것으로 보인다.

둘째, 디지털 화폐의 가치저장 기능은 향후 시간경과에 따라 전개될 수요 및 공급의 정도가 어떠할지에 대한 예상이나 믿음에 의해 좌우된다. 그런데 디지털 화폐의 공급이 대체로 미리 정해져 있는 점을 감안하면, 그 수요에 대한 믿음이 디지털 화폐 가치의 결정에 특히 중요해 진다. 실제로 미국 달러화로 평가한 디지털 화폐의 가격은 지금까지 상당한 단기적 변동성을 보였다. 이는 디지털 화폐가 단기적 가치저장수단으로서는 취약하

4) 알트코인은 비트코인 이외의 여타 디지털 화폐를 통칭하는 용어이다. CoinMarketCap(2018)에 따르면 2018년 1월 28일 현재 개별 시가총액이 100억 달러를 넘긴 디지털 화폐는 모두 7종으로 비트코인(Bitcoin: 2,001억 달러), 이더리움(Ethereum: 1,143억 달러), 리플(Ripple: 503억 달러), 비트코인캐시(Bitcoin Cash: 288억 달러), 카르다노(Cardano: 173억 달러), 스텔라(Stellar: 113억 달러), 라이크코인(Litecoin: 102억 달러)으로 확인된다. 이들 가운데 예를 들어 이더리움은 특정 조건 아래 컴퓨터가 계약을 자동 실행하는 스마트계약 기능을 블록체인 기술에 추가적으로 탑재한 사례이고, 라이트코인은 채굴 과점화 방지를 겨냥하여 코인 생성구조의 변경을 구현한 사례에 해당한다.

다는 사실을 시사한다. 또한 장기적 가치저장수단으로서 디지털 화폐의 가치 역시 그 장기적 성공에 대한 사람들의 믿음에 의존할 것이다.

셋째, 디지털 화폐가 가치척도 기능을 수행한다는 증거는 거의 없다. 물론 일부 가맹점들이 가격을 비트코인으로 표시하는 사례가 일부 관찰되긴 하지만, 그런 경우에도 달러화로 평가한 가치를 안정적으로 유지하기 위해 가맹점들은 자신의 명목 가격을 빈번히 조정하는 것이 현실이기 때문이다. 결국 기능적 측면에서 디지털 화폐를 통상적 의미의 화폐로 보기는 아직 어렵다. 한마디로 "디지털 화폐는 고유동성 자산의 특성을 보이지 않고 있으며 화폐에 흔히 수반되는 수용성 수준에 도달하지도 못한" 상태이기 때문이다.

한편 법률적 측면에서 디지털 화폐를 화폐로 보기는 더욱더 어렵다. 우선 협의의 전자화폐가 자국 화폐단위로 표시되고 법화와 1:1로 등가 교환되는 반면, 디지털 화폐는 "국경 없는 온라인 화폐라는 속성"을 갖고 있어서 "한 나라의 화폐단위가 아닌 디지털 화폐 자체의 단위로 그 가치가 표시되는 데다, 심지어 법정화폐와의 연계성마저 없다".

또한 디지털 화폐는 그 발행규칙이 흔히 "컴퓨터 약정(computer protocol)"에 의해 미리 정해져 있는 '자산'으로 "개념적으로는 마치 ... 상품처럼 수요 및 공급에 의해 가치가 결정되"고 "독자적 회계단위"로 그 가치가 표시되지만 "고유가치가 영(0)"이므로 상품과도 차이가 난다. 따라서 디지털 화폐의 가치는 "훗날 다른 상품이나 서비스, 또는 특정 수량의 법화와 교환되리라는 믿음에만" 의존한다. 이는 디지털 화폐가 투자의 대상이 될 수 있음을 의미한다. 그럼에도 "지목할 수 있는 발행자가 따로 존재하지 않으므로 디지털 화폐를 어느 누구의 부채"라고 특정할 수 없다는 사실은 화폐의 전통적 또는 법률적 개념에 부합하지 않는다. 이는 전통적 · 법률적으로 화폐를 구성하는 요소들 -현금(지폐와 동전), 예금화폐, 중앙은행 예치금, 그리고 협의의 전자화폐- 은 모두 관련 발행자의 대차대조표상 부채항목이라는 공통점을 갖는 것과는 대조적이다.

나아가 지급결제의 기술적 측면에서 디지털 화폐가 비실물(전자적) 화폐이면서도 분권화된 네트워크를 활용하는 분산원장 기술 -"거래 쌍방간 신뢰간 전제되지 않은 상태에서도 중개기관을 통할 필요 없이 전자적 가치의 개인 간 원격 교환"을 가능하게 해주는 거래의 기록 및 저장기술- 을 통해 지급인과 수취인 사이의 가치이전이 P2P 방식으로 이루어지는 점은 예금화폐, 중앙은행예치금, 전자화폐(협의)와 같은 법률적 비실물 화폐가 모두 제3의 중개기관에 의해 중앙집중 방식으로 운영되는 지급 · 청산 · 결제 인프라를 통해 가치 교환이 이루어지는 것과는 중요한 차이가 난다.

지금까지의 논의를 토대로 디지털 화폐가 전통적인 현금이나 전자화폐와 어떻게 비교되는지를 간략히 정리하면 〈표 9-2〉와 같다.

▮표 9-2▮ 디지털 화폐와 전자화폐 및 현금 비교

	현금	전자화폐	디지털 화폐
발행기관	중앙은행	금융기관, 전자금융업자	없음
발행규모	중앙은행 재량	법정통화와 1:1 교환	알고리즘에 의해 사전 결정
거래 기록 및 승인	불필요	발행기관 및 청산소	분산원장 이용 P2P 네트워크
화폐단위	법정통화	법정통화와 동일	독자적인 화폐단위
법정통화와 교환여부		발행기관이 교환을 보장	가능하나 보장되지 않음
법정통화와 교환가격		고정	수요-공급에 따라 변동
사용처	모든 거래	가맹점	참가자
법률 기반	「한국은행법」	「전자금융거래법」	현재 없음
기반 기술	제지 · 인쇄술	지급청산결제 인프라	분장원장기술

그런데 비트코인은 마약거래, 탈세 또는 자금세탁과 같은 불법적 용도로도 활용된다고 알려져 있다. 마약 밀거래나 컴퓨터 해킹 등 사이버범죄의 지급수단으로 이용되는 등 디지털 화폐는 그 익명성으로 인해 국내외의 다양한 금융사기와 자금세탁의 수단으로 자주 이용되고 있다. 이는 디지털 화폐 거래가 규제받지 않고 익명으로 국경을 넘나드는 온라인거래이기 때문이다. 이런 점에서 일부 국가에서는 비트코인 거래를 불법으로 규정하고 있다.

하지만 비트코인을 비롯한 디지털 화폐의 미래는 앞으로 두고 보아야 한다. 다수 국가에서 비트코인 거래를 굳이 명시적으로 금시하기보다는 이를 용인하는 가운데 비트코인이 온라인 쇼핑몰과 해외송금 등 정상적 거래에서 점점 더 쓰이고 있고, 최근 독일과 일본 등 몇몇 나라에서는 비트코인을 지급결제수단으로 명시적으로 인정하는 등 디지털 화폐의 제도적 수용에 그동안 둔감하거나 소극적이던 일부 국가에서도 디지털 화폐 관련 규제를 완화하고 이를 제도적으로 수용하려는 변화가 최근 두드러지게 감지되고 있기 때문이다.

더욱이 최근 해외의 몇몇 금융기관과 중앙은행은 분산원장기술을 활용하여 디지털 화폐를 자체 발행하는 방안을 연구 중인 점은 주목할 만하다. 이들이 관심을 두는 디지털 화폐는 국가 화폐단위로 가치가 표시되며 법정통화와 1:1 교환이 가능하고 중앙기관이 발행한다는 점에서 우리가 앞서 얘기한 비트코인 등의 디지털 화폐와는 성격이 크게 다른 것은 물론이다.

한편 우리나라에서는 디지털 화폐에 대한 규제적 접근을 검토하기 위해 금융위 주도의 "디지털 통화 제도화 T/F"가 2016년 11월 구성되어 현재까지 가동 중이다. 또한 웹사이트 상의 디지털 화폐 거래소들이 비트코인 등 디지털 화폐의 거래를 실제로 중개하고 있으나, 동 거래소는 법적으로 전자금융업자가 아닌 통신판매업자의 지위를 갖는다. 이는 우리나라가 디지털 화폐를 법적 지급결제수단이나 화폐로 인정하기보다 묵시적으로는 디지털 상품으로 간주한다는 점을 반영한다.

4. 지급결제서비스

지급결제란 각종 거래에서 발생하는 지급인과 수취인 간 채권·채무 관계를 가금이체를 통해 해소하는 행위이다. 자금이체에는 현금을 비롯하여 어음·수표, 계좌이체와 지급카드 등 다양한 지급수단이 사용된다. 여기서 현금 이외의 모든 비현금 지급수단들은 기본적으로 지급요청에 불과할 뿐이다. 그러므로 지급요청에 따라 관련 은행 간 자금이체 -해당금액이 지급인의 예금계좌에서 출금된 후 수취인의 예금계좌로 입금되는 절차-가 실제로 이루어져야만 거래당사자 간 자금이체가 완결된다. 어느 나라에서든 예금수취기관들, 그중에서도 특히 결제성예금을 수취하는 은행이 전통적으로 지급결제 흐름의 전반적 과정에서 중추적 역할을 담당해 온 것도 바로 이런 이유에서였다.

우리나라의 경우 상호저축은행, 신용협동기구, 우체국 등과 같은 비은행 예금취급기관도 은행보다 다소 제한적이긴 하지만 지급서비스를 제공하며, 투자매매업·투자중개업 인가를 받은 금융투자회사도 개인에게 자금이체서비스를 제공해 왔다. 또한 신용카드회사는 자신의 신용카드 회원이 상품을 카드 결제로 구입하는 경우 판매자에게 대금을 우선 지급함으로써 지급서비스를 제공한다. 전자금융업자와 전자금융보조업자도 지급결제연쇄(payment chain)의 일부 단계에 참여해 왔다.

그런데 최근 지급결제 부문에 주목할 만한 변화가 일어나고 있다. 세계적으로 전자 및 정보통신 기술과 금융의 융합이 핀테크 혁신으로 나타나면서 사회관계망사업자(social networks), 전자상거래 플랫폼 사업자, 유통기업, 이동통신회사, 정보통신기술기업, 단말기 제조사 등 다양한 유형의 비금융기업(non-banks)들이[5] 저마다 소액 지급결제서비스 시장으로 진출하게 되었다. 이들 비금융기업이 지급결제연쇄의 어느 단계에서 어떤

5) 국제결제은행(BIS)에 따르면 "비금융기업이란 소액지급결제서비스의 제공에 참여하되, 그 주된 업무가 일반으로부터 예금을 수취하고 이를 대출로 운영하는 것과는 무관한 경제주체"로 정의 된다.

비중으로 무슨 역할을 수행하는지는 지급수단에 따라 다양하다. 그러므로 "전체적으로 비금융기업은 지급결제 연쇄의 모든 단계에 진출해 있고 모든 지급수단을 다룬다"고 할 수 있다.

최근 세계적으로 비금융기업의 지급결제서비스 시장 진출이 두드러진 배경에는 다수 국가의 규제당국이 이를 허용하는 방향으로 금융규제 환경을 조성한 것이 큰 몫을 했다. 하지만 이는 은행의 유인과 비금융기업의 유인 -비용을 절감하고자 하는 은행의 유인과 자신이 보유한 네크워크 측면 또는 기술적 측면의 강점을 살려 고객 니즈의 변화에 부응하거나 이를 촉진하고자 하는 비금융기업의 유인- 이 중요하게 상호 작용한 결과이기도 하다. 전자의 경우, IT시스템을 필요로 하는 후선 업무인 지급결제서비스 제공에서 전문성을 갖거나 규모 경제를 누릴 만한 비금융기업에 외주하고자 하는 유인을 은행이 갖게 되었다는 것이다. 후자의 경우, 핵심업무를 위해 대형 네트워크를 보유한 비금융기업이 자신의 네트워크를 활용하여 지급결제서비스를 추가적으로 제공할 유인 또는 개별 구매자가 상품 구매 시 대금지급을 위해 판매자에게 개인정보를 알려줘야 할 필요를 제거해 주는 새로운 지급기술의 보급으로 비금융기업이 '신뢰받는 중개인' 역할을 할 유인 등을 갖게 되었다는 것이다.

핀테크가 비금융기업을 통해 몰고 온 소액 지급결제서비스 시장의 변화는 우리의 일상에서 쉽게 절감할 수 있다. 예를 들어 국내외 언론을 통해 잘 알려져 있는 삼성페이, 안드로이드페이, 알리페이, 애플페이, 페이팔(PayPal) 등은 지급플랫폼(또는 디지털 지갑 서비스)으로 온라인이나 오프라인에서 고객이 상품을 구입하고 인터넷이나 모바일 기기를 이용하여 대금을 지급할 수 있게 해 준다.

국내에서도 스마트폰을 비롯한 모바일 기기의 보급이 최근 확산됨에 따라 각종 간편결제 및 간편송금과 같은 신종전자급서비스(또는 모바일 지급서비스)의 이용이 두드러지게 늘고 있다.

☞ 모바일 간편결제 관련 주요 기술 : 비접촉통신, 바이오 인증(생체 인증)과 토큰화

모바일 간편결제에는 각종 첨단기술들이 쓰인다. 비전촉통신, 바이오인증(생체 인증)과 토큰화 등이 있는데 비접촉통신기술은 모바일 간편결제를 위해 가맹점 단말기가 카드 정보를 인식하는 데 관여하는 기술이며, 생체인증 기술과 토큰화 기술은 스마트폰의 도용 등에 대비한 본인 확인과 카드 정보 보안을 위한 기술이다.

1) 비접촉통신기술

모바일 간편결제에 쓰이는 비접촉통신기술에는 전자태그(RFID: Radio Frequency IDentification) 방식과 근거리통신(NFC: Near Field Communication) 방식이 대표적이다. 이들 방식이 '비접촉' 통신기술인 이유는 가맹점의 결제단말기에 직접 지급카드를 삽입하는 등의 물리적 접촉 없이도 무선주파수를 이용한 정보식별을 통해 상품대금의 결제가 가능하기 때문이다. 즉 소비자가 상품 구매 시 자신의 지급카드 정보가 등록된 스마트폰을 결제단말기에 특정 거리 내로 가까이 가져가기만 하면 관련 카드 정보를 결제단말기가 인식하면서 결제가 진행된다. RFID 방식은 기기 사이에 일방향 통신만 가능했으나, 이를 개선하여 양방향 통신이 가능하도록 서비스 확장성을 제고한 형태가 NFC 방식이다.

2) 바이오 인증 기술(생체 인증 기술)

기존 온라인 금융거래에서는 본인 확인을 위해 비밀번호와 같이 "내가 아는 것(something you know)" 또는 OPT와 같이 "내가 가진 것(something you have)"이 필요하지만 모바일 간편결제에서는 지문인식과 같이 "내 자신(something you are)" 이 필요해진다. 지문인식은 생체인식의 하나일 뿐이며 생체인식에는 다양한 방식이 존재한다, 생체인식에는 지문, 얼굴, 홍채, 망막, 정맥 등 신체적 특징에 대한 인식과 음성, 싸인, 자판입력의 습관, 걸음걸이 등 행동학적 특징이 포함된다.

3) 토큰화(tokenization) 기술

토큰화 기술이란 데이터 보안을 위해 유의미한 정보를 무의미한 내용(디지털 토큰)으로 변환하는 기술을 의미한다. 이때 제3자가 토큰을 분석하여 원래의 유의미한 정보를 복원해 낼 수는 없다. 토큰은 반드시 표준적 보안요건을 갖춘 토큰화 시스템에서 해제과정(de-tokenization)을 거쳐야만 원래의 유의미한 정보가 그대로 복원될 수 있도록 설계되었기 때문이다. 소비자가 상품을 매입하고 대금지급을 위해 모바일 간편결제를 수행할 때마다 스마트폰에 저장된 카드 정보가 일회용 가상번호(디지털 토큰)로 변환되어 카드회사로 전송된다. 이 과정에서 혹시 가상번호가 유출되는 일이 생긴다 해도, 그로 인해 의미 있는 카드 정보가 누군가에게 드러나는 일은 원천적으로 불가능하다.

최근 국내외를 막론하고 디지털 지갑과 간편결제 · 간편송금 등의 서비스 이용이 급격히 확산되면서 과거에 비해 거래의 속도와 편의성이 크게 개선되고 거래비용도 더욱 줄고 있다. 이는 물론 지급결제서비스 효율의 증대를 의미하지만, 금융서비스의 접근성 확대, 즉 금융포용(financial inclusion)의 제고라는 측면에서도 그 의의가 작지 않다.

국내외를 막론하고 다수 비금융기업이 지급서비스 시장으로 두드러지게 진출하는 현상이 시장구조와 금융안정에 갖는 함의는 무엇일까? 지급결제 연쇄에서 은행이 지금까지 누려온 지배적 지위가 상대적으로 위축되고 있는 것은 사실이다. 하지만 이런 상황은 지급결제시스템 전반의 복원력을 강화해 줄 수 있을 것이다. 은행 말고도 여러 비금융기업이 서비스를 제공한다면, 만약 어느 단일 서비스 제공자에게 문제가 생긴다 해도 그것이 실물거래 전반의 충격으로 이어질 가능성은 크게 감소할 것이기 때문이다. 그러나 정반대의 상황이 현실화될 가능성도 있다. 예를 들어 네트워크 효과 등의 이유로 인해 소수의 서비스 제공자가 시장을 지배하게 되면 그로 인해 "지급시스템의 대고객 부문에서 집중리스크와 운영리스크가 늘게 될 것"이고 이들은 시스템적으로 중요해 질 것이다. 그런 점에서 우려할 만한 가능성을 보여주는 좋은 일례가 "미국 내 비접촉지급의 75%가 넘는 점유율을 가진 애플페이"이다. 다음으로 디지털 지갑과 간편결제 및 간편송금 등 다양한 지급서비스의 제공으로 "지급결제시스템으로의 진입점이 늘어난다면 사이버 공격의 대상이 되는 표적의 수효도 늘어(난).." 다면 사이버위험이 증대될 것이다. 또한 비금융기업이 제공하는 지급결제서비스가 아직 제한적인 국내와는 달리 해외에서는 소액지급결제시장에 진출한 비금융기업이 시간 경과에 따라 대량의 고객 데이터를 축적하게 되면서 이들의 서비스가 지급결제에 머물지 않고 펀드판매, 대출중개 또는 대출로 자연스럽게 확장되는 경향을 보이고 있다.[6] 그런데 이런 경우 비금융기업은 자칫 규제의 사각지대에서 과도한 위험을 추구하는 그림자은행이 되기 쉽고, 대출관련 사업에서 연원하는 재무리스크로부터도 자유롭지 않을 것이다.

5. 크라우드펀딩 및 P2P 대출

5-1. 크라우드펀딩

크라우드펀딩(crowdfunding)은 불특정 다수를 뜻하는 '대중(crowd)'과 '자금조달(funding)'의 합성어로 크라우드소싱(crowdsourcing)의 일종이며, 사업 아이디어를 가진 자금수요자가 온라인 플랫폼(중개업자)을 이용하여 자금공급자를 직접 모집하는 자금조달 방식이다.

크라우드펀딩은 자금 모집의 목적 및 방식에 따라 후원 · 기부형, 투자형(증권형), 대출형의 세 가지 유형으로 흔히 구분된다. 우선 후원 · 기부형 크라우드펀딩은 대중이 온라인 플랫폼을 통해 특정 프로젝트에 소요되는 자금의 후원이나 기부에 참여하는 경우로

6) 중국의 엔트파이낸셜(Ant Financial)은 알리페이 이외에 자금시장펀드(MMF)인 위어바오(Yuebao)를 운영하며, 텐센트(Tencent)는 위챗페이(WeChat Pay) 이외에 온라인펀드 리차이통(Licaitong)을 운영한다.

영화나 음반, 컴퓨터 소프트웨어의 제작비 또는 공익성 프로젝트의 재원 마련에 종종 이용된다.

둘째, 투자형 크라우드펀딩은 창업기업 또는 중소기업이 온라인 플랫폼을 통해 공모증권을 발행하고 다수의 지분투자자를 모집하는 경우이다. 우리나라에서는 2016년 1월 자본시장법이 개정된 이후 2017년 6월까지 약 200개 기업이 투자형 크라우드펀딩을 통해 약 300억원에 달하는 사업자금을 마련한 것으로 알려져 있다.

셋째, 대출형 크라우드펀딩은 온라인 플랫폼에서 이루어지는 개인 간 소액대출로 흔히 P2P 대출(Peer-to-Peer Lending)이라 알려져 있다. 대출형은 크라우드펀딩의 세 가지 유형 중 시장규모가 가장 크고 성장률도 가장 높다. 2017년 11월 말 현재 우리나라 P2P 업계의 누적대출액은 1조 6,516억원으로, 2016년 6월 말의 1,536억 원에 비해 10배가 넘는 규모로 급성장했다. 금융위원회는 "투자자 및 차입자보호"와 "P2P 대출시장의 건전한 발전"을 위한 「P2P 대출가이드라인」을 2017년 5월 말부터 시행 중이다.[7]

5-2. P2P 대출

P2P 대출중개업자는 차입희망자(자금수요자)의 온라인 대출신청서를 분석하고 자체 신용평가시스템에서 산출된 평가결과에 따라 대출이자율을 결정한다. 이렇게 보면, P2P 중개업자의 업무는 전통적인 상업은행의 심사업무와 그리 다를 바 없어 보인다. 하지만 P2P 중개업자는 "누가 어떤 금리로 대출을 받아갈 신청자인지"에 관한 정보를 생산하여 대부희망자(자금공급자)에게 중개한다는 점에서 상업은행과는 사업모델이 다르다. 상업은행이 대출에서 얻는 이윤의 원천은 예금 및 대출의 금리 차이에 있지만 P2P 대출중개업자의 주된 이윤 원천은 대출이 성사되는 경우 이들이 수취하는 중개수수료에 있다.

P2P 대출중개업자는 온라인 플랫폼을 통해 조업하므로 지점 네트워크를 유지해야 하는 기존 금융기관들에 비해 비용 측면에서 유리하다. 이는 P2P 중개업자가 부과하는 수수료를 감안하더라도 차입자는 은행대출보다 낮은 금리로 자금을 조달할 수 있고, 대부자는 은행예금보다 높은 금리로 자금을 제공할 수 있음을 의미한다. 물론 P2P 대출은 대부분 무담보대출이고 은행대출과는 달리 대부자가 원금 손실위험에서 자유롭지 않다. 하지만 P2P 중개업자의 신용평가 역량은 기존 은행보다 더 앞서는 것으로 종종 강조된다. 이는 P2P 중개업자가 자체 신용평가모형을 통해 차입자의 표준적 신용정보는 물론 각종 청구서 납부실적이나 고용·소득 정보, 신용카드 지출 패턴, 심지어 온라인 대출신청서 작성과정에서 관찰되는 차입자의 행동적 특징에 이르는 각종 비정형 데이터까지 망라한

7) 대출이 실제로 성사되는 경우, P2P 대출중개업자는 플랫폼 제공 및 신용평가 수행에 대한 대가로 중개수수료를 차입자와 대부자에게 부과한다.

빅데이터를 분석하기 때문인 것으로 알려져 있다.

사실, 외국에서는 다수의 P2P 대출중개업자가 글로벌 금융위기 이전에도 영업하고 있었다. 예를 들어 영국의 조파(Zopa)와 미국의 프로스퍼(Prosper)는 각각 2005년과 2006년에 설립된 회사이다. 하지만 위기 이후 은행대출이 크게 감소하면서 차입자들의 충족되지 않은 자금수요와 역시 위기 이후 아주 낮아진 예금금리에 만족하지 못한 대부자(투자자)들의 자금공급이 동시에 시장을 노크하게 되면서 P2P 대출시장이 세계적으로 급속히 성장해 왔다. P2P 대출은 신용공급원의 다변화와 대출서비스 접근성의 개선을 통한 금융포용의 제고라는 긍정적 효과를 발휘한다. 다만, 시장의 급성장이 "대출기준의 저하와 신용공급의 경기순응성 증대를 초래"할 위험이 있는 것도 사실이다.

새로운 자금조달 원천으로 급부상한 P2P 대출시장의 앞날은 어떠할까? 낙관론자들과 회의론자들의 시각은 서로 크게 엇갈리고 있다. 낙관론자들은 '공유경제(sharing economy)'나 금융민주화의 관점에서 P2P 대출을 반긴다. "자동차업의 우버(Uber)나 숙박업의 에어비엔비(Airbnb)와 마찬가지로 P2P 대출시장의 신참기업은 자신이 만들어 내지 않은 상품, 즉 자금(money)을 사용할 수 있게 해준다"는 의미에서 공유경제와, 일반 대중에게서 십시일반으로 조달된 자금이라는 의미에서 금융민주화와 각각 맞닿아 있다는 것이다. 하지만 보다 최근에는 P2P 대출자금이 일반 대중보다는 헤지펀드나 은행과 같은 기관투자자로부터 조달되는 경향이 점차 두드러지고 있는 것이 사실이다. 이런 이유로 요즘에는 'P2P 대출중개업자' 대신 '시장대출중개업자'라는 표현도 많이 쓰인다. 이런 현상은 P2P 대출시장이 금융시스템 내부의 상호연계성을 감소시키기 보다는 심화시키는 데에 기여한다는 부정적 측면이 있다.

한편 회의론자들은 앞으로 경기회복이 진행되거나 위기 또는 경기침체로 대출자산의 급속한 성장을 유지하기 어렵게 되면 연체율의 급상승으로 P2P 대출시장의 상황이 급격히 악화될 것으로 본다. 이들에 따르면 경기회복에 따른 시장이자율 상승으로 은행 예금금리가 오르면 대출 재원의 시장 유입이 감소하면서 P2P 대출자산의 성장을 유지하기는 어렵다. 그렇다고 대출 재원 유입을 유인하기 위해 P2P 자금의 조달금리를 올린다면 대출금리를 낮게 유지하기가 곤란해지면서 P2P 대출의 상대적 강점이 약화된다라는 것이다. 또한 위기나 경기침체가 닥치는 경우에는 대출자산의 성장률 둔화와 P2P 대출고객의 연체율 급증으로 P2P 대출시장이 어려움에 봉착하리라는 것이 회의론자들의 시각이다.

6. 기타 : 로보-어드바이저와 인터넷 전문은행

6-1. 로보-어드바이저

로봇(robot)과 자문인(advisor)의 합성어인 로보-어드바이저(robo-advisors)는 디지털 인터페이스(digital interfaces), 알고리즘(algorithms)과 기계학습(machine learning) 기술 등을 결합한 응용프로그램으로 기존 금융기관이나 독립자문업자 또는 온라인 플랫폼을 통해 자문, 투자중개, 포트폴리오 운용에 이른 자문형 또는 일임형 서비스를 고객에게 제공한다.

로보-어드바이저의 자문을 받기 위해 고객은 자신의 연령과 직업 등 기본 인적사항과 투자액 규모, 투자 기간과 목적 등의 기본 투자정보를 온라인 플랫폼을 통해 직접 입력하게 된다. 이는 고객이 전문 자문인력과 대면 상담하는 경우 전달하게 되는 기본 정보와 내용상 별로 다를 바 없다. 하지만 전문인력의 자문은 현실적으로 각종 이해상충에 노출되기 쉬운 반면, 알고리즘과 인공지능을 활용하는 로보-어드바이져의 자문은 그와 같은 이해상충으로부터 좀 더 자유롭고 투명할 수 있다. 또한 로보-어드바이져의 최대 강점은 기존의 전문인력에 의한 서비스에 비해 수수료 구조가 매우 투명하고 저렴하다는 점이다. 그 결과 최소 투자규모의 제한이나 높은 수수료 등으로 고액자산가들 이외에는 이용하기 어려웠던 자산운용서비스를 일반 서민들도 로보-어드바이저를 통해 저렴하게 이용할 수 있다. 이는 금융포용의 제고를 의미한다.

미국과 유럽에 비해서는 많이 늦었지만 최근 우리나라에서도 기존 은행과 증권사를 중심으로 로보-어드바이저의 도입 및 활용이 눈에 띄게 늘고 있다. 다만 로보-어드바이저 서비스의 확산에 따라 서로 다른 로보-어드바이저들이 유사한 알고리즘을 사용하는 경우에는 각종 위험이 수반된다. 예를 들어 알고리즘 자체에 오류가 있다면 운영위험이 오류가 없더라도 주어진 충격에 대해 유사한 투자 반응이 촉발되는 경우에는 시장변동성의 과도한 증폭이 각각 발생할 수 있다.

6-2. 인터넷 전문은행

인터넷 전문은행(direct bank)도 핀테크 혁신의 일례지만 그 역사는 20세기 말로 거슬러 올라간다. 세계 최초의 인터넷 전문은행은 일찍이 1995년 무점포로 설립된 미국의 FSNB(First Security Network Bank)로 알려져 있고, 이후 20년이 넘는 동안 세계 여러 나라로 인터넷 전문은행이 확산되었다. 이 과정에서 인터넷 전문은행의 사업모델도 3단계로 진화해 오고 있다. 즉 20세기 말에는 인터넷 전문은행이 '무점포은행(internet-only bank)' 모형을 따랐으나, 21세기 초에는 고객 확보를 위해 소수의 오프라인 점포를 보강한 '소수점포은행(internet-primary bank)' 모형으로 진화했고, 최근에는 디지털 혁신을 통한 '디지털은행(digital bank)' 또는 '모바일은행' 모형이 등장했다. 이렇게 보면 2017년 4월과 8월 각각 무점포은행으로 영업을 시작한 우리나라의 케이뱅크와 카카오뱅크는 시기로 보나 발전단계로 보나 외국에 비해 많이 뒤처진 셈이다.

「은행법」에 따르면 인터넷 전문은행이란 "전자금융거래의 방법으로 은행업을 영위할 것 등을 조건으로 인가한 은행"으로 정의되며, 이때 전자금융거래란 「전자금융법」에 의해 "금융회사 또는 전자금융업자가 전자적 장치를 통하여 금융상품 및 서비스를 제공(이를 '전자금융업무'라 한다)하고, 이용자가 금융회사 또는 전자금융업자의 종사자와 직접 대면하거나 의사소통을 하지 아니하고 자동화된 방식으로 이를 이용하는 거래"로 규정된다. 그러므로 우리나라에서는 인터넷 전문은행이 '전자금융업무' 관련 서비스를 '자동화된 방식'으로 거래하는 은행에 해당한다.

이에 따라 영업점 없이 CD/ATM · 전화 · 인터넷 · 모바일 기반의 전자매체만을 활용하여 비대면으로 거래한다는 점이 인터넷 전문은행의 핵심 특징이 된다. 다음과 같은 점에서 우리나라의 인터넷 전문은행은 기존 은행들과 차이가 난다.

▮표 9-3▮ 모바일뱅킹 및 인터넷뱅킹 : 인터넷 전문은행과 기존 은행 간 비교

구분	인터넷 전문은행의 모바일 · 인터넷 뱅킹	기존 은행의 모바일 · 인터넷 뱅킹
통장개설	인터넷 · 모바일로 즉시 개설	은행 지점 방문 신청
가입 및 로그인	공인인증서 불필요	공인인증서 필요
이용 서비스	모바일로 모든 금융상품 이용가능: 인터넷 전문은행만의 맞춤상품 추가 이용 가능	은행상품 중 일부만 인터넷뱅킹에 특화(조회 · 이체 중심)
이용시간	24시간, 365일	평일 오전 9시~오후 4시
금리	시중은행보다 낮은 대출금리와 높은 예금금리	기존 은행금리 기준(조건에 따른 우대 금리 적용)
대출심사	온라인 상에서 최종 승인	은행에 직접 방문하여 대면 확인 후 최종 승인
종합	인터넷 · 모바일 종합은행	지점의 보조 역할

자료: 이대기(2017), "인터넷 전문은행 출범에 따른 기대 효과와 향후 과제"

2017년 8월 현재 케이뱅크와 카카오뱅크가 제공하는 핵심 금융서비스는 "중금리 개인 신용대출(빅데이터 기반), 간편심사 소액대출, 체크카드, ... 간편송금" 등으로 서로 크게 다르지 않으며, 향후 "신용카드업, 방카슈랑스, 펀드판매업"으로 진출한다는 계획에서도 서로 유사하다. 이들 인터넷 전문은행의 핵심 업무는 중금리 신용대출과 지급결제서비스로 집약될 것으로 기대되고 있는데, 결국 가격 및 소비자 편의성이 경쟁력 확보의 관건이다. 이를 위해 이들 인터넷뱅크는 "인공지능 자산관리, 음성인식 뱅킹, 빅데이터 활용 신용평가 · 고객센터 등" 디지털 혁신을 선도할 것으로 기대된다. 실제로 최근 기존 은행의 예금 · 대출을 비롯한 업무 전반에는 이미 경쟁압력이 크게 확산된 상태이다. 뿐만 아니라 중금리대출에서는 상호저축은행 및 P2P 대출자와, 비대면 거래에서는 증권회사와 경쟁이 이미 치열하고, 해외송금에서는 핀테크 송금업체와 보험상품 판매에서는 보험회사와 향후 경쟁 압력이 커질 것으로 예상된다. 이와 같이 케이뱅크와 카카오 뱅크는 금융서비스 전반에 걸쳐 경쟁을 제고하고 혁신을 가속화하는 소위 '메기효과'를 발휘할 것으로 기대된다.

하지만 우리나라 인터넷 전문은행의 중장기적 전망은 아직 불투명하다. 우선, 핵심 사업모델인 중금리 신용대출이 성공적일지를 단언하기 어렵다. "중신용자의 연체율 관리"가 전문성 및 경험을 필요로 하는 고난도 업무이기 때문이다. 또한 우리나라 금융의 현행 은산분리 원칙에 따른 산업자본의 은행지분 소유 제한을 인터넷 전문은행에도 그대로 적용할 것인지, 아니면 인터넷 전문은행에 대해서는 예외를 인정할 것인지에 대해서는 지난 수년간 논의는 있었으나 아직도 정해진 것이 없다. 이는 예외를 인정하자는 예외론과 예외는 없다는 원칙론이 팽팽하게 맞서왔기 때문이다. 다만, 예외론이 더욱 커다란 설득력을 가지려면 정보통신기술기업인 KT와 카카오가 각기 케이뱅크와 카카오뱅크를 주도하는 대주주가 되어야 하는 이유를 각 인터넷 전문은행의 발전 계획과 사업구상의 맥락에서 좀 더 구체적으로 설명할 수 있어야 할 것으로 보인다. 미국과 일본 등 선진국에서 실제로 영업 중인 인터넷 전문은행들의 경우 각 설립주체가 정보통신기업 이외에도 유통기업, 제조기업, 기존 금융기관 등 다양하게 나타나고 있기 때문이다.

제3절 핀테크 혁신과 금융의 미래

지금까지 이 장에서는 핀테크 혁신이 금융부문에 몰고 온 변화를 블록체인기술과 디지털 화폐, 지급결제서비스, 크라우드펀딩 및 P2P 대출, 그리고 로보-어드바이저와 인터넷 전문은행이 제공하는 새로운 유형의 금융서비스를 중심으로 각각 구체적으로 검토해 봤다. 이와 같은 다양한 종류의 핀테크 혁신에 대한 구체적 검토를 기초로 금융의 변모를 가져오고 있는 저변의 거대한 흐름이 금융시스템의 시장구조와 금융 효율 및 안정에 어떤 정책적 함의를 갖는지 살펴보기로 한다.

우선, 금융시스템의 시장구조부터 생각해 보자. 금융산업은 몇 가지 측면에서 신규 진입이 매우 어려운 것으로 알려져 있다. 예를 들면 계약 당사자 간 신뢰가 금융거래 성립의 전제조건인데, 일반적으로 고객에 비해 금융회사가 정보를 훨씬 많이 갖고 있는 것(정보 비대칭 상황)이 현실이므로 이미 평판이 좋은 금융회사에 대한 고객 충성도는 확고할 수밖에 없다. 또한 금융산업에 진입하기 위해서는 지점망이나 IT시스템 확보 등에 거액의 초기 고정비용이 들어가는데 이런 초기 고정비용은 잠재적 신참 기업에게는 진입장벽을 의미하지만 시장에서 이미 영업 중인 기존 금융회사에게는 규모의 경제를 의미한다. 금융시장에서 종종 관찰되는 범위의 경제도 기존 금융회사에게 유리하다. 게다가 이들 기존 금융회사는 자신의 서비스에 대한 수요층이 두터워질수록 그 서비스의 가치가 높아지는 양의 네트워크외부성을 누린다. 이 모든 상황은 기존 기업의 시장 내 입지를 강화하는 한편, 잠재적 경쟁기업의 시장 진입을 방해한다. 이와 같은 장벽들로 인해 잠재적 경쟁기업의 시장 진입이 곤란한 탓에 금융시장은 일반적으로 경합성(contestability)이 낮고, 기존 기업들끼리 서로 경쟁하는 과점구조로 인해 집중도가 높다는 특징을 갖기 쉽다.

이와 같은 기존 금융시스템의 시장구조에 핀테크 혁신은 어떤 변화를 가져올 것인가? 핀테크의 본체인 디지털 기술 -우리가 앞서 살펴본 블록체인 기술, 무선통신 기술, 사물인터넷, 바이오 인증, 빅데이터, 인공지능과 클라우드 컴퓨팅 등- 은 일반적으로 금융거래의 투명성을 높여 정보 비대칭성을 완화하고, 효율성과 안정성이 뛰어난 비대면 거래를 가능하게 하며, 모바일폰 등을 통한 정보 접근성 제고와 실제 거래의 편의성 제고를 통해 고객의 채택률을 과거보다 크게 끌어 올린다. 디지털 혁신의 이와 같은 기술적 속성은 금융시장의 기존 진입장벽을 낮추는 효과가 있다. 여기에 기존 금융기업들이 과거의 점포망과 낡은 IT시스템 등 고비용 기반을 일단 유지해야 하는 점도 최신 디지털 기술(또는 네트워크)로 무장한 다양한 유형의 신참자들이 진입장벽을 비집고 들어가 새로운 시장 점유를 위해 기존 금융기업과 발 빠르게 경쟁하도록 유인하는 효과적 요인이 된다. 이러한 과정에서 금융시장의 경합성이 증대될 것이고, 신참자들이 일단 시장에 진입하면 시장 점유를 놓고 기존 금융회사와 신참자 간 경쟁이 치열해질 것이다.

더욱이 디지털 기술의 적용이 금융서비스의 모든 분야를 대상으로 확산되고 있고 서로 다른 디지털 기술의 적절한 배합에 의해 다양한 사업모델이 가능해진 점을 감안하면, 기존 금융회사와 신참자 간 경쟁을 통해 금융업의 '기능별 분할(unbounding by function)'이 진행될 것이고 분할된 단일 금융기능의 수행에서도 필요한 경우 '단계적 분할(unbounding by stage)'이 진행될 것이다. 그 결과 기존 금융서비스가 기능별 · 단계별로 세분화되고, 서비스 공급자도 다변화된다. 예를 들어 예금수취는 전통적인 은행의 고유 기능으로 남겠지만 대출이나 투자자문에서는 기존 금융회사가 P2P플랫폼이나 로보-어드바이저와 경쟁할 것이다. 또한 지급결제서비스의 제공에서 지급결제 연쇄를 구성하는 일련의 세부 단계 가운데 협의의 결제기능은 대체로 은행의 고유 업무로 남기 쉽겠지만 다른 단계에서는 비금융회사가 은행과 경쟁할 것이다. 이와 같은 탈집중화 및 다변화의 진행으로 시장집중도는 완화될 것이고, 시장 내 금융서비스 제공자의 구성도 다양하게 바뀔 것이다.

요컨대, 핀테크 혁신의 기술적 특성은 시장구조 측면에서 금융시장의 경합성을 높이고 집중도는 낮추며 구성의 다양화를 가져올 것으로 평가할 수 있다. 또한 “모바일 기기의 출현”과 아울러 “이동전화서비스 기업, 인터넷 기반 사업자, 하드웨어 및 소프트웨어 제공자 등과 같은 다양한 기업의 참여”로 “전통적인 은행이 높은 비용으로 제공하던 비효율적 간접금융 및 금융중개를 직접금융이 대체할 것이라는 예측”도 나오게 되었다.

하지만 핀테크가 몰고 온 시장 내 경쟁압력으로 “시간 경과에 따른 금융서비스 시장구조의 전개 양상을 결론짓기에는 너무 이르다”는 것이 FSB의 시각이다. 다양한 신참 기업들의 서비스가 은행 등 기존 금융기관의 서비스를 대체하는가 하면, 은행이 막강한 자금력으로 강력한 신참 경재상대를 인수하거나 신참 기업과의 제류 등을 통해 공존을 모색하는 일도 흔하게 일어나고 있기 때문이다. 여기에 수요에 작용하는 네트워크 외부성이나 공급에 작용하는 규모의 경제와 같은 시장 특성의 작용까지 감안하면 앞으로 기존 금융회사와 신참 비금융회사(기술기업)와의 상호 관계 및 구성이 어떠할지, 중장기적으로 시장구조의 집중도나 경합성이 과거에 비해 높아질지 또는 낮아질지 등을 지금 예단하기란 쉽지 않다. 바로 이런 이유에서 FSB는 “핀테크가 중개의 본질(essence of intermediation)...”을 근본적으로 바꿔놓을지 여부는 선험적으로 분명하지 않다“는 견해를 제시한다.

다음으로 핀테크 혁신이 금융시스템의 효율 및 안정에 갖는 정책적 함의를 생각해 보기로 한다. 금융 진화의 역사가 우리에게 명확히 시사하는 바와 같이 핀테크 혁신은 금융서비스의 효율 제고라는 긍정적 효과를 가져오기도 하지만 잠재적으로는 금융불안정이라는 부정적 효과를 수반하기도 한다.

FSB의 연구에 따르면 핀테크의 편익요인에는 탈집중화 및 다변화, 효율, 투명성 그리고 금융서비스 접근성 및 편의성이 포함된다. 한편 위험요인은 미시금융적 위험요인과 거시금융적 위험요인의 두 부류로 대별되고 미시금융적 위험요인은 다시 만기불일치나 유동성불일치 등의 금융요인과 사이버리스크나 법률리스크 등으 운영요인으로 구분된다. 금융시스템의 안정에 관한 FSB의 잠정적 결론은 “현재로서는 핀테크 혁신으로 인해 제기되는 주목할 만한 금융안정 리스크는 없다”는 것으로 여기에 단서가 따르는 것은 물론이다. 최근의 혁신 덕분에 금융서비스 접근성이 확대되고 효율과 투명성이 제고되며 빅데이터를 활용하게 되는 등 핀테크가 금융안정을 지원하는 측면이 있는 것은 사실이지만, 이런 편익요인들에는 자칫 경기순응성이나 과잉 변동성과 같은 거시금융적 위험요인과 만기불일치나 유동성불일치와 같은 금융 측면의 미시금융적 위험요인이 함께 수반될 수도 있다. 또한 운영측면에서 사이버리스크나 제3의 서비스 제공자와 같은 미시금융적 위험요인이 새롭게 생성될 수도 있다. 나아가 이런 미시금융적 위험요인들이 전염과 같은 거시금융적 위험요인으로 연결되는 경우 시스템 안정이 훼손될 위험이 있다. 그러므로 금융부문과 정책당국은 다양한 부정적 가능성 등에 평소 만반의 대비를 갖춰야 한다는 것이 FSB의 시각이다. 그런데 핀테크 혁신이 금융부문에 다양하고 급속한 변화를 불러오면서 정책당국이 관련 데이터 및 정보를 적시에 얻기 어려운 것이 여러 나라의 현실이다. 정책당국의 효과적인 리스크 감시 및 대응을 위해서는 이런 상황부터 개선되어야 한다는 점을 FSB는 강조하고 있다.

끝으로, 규제의 범위와 강도, 그리고 방식에 따라 핀테크 혁신이 크게 영향을 받게 되는 점에 대해 생각해 보자. 어느 나라에서도 전통적으로 금융시장은 시장실패에 취약하다는 이유에서 촘촘히 규제를 받아왔다. 이에 따라 핀테크 혁신으로 금융서비스 제공에 참여하게 된 비금융기업과 관련 기술도 규제의 대상에서 예외가 될 수는 없다. 다만, 금융혁신이 수반하는 리스크를 최소한으로 통제하면서 금융효율 제고의 편익을 최대한 살리는 방향으로 규제가 적용되어야 할 것이다.

〈요약〉 핀테크혁신이 금융안정에 미치는 영향 : 편익요인과 위험요인

1. 편익요인

1) 탈집중화 · 다변화

- 금융안정과의 연계
  - 주어진 금융충격 완하
  - 단일(단일 유형에 속한)기관의 도산에도 여타 제공자들의 존재로 시장은 정상 가동
- 각 편익 · 위험요인의 촉진 사례
  - 로보-어드바이저; 분장원장기술

2) 효율

- 경합성 개선으로 생긴 효율성은 금융기관 사업모델의 안정성을 지원하고 금융시스템 및 실물경제 전반의 효율성을 개선

- 핀테크대출 플랫폼; 인공지능; 기계학습; 로보-어드바이저; 분산원장기술

3) 투명성

- 정보비대칭성 감소를 통한 리스크 평가의 정확성 개선; 특정 리스크에 노출된 금융수단의 개발 촉진

- 데이터 이용 증대 · 개선; 지분형 크라우드 펀딩; 핀테크대출 플랫폼

4) 서비스 접근성 · 편의성

- 금융포용 제고를 통해 지속가능성장의 지원과 투자리스크 익스포저의 다변화를 제공

- 모바일뱅킹; 분산원장기술; 로보-어드바이저

2. 미시금융적 위험요인

1) 만기불일치

- 단기자금을 조성하여 장기대출을 제공하는 경우 만기연장 리스크(rollover risk) 증대

- 핀테크대출 플랫폼

2) 유동성 불일치

- 자산과 부채의 유동성 차이에 기인하는 런리스크(run risk) 증가와 자산급매(fore sale) 필요성 증가

3) 높은 레버리지

- 높은 레버리지는 시장리스크와 신용리스크 등의 구체화로 발생한 손실을 커버하기에는 자기 자본이 부족한 상태를 초래

4) 지배구조 · 과정 통제 미비

- 지배구조 및 과정 통제가 취약한 경우 금융서비스 또는 금융인프라 제공에 혼란이 발생할 위험이 증가
- 민간 디지털 화폐(통제의 부재로 설계 결함이 가능)

5) 사이버리스크

- 서로 다른 금융기관 간 연계성이 증대될수록 금융활동이 사이버공격에 더욱 취약
- 디지털 지갑; e-애그리게이터

6) 제3자 의존도 증대

- 시스템 중요기관들 또는 시스템 중요 시장들이 동일한 제3자에 의존하는 경우 시스템리스크가 증대
- 클라우드 컴퓨팅: 데이터 제공기업

7) 법률 · 규제 리스크

- 신적 서비스가 출시되거나 규제차익이 추구되는 경우 법률 · 규제 리스크가 증대; 손실의 책임을 둘러싼 불확실성은 시스템에 대한 신뢰를 훼손
- 스마트계약: 로보-어드바이저; 빅데이터

3. 거시금융적 위험요인

1) 전염

- 난일 금융기관 · 부문의 혼란이 상호 간 직접적 익스포저나 공통점으로 인해 기타 부문으로 확산되어 신뢰상실의 일반화를 초래
- 핀테크대출플랫폼; 사이버리스크 증대; 트레이딩 전략의 자동화; 인공지능

2) 경기순응성

- 호경기에는 신용이 과잉 공급되다가 경기하강이 시작하면 지나친 부채축소(deleveraging)가 발생하는 일계에서 볼 수 있듯이 경기변동의 증폭을 가져오는 경제주체들의 행동 성향

- 핀테크대출 플랫폼; 로보-어드바이저; 소셜트레이딩; 지분형 크라우드펀딩

3) 과잉변동성

- 다수 금융기관이 동종 사업모델이나 공통의 익스포저를 보유하는 경우 이들이 새로운 충격(뉴스)에 대해 동시에 동일하게 반응하면 시스템 전반에 지급능력 · 유동성 문제가 확산 가능
- 알고리즘 트레이딩; e-애그리게이터

4) 시스템 중요성

- 시스템상 중요 기관은 도덕적 해이를 통해 시스템 전반으로 리스크를 증폭시킬 수 있음
- 분산원장기술을 활용하는 FMIs 간 연계; 디지털 지갑과 디지털 화폐; 고객데이터 제공 기업의 독과점화

제 4 부

국제금융

제10장 외환시장 및 환율
제11장 파생금융상품
제12장 국제 자금조달

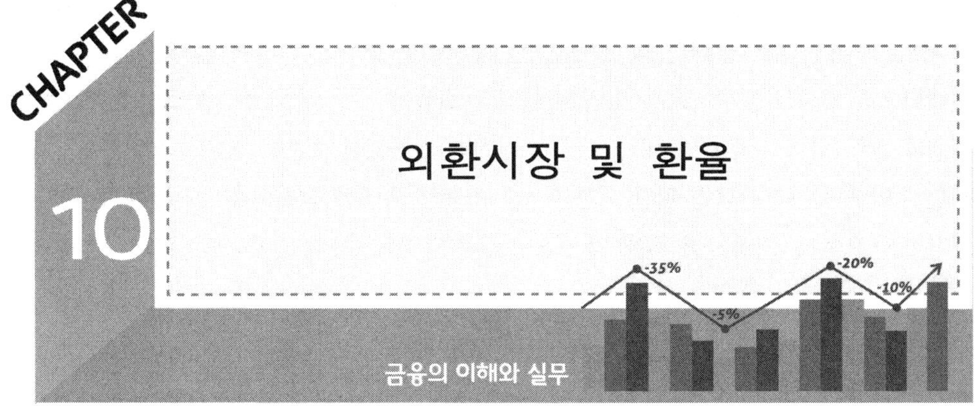

제1절 외환시장

1. 외환시장의 개념과 구조[1)]

1-1. 외환시장의 개념

외환이란 대외결제수단으로 사용할 수 있는 일체의 외국통화표시 청구권을 말한다. 따라서 외환은 달러, 유로 등 외국통화뿐만 아니라 외국통화로 표시된 채권, 주식 등 금융자산을 포괄한다. 국제거래에 참여하는 사람이나 기업들은 대금의 결제과정에서 자국통화를 외환으로 바꾸거나 해외로부터 수취한 외환을 자국통화로 바꿔야 하므로 자국통화와 외환이 서로 교환되는 시장을 필요로 하게 된다.

외환시장이란 이와 같이 자국통화와 외환의 거래가 이루어지는 시장을 말한다. 그러나 외환시장은 외환의 거래가 이루어지는 특정의 장소나 공간을 지칭하기보다는 총괄적인 거래메커니즘 및 거래양태를 의미한다. 따라서 외환시장은 특정 장소나 건물과 같은 지역적 공간에서뿐만 아니라 전파 또는 기타 통신수단을 통해 이루어지는 외환거래 행위까지 포함하는 개념이다. 외환시장은 광의의 금융시장의 일부지만 일반적으로 금융시장에서 신용이 거래되는 것과는 달리 기본적으로 다른 국가통화로 표시된 지불수단이 매매되는 시장이다.

---

1) 김인준 · 이영섭, 국제금융론 (율곡출판사, 2013) 참조

외환시장에서는 지불수단이 거래되므로 흔히 외환거래는 국제무역과 국제자본거래를 바탕으로 발생한다고 믿고 있다. 그러나 1970년대 중반 이후 환율제도가 변동환율제도로 이행되면서 결제의 수단이라는 고전적 의미의 외환의 개념은 퇴색되고 외환도 주식이나 채권과 같이 하나의 투자의 대상으로 그 성격이 변화하게 되었다. 오늘날의 외환시장에서는 무역이나 자본거래를 위한 외환거래는 지극히 미미한 실정이다. 전 세계의 하루 외환거래 규모는 2016년 4월 현재 약 5조 880억 달러(연간 약 1,272조 달러)로 추정되고 있다.

▌표 10-1▌ 외환거래 규모

연도	일 평균 외환거래액 (억 달러)	연간 외환거래액 (조 달러)(1)	연간 세계수출액 (조 달러)(2)	연간수출액/연간 외환거래액(2)/(1)
2001	14,900	372.5	7.8	2.1%
2015	50,880	1272.0	16.5	1.3%

자료: BIS, Triennial Central Bank Survey of Foreign Exchange and Derivatives Market Activity;

한편 WTO가 발표한 2015년 중 전 세계의 연간 교역량은 16조 5천억 달러로 추정되고 있으므로 실수요 목적의 외환거래는 1.3% 밖에 안 된다. 그러므로 전체 외환거래의 98% 이상은 투기목적의 거래인 것이다.

1-2. 외환시장의 특징

외환시장의 첫 번째 특징은 먼저 '범세계적 시장'이라는 점이다. 외환규제의 완화, 시장정보의 확산, 그리고 거래범위의 광역화가 이루어지면서 외환시장은 범세계적 시장으로서의 기능을 수행하고 있다.

둘째 특징은 '24시간 시장'이라는 점이다. 도쿄, 런던, 뉴욕 외환시장의 거래시간이 부분적으로 중복 연결되면서 24시간 연속적으로 외환거래가 가능하다.

셋째 특징은 외환시장거래의 대부분이 '장외거래'(over the counter market)의 형태를 갖는다는 점이다. 장외거래란 특정 장소에서 이루어지는 거래소거래와는 달리 전화나 컴퓨터를 통해 매수자와 매도자 간에 거래가 이루어지는 형태이다. 은행 및 딜러들의 딜링룸에서 전화나 컴퓨터 등을 이용해 은행간, 대고객간 외환거래가 수행된다.

넷째 특징은 제로섬(zero sum) 시장이라는 점이다. 예를 들어 주식시장 같은 경우 주가가 지속적으로 상승하면 매입자나 매출자 모두 이익을 얻을 수도 있지만 외환시장의 경우 외환시장에 참여하는 한 거래자가 이익을 실현했다면 그 상대방 거래자는 반드시

이에 상응하는 거래 손실을 입게 된다.

마지막으로 외환시장은 소매거래보다는 도매거래 위주로 이루어지는 시장이라는 특징을 갖는다. 외환거래는 은행과 고객 간에 소매단위로 거래가 이루어지는 '대고객거래'와 은행 간 포지션조정에 의해 거래가 이루어지는 '은행간거래'로 나뉘어지는데, 거래의 대부분은 은행간 거래이다. 뉴욕 등 주요 외환시장에서의 은행 및 딜러간의 거래규모는 전체 외환시장 거래규모의 90% 이상을 점하고 있다.

1-3. 외환시장의 구조

(1) 외환시장의 참가자

외환시장은 고객, 외환을 취급하는 외국환은행, 외환브로커, 그리고 중앙은행으로 구성된다. 외환시장의 고객에는 무역을 위하여 외환을 매매하는 수출입업자, 국제투자자, 그리고 환위험을 부담하는 환투기자 등이 있다.

외환시장에서 가장 중요한 역할을 하는 참가자는 외국환은행이다. 보통 일반 고객이 외환을 매출하거나 매입하려고 하면, 외국환은행은 그에 대응하여 외환을 매입하거나 매출함으로써 국제적인 자금의 결제나 이동의 중개자가 된다. 이때 여러 고객과의 거래에서 매출과 매입 각각의 합계가 동일하지 않다면 외국환은행은 그 차이 만큼에 대해서 환율의 변동이 있을 때 환위험을 부담하게 된다.

한편 대고객거래보다 훨씬 더 큰 비중을 차지하는 은행 간 외환거래는 '은행간 직접거래'와 '중개인거래'로 나누어지며, 두 거래는 상호 보완적인 기능을 수행한다. 은행 간 직접거래는 거래은행간의 호혜주의원칙에 따라 외환거래가 은행 간에 직접 이루어진다. 직접거래의 이점은 은행 간의 기존 거래관계를 상호 활용하기 때문에 거래성사가 중개인거래에 비하여 확실하다는 것이다.

그러나 오늘날과 같이 국제금융거래가 활발한 경우에는 은행들이 직접 외환시장에서 얻을 수 있는 정보가 한정되어 있어 최상의 가격조건으로 거래하기 쉽지 않다. 따라서 대부분의 경우 보다 뛰어난 정보 및 서비스를 제공하는 브로커를 경유해 거래한다. 은행이 중개인거래를 활용하는 경우를 보면, 은행은 중개인에게 그들의 매입 또는 매도 가격을 제시하고 중개인은 이를 가격과 거래규모를 은행 상호간에 연결시킴으로써 거래가 이루어진다. 오늘날 외환시장의 브로커는 국제외환시장을 커버할 수 있는 통신시설을 갖추고 수백 개 은행들에 국제적인 거래를 동시에 중개한다. 이러한 중개업무의 국제화로 브로커들은 보다 효율적인 금융서비스를 제공할 수 있다. 브로커는 은행들을 위해서 여러 가지 서비스만 제공하고 중개료를 매입자와 매도자 쌍방으로부터 받는다. 한편 외환거래 브로커는 자기 이름으로 거래포지션을 갖지 않기 때문에 환위험에 노출되지 않는 반면,

은행이나 외환딜러들은 외환포지션을 유지하므로 환위험에 노출된다.

또한 외환당국인 중앙은행도 외환시장에 참여한다. 중앙은행은 환율을 일정하게 유지하거나 환율의 변동을 일정한 범위 내로 한정시키기 위해 외환시장에 개입하곤 한다.

2. 외환시장의 결제 시스템[2)]

2-1. 개요

외환결제란 외환시장에서 외환매매거래에 따라 발생하는 채권·채무관계를 외환의 매도 및 매입기관 간에 사고 판 통화를 서로 지급함으로써 종결시키는 행위이다. 이러한 외환결제를 보다 안전하고도 효율적으로 수행할 수 있도록 시장참여자, 중앙은행, 결제기구 등을 상호 유기적으로 연결하여 전체적으로 기능을 발휘하도록 하는 일련의 체계를 외환결제시스템이라고 한다.

외환시장에서 외화자금의 결제는 은행권수수나 수표발행으로 이어지는 경우는 거의 없으며 세계적인 은행 간 결제시스템을 이용하게 된다. 수표, 이체지시(Transfer Order), 전신이체(Wire Transfer), 전화 및 컴퓨터시설 등을 이용한 결제시스템을 통하여 외국환은행들은 세계 어느 은행과도 외환거래를 하게 된다. 이러한 결제시스템은 외국환은행들이 세계 주요국의 국제은행들과 환거래계약에 따라 당좌예치금계정(Nostro Account)이나 당좌예수금계정(Vostro Account)을 설정하고 국제통신기관에 가입함으로써 형성되는 것이다.

은행 간 외환거래에 있어 일반적인 외환결제방식은 환거래은행을 통한 결제방식으로서 거래된 외환(예 : 미달러화)이 해당국 금융시장(예 : 뉴욕)에서 건별로 환거래은행을 통하여 최종 결제가 이루어지는 방식이다.

환거래은행을 통한 결제방식 이외에 결제은행으로 지정된 특정 상업은행에 개설한 외화결제계정을 통하여 결제하고 자금부족액만을 해당국 금융시장에서 추가 납입하는 방식이 사용되기도 한다. 이러한 결제방식은 주로 소액의 경상거래 또는 은행 간 자금조정에 이용된다. 이 방식은 건별로 해당 통화국의 환거래은행을 통해 직접 결제하는 경우와 비교하면 국내에서 결제 후 부족액만을 해당 통화국 환거래은행에 입금하므로 결제자금이 상대적으로 적게 소요된다는 이점이 있다.

한편 환거래은행을 통한 외환결제방식에서는 외환결제리스크 문제가 꾸준히 제기되어 왔으며 이에 국제결제은행(BIS)의 연구와 주요국 중앙은행의 협력을 바탕으로 1999년 미

2) 한국은행, 한국의 지급결제제도(2014) 참조

국 뉴욕에 CLS(Continuous Linked Settlement)은행이 설립되고 이 은행이 운용하는 외환동시결제시스템이 2002년 9월 도입되었다.

2-2. 환거래은행을 통한 결제

환거래은행(correspondent bank)을 통한 결제는 통화별로 지정된 환거래은행에 거래 건별로 매도통화의 지급을 지시하고, 해당 환거래은행은 해당 통화의 지급결제시스템을 통하여 거래상대방의 환거래은행에 자금을 이체하는 방식으로서 CLS시스템이 도입되기 이전에 전 세계은행들이 가장 일반적으로 사용하던 외환결제방식이다.

예를 들어, 서울의 K은행(미달러화 매입, 원화 매도)과 홍콩의 H은행(미달러화 매도, 원화매입)의 거래를 가정한 결제과정은 [그림 10-1]과 같다.

▮그림 10-1▮ 환거래은행을 통한 결제방식

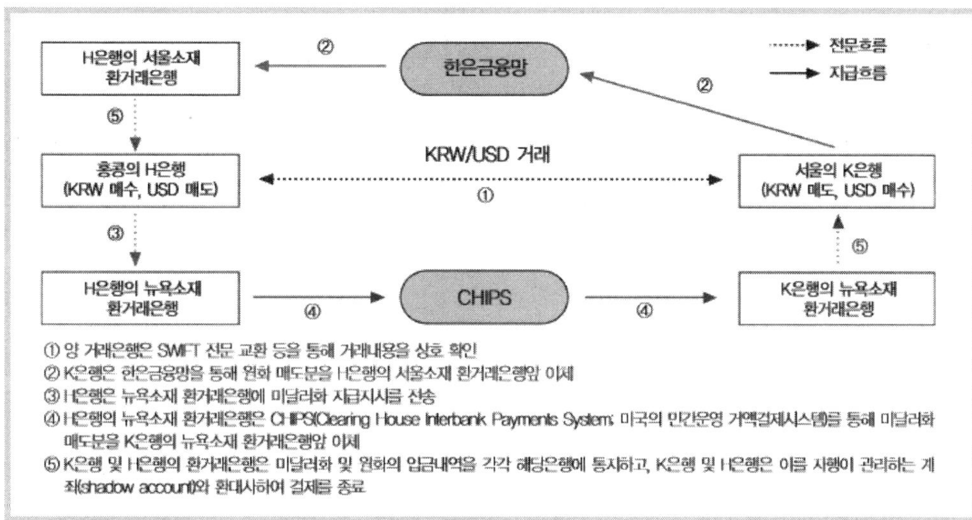

2. 외환동시결제

외환매매시 환거래은행을 통한 결제방식을 이용하는 경우 매도통화의 지급과 매수통화의 수취가 개별적으로 이루어지기 때문에 거래당사자는 매도통화를 지급하였으나 매수통화를 수취하지 못하는 외환결제리스크에 노출된다. 특히 거래대상 통화 발행국간 시차가 큰 경우 금융기관이 외환결제리스크에 노출되는 시간도 확대된다. 서울소재 K은행이 홍콩소재 H은행과 원화 매도 및 미달러화 매입 거래를 한 경우 원화를 지급하는 시간과 미국의 환거래은행을 통해 미달러화를 수취하는 시간 간에는 최소한 14시간의 차이가 발생하게 되며 K은행은 동 시간동안 H은행이 파산할 경우 거래원금을 모두 잃게 될 위험에 노출된다.

▌그림 10-2▐ 미달러 수취업무 처리절차 및 시간(예시)

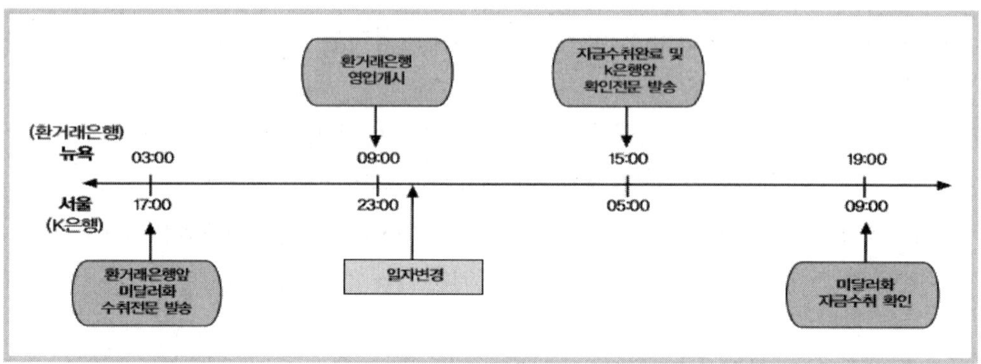

특히 Herstatt은행의 외환결제실패 등을 계기로 외환결제리스크에 대한 관심이 높아진 중앙은행들은 국제결제은행(BIS)을 통해 공공부문과 민간부문이 함께 외환결제리스크를 감축할 수 있는 다양한 방안을 연구하였으며 민간부문의 대응방안중 하나로 복수통화결제서비스(multi-currency services)를 제공하는 결제기구를 설립하여 외환동시결제방식을 구현할 것을 권고하였다.

▌그림 10-3▐ CLS시스템의 원/달러 결제과정

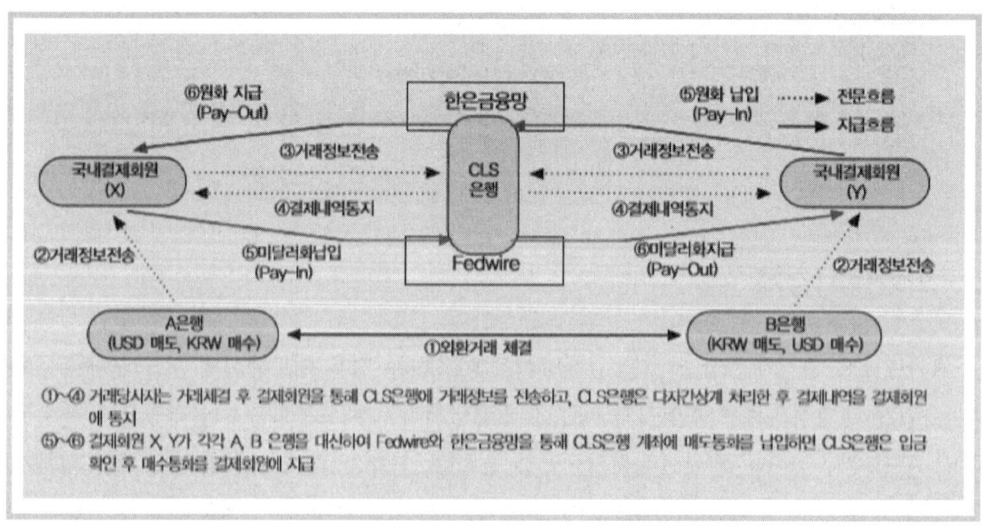

외환동시결제방식은 매수통화의 수취가 보장되는 경우에만 매도통화를 지급하기 때문

에 거래당사자 일방이 파산 등의 이유로 매도통화를 지급을 하지 못했을 경우에는 매입통화의 결제도 일어나지 않아 외환결제리스크를 감축할 수 있다.

국제결제은행의 권고에 따라 전 세계 주요 상업은행들은 외환동시결제방식을 구현하기 위하여 CLS은행을 설립하여 원화, 미달러화 등 17개 통화에 대한 외환동시결제 서비스를 제공하고 있다.

제2절 환율[3]

1. 환율의 기초

1-1. 환율의 개념

한 국가 내에서는 재화나 서비스의 가격이 자국 통화단위로 표시되기 때문에 여러 다른 재화나 서비스의 가격을 쉽게 비교할 수 있다. 왜냐하면 모든 가격이 동일한 통화(예: 원화)로 표시되기 때문이다. 그렇다면 서로 다른 국가의 재화나 서비스에 대한 가격을 비교하려면 어떻게 해야 할까? 예를 들어 우리나라의 자동차 가격과 미국의 자동차 가격을 비교하려면 각각 표시되는 통화단위가 달라 쉽게 비교하기가 곤란하다. 이처럼 서로 표시되는 통화단위가 다를 때 두 국가 간의 가격을 비교하려면 우리나라 통화와 미국통화 간의 교환비율을 알아야 하며, 환율이란 이때 이용되는 양국 통화간의 교환비율을 말한다. 즉, 환율은 한 나라의 통화가치를 다른 나라의 통화로 표시한 것이다.

1-2. 환율표시법

(1) 직접표시법과 간접표시법

환율은 자국통화와 외국통화 간의 교환비율이므로 어느 통화를 기준으로 보느냐에 따라 환율표시방법이 달라질 수 있다. 환율을 외국통화 한 단위와 교환될 수 있는 국내통화 단위수로 표시하는 경우 이를 직접표시법(direct quotation)이라 하고, 반대로 국내통화 한 단위와 교환될 수 있는 외국통화 단위수로 환율을 표시하는 경우는 간접표시법(indirect quotation)이라 한다. 예를 들어 서울외환시장에서 원화와 달러화의 환율을

3) 김인준 · 이영섭, 국제금융론 (율곡출판사, 2013), 안철원, 금융경제학 (한경사, 2013) 참조

$1=1,200원으로 표시하는 것은 직접표시법을 따른 것이고, 1원=$0.00825로 표시하는 것은 간접표시법을 따른 것이다. 대부분의 국가에서는 직접표시법을 이용하고 있다. 직접표시법은 외국통화를 하나의 상품으로 보았을 때 자국통화로 표시한 가격이라 할 수 있다.

(2) 매입율과 매도율

외환시장에서 환율은 매입률(bid price)와 매도율(offer price)의 두 가지 환율로 고시된다. 외환시장에서의 매입률과 매도율은 은행딜러 입장에서 고시되므로, 매입률은 은행딜러가 외환을 매입하는 경우에 적용되는 환율을, 그리고 매도율은 은행딜러가 외환을 매도하는 경우에 적용되는 환율을 의미한다. 매입률과 매도율의 차이를 스프레드(spread)라고 부른다. 거래비용이나 은행이 인식하는 위험의 크기에 따라 거래유형별, 고객별로 스프레드의 크기가 달라지는데, 일반적으로 도매거래에서보다 소매거래에서 스프레드가 더 크다.

▌표 10-2▌ 외국환율고시표(2016년 2/12)

국가명	통화	전신환		현금		매매 기준율	대미 환산율	달러당 환산율
		송금 할 때	송금 받을 때	현금 살 때	현금 팔 때			
미 국	달러	1,223.50	1,199.90	1,232.90	1,190.50	1,211.70	1.0000	1.0000
일 본	엔	1,088.20	1,067.08	1,096.49	1,058.79	1,077.64	0.8894	1.1244
유로통화	유로	1,383.03	1,355.65	1,396.58	1,342.10	1,369.34	1.1301	0.8849
영 국	파운드	1,770.00	1,734.96	1,797.35	1,717.61	1,752.48	1.4463	0.6914
호 주	달러	868.79	851.59	877.30	843.08	860.19	0.7099	1.4086
홍 콩	달러	157.07	153.97	158.61	152.43	155.52	0.1286	7.7912
중 국	위안	186.99	183.29	198.09	175.89	185.14	0.1528	6.5447

※ 일본 JPY는 100단위로 고시됩니다.

1-3. 교차환율, 실질환율

(1) 교차환율

한편 대부분의 외환거래가 달러화 중심으로 이루어져 있기 때문에 달러화 이외의 다른 통화들 간의 거래를 원할 때에는 달러화를 거쳐서 이루어지고 있다. 따라서 이 때 적용되는 환율도 달러화에 대한 환율을 통해 간접적으로 계산되는데 이를 교차환율(cross rate)

이라고 한다. 만일 원/$ 환율이 $1=1,200원, 엔/$ 환율이 $1=120엔이라면 원/엔 환율은

$$\frac{원}{엔}=\frac{원/\$}{엔/\$}=\frac{1,200}{120}=10$$

즉, 1엔=10원이 된다. 만일 원/엔 환율이 두 통화의 달러환율을 이용해 계산한 교차환율과 다르다면 세 통화간의 삼각차익거래(triangular arbitrage transaction)가 발생하게 되고, 이러한 차익거래는 세 통화 간의 환율이 다시 균형관계로 일치하도록 만들어 준다.

(2) 실질환율

실질환율(real exchange rate)은 명목환율(S)에 양국의 물가수준(국내 P 및 외국 P*)을 반영해 물가지수로 나눈 것으로 SP*/P로 표시된다. 일정기간 동안 실질환율이 일정하다면 그 기간 동안 국제재화시장에서 가격경쟁력에 변화가 없음을 의미하며, 실질환율이 상승하면 자국 재화의 가격이 상대적으로 싸져서 그만큼 가격경쟁력이 높아진 것을, 반면에 인하되면 가격이 올라서 그만큼 가격경쟁력이 떨어졌음을 의미한다.

1-4. 외환포지션

외환포지션이란 각 통화별 외환의 차감잔액으로 정의할 수 있다. 즉, 외화를 자국화에 대한 하나의 상품이라고 보고 환율을 이 상품의 매매에 적용되는 가격이라고 할 때 포지션은 외환상품 또는 외환채권 · 채무의 재고량이라 할 수 있다. 포지션은 각 통화별로 환위험 관리를 위한 기초자료가 되고, 외환매매 손익을 정확히 산출하거나 또는 통화별 외화자금의 과부족을 조정하기 위한 자료로 사용된다.

포지션은 각 통화별로 현물환과 선물환을 종합하여 외환의 매입과 매도의 결과로서 발생하며, 이 포지션의 크기에 따라 해당 통화 가격이 변동할 때, 즉 환율의 변화에 따라 외환차익과 차손이 발생하게 된다. 이 포지션은 자산과 부채의 상대와 산출기준, 그리고 기타 관리목적에 따라 여러 가지로 세분화되어 있는데, 그 중 자산과 부채의 상태에 따라 크게 균형포지션(스퀘어포지션)과 불균형포지션(오픈포지션)으로 구분한다.

균형포지션(square position)은 현물환 및 선물환을 종합한 외화표시자산과 외화표시부채가 동일하여 환율의 움직임에 따라 어떤 손익도 발생하지 않는다

오픈포지션(open position)은 자산 및 부채의 상대적인 크기에 따라 매입초과포지션(overbought position)과 매도초과포지션(oversold position)으로 나눈다. 매입초과포지션은 주로 롱포지션(long position)이라고도 하는데, 외환매입액이 외환매도액을 초과함으로써 외화표시자산이 외화표시부채보다 많은 경우를 말한다. 이 경우는 환율이 상승

하면 이익을 발생시키고 환율이 하락하면 손실이 발생한다. 매도초과포지션은 숏포지션(short position)이라고도 하는데, 외환매도액이 외환매입액을 초과함으로써 외화표시부채가 외화표시자산보다 많은 경우를 말한다. 이 경우는 환율이 상승하면 손실이 발생하고 환율이 하락하면 이익이 생긴다.

1-5. 환율제도

환율제도는 외환시장 운영메카니즘 및 환율결정 과정에 따라 크게 고정환율제도(pegged exchange rate system)와 변동환율제도(floating exchange rate system)로 구분된다. 고정환율제도는 통화당국이 외환시장에 개입해 환율을 일정수준으로 유지하려는 제도이다. 각국 통화와 금과의 교환비율을 기준으로 환율을 유지하려고 하는 경우 이를 금본위제도라 부르며, 일정한 외환(예를 들어 달러)에 대해 환율을 유지하려는 경우를 금환본위제도라고 부른다. 반면 순수한 변동환율제도는 통화당국이 외환시장에서 아무런 개입을 하지 않음으로써 환율이 외환의 수요와 공급에 의해 자유롭게 결정되는 제도이다.

이론적으로 이야기 할 때 변동환율제도에서는 외환시장에서 수요와 공급간에 불일치가 발생할 때 환율이 즉각적으로 조정되어 균형을 회복하므로 국제수지가 항상 균형을 이루게 된다. 따라서 변동환율제도에서는 국제수지 불균형이 발생할 수 있으며, 이에 따라 국내통화량이 영향을 받을 수도 있다. 앞에서 설명했던 바와 같이 국제수지가 흑자로 되는 경우 국내통화량이 증가하게 되며, 적자인 경우에는 국내통화량이 감소하게 된다.

그러나 현실적으로 각국의 환율제도를 보면 이 두 가지를 절충한 환율제도를 사용하는 경우가 많다. 예를 들어 환율이 외환시장에서 자유로이 결정되도록 하되 필요에 따라 정부가 개입하는 관리변동환율제도(managed floating exchange rate system) 등이 도입되고 있다.

1-6. 외환거래의 형태

외환거래에는 거래계약이 이루어지는 거래일(contract date or deal date)과 거래계약 후 거래당사자간에 실제로 외환의 결제가 이루어지는 결재일(value date or settlement date)이 다를 수 있다.

(1) 현물환거래

현물환거래(spot exchange transaction)는 외환거래의 가장 기본이 되는 거래로서, 외환의 거래가 이루어진 후 즉각적으로 대금결제가 이루어지는 거래, 즉 거래일과 결제일이 일치하는 거래를 말한다. 그러나 현실적으로는 지역 간의 시차가 있어 계약을 이행하고 최종 사무 처리하기 위한 시간이 필요하기 때문에 보통 대금결제가 2 영업일 이내에 이루어지는 경우를 현물환거래로 분류한다.

따라서 현물환거래는 약정일로부터 영업일에 외환의 수도와 대금결제가 이루어지는가에 따라 당일물, 익일물, 익익일물로 구분한다.

현물환거래에 적용되는 환율을 현물환율(spot rate)이라 한다. 일반적으로 환율이라고 하면 현물환율을 의미한다.

(2) 선물환거래

선물환거래(forward exchange transaction)는 외환매매계약 체결일로부터 일정기간 경과 후 특정일에 외환을 결제, 인도하기로 약정한 거래로서 약정된 결제일까지 매매 쌍방의 현금결제가 유보된다는 점에서 현물거래와 다르다. 선물환거래는 결제일에 적용할 환율, 즉 선물환율(forward rate)을 거래시점에서 미리 정한다. 선물환계약의 만기는 몇 일, 몇 개월, 또는 몇 년 등 어느 기간이라도 될 수 있지만, 7일, 30일, 90일, 180일, 360일 등이 일반적으로 널리 통용된다.

선물환율을 표시하는 방법은 완전호가, 스왑률(또는 포인트)호가 및 백분율호가 등 세 가지가 있다. 첫째, 완전호가(outright rate quotation)란 아래의 예에서처럼 선물환율을 현물환율과 마찬가지로 그대로 표시하는 방법이다. 예를 들어 원/$ 환율에 있어서 30일 선물환 매입률은 $1=1,195.49원, 매도율은 $1=1,198.09원이다.

	원/$	엔/$
현물	1,195.00~1,197.50	118.81~119.40
30일 선물환	1,195.49~1,198.09	118.45~119.14
60일 선물환	1,196.32~1,199.10	117.88~118.62
90일 선물환	1,198.30~2,001.16	116.97~117.80

이 방법은 외환시장에 익숙하지 않은 일반 고객들도 이해하기 쉽다는 장점이 있어 대고객거래에서 주로 사용된다.

둘째, 스왑률호가(swap rate quotation) 또는 포인트호가(point quotation)는 선물환율을 현물환율에 대한 격차인 스왑률로 고시하는 방법으로 위에서 든 예는 아래와 같이 표시된다.

	원/$	엔/$
현물	1,195.00~1,197.50	118.81~119.40
30일 선물환	49~59	36~26
60일 선물환	132~160	93~78
90일 선물환	330~366	184~160

예를 들어 원/$ 환율에 있어서 30일 선물환 매입률의 스왑률이 49로 나타나고 있는데, 이는 현물환 매입률과 30일 선물환 매입률이 각각 $1=1,195.00원 및 $1=1,195.49이므로 달러가 49포인트 할증되어 매입되고 있다는 것을 의미한다. 스왑률로 표시할 때(+) 또는(−) 부호를 붙이지 않더라도 외환시장에서는 매입스왑률과 매도스왑률의 크기를 보고 선물환이 할증되어 있는지 아니면 할인되어 있는지 쉽게 파악하고 있다.[4] 즉, 원/$ 환율의 경우처럼 매입스왑률보다 매도스왑률이 크게 나타난 경우 선물환은 할증되어 있으므로 선물환율을 구하기 위해서는 현물환율에 스왑률을 더하면 된다. 반대로 엔/$ 환율의 경우처럼 매입스왑률보다 매도스왑률이 작게 나타난 경우는 선물환이 할인되어 있는 경우이므로 선물환율을 구하기 위해서는 현물환율에서 스왑률을 빼면 된다.

셋째, 백분율호가(percentage rate quotation)는 아래와 같이 선물환율을 현물환율로부터의 변화율인 선물환할증률(forward premium) 또는 선물환할인율(forward discount)로 나타내는 방법이다.

$$\text{선물환할증률(또는 할인율)} = \frac{F_t - S_t}{S_t} \times \frac{12}{\text{선물환 만기월수}} \times 100$$

단, F : 선물환율, S : 현물환율

앞에서의 예를 이용하면, 원/$ 30일 선물환의 매입률과 매도율은 각각 0.492% 및 0.591 할증상태에 있고, 엔/$ 30일 선물환의 매입률과 매도율은 각각 3.64% 및 2.61% 할인상태에 있다.

4) 할증이란 기준이 되는 통화의 가치가 미래에 상승한다는 것을 의미하며, 할인이란 기준이 되는 통화의 가치가 미래에 하락한다는 의미이다.

2. 환율결정이론

2-1. 환율의 장기결정이론

다른 모든 상품의 가격과 마찬가지로 환율도 자유변동환율제도하에서는 외환시장에서 외환에 대한 수요와 공급의 작용에 의해 결정된다. 그런데 장기에서 환율은 각 나라의 물가나 생산성과 같은 경제의 펀더멘털(fundamentals)에 의해 결정된다고 볼 수 있다. 즉, 장기에서의 환율의 변화는 경제적 펀더멘털의 변화에 대한 외환시장 참여자들의 반응에 의해 결정된다. 따라서 장기에서의 환율결정에 대해 살펴보기 위해서는 장기환율에 영향을 미치는 중요한 펀더멘털 요인들을 알아볼 필요가 있다. 이를 위해 먼저 환율의 장기이론으로 대표적인 구매력평가이론에 대해 살펴본다.

(1) 구매력평가이론

① 일물일가의 법칙

장기에서의 환율의 결정을 잘 보여주는 것이 구매력평가이론(PPP, purchasing power parity theory)이다. 그런데 구매력평가이론은 일물일가의 법칙과 밀접한 관계를 가진다. 일물일가의 법칙(law of one price)이란 수송비 등 일체의 거래비용이 없고 관세와 같은 무역장벽이 없어 완전한 자유무역이 이루어지는 경우 동일한 상품은 어느 나라에서 생산되든 상관없이 동일한 화폐로 환산할 때 동일한 가격으로 판매된다는 것을 말한다. 이것을 수식으로 표현하면 식(10-1)와 같다.

(10-1) $p_i = ep_i^*$

여기서 p_i는 i재의 가격(원화표시), e는 환율, p_i^*는 i재의 외국(미국)가격(외국통화표시)이다.

예를 들어 동일한 TV 1대가 미국에서는 100달러에 생산되고 한국에서는 100,000원에 생산된다고 하자. 일물일가의 법칙은 미국 TV가 한국에서는 100,000원(한국 TV의 가격)에 팔리고 한국 TV는 미국에서 100달러(미국 TV의 가격)에 팔려야 한다는 것이다. 그리고 이렇게 되기 위해서는 환율이 달러당 1,000원이 되어야 한다는 것을 제시한다. 만일 환율이 달러당 2,000원이라면 한국 TV는 미국에서 50달러에 판매될 것이며, 미국 TV는 한국에서 200,000원에 판매될 것이다. 그러면 미국TV는 비싸므로 미국TV에 대한 수요는 0이 될 것이다. 단지 환율이 달러당 1,000원이고 그래서 미국TV와 한국TV의 가격이 양국에서 동일할 때에만 미국TV와 한국TV 모두에 대해 수요가 있게 될 것이다.

이러한 일물일가의 법칙이 성립하게 되는 이유는 무엇인가? 그것은 두 나라에서 동일 상품의 가격에 괴리가 생기면 즉시로 상품재정거래(commodity arbitrage transaction)가 발생하여 가격의 균등화가 이루어지기 때문이다. 예를 들어 환율이 달러당 1,000원인 경우 TV 1대의 가격이 미국에서 100달러인데 반해 한국에서는 120,000원이라면 한국의 TV가격(120달러)이 미국의 TV가격(100달러)보다 높기 때문에 이러한 가격 차이를 이용하여 이윤을 얻기 위하여 TV가 미국에서 한국으로 즉시로 수입될 것이다. 그러면 수요의 증가에 따라 미국의 TV가격은 상승하고 수요의 감소에 따라 한국의 TV가격은 하락할 것이며 이러한 상품재정거래는 두 나라의 TV가격이 동일하게 될 때까지 계속되어 결국 두 나라의 TV가격은 동일하게 된다.

② **구매력평가이론의 의미와 의의**

구매력평가이론은 스웨덴의 경제학자인 Karl Gustav Cassel에 의해 도입된 이론으로 물가수준과 환율간의 장기적 관계를 설명하는 이론인데 균형환율은 두 나라 통화의 구매력의 비율과 같다는 것이다. 이 이론은 한 나라의 일정량의 화폐는 다른 나라에서도 동등한 구매력을 갖게 되고 따라서 동일한 상품의 양을 구매할 수 있어야 한다는 것이다. 예컨대, 미국에서 10달러로 오렌지 5개와 바나나 10개를 살 수 있으면 한국에서도 10달러로 오렌지 5개와 바나나 10개를 살 수 있어야 한다는 것이다. 만일 한국에서 오렌지 5개와 바나나 10개를 구매하는데 10,000원이 소요된다면 환율은 1달러당 1,000원이 되어야 한다. 그리고 한 나라의 통화의 구매력은 그 나라의 물가수준에 반비례하므로 이는 결국 균형환율은 두 나라의 물가수준의 비율과 같아야 한다는 의미이다. 이러한 관계를 구매력평가(등가)조건이라고 하는데 이것은 식(10-1)에서 본 일물일가의 법칙을 전체 상품으로 확대시킨 것으로 다음의 식(10-2)와 같다.

(10-2) $p = ep^*$

여기서 p는 국내물가수준(원화표시), e는 구매력평가환율(균형환율), p*는 미국 물가수준(달러표시)이다. 좌변은 원화로 표시된 국내물가수준이고 우변은 달러표시 물가수준에 환율을 곱하여 원화로 표시한 것이다. 이 식이 의미하는 것은 각국의 물가수준은 동일한 통화로 표시하였을 때 같아진다는 것이다. 식(10-2)을 변형하면 다음과 같은 구매력평가환율(균형환율)이 구해진다.

(10-3) $e = p/p^*$

이 식에 따르면 국내물가가 상승하면 환율(달러당 원화)은 상승하고, 미국 물가가 상승하면 환율이 하락한다는 것을 보여준다. 그러므로 구매력평가이론은 두 통화간의 환율은 두 나라의 물가수준의 변화를 반영하여 조정된다는 것이며 장기환율에 영향을 미치는 결정적 펀더멘털은 물가라는 것이다. 이제 한국의 물가가 10% 상승하여 오렌지 5개와 바나나 10개를 구매하는데 11,000원이 소요된다면(미국은 여전히 10달러 소요) 환율은 이제 달러당 1,100원이 된다. 이것을 일반화시켜서 말하면 한국의 물가수준이 미국의 물가수준에 비해 10% 상승한다면 달러당 원화환율은 1,000원에서 1,100원으로 달러가 10% 절상(원화 10% 절하)된다는 것이다.[5] 그러므로 한 나라의 물가수준이 상대적으로 오르면 그 통화는 절하되고 물가수준이 상대적으로 내리면 그 통화는 절상이 된다. 식(10-3)가 보여주듯이 균형환율은 두 나라의 절대 물가수준의 비율에 의해 결정되는데 이와 같이 균형환율이 절대물가수쥬의 차이만큼 변동한다고 보는 이론을 절대적 구매력평가이론이라고 부른다. 절대적 구매력평가이론은 개별상품에 대한 일물일가의 법칙을 나라 전체의 상품에 대해, 즉 두 나라의 물가수준에 적용한 것이다.

그러나 환율이 두 나라 통화의 구매력의 절대적 비율에 의해 결정된다고 보기는 어렵기 때문에 더 일반적으로 물가수준보다는 물가상승률을 통해 환율의 변동을 설명한다. 즉, 일정기간 동안의 두 나라 통화간의 환율변동률은 그 기간 동안의 두 나라의 인플레이션율(물가변동률)과 같다는 것이다. 이것은 균형환율이 두 나라의 인플레이션율의 차이만큼 변동한다는 것이다. 균형환율이 두 나라의 인플레이션율의 차이만큼 변동한다고 보는 이론을 상대적 구매력평가이론이라고 한다.

구매력평가이론은 두 나라의 물가상승률만 알면 쉽게 계산할 수 있기 때문에 이러한 계산의 편의성으로 인해 균형환율의 수준을 판정하기 위하여 아직도 널리 이용되고 있다. 예컨대, 지난 1년 동안 우리나라 원화가 미국달러에 대해 6% 절상되었다고 하자. 과연 이러한 절상은 적정한 수준인가, 아니면 과도하게 절상이 된 것인가? 비교적 간단하게 이것을 평가할 수 있는 방법은 구매력평가이론을 이용하는 것이다. 만일 같은 기간 동안에 우리나라의 인플레이션율이 5%인데 미국의 인플레이션율이 7%였다면 원화의 적정절상률(환율하락률)은 2%이다. 따라서 이 경우 원화는 4% 포인트만큼 과도하게 절상되었다고 볼 수 있다.

---

5) 환율이 조정되지 않고 고정되어 있는 고정환율의 경우에는 환율(E) 대신 두 나라의 물가가 조정되어 균형이 회복된다. $E > P/P^*$, 즉 $EP^* > P$ 라면 미국물가가 국내물가보다 더 높으며 이 경우 미국상품에 대한 수요는 감소하고 이에 따라 미국물가는 하락하고 국내상품에 대한 수요는 증가하고 이에 따라 국내물가는 상승하여 $EP^* = P$가 된다.

③ 구매력평가이론의 한계와 문제점

구매력평가이론이 편의성 때문에 자주 사용되고 있지만 과연 구매력평가이론이 현실을 잘 설명하고 예측하는가? 실증분석결과에 의하면 매우 만족스럽지 않은 것으로 나타나고 있다. 특히 구매력평가이론은 단기에서는 잘 성립되지 않는 것으로 나타났다. 장기인 경우에는 결과가 다소 나은 편이지만 일단 균형수준을 이탈한 후에 다시 균형을 회복하는데 시간이 매우 오래 걸리는 것으로 나타나고 있다.

그러면 실증분석에 구매력평가이론이 잘 성립되지 않는 이유는 무엇인가? 일물일가의 법칙에 기반을 두고 환율이 물가수준의 상대적 변화에 의해서만 결정된다는 구매력평가이론의 결론은 몇 가지 문제로 인해 잘 맞지 않는 것으로 생각된다. 첫째, 모든 상품이 두 나라에서 동일하다는 가정이 성립되지 않는다. 미국의 스마트폰과 한국의 스마트폰의 경우에는 그 가정이 합리적이라고 보기는 어려우며 스마트폰에 대한 특별한 선호가 있다. 상품에 대한 특별한 상대적 선호가 있다면 동일상품이라고 보기 어렵다.

둘째, 관세 등 무역장벽이 존재하여 완전한 자유무역이 가능하지 않다. 이러한 장벽이 존재하면 이들 때문에 가격이 상승할 수 있으며 이러한 것 때문에 동일상품이 동일한 가격을 받는 가격의 균등화가 달성되기 어렵고 구매력평가의 성립을 어렵게 만든다.

셋째, 수송비 등 거래비용이 너무 크기 때문에 교역이 전혀 되지 않는 비교역재(non-tradable goods)가 존재한다. 비교역재의 경우 상품재정거래가 발생할 수 없는데 구매력평가이론은 많은 재화와 서비스가 교역이 되지 않는다는 사실을 고려하지 않고 있다. 주택, 토지, 음식서비스 등은 대표적인 비교역재이다. 이들은 교역이 되지 않으며 두 나라의 가격의 격차는 지속된다. 따라서 이들 비교역재의 가격이 상승하여 물가(각국의 물가지수계산에는 비교역재도 포함됨)가 상대적으로 올라가는 경우에는 물가지수에서 비교역재가격이 차지하는 비중만큼은 구매력평가로부터 환율을 괴리시키는 요인이 된다.

넷째, 불완전경쟁과 이에 따른 가격의 경직성이 존재한다. 불완전경쟁시장에서는 기업이 시장지배력을 가지며 제품은 광고 등으로 차별화를 시도하게 된다. 이러한 독과점시장의 존재는 경쟁을 제한하여 국제적 가격의 차이를 일으키며 일물일가의 법칙이 성립하는 것을 방해한다. 또 가격이 경직적이고 가격이 변화하는 속도가 나라마다 상품마다 다르기 때문에 물가의 상승이 더디게 나타나며 이에 따라 물가가 상대적으로 올라간다고 하더라도 환율에는 직접적인 영향은 없다고 볼 수 있다.

(2) 환율에 영향을 미치는 중요한 장기적 펀더멘털 요인

위에서 본 바와 같이 구매력평가이론에는 많은 한계와 문제점이 있음에도 불구하고 이 이론을 이용하면 장기적으로 환율에 영향을 미치는 요인들을 파악할 수 있다. 우선 구매력평가이론에 의하면 환율에 영향을 미치는 주요 요인으로 두 나라의 상대적인 물가수준을 들 수 있다. 그리고 두 나라의 상대적인 물가수준과 밀접하게 관련되는 것이 두 나라의 상대적인 생산성이다. 왜냐하면 상대적 생산성이 높으면 상대적으로 물가가 낮아지기 때문이다. 그리고 구매력평가이론이 장기환율이론으로서 갖는 문제점으로 앞에서 네 가지를 지적하였으나 환율과 직접적으로 관련되는 중요한 요소는 앞의 세 가지이다. 이들 요소들도 장기적인 환율에 영향을 미칠 수 있다. 우리나라와 미국의 경우를 예로 들어 이들 요인이 환율에 장기적으로 어떤 영향을 미치는지 살펴본다.

① 상대적 물가수준

우리나라의 물가는 변화가 없는데 미국의 물가가 상대적으로 상승한다면 미국의 상품과 금융자산은 우리나라의 유사한 상품이나 금융자산에 비해 더 비싸게 된다. 미국의 물가가 우리나라보다 더 빨리 상승한다면 미국상품과 금융자산에 대한 수요가 감소하므로 달러에 대한 수요가 감소하며 다른 사정에 변화가 없는 경우 균형환율(달러당 원화)은 하락한다. 따라서 한 나라(미국)의 상대적 물가상승은 그 나라의 통화(달러)의 절하를 유발한다. 또 상품에는 교역재와 비교역재가 있는데 서비스와 같은 비교역재의 비중이 높고 그 가격이 많이 오르면 물가수준도 높게 된다. 만일 우리나라의 비교역재의 가격상승으로 물가가 상대적으로 올라간다면 원화는 절하된다. 산업구조가 고도화될수록 서비스 산업화되는데 대개 선진국의 경우 비교역재인 서비스의 비중이 높고 서비스의 가격이 높기 때문에 물가수준은 선진국이 후진국보다 높게 나타난다. 이로 인해 환율은 장기적으로 선진국의 경우 절하되는 경향이 있고 후진국의 경우에는 절상되는 경향이 있다.

② 상대적 생산성

우리나라가 미국보다 상대적으로 생산성(상대적 생산성의 증가는 상대적 성장을 의미)이 더 높아진다면 우리나라의 기업들은 미국기업에 비해 상품을 더 싸게 생산할 수 있으며 따라서 국내상품의 가격을 낮출 수 있다. 따라서 상대적인 생산성(성장률)의 증가는 국내상품에 대한 미국수요를 증가시키므로 국내통화(원화)에 대한 수요가 증가한다. 원화수요의 증가에 대응하여 달러의 공급이 증가하므로 다른 사정에 변화가 없는 경우 균형환율은 하락(원화의 절상, 달러의 절하)한다. 요컨대, 장기적으로 볼 때 한 나라의 상대적 생산성(상대적 성장률)의 하락은 그 나라의 통화를 절하시키며 상대적 생산성의 상승은 그 나라의 통화를 절상시킨다.

③ 무역수지

만일 우리나라 사람들의 미국상품(예를 들어 미국오렌지, 미국영화 등)에 대한 선호가 증가(미국상품에 대한 상대적 선호의 증가)한다면 우리나라 사람들은 미국상품을 구매하기 위해 달러를 더 많이 수요할 것이다. 이에 따라 환율은 상승(달러절상, 원화절하)한다. 따라서 한 나라의 수출품(국내상품)에 대한 수요의 증가는 장기적으로 그 나라의 통화가치의 상승을 유발하며 수입품(외국상품)에 대한 수요의 증가는 국내통화의 절하를 유발한다.

한편 관세나 쿼터와 같이 자유무역을 제약하는 요소들도 장기적으로 환율에 미칠 수 있다. 만일 우리나라가 미국 자동차에 대해 관세를 부과한다면 우리나라 소비자에게 국산자동차보다 미국산자동차를 더 비싸게 만든다. 따라서 미국산자동차에 대한 수요를 감소시키며 관세가 없는 경우에 비해 달러에 대한 수요를 감소시키며 이에 따라 환율은 하락(달러 절하, 원화 절상)한다. 따라서 관세와 쿼터의 부과는 장기적으로 관세와 쿼터를 부과하는 나라의 통화가치를 상승시킨다.

2-2. 단기외환시장모형

환율의 장기적 움직임에 대해 살펴보았는데 환율이 매일매일 매우 심하게 변화하는 것을 이해하기 위해서는 현재의 환율(현물환율)이 단기에서 어떻게 결정되는지를 살펴보아야 한다. 단기에서의 환율의 결정 문제를 보는 기본적인 접근방법은 자산시장접근방법(asset market approach)이다. 자산시장접근방법이 호소력을 가지게 된 이유는 변동환율제에서 환율이 경상수지를 균형시키는 수준에서 결정되지 않는 최대의 요인은 예상 밖의 대량의 자본이동이 발생하였다는 사실 때문이다. 즉, 한나라의 경제를 규정짓는 환율이라는 주요 경제변수가 세계적인 자본이동에 의해 불안정한 변동을 보였기 때문이다. 그래서 최근에는 환율의 설명에서도 외환을 하나의 자산으로 보는 자산시장접근법이 널리 이용되고 있다.

자산시장접근방법에는 국내자산과 해외자산을 완전대체자산으로 보는 이론도 있고 불완전대체자산으로 보는 이론도 있다. 전자의 경우에는 환위험 이외에는 아무런 위험이 없으며 자산보유자들은 국내자산이든, 외국자산이든 두 자산의 기대수익이 같은 한 전혀 차별을 하지 않는다. 따라서 이 경우에는 국내자산과 외국자산의 기대수익 간에 차이가 날 수 없다. 반면 후자의 경우에는 환위험이외에도 유동성위험, 조세위험, 부도위험, 정치적 위험 등이 존재하며 이러한 위험으로 인해 위험회피투자자들은 위험자산을 보유하는 데 따른 보상인 위험프리미엄을 요구하게 된다.[6] 그리고 자국 및 외국통화로

6) 전자(국내자산과 해외자산을 완전대체자산으로 보는 이론)의 경우에는 커버되지 않은 이자율평형조건(uncovered interest parity condition)이 항상 성립하지만 후자(불완전대체자산으로 보는 이론)의 경우에는 커버되지 않은 이자율평형조건이 성립되지 않는다.

표시된 자산의 수익성이 변동할 경우 투자자들의 이윤극대화를 위하여 자산의 포트폴리오를 조정하는 과정에서 환율이 결정된다.

여기서는 환율의 단기적 결정을 자산시장접근방법에 의해 살펴본다. 자산시장접근방법에서 환율이란 한 통화의 자산을 다른 통화의 자산으로 나타낸 가격으로 보기 때문에 환율이 외국자산(외국통화로 표시된 은행예금, 채권, 주식 등)과 국내자산(국내통화로 표시된 은행예금, 채권, 주식 등)의 상대가격이라는 사실을 인식하는 것이 중요하다. 환율결정에 대한 초기의 접근방법(환율변동의 설명을 위해 무역수지격차를 중시하는 탄력성 접근방법)은 단기에서 유량(flow)으로의 수입수요와 수출수요의 역할을 강조하였으나 여기서 사용되는 자산시장접근방법은 저량(stock)을 강조한다. 왜냐하면 수출입재화의 거래량(유량)은 어느 주어진 시점에서의 국내통화자산과 외국통화자산의 양(저량)에 비하면 매우 적기 때문이다. 매년 각국의 외환거래규모는 수출입액의 수십 배 이상이 된다. 따라서 단기에 있어서는 국내자산을 소지할 것인지, 외국자산을 소지할 것인지의 결정이 수출입수요보다 환율결정에서 훨씬 더 큰 역할을 한다. 그러나 앞으로 보는 바와 같이 환율의 장기결정요인(물가, 생산성 등)과 이들에 의해 영향을 받는 중기결정요인(무역수지나 경상수지)도 또한 단기적인 자산시장접근방법에서 중요한 역할을 수행한다. 즉, 이러한 장기적, 중기적 요인들은 미래의 예상환율에 영향을 미치는 중요한 요인들이 되며 이를 통해 단기환율에 영향을 미치게 된다.

(1) 이자율평형조건

① 달러자산과 원화자산의 기대수익의 비교

환율이 외국자산(외국통화자산, 외국통화로 표시된 자산)과 국내자산(국내통화자산, 국내통화로 표시된 자산)의 상대가격이고 자산시장접근방법에서는 자산 간의 상대적 기대수익이 중요하므로 먼저 이들 자산을 보유하는 경우의 기대수익을 비교해 볼 필요가 있다.

여기서는 미국 달러화와 우리나라 원화의 환율에 초점을 맞추어 살펴본다. 미국의 자산은 달러로 표시되고 우리나라 자산은 원화로 표시된다. 달러자산과 원화자산에 대한 수요에 영향을 미치는 가장 중요한 요소는 이들 자산의 상대적 기대수익이다(환위험 이외에는 아무런 위험이 없다고 가정. 달러자산과 원화자산이 완전대체자산이라는 가정). 기대수익이 높은 자산으로 수요가 증가할 것이기 때문에 달러자산과 원화자산에 대한 수요가 어떻게 변화하는지를 이해하기 위해서는 달러자산과 원화자산의 기대수익을 비교할 필요가 있다. 이제 달러자산의 이자율을 i^D라고 하고 원화자산의 이자율을 i^W라고 하자. 달러자산과 원화자산의 기대수익률을 비교하기 위해서는 투자자들이 사용하는 통화단위로 이러한 수익을 전환해 보아야 한다.

첫째, 투자자가 우리나라 사람이라고 할 때 이들이 달러자산과 원화자산의 기대수익률을 어떻게 비교하는지를 검토해 보자. 먼저 우리나라 사람들의 원화자산에 대한 원화표시 기대수익률은 원화자산의 이자율과 같으므로 다음의 식(10-4)와 같다.

(10-4) 원화자산의 원화표시 기대수익률 = i^W(원화자산이자율)

이번에는 우리나라 투자자가 달러자산에 투자하는 경우에 달러자산의 기대수익률을 구해보자. 달러자산의 기대수익률을 원화로 표시할 때는 단순히 i^D가 아니고 달러의 예상절상과 예상절하를 고려하여야 한다. 현재(t기)의 환율(현물환율)을 Et(달러당 원화)라고 하고 다음 기(예컨대 1년 후, t+1기)의 기대환율(예상현물환율)을 E^e_{t+1} 라고 하면 달러의 예상절상률(d^e)은 $d^e = (E^{e_{t+1}} - E_t)/E_t$)이 된다. 따라서 원화로 표시한 달러자산의 기대수익률은 다음의 식(10-5)와 같다.

(10-5) 달러자산의 원화표시 기대수익률 = $i^D + d^e$

= 달러자산이자율 + 달러의 예상절상률

예제 10-1 달러자산의 원화표시 기대수익률

> 현재의 환율이 E_t=1,000원이고 다음 기(예컨대 1년 후)의 예상환율이 E^e_{t+1}=1,060원이라고 하면 1년 동안 달러가 6% 절상될 것으로 기대된다. 즉, 달러의 예상절상률(d^e)은 d^e=(1,060–1,000)/1,000 = 6%이다. 만일 달러자산의 이자율(i^D)이 5%라면 식(10–5)에 의해 원화로 나타낸 달러자산의 기대수익률은 달러이자율(5%)에다 달러가치의 예상상승률(6%)을 합쳐 11%가 된다. 이를 자세히 살펴보기 위해 100만원을 달러로 바꾸어 달러자산에 투자하고 1년 후에 다시 원화로 환전하는 경우 수익률이 얼마가 되는지를 계산해 보자. 100만원을 지금의 환율인 1,000원/$에서 달러로 바꾸면 1,000달러가 된다. 이것을 1년 동안 달러자산(달러정기예금)에 투자하면 1년 후에는 달러자산의 이자로 50달러를 받고 원금을 1,000달러 받으므로 총 1,050달러를 받는다. 그리고 이것을 1년 후의 예상환율인 1,060원/$에서 원화로 환전을 하면 총 1,050×1,060=1,113,000원을 받을 것으로 예상된다. 따라서 원화로 표시하는 경우 1년간의 기대수익률은 약 11%가 된다.

이제 원화자산과 달러자산의 기대수익률을 모두 원화로 나타내어 계산하였으므로 어느 자산의 기대수익률이 높으냐에 따라 우리나라 투자자의 자금이 움직일 것이다. 달러자산의 기대수익률이 상대적으로 증가하면 우리나라 투자자들은 달러자산을 더 많이 보유할 것이고 원화자산을 더 적게 보유하려고 할 것이다. 반대로 원화자산의 기대수익률이 상대적으로 증가하면 원화자산을 더 많이 보유하려고 할 것이다.

둘째, 미국투자자의 경우에도 동일한 방식으로 원화자산과 달러자산의 기대수익률을 달러로 표시하면 다음과 같다.

(10-6) 달러자산의 달러표시 기대수익률 = i^D(달러자산이자율)

(10-7) 원화자산의 달러표시 기대수익률 = $i^W - d^e$

= 원화자산이자율 + 원화의 예상절상률

예컨대, 원화자산의 이자율은 6%이고 원화가 2% 절상될 것(달러가 2% 절하할 것, d^e=−2%)으로 예상되는 경우 원화자산의 기대수익률을 달러로 표시하면 식(10−7)에 의해 6+2 = 6−(−2) = 8%가 된다.

미국투자자의 경우에도 달러자산과 원화자산의 달러표시의 기대수익률을 비교하여 달러자산의 기대수익률이 상대적으로 증가하면 미국 투자자들은 달러자산을 더 많이 보유할 것이고 원화자산을 더 적게 보유할 것이다.

따라서 달러로 표시하든, 원화로 표시하든 투자자에게는 달러자산과 원화자산의 상대적 기대수익률이 중요하다. 원화자산에 대한 달러자산의 상대적 기대수익률(=달러자산기대수익률−원화자산기대수익률)은 원화로 표시하든 달러로 표시하든 동일하며 식(10−8)과 같다.

(10-8) 달러자산의 상대적 기대수익률(RR^D) = $i^D + d^e - i^W$

그러므로 RR^D가 상승하면 미국인이든, 외국인이든, 국내거주자이든 모두 달러자산을 더 많이, 원화자산을 더 적게 보유하려고 하며 RR^D가 하락하면 반대로 행동할 것이다.

② **이자율평형조건**

자산시장접근방법에서는 통상 자본이동이 자유로운 세계를 가정한다. 실제로 우리나라 사람도 쉽게 달러자산을 구매할 수 있으며 미국사람도 쉽게 원화자산을 구매할 수 있다. 또한 원화자산과 달러자산이 같은 정도의 위험과 유동성을 가지며 자본이동에 거의 제약이 없기 때문에 그 사산들은 완전대체자산이라고 가정한다. 만일 자본이 자유로이 이동되고 자산들이 완전대체자산인데 달러자산의 기대수익률과 원화자산의 기대수익률이 다르게 되면 어떻게 되는가? 이 경우에는 국제적 이자율재정거래(international interest arbitrage transaction)가 발생한다. 이러한 국제적 이자율재정거래는 달러자산의 기대수익률과 원화자산의 기대수익률이 같아지는 상태까지 지속되어 결국 이들이 같아지게 된다. 이 상태가 될 때 더 이상 자본이동이 일어나지 않고 균형상태가 된다. 이러한 균형조건은 식(10-8)의 달러자산의 상대적 기대수익률(RR^D)이 0이 되는 상태이므로 다음의 식(10-9)과 같이 나타낼 수 있다.

(10-9) $i^D = i^W - d^e$ 또는 $i^W = i^D + d^e$

이것이(커버되지 않은) 이자율평형조건(interest parity condition)인데[7] 이것을 이자율로 표시하면 달러자산이자율은 원화자산이자율에서 원화예상절상률(달러예상절하율)을 더한 것과 같다는 것을 말하고 있다.[8]

(2) 자산시장접근방법에 의한 환율결정이론

이자율평형조건은 달러자산의 기대수익이 원화자산의 기대수익과 같다는 것을 의미할 뿐 아니라 국내자산과 미국자산이 완전대체자산이라는 가정 하에서 외환시장의 균형조건을 나타낼 수도 있다. 다시 말하면 그 가정 하에서 환율이 원화자산과 달러자산의 기대수익이 동일하게 되도록 결정될 수도 있다는 것이다. 따라서 이자율평형조건을 이용하여 환율결정모형을 유도할 수 있다.[9] 그러나 많은 경우 원화자산과 달러자산이 완전대체관계에 있다고 가정하기 어렵다. 따라서 여기서는 자산들이 불완전한 대체관계에 있거나 자본이동이 완전히 자유롭지 않다는 가정 하에서 단기에서의 환율결정모형을 전개한다.

단기외환시장에서의 균형환율은 외환시장(서울외환시장, 달러자산시장)에서의 달러자산(F)에 대한 수요곡선과 달러자산의 공급곡선이 만나는 점에서 결정된다. 따라서 균형환율의 결정을 살펴보려면 달러자산의 수요곡선과 달러자산의 공급곡선을 먼저 유도해야 한다.

① 달러자산의 수요곡선

달러자산의 수요곡선은 환율의 변화에 따른 달러자산의 수요량의 관계를 나타낸 것인

---

7) 식(8-10)과 같이 미래시점의 환율(E^e_{t+1})에 대해 선물환거래를 통해 환위험을 제거시키는 커버거래를 하지 않는 경우에 이를 커버되지 않은 이자율평형조건(uncovered interest parity condition)이라고 한다. 반면 선물환거래를 통해 환위험을 제거시킨 경우에는 커버된 이자율평형조건(covered interest parity condition)이라고 한다.

8) 국내자산과 해외자산을 불완전대체자산으로 보는 경우에는 식(8-10)의 이자율평형조건이 성립되지 않으며 만일 국내자산에 위험이 있다면 식(8-10)은 $i^W = i^D + d^e + \rho$ (위험프리미엄) 와 같이 수정된다.

9) 원화자산과 달러자산이 완전대체자산이라는 가정하에서는 이자율평형조건이 외환시장의 균형을 나타내고 따라서 환율은 $E_t = E^e_{t+1}/(i^W - i^D + 1)$과 같이 결정된다.

데 이것을 나타낸 것이 [그림 10-4]의 $D^{\$}$이다. 달러자산의 기대수익에 영향을 미치는 많은 요소들이 주어진 상태에서 만약 환율(E: 달러당 원화)이 예컨대, E_0에서 E_1으로 상승하면 달러의 예상절상률(d^e)은 감소하며 따라서 달러자산의 상대적 기대수익이 작아지며 이에 따라 달러자산에 대한 수요는 F_0에서 F_1으로 감소한다. 반면 환율이 E_0에서 E_2로 하락하면 달러의 예상절상률(d^e)은 상승하며 따라서 달러자산의 상대적 기대수익이 커지며 이에 따라 달러자산에 대한 수요는 F_0에서 F_2로 증가한다. 따라서 달러자산의 수요에 영향을 미치는 많은 요소들이 주어진 상태에서 달러자산 수요 곡선($D^{\$}$)은 환율(E)에 대해 우하향한다.

② **달러자산의 공급곡선**

달러자산의 공급곡선은 달러자산의 공급에 영향을 미치는 많은 요소들이 주어진 상태에서 환율의 변화에 따른 달러자산의 공급량의 관계를 나타낸 것인데 이것을 나타낸 것이 [그림 10-4]의 $S^{\$}$이다. 외환시장(우리나라의 경우 서울외환시장)에서의 달러자산의 공급량은 서울외환시장(한국)에 공급되어 있는 달러자산(달러예금 등)의 크기를 나타낸다. 만약 환율(E: 달러당 원화)이 예컨대 E_2에서 E_0으로 상승하면 이것은 달러자산의 가격이 상승하는 것을 의미하기 때문에 달러자산의 공급량은 증가(예컨대 F_3에서 F_0으로)한다. 반면에 환율이 하락하면 달러자산의 공급량은 감소한다. 따라서 달러자산의 공급에 영향을 미치는 많은 요소들이 주어진 상태에서 달러자산 공급곡선($S^{\$}$)은 환율(E)에 대해 우상향한다.

■그림 10-4■ 외환시장의 단기균형과 균형환율

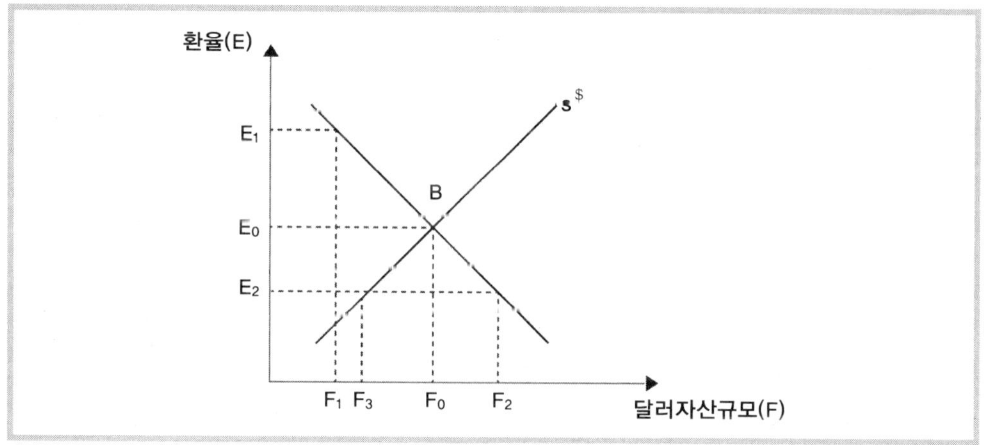

외환시장(달러자산시장)에서의 단기균형은 달러자산에 대한 수요량과 공급량이 같은 점에서 도달된다. [그림 10-4]에서 균형점은 B이며 균형환율은 E_0이다. 만약 현재의 환율이 균형환율(E_0)보다 낮은 E_2이라면 달러자산이 초과수요상태($F_2 - F_3$)에 있으며 따라서 환율은 상승할 것이며 결국 균형(E_0)으로 수렴한다. 반면 현재 환율이 균형환율보다 높은 경우에는 달러자산에 대한 초과공급이 있게 되며 환율은 하락하여 결국 균형환율로 수렴할 것이다.

(3) 균형환율의 변동요인

앞에서 환율의 변동이 매우 심하다는 것을 보았다. 환율이 이렇게 심하게 변동하는 이유는 위에서 도출한 외환시장의 자산시장모형을 이용하여 설명해 볼 수 있다. 이것을 응용하려면 우선 달러자산 수요곡선과 공급곡선을 이동시키는 중요한 요인에 대해 살펴보아야 한다. 앞에서 달러자산의 수요곡선과 공급곡선을 유도할 때 많은 것이 주어져 있다고 가정하였는데 이러한 주어진 것들이 변화하면 달러자산 수요곡선과 공급곡선이 이동하게 된다.

① 달러자산 수요곡선의 이동요인

달러자산 수요곡선을 유도할 때 달러자산의 상대적 기대수익($RR^D = i^D + d^e - i^W$)에 영향을 미치는 중요한 요인인 달러자산(미국)이자율(i^D), 원화자산(한국)이자율(i^W), 그리고 예상환율(E^e_{t+1}) 주어져 있다고 가정하였다. 이외에도 달러자산의 수요에 영향을 미치는 많은 요인이 주어져 있지만 여기서는 i^D, i^W 그리고 E^e_{t+1}이 변할 때 달러자산 수요곡선이 어떻게 이동하는지를 살펴본다.

첫째, 달러자산 이자율(i^D)이 상승하면 현재 환율과 기타 모든 것이 주어진 상태에서 원화자산에 대한 달러자산의 상대적 기대수익은 증가하므로 사람들은 더 많은 달러자산을 보유하기를 원할 것이다. 따라서 달러자산 수요곡선은 우측으로 이동한다. 만약 달러자산의 공급에 변화가 없다면 균형환율은 상승(달러절상, 원화절하)한다. 예컨대, 다른 상황의 변화가 없는 상태에서 미국에서의 경기팽창과 같은 요인으로 미국의 이자율이 상승하면 달러자산에 대한 수요의 증가를 유발하고 이것은 달러의 절상을 유발할 것이다.

둘째, 원화자산 이자율(i^W)이 상승하면 현재 환율과 기타 모든 것이 주어진 상태에서 원화자산에 대한 달러자산의 상대적 기대수익은 하락하며 따라서 사람들은 달러자산을 더 적게 보유하기를 원할 것이다. 따라서 달러자산 수요곡선은 좌측으로 이동한다. 만약 달러자산의 공급에 변화가 없다면 균형환율은 하락(달러절하, 원화절상)한다. 예컨대, 다른 상황의 변화가 없는 상태에서 우리나라의 경기상승으로 우리나라의 이자율이 상승한다면 달러자산에 대한 수요의 감소를 유발하고 이것은 달러의 절하를 유발할 것이다.

셋째, 미래예상환율(E^e_{t+1})도 수요곡선을 이동시키는 중요한 요인이다. 왜냐하면 자산시장접근방법에서는 달러자산에 대한 수요도 다른 내구재 수요와 마찬가지로 미래의 달러자산의 가격에 의존하기 때문이다. 미래의 예상환율을 상승시키는 요인은 달러의 예상절상률(d^e)을 증가시킨다. 따라서 달러자산의 상대적 기대수익은 더 커지며 이에 따라 모든 환율수준에서 달러자산에 대한 수요를 증가시킨다. 그러므로 달러자산 수요곡선은 우측으로 이동하며 다른 상황의 변화가 없는 경우 환율은 상승(달러절상, 원화절하)한다.

그러면 어떤 요인들이 미래예상환율에 영향을 미치는가? 미래의 예상환율은 비교적 장기적인 요인에 의해 영향을 받는다고 볼 수 있다. 따라서 앞에서 본 환율에 영향을 미치는 중요한 장기적 펀디멘털 요소들이 미래예상환율에 영향을 미치는 중요한 요인들이라고 볼 수 있다. 즉, 두 나라 간의 상대적 물가수준, 상대적 생산성(성장률), 상대적 관세 및 쿼터, 그리고 국내상품과 외국상품에 대한 상대적 선호 등이 미래예상환율에 영향을 미치는 요인들이다. 예컨대, 한국물가에 비해 미국물가가 상대적으로 하락할 것으로 예상된다면 달러는 장기적으로 절상이 될 것이며 따라서 미래의 예상환율을 상승시키는 경향을 가진다. 이것은 달러자산에 대한 상대적 기대수익을 증가시키며 따라서 달러자산 수요곡선을 오른쪽으로 이동시키며 달러자산 공급곡선에 변화가 없는 경우 곧 바로 환율 상승(달러절상, 원화절하)을 유발한다.

② **달러자산 공급곡선의 이동**

국내외환시장(서울외환시장)에의 달러자산의 공급의 변동은 외국에서 국내로 달러자산이 유입되고 국내에서 외국으로 달러자산이 유출되는 크기에 달려있다. 따라서 달러자산이 유입(달러자산의 유입으로 중요한 것은 i^W의 상대적 상승, 원화의 절상예상, 국내금융시장이 안정화 등)되면 달러자산 공급곡선이 오른쪽으로 이동하고 달러자산이 유출(달러자산의 유출로 중요한 것은 i^W의 상대적 하락, 원화의 절하예상, 국내금융시장의 불안정화 등)되면 달러자산 공급곡선이 왼쪽으로 이동한다. 예컨대 국내 금융시장에서의 불확실성의 증가로 달러자산이 유출되면 달러자산의 공급이 감소하고 이에 따라 달러자산 공급곡선이 왼쪽으로 이동하게 되어 다른 변화가 없는 경우 환율은 상승(달러절상, 원화절하)한다.

2-3. 단기외환시장모형의 응용

이제 단기외환시장모형을 이용하여 이자율과 통화정책의 변화에 대한 환율의 반응과 단기에서의 환율의 가변성에 대해 살펴본다.

(1) 이자율의 변화가 환율에 미치는 영향

통상적으로 이자율의 변화는 환율에 영향을 미치는 주요한 요인이다. 앞에서 우리는 미국이자율이 상승하면 달러가치가 상승하고 우리나라 이자율이 상승하면 원화가치가 상승한다는 것을 보았다. 그러나 엄밀하게 말하면 반드시 그런 것은 아니다. 왜냐하면 이자율변화가 환율에 미치는 영향은 이자율의 변화의 원천이 무엇이냐에 따라 달라지기 때문이다. 피셔관계식(Fisher equation)에 의하면 명목이자율(i)는 실질이자율(i_r)이나 예상인플레이션율(π^e)의 변화에 의해 변동한다. 그런데 어느 요인에 의해 이자율이 변화하는가에 따라 환율에 미치는 영향은 상당히 다르다.

첫째, 미국의 국내실질이자율(i_r)이 상승하여 명목이자율(i^D)이 상승하고 예상인플레이션(π^e)은 변화하지 않은 경우를 생각해 보자. 이 경우 예상인플레이션이 불변이기 때문에 미래예상환율(E^e_{t+1})에 영향을 미치지 않을 것이라고 볼 수 있다. 이 경우에는 미국이자율의 상승은 달러자산의 상대적 기대수익(RR^D)을 증가시키며 따라서 달러자산 수요곡선을 오른쪽으로 이동시키며 이에 따라 균형환율은 상승(달러절상)한다. 그리고 만약 한국의 실질이자율이 상승하여 한국의 이자율이 상승하면 달러자산의 상대적 기대수익이 감소하며 따라서 달러자산 수요곡선은 왼쪽으로 이동하며 이에 따라 균형환율은 하락(달러절하, 원화절상)한다. 그러므로 단기외환시장모형에 의하면 국내실질이자율이 상승하여 국내명목이자율이 상승하면 국내통화는 절상된다.

둘째, 이번에는 미국의 명목이자율이 예상인플레이션에 의해 상승하는 경우를 살펴보자. 미국의 예상인플레이션(π^e)이 상승하는 경우 이것은 한국보다 미국물가가 더 많이 올라갈 것으로 예상된다는 것을 의미하므로 미래예상환율이 하락할 것이며 따라서 달러의 예상절상률(d^e)이 감소(원화의 예상절상률의 증가)한다. 그런데 실증분석에 따르면 통상 예상인플레이션의 증가보다 명목이자율의 증가가 더 적다($\Delta i < \Delta \pi^e$). 따라서 i^D의 증가(Δi^D)가 d^e의 감소($-\Delta d^e, \Delta \pi^e$에 기인)보다 적다. 그 결과 주어진 환율에서 달러자산의 상대적 기대수익률($RR^D = i^D + d^e - i^W$)은 조금 하락하며(i^W가 고정된 상태에서) 따라서 달러자산 수요곡선은 왼쪽으로 이동하며 환율은 적지만 하락(달러절하, 원화절상)한다. 그러므로 예상인플레이션의 상승에 의해 국내명목이자율이 상승하면 국내통화는 약간 절하된다.

여기서 보면 실질이자율과 명목이자율을 구분하지 못하게 되면 환율의 움직임에 대한 예측이 어렵게 될 수 있다는 것을 알 수 있다. 문제는 실질이자율의 측정과 예측이 어렵다는 것이다. 물가연동채권(indexed bond)의 발행이 원활해지고 활발해지면 실질이자율의 측정과 예측에 도움이 될 수 있을 것이며 이를 이용하여 통화가치의 변화를 예측할 수 있을 것이다.

(2) 통화정책의 변화가 환율에 미치는 영향

우리나라의 경우 1998년 이전에는 중앙은행이 통화량(총통화)의 크기를 통제하는 통화량목표제를 채택하고 있었다. 이러한 통화량목표제 하에서 만약 중앙은행이 실업을 감소시키기 위해 예상치 않게 통화량을 증가시킨다면 이러한 예상되지 않은 팽창적 통화정책은 환율에 어떠한 영향을 미치는가? 단기에서는 물가나 인플레이션의 변화가 없으며 따라서 유동성선호이론에서와 같이 실질통화량(M/P)의 증가는 유동성효과에 의해 우리나라의 이자율(i^W)을 하락시키며 이것은 달러자산의 상대적 기대수익을 증가시키며 달러자산 수요곡선을 오른쪽으로 이동시킨다. 따라서 단기에서는 [그림 10-5]에서 보듯이 달러자산 수요곡선은 $D_1^\$$에서 $D_2^\$$로 이동하며 환율은 E_1에서 E_2로 상승(원화절하)한다. 따라서 국내통화량의 증가는 단기적으로는 국내통화가치의 절하를 유발한다고 할 수 있다. 이것은 앞항에서 살펴본 바와 같이 우리나라의 실질이자율이 하락하여 명목이자율이 하락한 경우에 해당되며 따라서 우리나라의 원화가치의 하락(균형환율의 상승)을 유발한다.

그러나 장기적으로 통화량의 증가는 이자율 등 실물변수에는 아무런 영향을 주지 않으면서 물가수준만 동일한 비율로 상승시킨다. 이에 의해 장기적으로는 국내이자율이 원래의 i^W수준으로 되돌아(올라)간다. 이에 따라 달러자산의 상대적 기대수익은 감소하며 따라서 달러자산의 수요곡선은 다시 왼쪽으로 이동할 것이다. 그러나 통화량증가가 있는 경우 장기적으로 국내이자율은 원상태로 되돌아가지만 환율은 원상태로 되돌아가는 것은 아니다. 이제 우리나라의 통화량이 미국에 비해 상대적으로 증가하여 장기적으로 우리나라의 물가수준을 미국보다 더 높게 만듦으로 미래의 예상환율을 더 높게 할 것이다. 그리고 이것은 달러의 예상절상률을 상승시키므로 달러자산의 상대적 기대수익률을 높게 하고 이것이 달러자산의 수요곡선을 다소 오른쪽으로 이동시키게 된다. 따라서 달러자산 수요곡선은 장기적으로 $D_2^\$$에서 $D_1^\$$로 이동하지 않고 $D_3^\$$로 왼쪽으로 이동할 것이다. [그림 10-5]에서 보여주듯이 예상치 않게 통화량이 증가하는 경우 환율은 단기적으로 E_1에서 E_2로 상승하고 장기적으로는 E_2에서 E_3 하락할 것이라는 것을 의미한다. 이와 같이 통화량이 증가하였을 때 장기에서보다 단기에서 환율이 더 많이 상승하는 현상을 환율의 과잉반응(overshooting)이라 한다.

만약 팽창적 통화정책이 예상된 것이라면 통화량의 증가가 있는 경우 달러의 예상절상률을 처음부터 상승시키므로 단기에서 달러자산의 수요곡선은 $D_2^\$$보다 더 우측($D_4^\$$)으로

이동할 것이며 따라서 환율은 E_2보다 더 상승(E_4까지)할 것이다. 그러나 장기에서는 이자율은 원상 복구되고 예상환율의 상승만 남으므로 달러자산 수요곡선은 $D_3^{\$}$으로 돌아가며 환율은 E_3로 하락할 것이다.

▌그림 10-5▐ 통화량의 증가와 장단기 균형환율

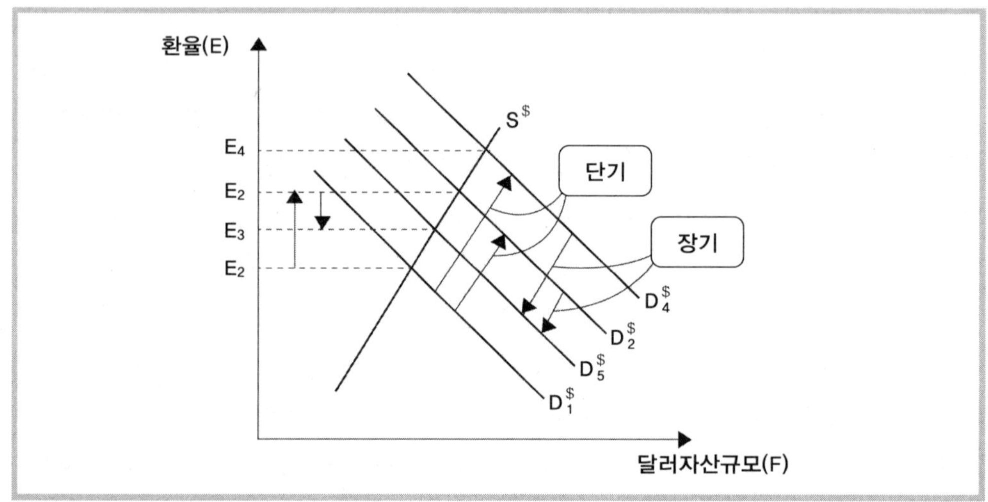

그러나 지금의 통화정책체제는 이자율을 통제하는 이자율목표제이다. 즉, 중앙은행이 정책금리인 기준금리를 조정하는 방식이다. 만약에 중앙은행이 기준금리를 낮춘다면 환율에는 어떤 영향을 미칠 것인가? 만약 한국은행이 기준금리를 낮춘다면 이것은 단기적으로 실질이자율의 하락에 의해 명목이자율이 하락하는 것을 의미하며 따라서 단기적으로 원화의 가치하락(환율상승)이 나타날 것이다. 그리고 장기적으로는 기준금리하락에 따른 유동성의 증가로 미래의 예상환율을 더 높게 할 것이며 이것은 달러자산의 상대적 기대수익률을 높게 하고 달러자산의 수요곡선을 다소 오른쪽으로 이동시키게 되므로 환율은 장기적으로 더욱 상승(원화가치 하락)하게 될 것이다.

2-4. 환율의 심한 가변성 : 예상과 초단기적 요인

환율은 매우 심한 변동성을 보이고 있으며 특히 금융시장이 불안한 경우의 환율의 심한 가변성은 놀라울 정도이다. 40여 년 전 변동환율제가 도입되었을 때 학자들은 시장의 안정성을 신뢰하여 환율이 시장에서 자유롭게 결정되도록 허용하더라도 크게 변동하지 않을 것이라고 생각하였으나 현실은 그렇지 않았다.

환율이 이처럼 가변적인 이유는 무엇인가? 외환시장의 구조적 문제와 외화채무구조 이

외에도 이 장에서 살펴본 환율결정에 대한 자산시장접근방법이 환율의 가변성에 대해 직접적인 설명을 제시하고 있다. 환율결정의 초기의 모형은 자산시장보다는 재화시장(수출입)에 초점을 맞추었기 때문에 환율의 움직임의 원천으로 예상의 변화를 강조하지 않았으며 따라서 초기모형들은 환율의 엄청난 변동을 예측할 수 없었고 이에 따라 점차 퇴색되어 갔다. 반면 여기서 전개된 자산시장접근방법은 외환시장도 미래의 예상이 중요한 역할을 하는 다른 자산시장과 유사하다는 것을 강조하고 있다. 환율결정에서 예상이 매우 중요한 요소가 됨으로써 외환시장은 증권시장 등 다른 자산시장과 마찬가지로 심한 가격변동을 나타내고 있으며 환율은 예측하기가 매우 어렵게 되었다.

위에서 살펴본 환율결정의 자산시장접근방법에서는 국내통화의 미래예상환율이 중요한 요소로 등장한다. 이러한 미래예상환율에 영향을 미치는 많은 장기적 펀더멘털 요인들이 있다. 예를 들면 앞에서 언급한 우리나라와 미국의 물가수준, 관세, 생산성, 상품에 대한 선호도에 대한 예상이 환율의 결정에서 중요한 역할을 한다. 또한 경상수지와 외환의 수급(자본의 유출입)과 같은 중기적 요인들에 대한 예상도 매우 중요하다. 특히 금융시장이 불안정하거나 금융사정이 악화되는 경우 자본의 유출이 급속하게 발생하는데 이러한 상황에 대한 예상이 환율에 직접적이고 결정적인 영향을 미치며 또한 직접적으로 달러자산의 공급에 심한 변동을 유발한다. 단기적으로 통화량이나 이자율에 대한 통화정책당국(우리나라와 미국)의 결정에 대한 예상도 중요하다. 이러한 변수들에 대한 예상이 변화할 때 달러자산의 상대적 기대수익에 즉각적인 영향이 있게 되며 따라서 환율에 영향을 주게 된다. 중앙은행이 통화량을 통제하는 경우라면 통화정책에 의해 통화량이 변화할 때 환율은 과잉반응을 하기도 한다.

또한 다음과 같은 초단기적 요인들이 환율예상에 영향을 미침으로써 환율은 영향을 받게 된다. 첫째, 시장참가자들의 환율에 대한 예상은 국제외환시장동향, 거시경제전망, 당국의 정책방향 등 다양한 요인들에 의해 영향을 받는다. 이러한 시장참여자들의 예상의 변화는 자기실현적 기대(self-fulfilling expectation)에 의해 실제 환율의 변동을 초래한다. 시장참여자들의 환율상승(또는 하락) 예상심리가 같은 방향으로 형성되는 경우 매입 또는 매도주문이 한 방향으로 동시에 집중되면서 환율이 급변동하고 외환시장이 불안성해지는 동반효과(bandwagon effect)가 나타나기도 한다. 둘째, 환율은 주요 교역상대국의 환율변동에 의해 많은 영향을 받게 되므로 가변성이 심화된다. 예를 들어 수출경쟁관계에 있는 나라의 통화가 절하될 경우 자국의 대외경쟁력이 약화되므로 수출부진으로 외환공급이 감소될 것이라는 시장기대가 형성되어 자국의 통화도 절하된다. 지금은 다소 완화되었지만 과거 우리나라의 원화는 일본엔화의 가치변동과 밀접한 연관성을 갖고 있었다. 셋째, 각종 뉴스도 시장참가자들의 예상변화를 통해 단기 환율변동에 영향을 미친다. 현재는 인터넷과 기타 정보망을 통해 전 세계의 뉴스가 실시간으로 제공되기 때문에 시장참가자들은 경제관련 뉴스뿐만 아니라 정치뉴스 그리고 국내뉴스는 물론 해외뉴스에도 민감하게 반응한다. 넷째, 은행의 외환포지션 변동에 따라서도 환율이 영향을 받는다. 은행의 외환포지션(외화자산-외화부채)이 매도초과 또는 매입초과의 한 방향으로 크게 노출될 경우 포지션조정을 위한 거래가 일어나고 그 결과 환율이 변동하게 된다. 이러한 변수에 대한 예상은 시시각각 변화하기 때문에 환율이 가변적이 되는 것은 놀라운 일이 아니다.

이제까지의 논의를 보면 환율에 영향을 미치는 요인들이 매우 다양하다는 것을 알 수 있다. 이러한 요인들을 종합적으로 나타낸 것이 [그림 10-6]이다. 환율은 중요한 거시가격변수이고 특히 우리나라의 경우 환율은 다른 어떤 변수보다도 더 중요한 핵심적인 변수이기 때문에 기업이나 금융기관 등 모든 경제주체는 환율을 예측하는데 많은 관심을 가지고 있다. 이들은 직접 예측팀을 운영하거나 다른 기관의 예측치를 이용하기도 한다. 이들 예측자들은 이 장에서 언급한 요인들, 즉 [그림 10-6]에 적시된 요인들을 살펴본다. 그러나 미래의 예상환율에 영향을 미치는 중요한 요인이 너무나 많기 때문에 이들을 예상하여 환율을 예측하기는 매우 어렵다. 그렇지만 어떤 사건이 발생하거나 정책이 변화하는 경우 그것이 환율에 어떤 영향을 미치는지는 위의 모형을 이용하면 쉽게 파악할 수 있을 것이다.

▌그림 10-6▐ 환율에 영향을 미치는 요인들

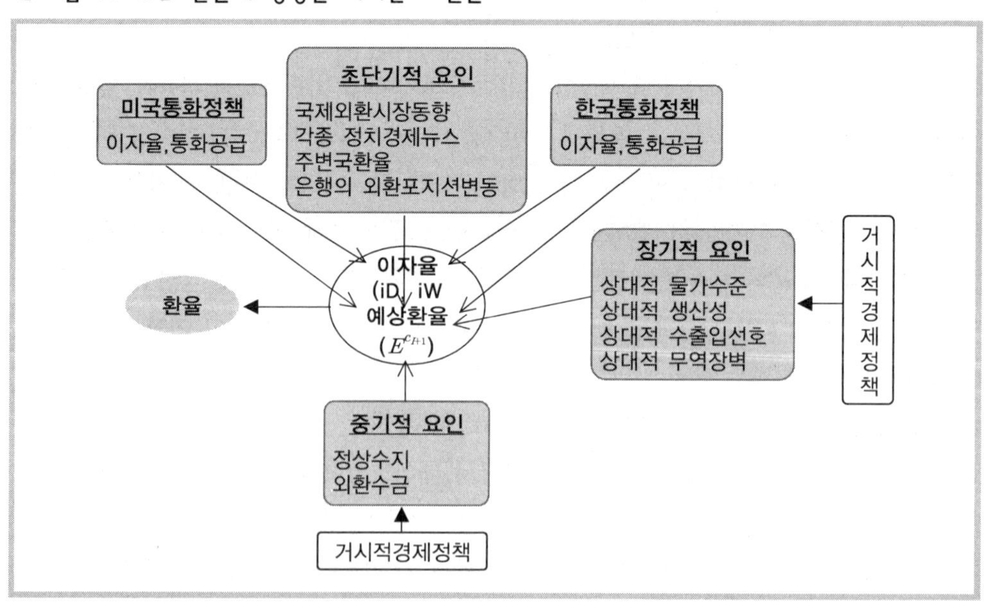

3. 환위험의 측정 및 관리

3-1. 환위험의 개념

(1) 환위험의 정의

환위험(foreign exchange risk)은 통화위험(currency risk)이라고도 부르는데, 예상하지 못한 환율변동으로 인해 기업이나 경제적 주체의 가치가 변화될 가능성의 정도를 말한다. 어떤 문헌에서는 환위험을 환율변동으로 인해 손실이 발생할 가능성으로 정의하기도 한다. 그러나 위험이란 미래에 대한 예측의 불완전성에 기인한 불확실성으로 이해되어야 하므로 환위험도 단순히 손실의 가능성뿐만 아니라 이익의 가능성도 함께 고려해 어느 방향으로든 현재의 예상과 달라질 가능성을 포함하는 개념으로 보아야 할 것이다.

환위험은 다음과 같이 환노출(foreign exchange exposure)와 환율변동성(exchange rate volatility)의 두 가지 요인에 의해 결정된다.

(10-10) 환위험 = 환율변동성 × 환노출

여기서 환노출이란 환율변동에 의해 기업가치가 얼마나 민감하게 영향을 받는가 하는 민감도를 의미한다. 이는 외화로 표시된 자산 및 부채 보유상태, 그리고 외화의 현금흐름 등에 의해 그 크기가 달라지는데, 보다 구체적으로 환율의 변동에 의해 영향을 받는 정도는 다음과 같은 순노출(net exposure)에 의해 측정할 수 있다.

(10-11) 순노출 = 노출된 자산 − 노출된 부채 또는
순노출 = 노출된 현금유입 예상액 − 노출된 현금유출 예상액

식(10−10)은 환노출의 관계를 통해 환위험의 개념에 대한 명확한 이해를 제공해 준다. 이 식에 따르면 환노출이 크거나 환율변동폭이 커지면 환위험이 커지게 된다. 예를 들어 A기업은 1억 달러의 순채무를 가지고 있고, B기업은 1백만 달러의 순채무를 가지고 있다. 만일 환율이 $당 10원 상승하면 A기업은 10억 원만큼의 추가부담이 발생하는 반면, B기업은 1,000만원의 추가부담이 발생한다. 즉, 동일한 환율변동에 대해 환노출 정도가 100배 큰 A기업이 B기업에 비해 100배의 환위험이 발생하게 되는 것이다. 한편 환노출의 크기가 같을지라도 환율변동이 크면 클수록 환위험은 커지게 된다. 동일한 A기업에 대해서 만일 $당 10원 상승하면 외채부담은 10억원 추가되는데 반해 환율이 100원 상승하면 100억 원만큼의 외채상환 부담이 늘어나게 된다.

이처럼 환위험은 환노출의 크기와 환율변동이라는 두 가지 요인에 의해 결정되는데,

이중 예상하지 못한 환율변동은 개별기업이 통제할 수 있는 변수가 아닌 반면 환노출은 개별 기업이 통제할 수 있는 요인이다. 따라서 환위험을 줄이기 위해서는 환노출을 파악하고 이에 대한 적절한 관리가 중요하다. 이와 같은 이유 때문에 많은 경우 환위험 관리와 환노출 관리를 동일한 개념으로 혼용해서 사용하기도 한다.

(2) 환노출의 종류 : 개념적 구분

환노출은 어떤 관점에서 보느냐에 따라 다양하게 분류될 수 있는데 가장 일반적인 분류는 환산노출, 거래노출, 경제적 노출로 나누는 것이다.

환산노출(translation exposure)은 흔히 회계적 노출(accounting exposure)이라고도 하는데, 외화로 표시된 자산, 부채, 수익, 비용 등의 재무제표를 자국통화로 환산할 때 가치변화를 발생시킬 수 있는 외환포지션을 말한다. 다국적기업의 경우 그 기업의 모든 지사 및 자회사의 재무제표를 모기업의 재무제표와 연결시켜 보아야 한다. 만일 자회사(예를 들어 우리나라 기업의 미국 자회사)의 재무제표가 모기업의 보고통화(원화)와 다른 통화(달러화)로 작성되어 있는 경우 연결재무제표를 작성하기 위해서는 보고통화로 환산해야 한다. 이 과정에서 장부상 기재되어 있는 항목들에 대해 환율변화가 야기할 수 있는 가치의 변화 정도를 환산노출이라고 한다.

거래노출(transaction exposure)은 외화표시거래의 청산과정에서 환율의 변동으로 인해 외환차익 또는 차손이 발생할 수 있는 정도를 말한다. 거래는 이미 끝났으나 결제가 환율변동 시점 이후에 이루어지는 경우 해당 항목들에 대해 환율변화가 가치의 변화를 야기할 수 있기 때문에 거래노출이 발생한다. 이처럼 거래시점과 결제시점이 달라 거래노출을 야기할 수 있는 외환거래로는 상품 및 용역의 외상매입과 외상매출, 외화로 결제가 이루어지는 차입 및 대출, 그리고 미이행 선물환계약의 당사자가 되는 거래 등이 있다.

경제적 노출(economic exposure)은 흔히 영업노출(operating exposure)이라고도 하는데, 예상하지 못한 환율변동으로 인해 기대현금흐름의 순현재가치, 즉 기업가치가 변화할 수 있는 가능성을 의미한다. 환율의 변동은 장래에 있어 기업의 매출량, 제품가격, 원가 등 실질영업성과에 영향을 미치게 되고, 이는 장래 현금흐름의 변동을 통해 결국 기업의 수익에도 영향을 미치게 된다. 환산노출 및 거래노출과의 근본적인 차이는, 다른 환노출들이 경제활동 및 영업활동 자체에는 아무런 영향이 없고 회계상의 문제와 관련이 있는 반면 경제적 노출은 환율의 변동으로 인해 영업행위가 변화함으로써 발생하는 환노출을 의미한다는 것이다.

3-2. 환산노출의 측정

환산노출을 측정하기 위해서 몇 가지 알아두어야 할 개념으로 현지통화(혹은 소재국통화)와 보고통화라는 것이 있다. 현지통화(local currency)란 기업이 활동하는 그 지역의 통화로서, 해외에서 활동하는 자회사들의 재무제표는 대부분 현지통화로 작성되어 있다. 보고통화(parent's currency)란 모회사의 재무제표 작성이 표시된 통화를 말하는데, 해외자회사의 현지통화와 모회사의 보고통화가 다른 경우 이를 환산하는 과정에서 환노출이 발생할 수 있다.

(1) 환산노출 측정방법

외화표시 재무제표를 보고통화로 환산할 때, 노출된 항목에 대해서는 현행환율(current exchange rate)를 적용하고 노출되지 않은 항목에 대해서는 역사적 환율(historical exchange rate)을 적용해 환산한다. 여기서 현행환율이란 재무제표를 작성한 시점의 환율로 결산일 환율이라고도 하고, 역사적 환율이란 외화로 표시된 자산 또는 부채항목이 발생했을 때의 환율을 말한다.

재무제표의 여러 항목 중에서 어느 항목에 대해 현행환율을 적용하고 어느 항목에 대해 역사적 환율을 적용하느냐에 따라 환산노출 측정방법을 네 가지로 분류할 수 있다.

① 현행환율법

현행환율법은 자산과 부채의 모든 항목을 현행환율로 환산하는 방법이다. 다만 자본항목은 예외적으로 역사적 환율을 적용한다. 따라서 이 방법에 의한 대차대조표상의 순노출은

순노출 = 총자산 − 총부채(자본계정 제외)

한편 외화로 표시된 수익과 비용, 즉 손익계산서 항목들은 그 항목들이 인식된 시점에서의 환율로 환산하도록 하고 있으나, 편의상 기간 중 평균환율로 환산하는 것이 보통이다.

② 유동성/비유동성법

유동성/비유동성법은 기본적으로 유동적인 단기항목만이 환율변동에 노출되어 있다고 보고, 재무제표의 유동적인 항목에 대해서는 현행환율을 적용하고 비유동적인 항목에 대해서는 역사적 환율을 적용해 환산하는 방법이다. 대차대조표상의 유동성 자산은 현금, 시장성 있는 유가증권, 외상매출금, 재고자산 등을 말하며, 유동성 부채는 외상매입금, 단기차입금 등을 말한다. 따라서 이 방법에 의한 대차대조표상의 순노출은 결국

순노출 = 유동성자산 − 유동성부채

가 된다. 한편 손익계산서의 환산시에는 대부분의 항목들에 대해 기간 중의 평균환율

을 적용하지만, 비유동성 항목들과 관련된 수익과 비용, 예컨대 감가상각비 등에 대해서는 역사적 환율을 적용한다.

▮표 10-3▮ 환산노출의 측정사례(대차대조표)

	환율변화 이전		환율변화 이후			
	$표시	원화표시	현행환율법	유동성/비유동성법	화폐성/비화폐성법	시제법
현금 외상매출 재고자산 고정자산	200 200 300(원가 (시가=400) 500	200,000 200,000 300,000 (400,000) 500,000	220,000 220,000 330,000 – 550,000	220,000 220,000 330,000 – 500,000	220,000 220,000 300,000 – 500,000	220,000 220,000 – 440,000 500,000
자산	1200	1,200,000 (1,300,000)	1,320,000	1,270,000	1,240,000	1,380,000
외상매입 단기부태 장기부채 자본금 이익잉여금 누적환산조정	200 300 200 300 200 –	200,000 300,000 200,000 300,000 200,000 (300,000) –	220,000 330,000 220,000 300,000 200,000 50,000	220,000 330,000 200,000 300,000 220,000 –	220,000 330,000 220,000 300,000 170,000 –	220,000 330,000 220,000 300,000 310,000 –
부채 및 자본	1,200	1,200,000 (1,300,000)	1,320,000	1,270,000	1,240,000	1,380,000
환산순노출($표시) = 노출자산 − 노출부채 환산이익(원화표시) = 순노출 ×환율변동			500 5만원	$200 2만원	−$300 3만원(손실)	$100 1만원

③ **화폐성/비화폐성법**

화폐성/비화폐성법에서는 환율은 기본적으로 화폐적인 현상이므로 재무제표의 화폐적인 항목만이 환율변동에 노출되어 있다고 보고, 화폐성 항목은 현행환율로, 비화폐성 항목은 역사적 환율로 환산하는 방법이다. 대차대조표상에서 화폐성 항목이란 일정 통화로 표시된 금액을 수취하거나 지급해야 할 계약상의 권리와 의무를 나타낸 항목으로 현금, 예금, 외상매출, 받을어음 등의 자산항목과 외상매입, 지불어음, 회사채, 장 · 단기부채 등의 부채항목이 이에 해당한다. 비화폐성 항목에는 재고나 고정자산과 같은 자산항목과

선수금, 판매보증충당금 등과 같은 부채항목이 포함된다. 따라서 이 방법에 따른 대차대조표상의 순노출은

순노출 = 화폐성자산 – 화폐성부채

가 된다. 한편 손익계산서의 환산시에는 화폐기간 중의 평균환율이 적용되는데, 다만 감가상각비, 제품원가와 같은 비화폐성 항목과 관련된 수입 · 지출항목들에 대해서는 역사적 환율을 적용한다.

④ **시제법**

시제법(temporal method)은 화폐성/비화폐성법에서 재고자산 처리를 조정한 것이다. 화폐성/비화폐성법에서는 재고자산을 항상 역사적 환율로 평가하나, 시제법에서는 대차대조표에 재고자산이 원가로 나타나 있는 경우에는 역사적 환율을 적용하고 시장가치로 나타나 있는 경우에는 현행환율을 적용한다.

3-3. 거래노출의 측정

앞에서 설명한 것과 같이 거래노출은 결제시점의 환율이 계약체결 당시의 환율과 달라질 경우 발생할 수 있다. 결제되지 않은 거래 중에는 외화표시의 부채나 외상매출금 등과 같이 대차대조표에 기입되는 항목들도 있으나, 선물환의 매매 또는 차입금의 상환과 같이 외화로 수취 또는 지불할 것이 예상되거나 그렇게 계약되어 있음에도 불구하고 대차대조표에 기입되지 않는 항목들도 있다. 재무제표에 나타나지 않는 거래들은 환산노출에는 포함되지 않으나, 앞으로 이 거래를 결제할 때 현금흐름이 환율변동에 노출되기 때문에 거래노출에 포함된다.

(1) 국제무역거래에서의 거래노출

우리나라 반도체 수출업체가 미국으로 100만 달러어치의 반도체를 수출하고 3개월 후에 대금을 결제받기로 했다. 현재환율을 $1=1,000원이라고 한다면 지금 당장 수출대금을 지급받는 경우 우리나라의 수출업자는 10억 원(=$100만×1,000원)을 받을 수 있을 것이다.

그러나 〈표 10-4〉에서와 같이 환율변동에 따라 수출업자는 이익 또는 손해를 보게 될 것이다. 예를 들어 3개월 후에 환율이 $1=1,100원으로 상승한다고 하자. 이는 원화에 비해 달러가치가 커지는 것을 의미하므로 3개월 후에 1억 원만큼(=$100만×100원)의 이익을 얻게 된다. 이와 반대로 환율이 $1=900원으로 하락하면 3개월 후에는 1억 원 만큼의 손실을 입게 된다.

▌표 10-4▐ 국제무역거래에서의 거래노출

	환율변화 이전 : $1=1,000원		환율변화 이후	
	$표시	원화표시	$1=1,100원	$1=900원
수출대금	$100만	10억원	11억원	9억원
거래노출=수출대금 환차익(환차손)=수출대금×환율변동			$100만 1억원 차익	$100만 1억원 차손

(2) 국제금융거래에서의 거래노출

기업이 투자재원을 마련하고자 하는 경우 국내금융시장을 이용하는 대신에 국제금융시장을 이용해 외화표시로 자금을 마련할 수도 있을 것이다. 이런 경우 환율이 변함에 따라 원리금상한부담이 달라지기 때문에 기업은 환율변동에 따른 위험에 노출되는 것이다.

국제금융거래에서의 환노출을 측정하기 위해 국내의 어떤 투자자가 일본에서 1억 엔을 차입하고 1년 후 엔화로 원금을 상환하기로 했다고 가정하자. 차관도입 당시 환율은 100엔=1,000원이었고 엔화차입 이자율은 3%이다. 만일 1년 후 원/엔 환율이 상승하면 차입자의 입장에서는 상승폭만큼 원리금상환 부담이 가중되지만 반대로 환율이 하락하면 상환부담이 경감된다.

예를 들어 원/엔 환율이 100엔=1,050원으로 상승하면 원리금상환부담은 1,081,500,000원(=1억×1.03×10.5원)이 되어 환율이 변하지 않았을 경우 지불해야 하는 금액 1,030,000,000원(=1억×1.03×10원)에 비해 51,500,000원을 더 부담(환차손 발생)하게 된다. 반대로 환율이 100엔=950원으로 하락하는 경우는 51,500,000원의 환차익이 발생한다.

처음에 우리나라의 투자자가 일본 엔화를 차입해 국내금융상품에 투자하려고 했다면, 투자자가 순익을 거두기 위해서는 국내투자에 따른 원리금의 총합이 1년 후 엔화차입자금에 대한 상환 부담보다 커야 한다. 따라서 환율상승(100엔=1,050원)의 경우, 국내투자수익률이 8.15%이상 되어야만 엔화차입자금에 대한 원리금상환 금액(1,081,500,000원)을 충당하고도 투자이익이 남을 수 있다.

3-4. 환위험 관리

환위험을 효율적으로 관리하기 위해서는 합리적인 관리체계를 마련하는 것이 필요하다. 환위험 관리체계의 첫 단계에서는 환위험 문제가 발생할 소지가 있을 때 관리대상이 되는 환위험의 성격을 신속히 정립해야 한다. 즉 환율변동의 위험에 대한 노출이 환산노출인가 아니면 거래노출인가를 신속하고 정확하게 구분해야 한다.

두 번째 단계는 환위험 정보체계를 활용해 구체적으로 노출의 크기를 정확하게 파악해야 하고 또한 환위험을 제거하는데 따른 득실을 계산해야 한다. 환위험 제거에 수반되는 비용·수익분석 결과를 기초로 모든 환노출을 헤징할 것인가, 부분적으로 할 것인가, 아니면 전혀 헤징하지 않을 것인가에 대한 의사결정을 하게 된다.

세 번째 단계는 구체적인 환위험 관리기법을 동원해 환위험 관리전략을 실현하는 단계이다. 환위험관리기법은 헤징기법이라고도 하는데, 기업이 대외거래를 수행함에 있어서 발생할 수 있는 환위험의 가능성으로부터 기업의 이익을 보호하기 위해 수립하는 재무기법을 말한다. 각각의 환위험 관리기법에 수반되는 거래비용과 효율성은 환노출의 성격 및 환위험 관리전략 등에 따라 달라지므로 다양한 기법들을 비교 검토해 보아야 한다. 각각의 환노출에 대해 내부적 관리기법 또는 외부적 관리기법을 동원할 수 있다. 여기서는 거래노출의 관리기법에 관해 설명한다.

(1) 내부적 관리기법

① 리딩과 래깅

리딩과 래깅(leading and lagging : 선불 및 이연)은 외화표시자금수입의 결제기간을 인위적으로 조정하여 환위험을 감소시키기 위한 방법이다. 예를 들어 통화가치의 하락이 예상되는 통화의 송금은 앞당기도록 하고(leading), 통화가치의 상승이 예상되는 통화의 송금은 이연시키도록 함으로써 소극적 측면에서 손실을 방지할 수 있고 적극적 전략의 측면에서 외환이득을 극대화할 수도 있다. 다만 리딩과 래깅은 향후 환율변화에 대한 예측을 근거로 행하는 것이므로 실제적으로 이익이 실현될 것인지 혹은 손실이 방지될 것인지는 사후적인 환율수준에 따라 결과가 달라질 수 있다. 사후적으로 실현된 환율이 사전적인 예측과 달라지는 경우에는 오히려 환위험이 더 커질 수도 있으므로 리딩과 래깅은 위험이 수반되는 투기적 요소를 내포하고 있다.

② 네팅

네팅(netting: 상계)이란 다국적 기업의 본사와 지사 또는 지사 상호간에 발생하는 채권·채무관계를 개별적으로 결제하지 않고 일정기간 경과 후에 채권·채무관계를 상쇄한 후 차액만을 결제하는 제도이다. 네팅의 형태로는 양자간 네팅과 다자간 네팅이 있다.

예를 들어 A회사의 미국 자회사는 일본 자회사에 대해 $100만의 채무를 가지고 있는 반면, 일본 자회사는 미국 자회사에 대해 $150만의 채무를 지고 있다고 하자. 양자간 상계가 없는 경우에는 총 $250만의 현금거래가 발생하지만 두 회사의 채권·채무 상계 후에는 일본 자회사가 미국 자회사에 대해 $50만의 순채무만 지급하면 된다. 따라서 상계

이전에 비해 거래금액이 1/5 수준으로 감소함으로써 거래비용이 크게 절감된다.

③ **매칭**

매칭(matching)이란 외화자금의 흐름을 일정하게 일치시키는 전략을 말한다. 즉, 외화자금의 유입과 지급을 통화별, 만기별로 일치시켜 외화자금 흐름의 불일치에서 발생할 수 있는 환위험을 원천적으로 제거하는 전략이다.

예를 들어 미국에 자동차를 수출하는 우리나라 기업이 수출물량의 증가를 예상해 생산시설을 확장하고자 자금을 조달하려 한다고 하자. 이 기업은 국내, 혹은 국제금융시장을 이용해 자금을 조달할 수 있을 것이다. 이때 미국시장에서 달러로 차입하거나 유로시장에서 달러로 기채해 자금을 조달한다면, 차입자금의 이자지급으로 인한 달러 현금유출과 수출물량 증대에 다른 달러현금 유입이 서로 상쇄됨으로써 환노출이 상당히 감소될 수 있을 것이다.

매칭을 이용할 때 현실적으로 중요한 문제 중의 하나는 외화의 수취와 지불이 예정된 때에 이루어지느냐 하는 발생시점의 문제이다. 예정된 때에 이루어지지 못하고 지연되는 경우 매칭에 차질이 생기고 결과적으로 수취와 지불을 모두 환위험에 노출시키게 된다. 예를 들어 외화지불은 예정된 날짜에 이루어졌는데 수취가 연기되었다고 하면, 그 기업은 지불일의 환율과 수취일의 환율이 달라짐으로써 그 기간 동안 환위험에 노출되는 것이다.

▌그림 10-7▌ 양자간 네팅

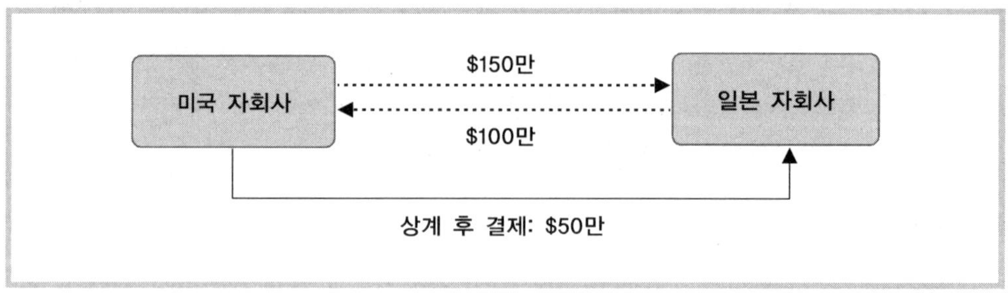

④ **자산 · 부채관리**

자산 · 부채관리(ALM)는 기업이 보유하고 있는 자산 · 부채의 구성을 종합적으로 관리함으로써 장래에 발생가능한 금리, 환율 및 유동성 등 제반 위험을 최소화하거나 수익의 극대화를 도모하는 관리기법을 말한다. 이는 매우 포괄적인 의미의 관리기법이지만, 환위험 관리와 관련해서는 보통 기업의 연결재무제표상에서 외화표시 자산과 외화표시 부채의 포지션을 조정해 환위험을 효율적으로 관리하고자 하는 방법이다. 자산 · 부채관리는 환산노출관리뿐만 아니라 거래노출을 관리하는데도 이용된다.

통화별로 환노출자산의 금액과 환노출 부채의 금액을 동등하게 만듦으로써, 즉 스퀘어 포지션(square position)을 유지함으로써 순노출액을 0으로 만드는 헤징전략을 취하게 된다. 한편 동일 통화에 의거해 스퀘어포지션을 이룰 수 없는 경우에는 환율변화 방향이 유사한 통화를 이용해 환위험을 회피할 수 있다. 이러한 헤징기법을 평행헤징(parallel hedging)이라고 부른다.

(2) 외부적 관리기법

외부적 관리기법은 외환 · 금융시장의 상품들을 이용해 환위험을 관리하는 기법이기 때문에 수없이 다양한 방법이 가능하다. 특히 파생상품의 경우 무한하다고 볼 수 있을 정도이므로 이를 이용한 환위험 관리기법도 수없이 많다. 대표적인 외부적 기법으로 선물환거래, 옵션거래, 스왑거래 등을 이용한 방법이 있으며, 그 외에도 할인, 펙토링, 환율변동보험이 있다.

① 선물환시장 헤징

예를 들어 우리나라의 수출업체가 미국에 자동차를 수출하고 수출대금 $1백만을 3개월 후에 받기로 했다고 하자. 외환시장에서 현물환율은 $1=1,200원, 3개월 만기 선물환율은 $1=1,250원인데 수출업자는 3개월 후 현물환율이 $1=1,260원까지 상승할 것으로 예상하고 있다.

만일 수출업자의 예상이 정확하게 맞아 환율이 $=1,260원이 된다면 12억6천만 원을 손에 넣게 되지만, 이는 확실하게 보장된 금액이 아니다. 수출업자의 예상과는 달리 원화의 가치가 급상승해(환율이 하락해) $1=500원이 된다면 수출대금의 원화가치는 5어원이 되어 커다란 손해를 보게 된다. 따라서 이 경우 비록 수출업자가 $1백만을 받는다는 것이 확실하더라도 그것이 원화로 얼마가 될지는 사전적으로 전혀 알 수 없다.

선물환거래를 이용한 헤징은 선물환계약을 통해 안정된 현금흐름을 지닐 수 있게 하는 전략이다. 이 예에서 수출업자가 3개월 달러선물환을 매도한다면 수출업자는 12억 5천만 원을 확보할 수 있다.

여기서 제기될 수 있는 한 가지 문제는 3개월 후의 현물환율예상이 선물환율과 다르다면, 선물환시장 헤징을 하는 경우 헤징을 하지 않는 경우에 비해 손해를 본다고 느낄 수도 있다는 것이다. 예를 들어 수출업자는 3개월 후에 환율이 $1=1,260원이 될 것으로 예상하고 있으므로, 선물환계약을 하는 경우 예상보다 원화 취득액이 1천만원 작아진다고 느낄 수도 있다. 이 경우 선물환계약을 맺을 것인가 아니면 예상에 따를 것인가는 환율예측의 정확성 및 예측오류로부터 발생하는 위험에 대한 태도 등이 고려되어 결정된다.

비록 예상환율이 $1=1,250원보다 높을지라도 미래에 확정적인 금액을 얻는 것이 목표라면, 예상에 따른 추가적인 이득의 가능성에 대해 크게 고려하지 않고 선물환계약을 체결하는 것이 바람직할 것이다.

② **단기금융시장 헤징**

단기금융 거래를 이용한 헤징은 다음과 같은 과정을 거쳐 이루어진다. 연계시점에서 수출업자는 미국은행에서 3개월 후 원리금의 합계가 $1백만이 되도록 달러를 빌린 후 이 금액을 원화로 바꾸어 우리나라 단기금융상품에 투자한다. 미국의 이자율이 연 4%(3개월간 1%)이므로 3개월 후 $1백만이 되도록 하기 위해서는 $99만99(=1백만/1.01)를 차입해야 하고, 이는 현재의 환율 $1=1,200원에서 원화로 11억8,812만원(=$99만99×1,200원)이 된다.

3개월 후 수출업자는 국내이자율이 연 8%(3개월 2%)이므로 국내 단기금융시장상품에 대한 투자로부터 12억1,188만원(=11억8,812만×1.02)을 확보하게 된다. 한편 3개월 후 미국 수입업자로부터 받은 $1백만을 가지고 그대로 미국 은행에서 차입한 금액에 대해 원리금 $1백만(=$99만99×1.01)을 상환하게 된다. 이상의 절차를 그림으로 나타내면 [그림 10-8]과 같다.

선물환시장 헤징과 단기금융시장 헤징(money market hedging)은 서로 유사한 점이 많은데, 선물환시장 헤징은 선물환율에 의해 결정되는 반면 화폐시장 헤징은 이자율 차이에 의해 결정된다는 차이점이 있다. 따라서 이자율평가가 성립하는 경우 두 가지 헤징 방법은 동등한 것이 되고 양자로부터 확보되는 금액은 같아진다.

▌그림 10-8▌ 단기금융시장 헤징

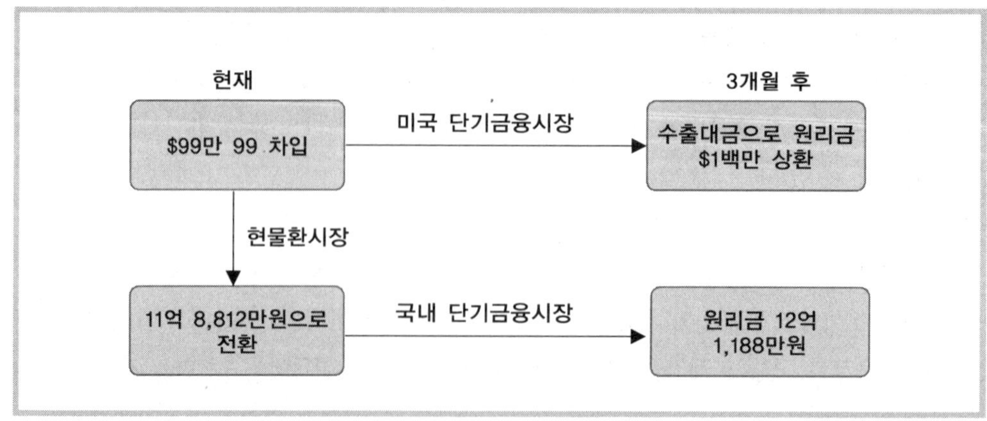

앞의 예에서는

$$8\% \times \frac{3}{12} - 4\% \times \frac{3}{12} < \frac{(1,250 - 1,200)}{1,200} \times 100\%$$

이 되므로 이자율평가가 성립하지 않고 선물환시장을 이용하는 것이 유리하다. 즉, 선물환시장을 통해 헤징하는 경우의 수령액은 12억5천만 원인데 반해 단기금융시장을 통해 헤징하는 경우는 12억1,188만원에 불과하다. 따라서 모든 기업들이 선물환을 매도하고자 하므로 국내외 이자율이 주어져 있다면 균형선물환율이 $1=1,211.88원으로 하락할 것이고, 결국에는 이자율평가가 성립해 어느 시장을 통해 헤징하든 동일한 금액을 수취하게 될 것이다.

③ **옵션시장 헤징**

선물환시장은 환위험을 완전하게 제거하지만, 이로 말미암아 환율이 유리하게 변동하는 경우 누릴 수 있는 이익의 기회까지 사라지게 만든다. 이러한 이익의 기회를 잃지 않으면서 환손실위험에 대해 헤징할 수 있는 방법으로, 수출업자는 옵션시장 헤징을 이용할 수 있다.

예를 들어 수출업자가 옵션시장에서 행사가격 $1=1,200원이고 옵션프리미엄이 달러당 10원인 달러화 풋옵션을 매입했다고 하자. 3개월 후 수출업자가 옵션을 행사할 것인가 여부는 3개월 후의 환율에 달려 있다. 따라서 옵션의 경우에는 확실한 원화금액을 보장하지는 않는다. 3개월 후의 환율이 $1=1,200원보다 낮은 1,150원이 된 경우, 1,150원을 받고 달러를 팔아야 하므로 총 11억4천만 원[=1백만×(1,150원-프리미엄지급 10원)의 원화를 얻게 된다. 그러나 옵션을 행사하면 달러당 1,200원을 받을 수 있으므로 프리미엄을 지급하고 난 후 11억9천만 원의 원화를 얻게 된다. 따라서 환율이 $1=1,200원 이하인 경우에는 옵션을 행사하는 것이 유리하다.

이와는 반대로 환율이 $1=1,200원 이상인 경우에는 옵션을 행사하지 않고 수출대금으로 받은 달러화를 그대로 외환시장에서 파는 것이 유리한다. 예를 들어 3개월 환율이 $1=1,240원이 된 경우 옵션을 행사하면 11억9천만 원밖에 수령하지 못하지만, 옵션을 행사하지 않으면 $1백만을 달러당 1,240원에 팔아 프리미엄을 지급하고 난 후 12억3천만 원을 취득하게 된다. 이상의 설명에서 알 수 있듯이 수출업자는 옵션시장 헤징을 통해 최소한 11억9천만 원을 확보할 수 있지만, 최대 금액이 얼마가 될지는 환율의 변화에 달려 있다.

옵션이 다른 방법보다 유리한 가 아닌가는 옵션프리미엄, 예상환율, 위험선호도 등 여러 가지 요소에 의해 좌우된다. 3개월 후의 예상환율이 $1=1,221.88원(=균형선물환율 1,211.88원+옵션프리미엄 10원) 이하가 된다면 수출업자는 옵션시장 헤징이 선물환시장 헤징보다 불리하다고 판단하고 선물환시장 헤징을 선택할 것이다. 그러나 3개월 후의 환율이 그 이상으로 상승한다고 예상하는 경우에는 옵션시장이 유리하다고 생각할 수 있다. 그러나 만일 예상이 틀려 환율이 그 이하로 떨어지면 불리해질 수도 있으므로 수출업자는 예상에 대한 확신도 및 위험선호도 등 기타 다른 요인들을 고려해 헤징방법을 선택해야 할 것이다.

연습문제

1. 다음의 경우 달러화의 가치는 어떻게 변화되었는가?

1) 현물환율이 $0.0010/원에서 $0.0011/원으로 변화되었다.
2) 현물환율이 1,200원/$에서 1,190원/$로 변화되었다.

2. 원/$ 및 엔/$에 대한 매입율과 매도율이 다음과 같이 주어져 있다고 할 때 원/엔 환율의 매입률과 매도률을 계산하시오.

원/$: 1,195.00~1,250.50
엔/$: 109.50~111.00

3. 오늘 현물환율은 1,160원/$, 그리고 3개월 선물환율은 1,180원/$으로 고시되고 있다. 당신이 오늘 3개월 달러 선물을 $100 매입 했는데 3개월 뒤 만기시점에 현물환율이 1,200원/$ 이 되었다고 하면 당신은 얼마의 이익 또는 손해를 보았는가?

4. 오늘 서울외환시장에서 원/달러 환율이 1달러당 1,100원이고 뉴욕외환시장에서 달러/유로 환율이 1유로당 1.23달러이면 원/유로 환율은 얼마인가?

5. 현재 원화의 달러환율이 1,143원/$이고 1년 후의 예상환율이 1,056원/$이다. 현재 미국의 은행정기예금 이자율이 연 2.5%라고 할 때 원화를 가지고 달러예금에 1년 동안 예치하는 경우 기대수익률은 얼마인가?

6. 다음의 정보를 이용해 커버되지 않은 이자율재정거래에 대한 다음의 물음에 답하시오.

원/달러의 현물환율=1,000원　　원/달러의 1년 후 예상현물환율=970원
1년간 한국이자율=4%　　1년간 미국이자율=5%

1) 원화자산과 달러자산의 1년간 기대수익률(원화표시)을 각각 구하시오.
2) 자금이 어느 나라로 이동할 것인지 설명하시오.
3) 어떤 경로를 거쳐서 원화자산과 달러자산의 기대수익률이 같아지게 되는지 설명하시오. 환율이 얼마에서 균형이 되는가?

7. 예상인플레이션의 상승에 의해 한국이자율이 상승하는 경우 환율(달러당 원화환율)에 미치는 영향을 분석하시오.

8. 통화량이 증가하는 경우 환율의 과잉반응이 왜 일어나는지에 대해 이자율평형조건을 이용하여 설명하여 보시오.

9. 최근 미국 경기의 호황에 대한 전망이 미달러의 가치를 상승시키고 있다. 단기외환시장모형을 이용하여 왜 이러한 상황전개가 달러의 강세를 유발하는지를 설명하시오.

10. 대한주식회사의 미국 자회사인 US대한의 대차대조표가 2015년 12월 현재 다음과 같다. 환율이 $1=1,000원에서 1,100원으로 상승하는 경우 화폐/비화폐성법을 이용하여 환차손익이 얼마일지 계산해 보시오.(재고자산은 시가로 표시됨)

자 산		부 채	
현금 및 시장성 유가증권	$200	외상매입금	$300
외상매출금	$250	단기차입	$200
재고자산	$150	장기차입	$300
고정자산	$600	자본금	$400

11. 국내의 어떤 기업이 미국에서 1억 달러를 차입하고 1년 후 달러로 상환하기로 했다. 차관도입 당시 환율은 $1=1,000원이었고 달러 차입 이자율은 2%이다. 만일 1년 후 원/달러 환율이 $1=1,050원으로 상승하게 되면 이 기업의 실질적인 차입비용율은 얼마인가?

12. 환위험 관리를 위한 내부적 관리기법의 종류와 내용에 대해 설명해 보시오.

13. 대한주식회사가 일본 미쓰미시은행으로부터 1억 엔을 1년 만기로 차입했다. 현재 환율은 100엔=1,000원이지만 1년 동안 상당히 변할 것으로 기대되는데, 일본의 이자율은 연 1%이고 우리나라 이자율은 연 6%이다. 통화옵션의 행사가격이 100엔=1,050원이고 수수료가 100엔당 10원이라면, 선물환시장 헤징과 옵션시장 헤징 중 어느 방법이 유리한가?

14. 일본 사무라이항공은 새로운 비행기를 구입하기 위하여 미국 시티은행으로부터 1억 달러를 1년 만기로 차입했다. 현재환율은 $1=100엔이고, 미국의 이자율은 연 5%, 일본의 이자율은 연 1%이다. 미래환율의 불확실성 때문에 헤징을 하려고 하는데, 선물환시장에서 1년 만기 선물환율이 얼마이면 일본 사무라이항공은 선물환시장 헤징보다 단기금융시장 헤징을 선택하겠는가?(범위를 표시해 줄 것)

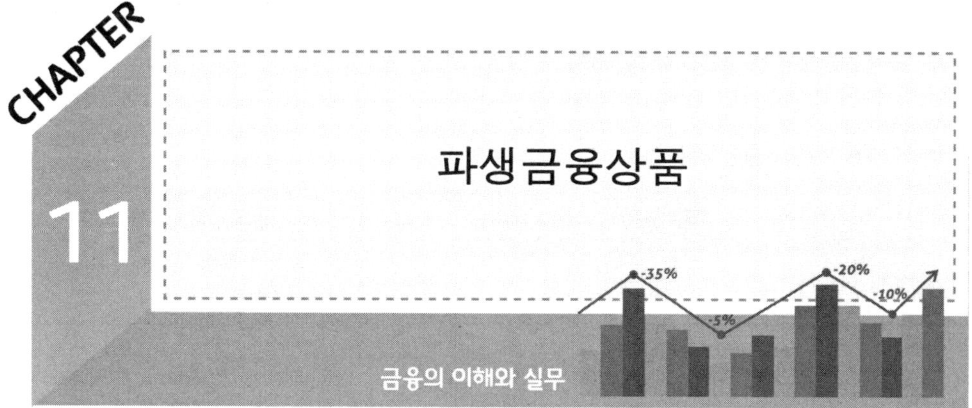

1. 파생금융상품시장의 개요[1)]

파생금융상품(financial derivatives)은 기초자산의 가치변동에 의해 그 가치가 결정되는 금융상품을 말한다. 이러한 파생금융상품이 거래되는 시장이 파생금융상품시장이다.

파생금융상품은 계약형태에 따라 크게 선도, 선물, 옵션, 스왑 등으로 구분된다. 또 파생금융상품의 기초자산은 통화, 금리, 주식, 채권 등 다양한 형태를 갖고 있다.

파생금융상품의 거래시장은 표준화된 상품이 거래소에서 거래되는 장내시장과 개별계약이 거래되는 장외시장으로 구분된다. 파생금융상품을 계약형태와 거래시장에 따라 분류하면 〈표 11-1〉과 같다.

파생금융상품시장은 아래와 같은 다양한 기능을 수행함으로써 거래참여자에게 많은 혜택을 주기 때문에 크게 발전하였다.

첫째, 파생금융상품시장은 위험의 헤지라는 중요한 경제적 기능을 수행한다. 헤지는 이미 노출되어 있는 위험(시장위험 또는 신용위험)을 줄이거나 없애는 금융거래를 말한다. 위험을 회피하려는 금융거래자는 파생금융상품시장을 통해 위험을 회피할 수 있다. 그러나 파생금융상품시장에서의 위험의 헤지는 어디까지나 위험을 이전하고 배분하는 것이지 위험자체를 줄이는 것은 아니다.

둘째, 위험을 회피하려는 위험회피자도 있지만 위험을 선택하고 이에 대한 내가를 받으려는 투기자도 있다. 따라서 파생상품시장은 투기의 수단도 제공한다. 투기거래는 위험에 노출되지 않는 상태에서 단지 이익을 위하여 위험을 선택하는 금융거래이다. 위험

1) 11장은 김인준 · 이영섭, 국제금융론 (율곡출판사, 2013), 안철원, 금융경제학 (한경사, 2013) 참조

회피자와 투기자의 선호에 따라 위험을 적당히 배분하는 기능(위험배분기능)을 수행함으로써 파생금융상품시장은 경제전체의 후생을 증대시킨다.

▮표 11-1▮ 파생금융상품의 종류

	장내시장	장외시장
선도		선물환 선도금리계약
선물	통화선물 금리선물 주가지수선물	
옵션		통화옵션 금리옵션 주식옵션
스왑		통화스왑 금리스왑 주식스왑

셋째, 파생금융상품시장은 시장의 유동성의 증대와 정보비용의 감소를 통해 시장의 효율성의 증대를 가져온다. 투기자들의 활발한 시장참여는 유동성을 증가시키며 이에 의해 가격에 대한 정보를 증가시키는 등 시장의 효율성을 개선하는 기능을 한다. 이러한 시장효율성의 증가는 파생금융상품시장뿐만 아니라 기초자산의 시장의 효율성증대에도 도움이 된다. 왜냐하면 파생금융상품시장에서의 가격변화는 기초자산의 가치에 대한 정보를 제공하기 때문이다.

파생금융상품시장의 유동성확대를 위해 특히 선물과 옵션계약에서는 표준화된 상품을 개발하여 장내시장에서 거래를 한다. 이러한 표준화는 유동성을 증대시키며 거래량을 크게 증대시킨다. 또 파생금융상품시장은 위험회피자와 투기자에 대한 정보비용을 감소시킴으로써 위험의 이전과 분담을 촉진한다. 거래자 간의 개별적인 실명거래 대신에 거래소 또는 청산거래소를 통한 익명거래를 함으로써 거래상대방에 대한 정보비대칭문제를 줄인다.

2. 선도시장

자금을 빌려주고 차입하는 많은 대출자와 차입자들은 자금의 대출기간이나 차입기간 동안에 자금의 수익률이나 자금의 이자비용이 변동하는 위험(이자율위험)을 꺼리며 그것을 고정시키기를 원한다. 예컨대, 회사의 자금관리자는 미래의 투자사업에 필요한 자금의 이자비용을 미리 고정시키기를 원한다. 그래서 등장한 것이 선도계약이다.

선도계약(forward contracts)은 미래의 어느 시점에서 금융거래를 가지기로 두 당사자가 합의하는 계약이다. 거래는 지금하되 결제는 미래에 하는 것이다. 이러한 선도거래는 과거 농산물시장에서 농산물의 가격변동위험을 줄이기 위해 등장하였다. 농산물가격변동은 농산물의 생산자에게 매우 큰 위험을 유발할 수 있다. 농산물 판매수입이 소득의 주 원천인데 가격이 폭락하면 소득이 크게 감소하기 때문이다. 여기서는 금융시장에서 널리 이용되는 두 가지 선도계약에 대해 살펴본다. 하나는 채권과 연관된 선도계약, 즉 금리선도계약이고, 다른 하나는 외환에 대한 선도계약, 즉 선물환계약(외화선도계약)이다.

2-1. 금리선도계약

금리선도계약(FRA, forward rate agreement)은 이자율위험을 헤지하기 위해 체결하는 두 당사자 간의 채권의 미래 판매에 대한 계약이기 때문에 다음과 같은 몇 가지 요소가 계약에 포함되어야 한다. ① 미래시점에서 인도될 실제 채권의 구체적 내용 ② 인도될 채권의 규모 ③ 인도될 시점의 채권의 가격(이자율) 그리고 ④ 인도가 실제로 이루어지는 시점.

예제 11-1 금리선도계약에 의한 이자율위험의 헤지

A금융회사가 B금융회사에 ① 만기가 2017년 6월말이고 표면이자율이 5%이며 액면이 1억 원인 국채 ② 50주(50억 원어치)를 ③ 오늘의 가격(액면가와 동일한 1억 원 가정)으로 ④ 오늘(2012년 6월 말)로부터 1년 후에 판매하는 금리선도계약을 체결하다고 하자.

A금융회사는 1년 후에 증권을 파는 것이므로(선도계약매도) 매도포지션을 취하는 것이며, B금융회사는 미래시점에 증권을 사기(선도계약매입) 때문에 매수포지션을 취하는 것이다.

우선 왜 A회사와 B회사가 이러한 선도계약을 체결하는지를 살펴보자. 첫째, A회사는 이자율위험을 헤지할 수 있다. 현재 50억원 어치의 국채를 갖고 있는 A회사로서는 앞으로 이자율이 상승하여 채권가격이 하락할 것을 두려워 하는 것이다. 이자율이 상승하는 경우 일년 후에 그 채권을 판매한다면 채권가격이 하락하여 손실을 입을 수 있지만 선도계약을 체결하면 미래의 채권가격이 고정되기 때문에 이자율이 변화하여도 신경쓸 일이 없다(이자율위험의 방지). 즉, A회사는 이 채권의 현재의 현물매수포지션을 선도계약에서의 매도포지션으로 상쇄함으로써 이자율위험을 방지할 수 있다.

둘째, B회사는 1년 후에 50억 원의 수입이 있을 예정이며 그 자금으로 1년 뒤에 그 국채에 투자할 계획인데 그 기간 동안에 이자율이 하락할 것을 두려워 하는 것이다. 즉, 1년 후에 이자율이 하락하여 채권가격이 상승하면 채권을 구매하는 것이 불리해지므로 B회사는 채권을 현재의 가격(현재의 이자율)으로 사려고 하는 것이다. 이러한 선도계약을 체결함으로써 이 채권에 대한 이자율을 현재의 5%로 고정시킬 수 있는 것이다.

2-2. 선물환계약(외화선도계약)

1970년대 환율제도가 변동환율제도로 이행됨에 따라 주요국 통화환율의 변동폭이 확대되었고 기업의 대외거래규모의 확대 등 국제화의 진전으로 환차손이나 환차익이 크게 발생하는 등 환위험이 크게 증대하였다.

환위험이란 환율변동에 따라 외화자산(또는 외화부채)의 가치가 하락(또는 상승)하여 환차손이 발생할 수 있는 위험인데 이것은 변동환율제하에서 대외거래의 계약시점과 결제시점의 시간적 차이(거래 노출) 또는 재무제표 작성 시 환평가(환산노출)에 의해 발생한다. 이러한 환위험의 확대로 모든 기업과 금융기관들은 환위험을 헤지하기 위하여 노력하였다.

환위험의 외부적 관리기법으로는 선물환(외화선도계약), 차액결제선물환, 외환스왑, 통화선물, 통화옵션, 통화스왑 등이 있는데 선물환의 거래도 하나의 중요한 환위험 헤지 방법이다.

선물환거래(forward exchange transaction)는 특정 외환을 기초자산으로 하는 선도거래이다. 즉, 계약일로부터 일정기간(통상 2영업일) 경과 후의 미래 일정시점(결제시점)에서 특정의 외환을 약정환율로 인도 및 인수할 것을 현재시점에서 약정한 외환거래이다. 이렇게 선물환거래는 현재시점에서 약정한 가격으로 미래시점에 결제하게 되므로 선물환계약을 체결하면 결제시점까지 매매 쌍방의 결제가 유보된다는 점에서 현물환거래와 구별된다.

선물환거래는 한 방향의 선물환 매입 또는 선물환 매도거래인 단순선물환거래와 선물환거래가 스왑거래의 일부분으로서 일어나는 외환스왑거래으로 구분된다. 그리고 단순선물환거래는 다시 만기시점에 실물의 인수도가 일어나는 일반선물환거래와 만기시점에 실물의 인수도 없이 차액만을 정산하는 차액결제선물환거래로 나누어진다.

차액결제선물환(NDF, non-deliverable forward)거래는 만기에 계약원금의 교환 없이 약정환율과 만기 시 현물환율 간의 차이에 해당하는 금액만 지정통화로 결제하는 거래를 말한다. 이것은 차액만 결제하기 때문에 결제위험이 적다. 또 적은 금액으로 거래가 가능하므로 레버리지효과가 커 환위험 헤지수단으로 뿐만 아니라 환차익을 얻기 위한 투기적 수단으로도 널리 이용되고 있다. 또한 차액결제선물환거래의 경우 결제통화로 미 달러화가 주로 사용되고 있어 원화와 같이 국제화되지 않은 통화일지라도 비거주자가 해당 통화를 보유하거나 환전할 필요 없이 자유로이 선물환거래를 할 수 있다는 장점이 있다.[2)]

예제 11-2 선물환을 이용한 환위험 헤지

A 수출기업이 미국에 상품을 수출하고 1개월 후에 수출대금으로 100만 달러를 받기로 되어 있다. 현재의 환율은 달러당 1,100원인데 이 기업은 환율이 현재수준보다 하락하여(달러가치 하락) 수출금액이 11억원 이하로 감소하는 것을 우려하고 있다.

A 기업은 선물환시장(우리나라의 경우 은행을 통해)에서 현재 고시된 1개월 선물환율인 달러당 1,090원으로 100만 달러를 매도하는 계약을 체결한다.

이에 따라 A 기업은 1개월 후 환율이 어떻게 변하든 10.9억 원을 보장받게 된다. 만일 1개월 후에 환율이 달러당 1,050원으로 변동하였다면 A 기업은 50백만 원 환손실을 보게 될 것을 10백만 원으로 헤지한 셈이 된다.

그러나 선물환을 이용한 헤지가 헤지를 하지 않은 경우보다 더 좋을 것이란 보장은 없다.

선물환거래는 통상 환위험을 줄이는 것을 목적으로 하나 때로는 투기적 목적으로 이용되기도 한다. 위에서 본 수출기업의 경우 주로 경상거래에 따른 환위험을 헤지하기 위해 선물환계약을 사용한다. 그러나 장래환율에 대한 예측을 바탕으로 환율이 상승할 것으로 예상되는 경우 선물환 매입계약을 체결한 후 결제시점에서 예상대로 환율이 상승하면 환차익을 획득하는 투기적 목적으로 이용되기도 한다. 그러나 예상대로 환율이 상승하지 않고 하락한다면 손실을 입게 된다.

---

2) 역외 원/달러 NDF 시장은 원화환율의 상승압력이 높아진 1996년경부터 외국인의 국내주식투자자금에 대한 환위험 헤지 및 투기목적 등으로 홍콩과 싱가포르에서 처음으로 형성되기 시작하였다.

2-3. 선도계약의 장점과 단점

선도계약은 어떤 계약내용이든 쌍방이 합의만 한다면 거래가 성립될 수 있기 때문에 매우 신축적이라는 장점이 있다. 그러나 다음과 같은 중대한 단점을 갖고 있다.

첫째, 구체적인 특정의 거래대상과 거래조건에 대하여 선도계약을 할 거래상대방(counter party)을 찾는 것이 매우 어려워 유동성이 부족하다는 것이다. 왜냐하면 시장에서 공개적으로 거래되는 것이 아니며 거래를 할 사람들이 많지 않기 때문이다.

선물환시장은 그나마 유동성이 높으며 다양하고 전문적인 투자자들이 참여하는 비교적 유동적인 시장이지만 금리선도계약의 경우에는 유동성의 문제가 크다.

둘째, 선도계약에서는 거래상대방의 채무불이행위험(default risk)이 있다는 것이다. 만약 거래상대방이 고의로 계약을 이행하지 않거나 파산하는 경우에는 계약이 이행되지 않는다. 이러한 위험을 거래상대방 위험(counter party risk)이라고 한다. 이러한 거래상대방위험의 문제 때문에 계약 쌍방은 상대방이 금융적으로 건실하며 결제시점까지 파산하지 않을 것인지를 서로 잘 점검하여야 한다.

3. 선물시장

3-1. 선물거래의 개념

시장위험을 헤지하는 수단으로서 선도계약시장이 갖고 있는 중대한 문제인 거래상대방위험문제와 유동성부족문제를 해결하는 하나의 방법은 금융선물시장을 이용하는 것이다.

선물거래(futures transaction)는 기본적으로 선도거래와 동일한 형태를 가진다. 즉, 선물거래도 선도거래와 마찬가지로 만기시점에서 계약이 특정의 자산을 정해진 가격인 선물가격(futures price)으로 인수 · 인도하기로 하는 약속이다. 그러나 선물거래는 거래내용과 조건을 표준화해 시장성을 높인 선도거래라 할 수 있다. 즉, 선물거래는 자산가격변동에 따라 발생하는 채무불이행 위험을 여러 가지 장치를 통해 대부분 제거할 수 있다는 점에서 선도거래와 근본적인 차이를 보인다. 이러한 장치는 거래과정에 직접적으로 영향을 미쳐 계약의 이행을 보장하는 제도적 측면의 장치와 계약의 유동성을 높이고 가격변동을 완화하고자 하는 거래적 측면의 장치로 구분된다. 제도적 측면의 장치로는 일일정산제도(marking to market), 거래증거금제도(margin requirement) 및 청산소제도(clearing house) 등이 있으며, 거래적 측면의 장치로는 가격변동폭의 제한, 표준화된 계약 및 조직화된 시장 등이 있다.

〈표 11-2〉는 선도와 선물거래의 특성을 비교한 것이다.

▌표 11-2▌ 선도거래와 선물거래의 특성 비교

	선도거래	선물거래
거래규모	필요에 맞게 정함	표준화되어 있음
상품의 종류	기본적으로 모든 금융상품	유동성이 있는 주요 금융상품
만기	필요에 따라 정함	표준화되어 있음. 1년에 4회 결제일이 있음
결제	대부분 당초 약정대로 결제가 이루어짐	결제소에 의해 일일정산되고 일부 차액만 결제됨
비용	수수료 없음. 비용은 시장조성자의 매입/매도가격 간의 스프레드임	스프레드 없음. 거래의 수행을 위해 중개인에게 지급하는 수수료가 비용임
규제	자율규제	거래소규약 및 정부기관에 의해 규제됨
신용위험	계약이행에 대한 신용위험이 크므로 신용한도의 설정을 요함	제도적 및 거래적 장치를 통해 신용리스크가 대부분 제거됨
거래장소	장외거래	장내거래
거래상대	당사자 간의 직접거래	중개인, 결제소
거래방법	당사자 계약	공개경쟁입찰
양·수도	양도불가능, 실물인도	양도가능, 차액거래

3-2. 선물시장의 구조

① 선물시장의 참가자

선물시장을 구성하는 주요 참가자들은 선물거래소, 투자자, 선물중개회사, 청산소 등이 있다. 선물거래소(future exchange)는 정형화된 거래규칙과 표준화된 선물상품을 개발해 조직화된 거래를 할 수 있도록 거래장소를 제공하는 역할을 담당한다. 거래소에서는 회원들만이 선물거래를 할 수 있다. 투자자들은 헤징, 투기, 차익 등을 목적으로 선물거래를 하고자 선물시장에 참가한다. 선물중개회사는 투자자와 거래소회원들 사이에서 브로커 역할을 담당한다. 투자자의 대리인으로서 거래주문을 넣어주고 증거금계좌를 관리하며, 이에 대한 대가로 일정한 수수료를 받는다.

청산소는 모든 선물거래에 있어 선물매입자에게는 선물매도자가 되어주고 선물매도자에게는 선물매입자가 되어 준다. 청산소가 없는 선도거래는 매입자와 매도자가 거래의 직접적인 당사자가 되기 때문에 거래당사자들이 직접 선도거래의 여러 조건을 결정해야 하고 거래의 이행 역시 당사자들의 신의에 의존하게 된다. 그러나 선물거래의 경우 청산소의 역할로 인해 모든 선물거래자는 거래상대방을 직접 알아야 하는 수고를 피할 수 있으며, 선물거래의 시장성이 높아지고 선물가격이 균형수준에서 보다 쉽게 결정할 수 있다. 청산소는 다음에 설명할 일일정산제도와 증거금계좌를 통해 선물거래의 이행을 보증하는 역할을 담당한다. 청산소의 또 다른 중요한 역할은 거래자가 선물거래의 의무로부터 쉽게 벗어날 수 있도록 해준다는 점이다. 예를 들어 어떤 거래자가 선물을 매입했지만 실제로 거래를 이행할 의도가 없는 경우 청산소에 선물을 매도해 거래이행의 의무로부터 벗어날 수 있다.

② 일일정산과 증거금

선물거래는 선도거래와 달리 시장에서 매일매일 거래가 이루어지고 그에 따른 가격이 형성된다. 매일 매일의 가격변동에 따라 선물거래자에게 손익이 발생하는데, 선도거래에서 이러한 손익이 만기일이 되어서야 실현되는 것과는 달리 선물거래에서는 일일정산제도에 의해 매일 손익이 정산된다,

일일정산제도로 인해 선물거래자들은 만기시점뿐만 아니라 만기 전 언제라도 반대매매를 통해 손익을 실현함으로써 쉽게 거래를 청산할 수 있다. 따라서 이 제도는 선물시장의 유동성을 높이는데 커다란 역할을 한다.

일일정산을 원활하게 하고 선물거래의 이행을 보증하기 위해 선물거래에 참여하는 경우 모든 거래자는 일정 규모의 현금 또는 현금등가물(유가증권 등)을 증거금(margin)으로 청산소에 예치해야 한다. 선물거래를 처음 시작할 때 예치하는 증거금을 개시증거금이라 한다. 선물가격이 상승 또는 하락함에 따라 이 증거금계좌를 통해 매일 자금이 고객과 청산회원사 사이에, 그리고 청산회원사와 청산소 사이에 수수된다. 그리고 일일정산 과정에서 증거금잔고가 유지증거금 이하로 떨어지면 청산소는 증거금의 추가예치를 요구하며, 투자자는 개시증거금 수준까지 추가로 증거금을 예치해야 한다. 이때의 추가증거금 요구를 마진 콜(margin call)이라고 부른다. 만일 거래자가 마진 콜에 응하지 않게 되면 청산소가 포지션의 일부 또는 전부에 대해 반대매매를 행함으로써 그 거래자의 선물계약을 청산한다.

예제 11-3 주가지수 선물거래의 일일정산과정

어떤 투자자가 KOSPI200선물을 약정가격 100.00포인트에 10계약을 매입했는데 오늘 이후의 선물가격이 다음과 같이 변해간다고 하자

일	오늘	1일 후	2일 후	3일 후	4일 후	5일 후
선물가격	100.00	99.50	98.70	99.00	100.50	101.40

1포인트가 500,000만원으로 책정되어 있는 경우 이의 일일정산과정은 다음과 같다.

KOSPI200 선물거래의 일일정산 과정

일	포인트당 손익(원)	선물거래 10계약의 1일 손익(원)
1일 후	(99.5−100.0)×500,000=−250,000	−2,500,000
2일 후	(98.7−99.5)×500,000=−400,000	−4,000,000
3일 후	(99.0 98.7)×500,000=150,000	1,500,000
4일 후	(100.5−99.0)×500,000=750,000	7,500,000
5일 후	(101.4−100.5)×500,000=450,000	4,500,000
합계	(101.4−100.0)×500,000=700,000	7,000,000

3-3. 선물시장의 주요 상품

(1) 통화선물

통화선물은 장래에 인수·인도될 외환의 가격을 결정한다는 점에서 외환시장을 통한 선물환거래와 동일하다. 그러나 선물거래와 선도거래의 일반적인 특징 비교에서 알 수 있듯이, 통화선물은 거래액과 결제일이 표준화되어 있고 조직화된 거래소에서 공개경쟁 입찰방식으로 행해진다는 차이점이 있다. 또한 대부분의 경우 만기 이전에 반대거래로 상쇄되어 차액만 결제되고, 통화선물에 대한 청산소의 중개와 일정액의 증거금 요구로 개별 거래상대방의 신용위험을 염려할 필요가 없으며, 매일 형성되는 가격에 일정 수준의 상한과 하한을 정해 가격변동폭을 제한하는 등의 특징을 가지고 있어 일반적인 선물환거래와는 다르다.

이 외에도 통화선물의 주요한 특징은 계약을 할 때에 외환을 보유하지 않고 계약통화의 환율변동 방향에 대해 순전히 베팅을 한다는 것이다. 통화선물시장에서의 거래는 협정된 가격으로 매입포지션 계약과 매도포지션 계약을 하게 되기 때문에 한편이 이익을

얻는 만큼 다른 편은 손해를 보게 되는 제로섬게임으로 나타난다.

통화선물가격은 수많은 매입포지션과 매도포지션들 간의 균형으로 결정되는 시장가격이며 시시각각 변한다. 이와 같이 청산되지 않은 상태로 양쪽의 수많은 선물베팅이 존재하는 것을 미결제약정수량(open interest)이라 부른다. 통화선물시장에서 거래되는 통화선물은 선물환계약과는 달리 매매 쌍방 간에 이루어지는 것이 아님을 유의해야 한다. 통화선물의 매도자 및 매입자는 청산소와 각각 계약하고 청산소가 이 계약을 보증하는 형태를 띠고 있다.

(2) 금리선물

금리선물거래는 금리변동을 회피하거나 투기적인 목적으로 미래 일정 기간에서의 예상금리를 매매하는 거래지만, 실제로는 금리 그 자체를 거래하기보다 이자를 발생시키는 채권 등의 금융상품을 대상으로 선물거래가 일어난다. 가장 많은 거래를 보이고 있는 장기금리선물상품으로는 T-bond 선물이 있고, 단기금리선물상품으로는 유로달러예금선물이 있다. 금리선물거래도 다른 선물거래와 마찬가지로 거래규모, 결제일 등의 거래형식이 표준화되어 있다.

금리선물의 가격표시는 단기상품의 경우 연수익률을 지수방식(index basis)으로 즉

금리선물가격 =(1 − 연수익률) × 100

으로 표시한다. 예를 들어 90일 만기 T-bill의 할인율이 6.5%라면 이 금융상품의 선물가격은(1 − 0.065) × 100 = 93.50으로 호가된다. 만일 T-bill의 할인율이 7.5%로 상승한다면 선물가격은 92.50으로 하락하게 된다.

예제 11-4 금리선물거래의 손익

현재의 시점이 2013년 12월인데 어떤 다국적기업이 6개월 후(2014년 6월) 수출대금 100만 달러를 받을 예정이다. 이 기업은 수출대금을 받은 이후 당분간(2014년 9월까지 3개월간)은 그 돈을 쓸 일이 없기 때문에 그 기간 동안 단기금융자산에 투자하고 싶어 한다고 하자. 이런 경우 이 기업은 유로달러예금 선물을 이용할 수 있다. 예를 들어 2014년 6월물 3개월 만기 유로달러예금 선물을 94.50에 매입했다고 하자. 이는 이자율이 연 5.5%임을 의미하므로 이 기업이 2014년 6월부터 100만 달러를 3개월 동안 예금하면

$$100만\,달러 \times \frac{5.50}{100} \times \frac{3개월}{12개월} = 13{,}750달러$$

를 이자수입으로 얻게 된다. 그런데 2014년 6월이 되었을 때 유로달러예금 현물이자율이 5.20%라면, 이 금리로 3개월 동안 예금하는 경우

$$100\text{만 달러} \times \frac{5.20}{100} \times \frac{3\text{개월}}{12\text{개월}} = 13{,}000\text{달러}$$

밖에 이자수입을 얻지 못한다. 따라서 금리선물계약을 통해 이 기업은 750달러만큼의 이익을 얻게 된 것이다. 이와는 반대로 2014년 6월이 되었을 때 현물이자율이 6.00%가 된다면, 이 기업은 선물거래 때문에 1,250달러(=15,000-13,750) 만큼의 손실을 보게 된다

4. 옵션(option)

4-1. 옵션의 기초

옵션이란 일정한 기초자산을 미리 약정한 가격으로 만기일 또는 그 이전에 매입하거나 매도할 수 있는 선택권부 권리가 부여된 계약이다. 옵션은 한편으로 선도환 또는 선물환 계약과 유사하나 계약의 행사여부를 선택할 수 있는 권리가 부여되었다는 점에서 차이가 있다. 옵션매입자는 기초자산의 가격에 따라 옵션의 행사 여부를 결정할 권리를 갖고, 옵션매도자는 옵션매입자가 옵션을 행사할 경우 거래를 이행할 의무를 갖는다.

옵션에는 권리를 행사할 수 있는 선택권에 따라 매입청구권이 부여된 옵션을 콜(call)옵션이라 하고 매도청구권이 부여된 옵션을 풋(put)옵션이라 한다. 또한 조건부 청구권의 행사 가능시점이 만기일에 한정되면 유럽식옵션, 만기일 내에 언제라도 권리를 행사할 수 있으면 미국식옵션이라고 한다.

옵션거래에는 기초자산을 사거나, 파는 즉, 옵션을 행사하는 가격이 미리 정해져 있는데 이를 행사가격(excercise price or strike price)이라 한다. 옵션은 원하는 구간에 대해서만 가격을 확정하고 나머지 구간에 대해서는 가격변동을 허용할 수 있게 해준다. 그러므로 옵션을 이용하면 필요한 위험관리와 수익확보를 동시에 추구할 수 있다. 이처럼 옵션매입자는 옵션매도자로부터 이익추구를 위한 옵션행사의 권리를 부여받기 때문에 옵션매도자에게 일정한 대가를 치러야 하는데 이를 옵션가격(option price) 또는 옵션프리미엄(option premium)이라 한다.

옵션을 매입하는 이유는 다양하나 가장 중요한 이유는 가격변동위험에 대한 보험이라고 볼 수 있다. 즉, 옵션매입자에게는 옵션거래에 의한 보호가 옵션프리미엄 지급보다 큰 가치를 갖기 때문에 옵션거래를 하게 된다. 또한 옵션거래는 투기목적으로도 사용되고

있다. 투자가가 어떤 외국통화의 콜옵션을 매입한다면 그는 그 통화의 가격이 상승할 것이라는 예상 하에 투기거래를 하고 있는 것이다. 한편 옵션을 매도하는 이유는 옵션매입자로부터 받는 프리미엄이 손실발생을 충분히 보상한다고 믿기 때문이다. 옵션매도 역시 옵션매입과 마찬가지로 헤지 또는 투기 목적으로 행해지기도 한다.

4-2. 옵션의 손익구조

(1) 콜옵션

콜옵션은 옵션소유자가 기초자산을 정해진 가격으로 매입할 수 있는 권리가 부여된 계약이다. 옵션소유자는 자기에게 유리한 경우에만 옵션을 행사해 기초자산을 매입하고, 불리한 경우에는 옵션을 행사하지 않는다. 예를 들어 어떤 사람이 달러당 1,200원의 행사가격으로 9월물 달러화 콜옵션을 매입하고, 그 대가로 달러당 5원의 프리미엄을 지급했다고 하자. 만기일이 되었을 때 현물시장에서 달러화가 1,250원에 거래되고 있다면, 옵션소유자는 옵션을 행사하는 것이 유리하게 된다. 즉, 옵션을 행사해 현물시장보다 싼 1,200원의 행사가격에 달러화를 매입하고, 이를 현물시장에서 1,250원에 팔면 달러당 45원(=1,250−1,200−프리미엄 5원)의 이득을 볼 수 있는 것이다. 그러나 만기일의 현물시장에서 달러화가 행사가격보다 낮은 1,150원에 거래되고 있다면 옵션을 행사하는 것이 불리해져 옵션의 권리를 포기하게 된다. 이 경우 만일 옵션을 행사하게 되면 1,200원에 달러화를 매입해 현물시장에서 1,150원을 받고 달러화를 팔아야 하기 때문에 손해를 보게 된다. 이처럼 현물시장가격이 행사가격이하로 떨어지면 옵션을 행사하지 않게 된다.

콜옵션은 일정한 행사가격에 기초자산을 살 수 있는 권리이므로 만기일에 기초자산의 현물가격이 높으면 높을수록 옵션매입자에게 유리하다. 반면에 옵션매도자는 옵션매입자가 옵션을 행사할 경우 거래를 이행할 의무를 지므로 옵션매입자와는 정반대의 손익구조를 보이게 될 것이다. 즉, 옵션매입자가 옵션을 행사해 이득을 취하면 옵션매도자는 옵션매입자의 '이득−프리미엄' 만큼 손실을 입게 될 것이고, 옵션매입자가 옵션을 행사하지 않으면 옵션매도자는 프리미엄만큼 이득을 얻은 상태로 옵션거래를 마무리하게 될 것이다. 이와 같은 콜옵션매입자 및 콜옵션매도자의 손익관계는 [그림 11-1]과 같이 나타낼 수 있다.

▮그림 11-1▮ 콜옵션거래에 따른 손익

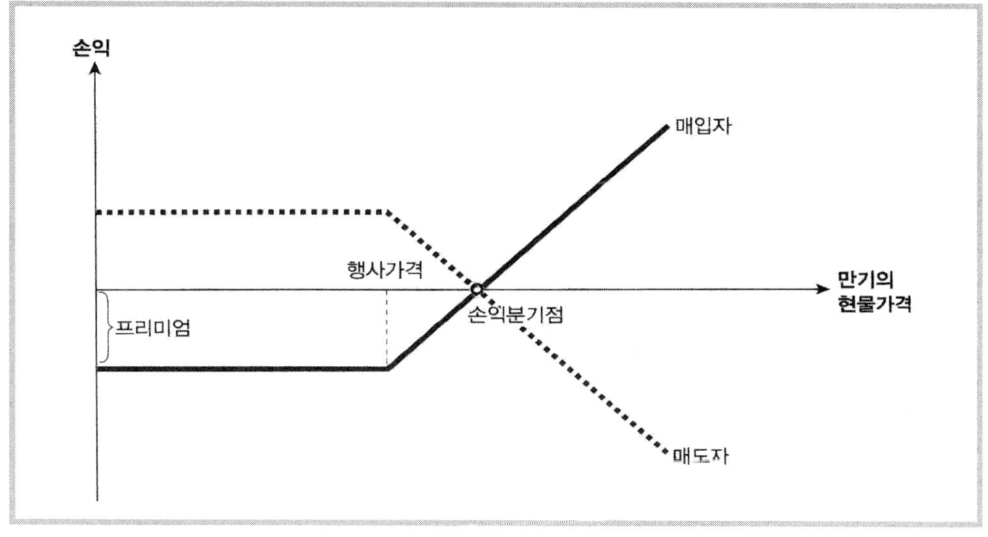

(2) 풋옵션

풋옵션은 옵션소유자가 기초자산을 정해진 가격으로 매도할 수 있는 권리가 부여된 계약이다. 콜옵션에서와 마찬가지로 풋옵션 소유자도 자기에게 유리한 경우에만 옵션을 행사할 것이고 불리한 경우에는 옵션을 행사하지 않는다. 예를 들어 어떤 사람이 달러당 1,200원의 행사가격으로 9월물 달러화 풋옵션을 매입하고, 그 대가로 달러당 5원의 프리미엄을 지급했다고 하자. 만기일이 되었을 때 현물시장에서 달러화가 1,150원에 거래되고 있다면, 옵션소유자는 옵션을 행사하고자 할 것이다. 왜냐하면 달러화를 1,200원의 행사가격에 팔면, 현물시장에서 파는 것보다 달러당 45원(=1,200원−1,150원−5원)의 이득을 볼 수 있기 때문이다. 그러나 만기일의 현물시장에서 달러화가 행사가격보다 높은 1,250원에 거래되고 있다면, 옵션을 행사하지 않고 현물시장에서 1,250원을 받고 달러화를 파는 것이 옵션을 행사하는 것보다 오히려 유리하게 된다.

결국 풋옵션은 만기일에 기초자산의 현물가격이 낮으면 낮을수록 옵션매입자에게 유리하다. 반면에 옵션매도자는 옵션매입자와는 정반대의 손익구조를 나타내게 될 것이다. 이와 같은 풋옵션매입자 및 풋옵션매도자의 손익관계는 [그림 11-2]와 같이 나타낼 수 있다.

▮그림 11-2▮ 풋옵션거래에 따른 손익

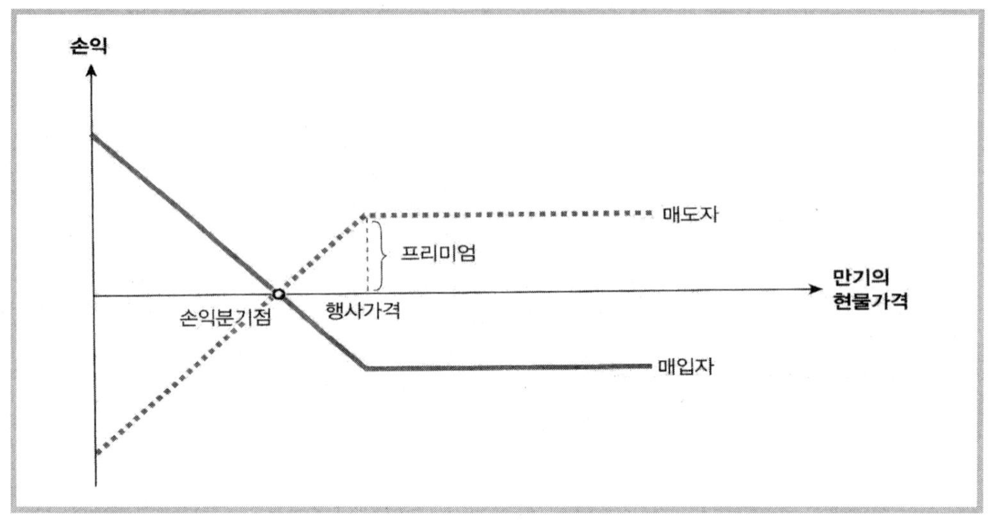

4-3. 옵션시장의 주요 상품

(1) 통화옵션

통화옵션(currency option)이란 일정액의 이종통화에 대해 이미 정해진 가격(환율)으로 미래에 매입 또는 매도할 수 있는 권리가 부여된 계약을 말한다. 통화옵션은 불확실한 미래상황에 대한 헤지 목적 또는 상황이 유리한 방향으로 전개되는 경우 이익가능성을 확보하기 위한 목적으로 거래가 이루어진다.

(2) 금리옵션

금리옵션(interest rate option)이란 예상하지 못한 금리변동으로 초래되는 금융자산의 가치변동위험을 회피하거나 또는 추가이익을 실현하기 위해서 이용되는 옵션을 말한다. 금리옵션은 통화옵션과 거의 모든 면에서 비슷하다. 다만 금리가 중요하게 작용하는 금융상품의 매매권리라는 것만이 다를 뿐이다.

금리옵션도 금리선물과 유사하게 T-bill, T-note, T-bond, 유로달러정기예금 등을 대상으로 한다.

한편 금리변동위험을 회피하기 위한 수단의 하나로 일종의 금리옵션처럼 이용되는 것이 변동금리부 채무에 대해 금리상한 또는 하한을 설정하는 계약이다. 이러한 계약에는 금리상한계약 혹은 금리캡(cap or ceiling), 금리하한계약 혹은 금리플로어(floor), 그리고 금리상 · 하한계약 혹은 금리컬러(collar)가 있다.

금리캡은 변동금리채무에 대한 이자율을 미리 정해진 수준(cap rate)으로 제한하는 계약으로서, 계약기간 중 이자를 지급할 때 시장금리가 계약 때 정한 금리수준 이상으로 상승하는 경우 그 차액만큼을 금리캡 매도자가 매입자에게 지급하게 된다. 이 때 매입자는 매도자에게 일정한 캡프리미엄을 지급하게 된다. 금리플로어는 채무에 대한 이자율을 미리 정해진 수준(floor rate)이상으로 제한하는 계약으로서, 계약기간 중 이자를 지급할 때 금리가 계약 때 정한 금리수준 이하로 하락하는 경우 그 차액만큼을 플로어매도자가 매입자에게 지급하게 된다. 이때도 매입자는 매도자에게 일정한 캡프리미엄을 지급하게 된다.

(3) 주식관련 옵션

주식관련 옵션은 개별주식을 기초자산으로 하는 주식옵션과 주가지수를 대상으로 옵션거래를 하는 주가지수옵션이 있다. 시장에서 거래되는 것은 주로 주가지수옵션이다.

주가지수옵션(stock index option)은 개별주식이 아니라 주가지수를 기초자산으로 하고 있다. 따라서 기초자산의 실물이 존재하지 않는다. 주가지수옵션은 옵션의 매입자에게 특정 주가지수를 매입하거나 매도할 수 있는 권리를 말하는 것으로, 주가지수를 물리적으로 인수·인도하는 것이 불가능하므로 권리행사시에는 대상 자산의 물리적 인수·인도보다는 현금결제에 의해 거래가 이루어진다. 예를 들어 우리나라는 KOSPI200을 대상으로 주가지수 옵션시장이 개설되어 있는데 1계약의 거래단위가 KOSPI200 옵션의 가격에 500,000원을 곱한 금액이 된다. 즉 특정물의 콜옵션 매입가격이 2.00포인트 이라면 이 콜옵션 1계약의 매입비용은 1,000,000원(=2.00포인트×50만원)이 된다.

4-4. 옵션가격 결정

옵션은 옵션매입자가 자신이 유리한 상황에서만 권리를 행사하는 구조이므로 선도 또는 선물계약보다 상당히 유리하다. 그러나 이러한 유리한 상황을 갖는 대가로 옵션가격을 지불하게 되므로 투자자는 옵션가격의 크기를 가지고 옵션을 매입할지 아니면 선도 또는 선물계약을 매입할 지를 결정한다. 따라서 옵션가격이 갖는 의미는 매우 중요하다.

옵션가격 결정을 위해 이항모형(binomial option pricing model)과 블랙-숄스모형(Black-Scholes option pricing model) 등이 활용되고 있는데 이의 이해를 위해서는 높은 수준의 수학적 지식이 요구되므로, 여기서는 옵션가격의 결정 요인에 대해서만 다루기로 한다.

(1) 옵션가격

일반적으로 옵션가격은 내재가치(intrinsic value)와 시간가치(time value)로 구성되어 있다. 내재가치란 옵션이 즉시 행사되었을 때 실현될 수 있는 이익, 즉 현물가격과 행사가격과의 차이를 말한다. 한편 시간가치는 옵션대상이 되는 자산이 만기까지의 기간 동안 가격변동에 따른 이익의 실현 또는 손실의 보호를 가져올 수 있는 가능성에 대해 옵션의 매입자가 지불하는 가치를 말한다. 옵션의 시간가치는 현재시점으로부터 옵션의 만기시점에 이르는 기간 동안 기초자산의 가격이 얼마나 변동하느냐에 따라 결정되므로 시간가치라는 용어보다 변동성의 가치(volatility value)라는 용어가 더 적절하다고도 볼 수 있다. 이상을 종합하면

옵션가격 = 내재가치 + 시간가치
　　　　 = [현물가격 − 행사가격] + 시간가치

로 나타낼 수 있고, 시간가치는 0보다 작지 않으므로

옵션가격 ≥ [현물가격 − 행사가격]

이 된다. 즉, 현물가격과 행사가격 간의 차이인 내재가치는 옵션가격의 하한이 되는 것이다.

(2) 옵션가격의 결정요인

옵션가격은 옵션을 행사할 확률에 절대적으로 좌우되므로 어떤 요인들이 옵션행사확률에 영향을 미치는지 살펴보아야 한다. 대표적인 요인들로는 옵션의 행사가격, 만기까지의 기간, 현재시장에서의 현물가격, 가격변동성, 무위험이자율 등을 들 수 있다. 이 요인들 중 행사가격과 만기까지의 기간은 옵션계약에 명시되며, 다른 요인들은 시장의 특성에 의해 결정된다. 각 요인들이 옵션가격에 미치는 영향을 콜옵션을 중심으로 살펴본다.

콜옵션의 경우 행사가격은 미래에 옵션을 행사할 때 기초자산을 매입하는 가격이다. 따라서 콜옵션의 행사가격이 낮으면 낮을수록 투자자는 옵션 행사를 통해 이득을 취할 기회가 커지기 때문에 콜옵션 매입에 더 높은 대가를 지불할 용의가 있게 되고 옵션가격은 더 높게 형성된다.

만기가 옵션가격에 미치는 영향은 만기가 길수록 옵션가격이 높아진다. 만기까지의 기간은 옵션의 권리가 소멸되는 시점까지의 기간이다. 만기가 길수록 만기까지의 기간 동안 기초자산의 가격이 변할 수 있는 가능성도 커질 것이고 그에 따라 옵션행사가격보다 가격이 한번이라도 높아질 가능성도 커질 것이므로 콜옵션의 가격은 높아질 것이다. 영

국식 옵션의 경우 만기에만 옵션을 행사할 수 있어 만기가 긴 것이 반드시 유리하다고 말할 수 없다는 설명도 있지만, 옵션기간 중에 언제라도 반대매매(매입인 경우 매도)를 통해 이익을 취할 수 있으므로 만기가 긴 것의 옵션가격이 높아지게 된다.

또한 기초자산의 가격이 높을수록 콜옵션의 가격은 높아진다. 다른 조건이 같다면 현재의 가격이 높을수록 만기시점의 가격도 높아질 가능성이 커져 콜옵션 행사로 인한 수익이 증가할 가능성이 커지므로 콜옵션의 가격도 높게 형성된다. 또한 가격변동성이 클수록 옵션의 가격도 높아진다. 가격변동성이 크면 가격이 크게 상승하거나 크게 하락할 가능성이 커진다. 콜옵션 소유자는 가격하락 시에는 옵션을 행사할 필요가 없고 가격이 상승할 때만 행사하면 되므로 가격변동이 클수록 옵션 행사를 통해 이익을 취할 가능성이 커진다. 따라서 옵션가격도 높아진다.

한편 무위험이자율이 높을수록 콜옵션가격은 높아진다. 만일 미래에 옵션을 행사할 경우의 지출에 대비해 행사가격의 현재가치만큼을 은행에 예치해 둔다고 하면 무위험이자율이 높을수록 예치금액의 크기가 작아질 것이다. 따라서 옵션을 매입하고자 하는 투자자는 높은 이자율을 선호할 것이고, 이자율이 높을수록 옵션에 대한 수요가 커져 옵션가격이 높아진다.

지금까지 설명한 콜옵션가격과 요인들 간의 관계는 풋옵션의 경우에도 유사한 방법으로 분석될 수 있을 것이다. 각 요인들과 콜옵션가격 및 풋옵션가격 간의 관계는 〈표 11-3〉와 같이 요약될 수 있다.

▮표 11-3▮ 옵션가격 결정요인과 옵션가격의 관계

	콜옵션	풋옵션
행사가격	−	+
만기까지의 기간	+	+
기초자산의 가격	+	−
가격변동성	+	+
무위험이자율	+	−

5. 스왑(swap)

5-1. 스왑의 개념

스왑이란 장래 특정일 또는 특정기간 동안 일정한 금융자산 또는 부채를 상대방의 금융자산 또는 부채와 교환하는 계약을 말한다. 스왑거래는 거래소 밖에서 이루어지고 있으며, 따라서 각각의 기초자산을 교환하는데 따른 대가를 비교해 스왑비율과 보상을 책정하고, 수요자의 선호에 따라 기간을 조절하거나 특별조항을 삽입하여 다양한 변형이 가능하다.

전통적인 스왑거래는 외환시장에서 이종통화간의 현물환거래와 선물환거래가 동시에 이루어지는 이중외환거래를 통해 환위험을 회피하거나 또는 통화 간에 일시적인 자금수지 불균형을 해소하기 위한 수단으로 널리 이용되어 왔다. 그러나 오늘날 스왑거래는 통화스왑, 금리스왑, 양자가 결합된 통화금리스왑, 채무-주식스왑(debt-equity swap) 등 거래목적과 이용자의 특성에 따라 다양한 형태로 나타나고 있다.

스왑은 특정한 기업이나 금융기관이 각기 다른 금융시장(외환, 단기금융, 자본시장 등)에서 차입비용 차이 혹은 투자수익 차이 등의 이유 때문에 상대적으로 차입조건에서 비교우위가 발생할 때 나타난다. 개별 기업이나 금융기관의 자금흐름은 각기 다르게 마련이므로 그들의 위험을 객관적으로 측정하기 힘들다. 따라서 채권·채무라 하더라도 그 가치가 동일하지 않다. 그리고 개별 자본시장은 독특한 정보전달체계와 평가방식을 가지고 있으므로 정보에 대한 평가 또한 상이하다.

이렇듯 국제금융시장이 통합되어 감에도 불구하고 각 시장의 차별성은 사라지기 힘들기 때문에 스왑의 존재기반인 차입 및 투자수익상의 비교우위가 발생한다. 스왑은 각자의 비교우위를 활용하여 차입비용을 절감할 수 있다는 점에서, 선물이나 옵션에 비해 장기간의 위험 헤지가 가능하다는 점에서, 그리고 국가 간 외환·조세·금융규제상의 차이를 적극적으로 활용할 수 있다는 점에서 그 효용가치가 크다.

5-2. 스왑거래의 구조

스왑시장의 초창기에는 은행들이 어느 한 쪽의 스왑을 그와 동일한 반대방향의 스왑과 연결시켜 주지만 스왑거래에 따른 위험은 지지 않는 브로커 역할을 하는데 그쳤었다. 그러나 개별 거래마다 반대방향의 동일한 수요를 보이는 거래자들을 매번 찾아내는 것은 너무 시간을 소모하므로 은행들은 이를 해결하기 위한 방법을 모색하게 되었다. 그 결과 오늘날 대부분의 은행들은 브로커로서 뿐만 아니라 딜러 혹은 시장조성자로서의 역할을 하고 있다.

딜러로서의 은행은 거래당사자의 요구조건이 정확히 일치하지 않는 경우에도 양쪽 거래자들을 연결시켜 주고 양쪽의 조건불일치로 인해 발생하는 위험을 헤지하고자 노력한다. 거래당사자의 요구조건을 만족하는 상대방을 찾을 수 없는 경우 적절한 상대방이 나타날 때까지 은행이 직접 거래상대방이 되어준다. 은행은 그 대신 서비스에 대한 보상으로 스왑거래의 스프레드를 요구한다.

스왑시장은 대부분 은행 간 스왑시장이다. 금융기관들 중에서 투자은행 및 보험회사도 활발히 스왑거래를 하고 있으나, 거래상대방에 대한 신용위험을 분석할 필요성과 스왑에 따른 위험을 감당할 만한 자본금 문제로 인해 많은 스왑거래가 상업은행들에 의해 행해지고 있다. 스왑포지션을 확대하거나 축소하고자 하는 은행들은 유리한 가격을 알아보기 위해 로이터(Reuters), 텔러레이트(Telerate), 블룸버그(Bloomberg) 등에서 제공하는 스왑가격을 참고한다. 보다 나은 정보를 얻기 위해 직접 전문거래기관에 전화를 걸거나 스왑트레이더들 간의 청산소 역할을 하는 외환 및 단기금융시장의 브로커와 접촉해 볼 수도 있다.

오늘날 주요 은행들이 행하는 스왑거래 중 자금조달과 직접적인 연관이 있는 것은 극히 일부분이다. 이보다는 고객과의 스왑거래로 인해 발생한 포지션을 없애기 위해 은행들 간에 서로 스왑거래를 활발하게 하고 있다. 뿐만 아니라 자산과 부채 간 불일치로 인해 발생하는 포지션을 관리할 목적으로 또는 이자율 및 환율 예상에 따른 이득을 취하고 스왑시장에서 일시적으로 발생한 차익기회를 취득할 목적으로 스왑거래를 하기도 한다.

스왑시장은 스왑의 재고창고(warehouse) 역할을 하는 시장조성자들에 의해 지배되고 있다. 이들은 여러 가지 종류의 스왑포트폴리오를 관리하고 있다. 통화스왑포트폴리오는 이자율뿐만 아니라 환위험도 관리해야 하므로 일반적으로 이자율스왑포트폴리오에 비해 관리하기가 더욱 어렵다.

스왑시장에서의 거래는 스왑해제를 통해 신축적으로 운용될 수 있다. 스왑해제란 만기가 되기 전에 해당 스왑거래를 종료하는 것을 의미하는데, 이를 통해 스왑은 기업들이 차입비용을 절감하고 이자율 및 환위험을 관리하는데 신축적인 수단으로 이용될 수 있다.

5-3. 스왑시장의 주요 상품

(1) 금리스왑

금리스왑(interest rate swap)이란 금리지불조건이 서로 다른 동일 통화표시 채무를 서로 교환하는 거래를 의미한다. 금리스왑은 금융시장에서 차입자의 기존 부채 또는 신규 부채에 대한 금리위험의 헤지나 차입비용의 절감을 위해서 거래되는데, 오늘날 스왑거래 중에서 가장 많은 거래가 이루어지고 있는 대표적 상품이다.

금리스왑거래는 대부분 동일한 통화를 대상으로 변동금리부채와 고정금리부채를 교환하는 형태를 띠기 때문에 기본적으로 환율변동과는 관계가 없다. 따라서 환위험은 발생하지 않는다. 또한 순수한 금리스왑에서는 실제 원금은 교환되지 않고 성격이 서로 다른 이자 지불 의무만이 미리 약정한 규정에 따라 교환된다는 점에서 통화스왑과는 차이가 있다.

여기서는 변동금리와 고정금리 스왑을 예로 살펴보기로 한다.

변동금리와 고정금리의 스왑거래는 두 차입자가 각각 상대 차입자보다 상대적으로 유리한 변동금리 또는 고정금리 조건으로 자금을 조달할 수 있는 경우, 두 차입자가 각자 상대적으로 비교우위가 있는 시장에서 차입하고 차입금리 지급의무를 상호간에 교환함으로써 이루어진다. 일반적으로 고정금리부 유로채시장에서는 금리수준이 차입자들의 신용도에 따라 상당한 차등을 보이기 때문에 차입자의 신용도 수준에 따라 금리스프레드도 크게 나타나는 반면, 변동금리부 차입시장에서는 차입자의 신용도에 따른 금리격차가 상대적으로 작게 나타나는 경향이 있다. 따라서 변동금리시장과 고정금리시장 간의 금리격차를 이용해 스왑거래를 하면 거래 양방 모두 차익기회를 취득할 수 있게 된다.

고정금리와 변동금리 간의 금리스왑에 대한 구체적인 예를 들어 스왑이 어떠한 상황에서 발생하며 그 이득이 무엇인지를 살펴보자. H은행은 신용평가등급이 AAA로서 변동금리로 자금을 조달하기를 원하며, S기업은 신용평가등급이 BBB로서 고정금리로 자금을 조달하기를 원한다. 이때 H은행의 변동금리 차입조건은 리보(Libor)이며, 5년 고정금리 차입조건은 11%이다. 그리고 S기업의 변동금리 차입조건은 Libor + 0.9%이며, 5년 고정금리 차입조건은 13%라고 가정한다. 이를 정리하면 다음의 〈표 11-4〉와 같다.

▌표 11-4▐ 두 기업의 신용등급과 차입금리조건

5년 만기 차입	신용등급	고정금리	변동금리
H은행	AAA	11%	Libor
S기업	BBB	13%	Libor+0.9%
금리차		2%	0.9%

이상과 같은 상황일 때, H은행은 자금조달비용 측면에서 S기업보다 절대우위를 가지고 있으나, 비교우위라는 관점에서 고정금리로 자금을 조달하는 것이 더 유리하다. 따라서 H은행은 고정금리로 자금을 차입하여, 이를 S기업의 변동금리채무와 스왑함으로써 경제적 이득을 얻을 수 있다.

[그림 11-3]에서와 같이 H은행이 S기업에게 Libor−0.5%의 변동금리를 지불하고, S기업은 H은행에게 11%의 고정금리를 지불하는 금리스왑계약을 체결한다고 하자. 그 결과 H은행은 Libor−0.5%[=(Libor−0.5%)+11%−11%]의 변동금리로 자금을 조달하고, S기업은 12.4%[=11%+(Libor+0.9%)−(Libor−0.5%)]의 고정금리로 자금을 조달한 셈이 된다. 이 경우 H은행은 단독으로 변동금리로 차입을 하는 경우보다 0.5% 더 낮은 금리로 차입하는 이득을 얻으며, S기업은 단독으로 고정금리로 차입을 하는 경우보다 0.6% 더 낮은 금리로 차입하는 이득을 얻는다. 따라서 두 기업은 원채무의 아무런 변동 없이 금리스왑을 이용함으로써 목적하는 바의 변동금리, 고정금리 차입을 보다 유리한 조건에

서 달성할 수 있는 것이다. 이러한 금리스왑이 발생함에 따라 고정금리시장과 변동금리 시장 사이의 차익거래가 가능해지고, 두 시장은 상호 연결되는 효과가 발생한다.

▌그림 11-3▐ 고정금리와 변동금리 간의 금리스왑

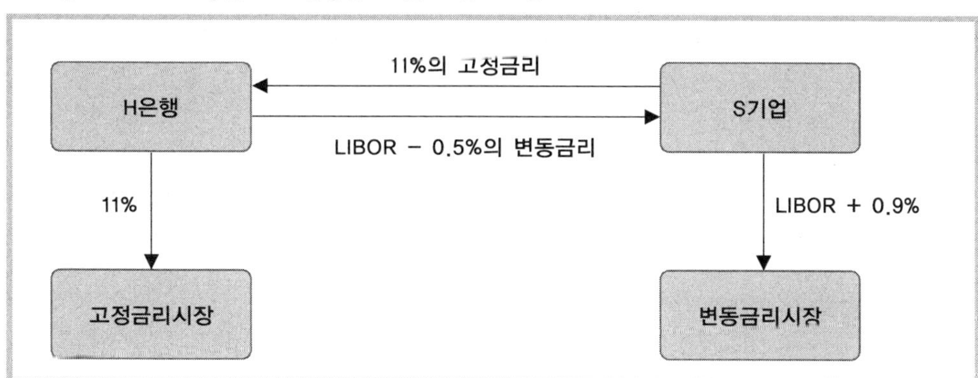

(2) 통화스왑

통화스왑은 두 차입자가 상이한 통화로 차입한 자금의 원리금상환을 상호 교환하여 이를 이행하기로 하는 거래이다. 이 때 거래당사자가 서로 다른 통화로 표시된 명목원금에 기초하여 만기까지 상이한 통화로 표시된 이자를 지급하고, 만기일에는 거래일에 미리 약정한 환율에 의해 명목원금을 교환한다. 상호 교환하는 이자의 현금흐름은 둘 다 모두 고정금리, 모두 변동금리, 또는 고정금리와 변동금리의 교환 등 세 종류로 분류할 수 있다.

통화스왑거래는 주로 환위험의 헤지와 자금흐름 관리를 위해 널리 이용되고 있을 뿐만 아니라 금리변동에 대한 헤지기능도 수행하고 있다. 통화스왑거래는 처음에는 통화담보부대출, 상호대출, 백투백대출 등의 형태로 출발했으나 이후 장기선물환계약, 직접통화스왑, 고정금리통화스왑, 변동금리통화스왑, 역통화스왑, 이중통화스왑, 통화옵션스왑 등으로 다양하게 발전하고 있다.

여기서는 고정금리통화스왑의 예를 살펴보기로 한다.[3)]

흔히 기본적으로 통화스왑이라고 하면 고정금리 통화스왑을 지칭한다. 고정금리 통화스왑이란 두 당사자가 동일 금액을 이종통화로 차입한 후 그에 대한 원리금상환 의무를 상호 교환함으로써 양자가 모두 금리비용을 경감시킬 수 있는 금융기법이다. 고정금리 통화스왑도 금리스왑에서와 마찬가지로 서로 상대방의 비교우위를 이용해 이루어진다.

예를 들어 우리나라 기업(A)은 우리나라 자본시장에서 지명도가 높아 비교우위를 가지

3) 변동금리 통화스왑은 고정금리 통화스왑과 기본적으로 동일하나 변동금리에 따라 이자를 지급한다는 차이가 있다.

고 있으나 미국 진출을 위해 달러화 차입을 원하는 반면, 미국기업(B)은 미국 자본시장에서 비교우위를 가지고 있으나 우리나라 진출을 위해 원화 차입을 원한다고 하자. 이 때 기업 A가 우리나라 자본시장에서 원화를 차입하고 기업 B가 미국자본시장에서 달러화를 차입한 후 원금을 상호 교환하고 각자의 원리금상환도 교환하게 되면, 쌍방 모두 차입비용을 절감할 수 있게 될 뿐만 아니라 환위험에의 노출도 제거할 수 있게 된다.

▌표 11-5▌ 각 시장에서의 고정금리 차입조건

	우리나라 자본시장	미국 자본시장
A사	6.0%	3.25%
B사	6.5%	2.75%
금리격차(A-B)	−0.5%	0.5%

▌그림 11-4▌ 고정금리 통화스왑

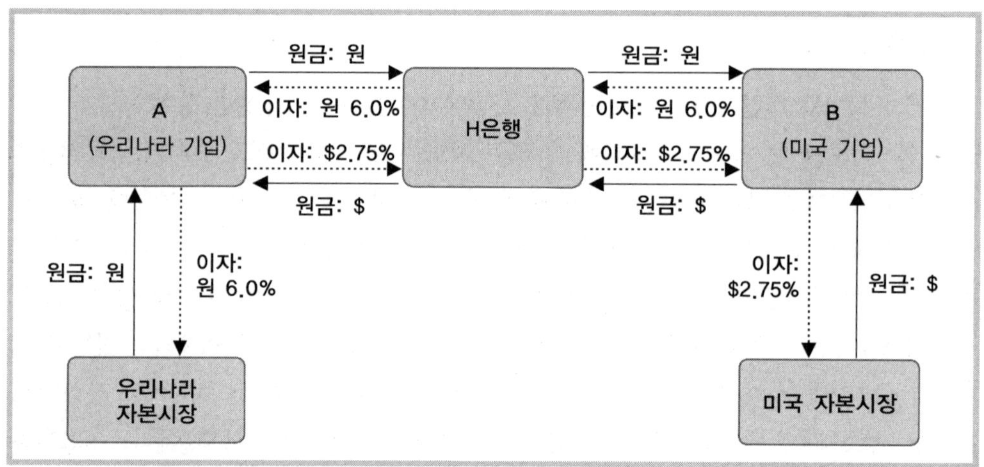

주: 만기 시 원금상환은 계약 시 원금흐름(실선)과 반대방향으로 이동

구체적으로 비용절감의 크기를 보여주기 위해 A사와 B사의 채권발행조건이 〈표 11-5〉와 같다고 하자. 즉, A사는 B사에 비해 우리나라 자본시장에서 0.5% 저렴하게 자금을 조달할 수 있는 반면, 미국 자본시장에서는 B사가 0.5% 저렴하게 자금을 조달할 수 있다. 따라서 A사는 우리나라에서 원화를 차입하고 B사는 미국에서 달러화를 차입해 서로 원금을 상호 교환하고 동시에 이후 계속되는 이자지급 및 만기 시에 원금상환도 계속 상호 교환하여 부담하기로 약정하는 통화스왑을 체결한다. 그 결과 통화스왑에 따른 자금흐름은 [그림 11-4]과 같이 나타나게 되고, 만기 시 원금상환은 최초의 원금흐름과 반대방향으로 이루어지게 된다. 이러한 통화스왑거래에서 중개은행(swap bank)이 개입하

지 않고 계약 시와 만기 시에 동일한 환율이 적용된다면, A사는 미국시장에서 직접 자금을 조달할 때보다 0.5%(=3.25−2.75)의 비용을 절감할 수 있고 마찬가지로 B사도 우리나라에서 직접 차입할 때보다 0.5%(=6.5−6.0)의 비용을 절감할 수 있다.

6. 신용파생상품[4)]

6-1. 의의

신용파생상품(credit derivatives)이란 채권, 대출금 등과 같이 차주(또는 발행자)의 신용에 따라 가치가 변동하는 기초자산(underlying assets)의 신용위험(credit risk)을 분리하여 이를 다른 거래상대방에게 이전하고 그 대가로 수수료를 지급하는 금융상품을 말한다.

일반적으로 대출, 증권 등 금융자산은 금리, 환율 등 가격변수의 변동에 따라 자산가치가 변화하는 시장위험(market risk)과 차주의 부도, 신용등급 변농 등에 따라 자산가치가 등락하는 신용위험을 내포하고 있다. 시장위험은 기존에 거래되고 있는 선물환, 스왑, 옵션 등을 통하여 대처할 수 있으며 신용위험은 신용파생상품을 통해 그 위험을 헤지 할 수 있다.

신용파생상품거래에서 신용위험을 전가하고 수수료(premium)를 지급하는 거래자를 보장매입자(protection buyer)라고 하며 신용위험을 매수하고 그 대가로 수수료를 수취하는 거래자를 보장매도자(protection seller)라고 한다. 보장 매입자는 보유채권의 신용위험 노출(credit risk exposure)을 해소하고 기존 포트폴리오의 만기구조를 개선할 수 있으며 보장매도자는 수수료 수입을 통하여 수익증대를 도모할 수 있고 투자수단을 다양화 할 수 있다.

6-2. 거래구조

신용파생상품거래는 기초자산 및 이전대상 위험의 종류, 신용사건의 내용 등에 따라 신용파산스왑(CDS; Credit Default Swap), 총수익스왑(TRS; Total Return Swap), 신용연계증권(CLN; Credit Linked Note), 신용옵션(CSO; Credit Spread Option) 및 합성담보부증권(Synthetic CDO; Synthetic Collateralized Debt Obligation) 등으로 나눌 수 있다.

4) 한국은행, 한국의 외환제도와 외환시장(2016) 참조

(1) 신용파산스왑(CDS)

신용파산스왑(CDS; Credit Default Swap)은 신용위험을 전가하고자 하는 보장매입자(protection buyer)가 일정한 수수료를 지급하고 기초자산[5]의 채무불이행 등 신용사건(credit event)이 발생할 경우 신용위험을 떠안은 보장매도자(protection seller)로부터 손실액 또는 일정금액을 보전 받기로 하는 거래를 말한다. 이는 가장 기본적인 신용파생상품으로 기초자산에 대한 지급보증과 성격이 유사하나 기존 계약자와의 거래관계는 그대로 유지할 수 있는 특성을 가지고 있다.

예시 11-1 신용파산스왑거래

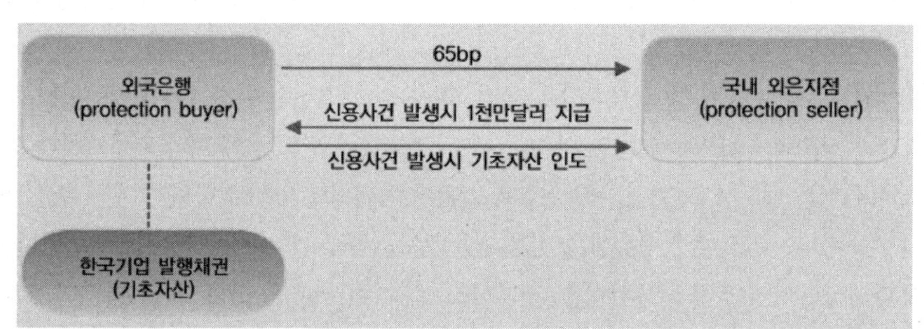

① 외국은행(protection buyer)은 보유하고 있는 한국기업 발행채권의 신용위험을 헤지하기 위하여 동 채권을 기초자산으로 한 신용파산스왑계약을 국내 외은지점(protection seller)과 아래와 같이 체결한다.

- 기 간 : 5년(2011년 8월 31일~2016년 8월 31일)
- 금 액(notional amount) : 1천만 달러
- 수수료 : 신용위험을 전가한 외국은행이 국내 외은지점에 연 65bp 지급

② 신용파산스왑 기간 중에 국내기업이 지급불능상태(신용사건 발생)에 빠지면 외국은행은 국내 외은지점으로부터 1천만 달러를 지급받고 한국기업 발행채권(기초자산)을 인도한다.

(2) 총수익증권

총수익스왑(TRS; Total Return Swap)은 보장매입자가 기초자산 보유에 따라 발생하

---

5) 신용파생상품의 기초자산을 보다 엄하게 정의하면 특정한 채무계약상의 의무를 부담하고 있는 자(reference entity : 준거기 업)의 신용상태(credit standing)이다. 예를 들어 A라는 준거기업이 발행한 회사채에 대한 신용파생상품의 기초자산은 A의 가치나 A가 발행한 회사채가 아닌 A의 신용상태이다. 준거기업은 은행에서 대출을 받은 기업이나 회사채를 발행한 기업일 수 있으며 기업집단이나 국가가 될 수도 있다

는 이자, 자본수익 등 총수익을 보장매도자에게 지급하고 약정이자(통상 Libor+스프레드)를 수취하는 거래를 말한다. 이는 기초자산으로부터 발생하는 모든 현금흐름을 거래상대방에게 이전하기 때문에 해당자산을 매각하는 것과 비슷한 효과가 있으며 채무불이행 등의 신용위험만을 전가하는 신용파산스왑과는 달리 기초자산의 신용위험뿐만 아니라 금리 및 환율변동 등에 따른 시장위험도 이전한다.

(3) 신용연계증권

신용연계증권(CLN; Credit Linked Note)은 보유 중인 채권 등의 신용위험을 전가하고자 하는 보장매입자가 기초자산을 근거로 별도의 증권(신용연계증권)을 발행하여 이를 보장 매도자에게 매각한 후 신용사건 발생 시에는 신용연계증권을 상환하지 않고 해당 기초자산을 대신 인도하는 거래를 말한다. 이때 보장매도자는 위험부담의 대가로 높은 이자를 수취한다. 통상 기초자산은 1개 또는 2~5개 채권(국내채권 또는 국내외채권혼합)으로 구성되며 채권의 수 및 신용등급 등에 따라 투자수익률이 달라진다.

(4) 합성담보부증권

합성담보부증권(Synthetic CDO)은 다수의 대출자산, 채권 등 기초자산군에 내재된 신용위험을 이전받아 이를 기초로 발행한 선·후순위 채권을 의미한다. 이때 기초자산의 종류에 따라 대출채권은 CLO(Collateralized Loan Obligations), 채권은CBO(Collateralized Bond Obligations)등으로 나눌 수 있으나 CDO(Collateralized Debt Obligation)로 통칭할 수 있다.

합성담보부증권은 자산군(pool)의 신용위험을 효율적으로 관리하기 위하여 1개 내지 다수 기업채권의 신용위험관리에 유용한 신용파생상품의 특성과 다수의 채권을 유동화하는 전통적 CDO[6] 개념을 결합한 자산담보부증권의 일종으로 볼 수 있다.

'Synthetic'이라는 용어는 CDS, CLN, TRS 등 신용파생상품을 활용하여 기초자산군을 실제 양도하지 않고 연계시켜(referenced) 증권화(synthetic securitizations)함으로써 투자가에게 신용위험 등을 이전하는 것을 뜻한다. 이때 발행되는 채권은 통상 4종류이며 이는 Senior, Junior, Mezzanine, First loss(equity)로 구분한다. 채권별 신용등급은 1~3종 채권(Senior, Junior, Mezzanine)은 대개 AAA~BB 수준, 4종 채권(First loss)은 신용사건 발생 시 제일 먼저 손실을 부담하는 높은 위험성 때문에 통상 신용등급이 부여되지 않는다. 4종 채권에 해당되는 CDO 채권은 모(母)은행의 도덕적 해이

6) 대출채권, 채권 등의 신용자산을 pool로 하여 발행하는 자산담보부증권을 말하며 Cash CDO라고도한다.

(moral hazard) 방지를 위해 모은행(또는 자산관리기관), 즉 보장매입자가 인수하는 경우가 대부분이다.

한편 현금흐름면에서 합성담보부증권은 채권원리금을 신용파산스왑(CDS)계약에 따라 수령하는 프리미엄과 채권발행대금으로 투자한 정부채 등 우량자산의 현금흐름(이자 및 채권매각대금)으로 지급한다. 이에 비해 전통적인 현금흐름 CDO는 기초자산군으로부터 발생한 현금흐름(채권원리금 회수대금 등)으로 채권원리금을 지급한다.

▌그림 11-5▐ 합성담보부증권의 구조

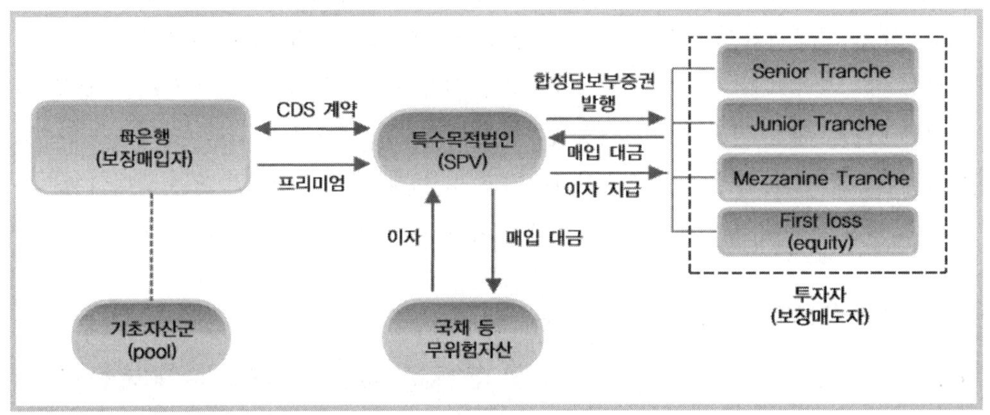

연습문제

1. 선도시장에 비해 선물시장이 크게 성장한 이유에 대해 설명하시오.

2. 헤지거래, 투기거래 그리고 재정거래의 차이점은 무엇인가?

3. 파생금융상품시장이 활성화되기 위해서는 헤지를 목적으로 참여하는 사람과 투기를 목적으로 참여하는 사람 등 두 가지 유형의 참가자가 필요하다. 그 이유를 설명하시오.

4. 9개월 만기 유로달러예금금리가 연 4%이고, 12개월 만기 금리는 연 4.5%라고 할 때 9개월 후 3개월 민기의 선물금리는 얼마가 되겠는가?

5. 외환기삿에서 6월 1일 현재 9월물 달러선물이 1,200원/$에 거래되고 있는데, 어떤 투자자가 $100만 매도포지션을 취했다고 하자. 이후 3일 동안 달러선물가격이 1,250원/$, 1,197원/$, 1,203원/$로 변화한다면 이 투자자의 선물증거금계정에 발생하는 일일현금수지의 변화를 계산하시오.

6. 현물환율이 $1=1,200원이고 국내이자율이 연 8%, 미국의 이자율이 연 4%이다. 만일 3개월 선물환율이 $1=1,218원이라면 어떤 거래를 통해 얼마만큼의 이득을 취할 수 있는지 설명하시오.

7. 미국에 1달러의 상품을 수출하고 대금을 90일 후에 받기로 한 한국 수출업자가 행사가격 1,000원, 프리미엄 20원인 풋옵션을 매입하였다. 90일 후에 한국 수출업자가 확보하는 수출대금은 얼마인가?

8. 미국에 1달러의 상품을 수입하고 대금을 90일 후에 지급하기로 한 한국 수입업자가 행사가격 1,050원이고 프리미엄 10원인 콜옵션을 매입하면서, 동시에 행사가격 950원이고 프리미엄 10원인 풋옵션을 매도하였다. 90일 후에 한국 수입업자가 부담하는 수입대금을 그림을 그려 설명해 보시오.

9. 옵션가격의 결정요인 중 만기기간은 콜옵션, 풋옵션 모두 정(+)의 관계에 있다. 왜 그런가 설명해 보시오

10. A금융기관과 B회사의 금융시장에서의 차입조건은 다음과 같다. 두 기관이 각자 비교우위가 있는 금리로 차입을 한 후 금리스왑을 하는 경우 두 기관은 얼마만큼의 차입조달 비용을 줄일 수 있는가?

	A금융기관	B회사
변동금리시장	CD+1%	CD+3%
고정금리시장	3%	7%

금리스왑조건 : 변동금리 CD+1%와 고정금리 4% 스왑

11. 총수익스왑(TRS)와 신용파산스왑(CDS)의 차이점을 설명해 보시오.

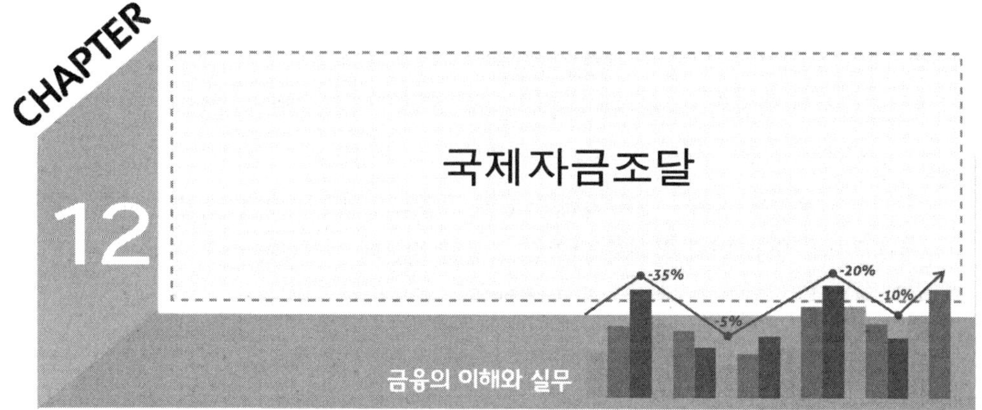

제1절 유로커런시시장[1]

1. 유로커런시의 탄생

유로커런시(Eurocurrency)란 원래 은행 소재국의 국내통화가 아닌 외국통화로 예치된 정기예금을 말하였다. 예를 들어, 런던의 은행에 예치된 미국 달러 정기예금은 유로달러(Eurodollar)이고, 싱가포르 은행에 예치된 일본 엔 정기예금은 유로엔(Euroyen)이다. 유로커런시를 예수한 은행이 이를 곧바로 외국통화로 대출하는 시장이 바로 유로커런시시장이다.

유로커런시를 예수하고 대출하는 은행을 유로뱅크(Eurobank)라 부른다. 유로커런시와 유로뱅크의 유로(Euro)라는 접두어는 1950년대 후반 유로달러가 런던과 파리 등 유럽의 은행에 처음 예치된데서 유래한 것이다. 그러나 오늘날 유로커런시는 유럽뿐만 아니라, 홍콩, 싱가포르, 케이먼 군도 등 전 세계적으로 거래되고 있다. 또 유로뱅크도 유럽의 은행뿐만 아니라, 미국과 일본 등 주요국의 은행들로 구성되어 있다.

1-1. 유로달러의 수요와 공급

유럽의 은행이 은행 소재국의 국내통화가 아닌 외국통화로 예금을 예수하는 것은 새로

1) 12장은 이효구, 국제금융시장 (범한서적, 2012) 참조

운 현상은 아니었다. 제2차 대전 이후 유럽의 은행들은 일상적으로 미국달러 표시 정기예금을 예수하고, 이를 미국의 단기금융시장(money market)에 투자하여 운용하여 왔다. 유로커런시의 혁신은 1950년대 후반 유럽의 은행들이 미국달러 정기예금으로 조달한 자금을 유럽에서 직접 미국달러 대출로 운용하기 시작하면서 일어났다.

유로달러의 공급은 국제무역의 확대와 함께 자연발생적으로 이루어졌다. 유럽 기업들은 수출대금으로 받은 미국 달러를 단기간 보유할 필요가 있을 때, 이를 뉴욕의 은행보다는 거래 관습이 익숙한 자국의 은행에 예치하는 것을 선호하였다.

유로달러의 공급은 또 제2차 대전 이후 미국과 소련 간의 냉전체제라는 정치적인 요인에 의해 증가되었다. 1950년대 중반 소련과 동구 국가들은 미국이 예금을 동결하거나 몰수할 것으로 우려하여 뉴욕의 은행에 보유하고 있던 미국 달러 예금을 런던과 파리의 은행으로 이체하였다.

그러나 유로달러의 공급이 크게 증가한 가장 중요한 이유는 미국의 이자율규제정책 때문이었다. 미국의 연방준비은행은 준칙(Regulation) Q를 통해 요구불예금에 대해 이자지급을 금지하고 정기예금의 이자율에도 상한을 설정하였다. 그러나 유로뱅크는 이와 같은 이자율 상한규제로부터 자유로워 미국의 은행보다 더 높은 예금금리를 지불할 수 있었다. 이에 따라 예금자들은 더 높은 이자를 받기 위해 뉴욕의 은행으로부터 유로뱅크로 미국 달러 예금을 대거 이체하였다.

유로달러의 수요 역시 국제무역의 확대와 함께 자연발생적으로 이루어졌다. 1957년 국제수지의 위기를 겪은 영국이 자국은행의 외국기업에 대한 영국 파운드 대출을 금지시킴에 따라 무역금융 자금을 영국파운드로부터 미국 달러로 대체하기 위해 런던의 은행들은 유로달러 예금을 적극적으로 유치하기 시작하였다.

그러나 유로달러에 대한 수요가 크게 확대된 것은 1960년대 초반 자본수지가 적자로 반전되자 미국이 실시한 일련의 자본유출 억제정책 때문이었다. 미국은 1963년 이자평형세(Interest Equalizing Tax)를 도입하여, 미국 투자자의 양키본드 매입에 대해 15%의 조세를 부과하였다. 이 조세로 뉴욕에서의 자금조달 비용이 상승하자, 외국기업들은 유로달러시장에서 자금을 조달하기 시작하였다.

1-2. 역내시장과 역외시장

유로달러시장의 초창기에 미국의 자본유출 규제와 이자율 상한 규제가 유로달러의 수요와 공급을 증가시키는데 매우 중요한 역할을 하였다. 그러나 미국은 1974년에 이자평형세와 해외대출 억제대출제도를 철폐하였고, 1986년까지 이자율 상한 규제를 단계적으로 철폐하였다. 그럼에도 불구하고 유로달러시장이 계속 성장한 까닭은 무엇이겠는가?

전통적으로 외국기업의 미국 달러 자금 융통은 통화발행국인 미국의 금융시장, 즉 역내시장(onshore market)에서 이루어져 왔다. 한편 유로달러시장은 통화발행국인 미국 밖에서 미국 달러 자금의 융통이 이루어지는 역외시장(offshore market)이다. 이와 같이 역외시장이 역내시장과 병행하여 존재하고 성장하는 것은 규제비용과 영업비용이 낮아, 역외시장이 역내시장에 대해 경쟁적 우위를 확보할 수 있기 때문이다.

역외시장의 경쟁적 우위는 우선 규제비용의 차이에서 발생한다. 미국의 은행은 예금의 일정 비율을 지불준비금으로 연방준비은행에 무이자로 예치해야 하며, 또 예금보험공사에 일정한 예금보험료를 지불하여야 한다. 그러나 유로뱅크는 통화발행국인 미국의 역외에서 영업하기 때문에, 이와 같은 규제비용을 부담할 필요가 없다. 따라서 유로뱅크는 미국의 은행보다 유리한 입장에서 경쟁할 수 있다.

역외시장의 경쟁적 우위는 또 영업비용의 차이에서 발생한다. 유로커런시시장은 요구불예금이 없을 뿐만 아니라, 예금과 대출의 규모가 매우 큰 자금의 도매시장이다. 따라서 유로뱅크는 소수의 인원과 최소의 시설만으로도 업무를 수행할 수 있다.

2. 신디케이티드 론

유로커런시시장은 원래 만기 1년 미만의 단기 자금의 조달과 운용이 이루어지는 국제단기금융시장(international money market)으로 출범하였다. 그러다가 1970년대 초반에 두 개 이상의 국제은행이 신디케이트를 구성하여, 변동금리(floating rate)로 만기 1년-5년의 중기(medium -term) 대출을 행하기 시작하였는데, 이를 신디케이티드 론(syndicated loan)이라 부른다.

2-1. 신디케이티드 론 시장의 발전

신디케이티드 론 시장이 본격적으로 성장한 것은 1973년과 1979년에 일어난 두 차례 오일쇼크의 결과였다. 중동 산유국들은 원유가격의 대폭적인 상승으로 크게 늘어나 석유 수입을 대부분 유로뱅크에 예치하였다. 한편 유로뱅크는 이를 주로 경상수지가 큰 폭의 적자로 확대된 비산유 개도국에 변동금리의 신디케이티드 론으로 대출하였는데, 이를 오일 머니의 환류(recycling)라고 불렀다.

신디케이티드 론에서 다수의 은행이 신디케이트를 구성하여 대출하는 것은 거액대출에 따르는 신용위험을 분산시키기 위해서이고, 또 변동금리로 대출하는 것은 조달한 자금을 중기로 대출하는데 따르는 금리위험(interest rate risk)을 회피하기 위해서였다. 이와 같은 신디케이티드 론의 도입으로 개도국의 외채는 크게 증가하였다.

개도국이 외채원리금을 조달할 수 있는 가장 중요한 원천은 선진국에 대한 수출이다. 그러나 1980년-82년 미국을 비롯한 주요국들의 극심한 경기침체로 선진국에 대한 수출이 대폭 감소하였다. 그리고 당시 15%를 넘는 미국 달러의 고금리로 신디케이티드 론의 이자부담이 가중되었다. 이에 따라 1982년 멕시코 등 중남미 수 개국이 외채 원리금을 지불하지 못하는 개도국 외채위기가 발생하여 국제은행들은 막대한 손실을 보았고, 신디케이티드 론 시장은 급격히 위축되었다.

신디케이티드 론은 1980년대 중반 미국에서 차입인수합병(leveraged buyout : LBO)의 자금조달 수단으로 이용되면서 그 규모가 다시 증가하기 시작하였다.

오늘날 국제결제은행(BIS)은 다수의 대출은행 가운데 하나 이상이 차입자의 국적과 다른 경우를 국제 신디케이티드 론으로 분류하고 있다. 만기 3개월 이상의 신규 국제 신디케이티드 론의 규모는 1992년 0.2조 달러에서 2007년에는 3조 달러를 넘어섰다.

2-2. 신디케이티드 론의 구조

신디케이티드 론에서 신디케이트는 주간사은행, 간사은행, 참여은행으로 구성된다. 주간사은행(lead manager)은 차입자와 차입조건을 교섭하는 한편, 간사은행(manager)과 대출을 분담할 참여은행(participating banks)을 모집한다. 주간사은행과 간사은행은 일반 참여은행보다 더 많은 대출금액을 분담한다. 주간사은행은 복수인 경우도 있는데 흔히 arranger 또는 book runner라 부른다. 오늘날 신디케이티드 론의 주간사 업무는 20여개의 유수한 국제은행들에 의해 이루어지고 있다.

신디케이티드 론의 만기는 3개월 이상인데, 평균 만기는 5년 내외로, 1년에서 5년까지의 중기(medium-term)가 가장 많다. 최근 신디케이티드 론의 만기구조를 보면, 1년 미만이 20%, 1년-3년이 25%, 3년-5년이 23%로, 전체의 약 70%가 만기 5년 이하이다. 한편 국제채권(bond)의 만기구조를 보면, 5년-10년이 45%, 10년-20년이 20%, 20년 이상이 13%로, 전체의 약 80%가 만기 5년 이상이다.

신디케이티드 론의 이자율은 3개월 또는 6개월마다 변동하는 기준금리(reference rate)에 일정한 스프레드(spread)를 더해 결정되는데, 기준금리로는 주로 리보(Libor)가 이용된다. 신디케이티드 론의 스프레드는 국제금융시장의 상황과 차입자의 신용도에 따라 변동한다. 우량차입자의 경우에는 10bp 이하도 가능하지만, 국제금융시장이 불안정해지면 500bp이상 오르기도 한다.[그림 12-1 참조]

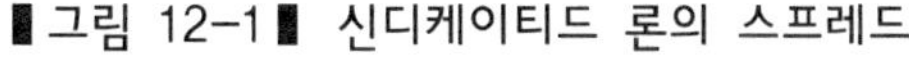
▮그림 12-1▮ 신디케이티드 론의 스프레드

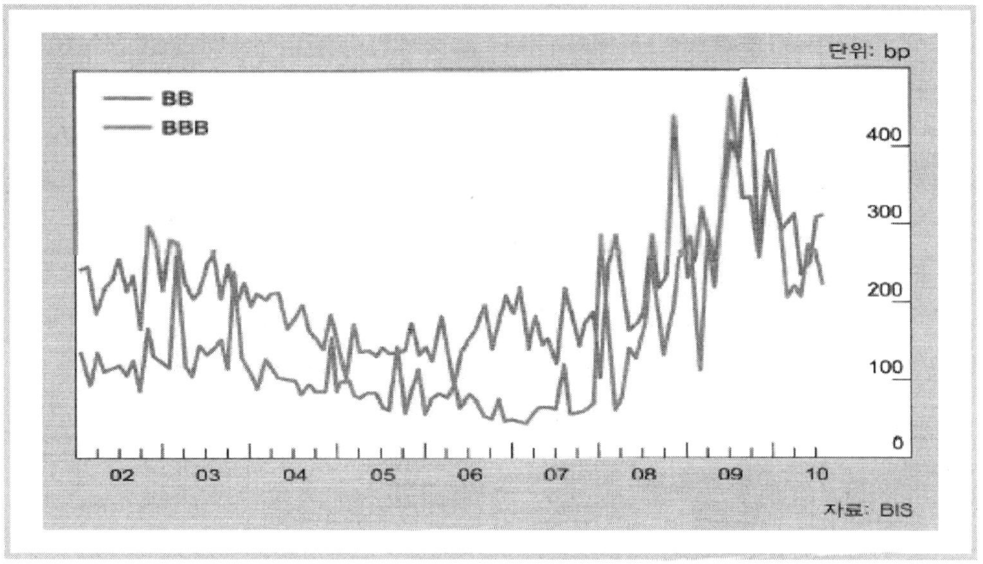

2-3. 올 인 코스트(all-in cost)

신디케이티드 론에서 차입자가 부담하는 비용에는 리보와 스프레드 이외에 여러 가지 수수료가 있는데, 가장 중요한 것은 대출계약 서명 직후(front-end) 주간사은행에게 일시불로 지불하는 수수료로, 흔히 주선수수료(arrangement fee)라 부른다. 차입자는 대출금액의 일정 비율을 주선수수료로 지급한다. 예를 들어 대출금액이 1억 달러, 수수료가 1.5%이면 차입자는 주간사은행에게 150만 달러를 지급한다.

이와 같은 수수료 때문에 신디케이티드 론의 차입자가 실제로 부담하는 실효차입비용은 리보와 스프레드 이외에 수수료의 크기에 따라 결정된다. 예를 들어, 만기 5년인 100달러의 신디케이티드 론을 [리보+75bp]의 이자율로 차입하는데 수수료가 2%라고 하자. 이때 이자기간의 리보가 6%라면 차입자의 연간 이자비용은 6.75달러가 된다. 그런데 이 차입자가 실제로 조달한 자금은 수수료를 제외한 98달러이나 따라서 일단 실효차입비용은 6.89(=6.75/98)%라고 볼 수 있을 것이다.

그러나 차입자는 5년 후 만기에 원금 100달러를 모두 상환해야 하므로 2달러의 차입잔액이 발생한다. 따라서 근사적인 연간 차입차액을 0.4달러(=2달러/5년)라고 보면 차입자가 매년 부담하는 비용은 이자비용 6.75달러와 차입차액 0.4달러를 합한 7.15달러가 된다. 그러므로 실효차입비용은 7.3(=7.15/98)%라고 할 수 있다. 이와 같이 신디케이티드 론의 실효차입비용은 스프레드뿐만 아니라 수수료에 따라 달라진다.

신디케이티드 론의 기준금리인 리보(Libor)는 매 이자기간마다 변동한다. 한편 리보를 제외하고 스프레드와 수수료만으로 신디케이티드 론의 실효차입비용을 구할 수 있는데, 이를 올 인 코스트(all-in-cost)라고 부른다. 위에서 본 만기 5년, 가산금리 75bp, 수수료 2%인 신디케이티드 론의 올 인 코스트는 117bp로 가산금리 75bp보다 42bp가 더 높다.

(12-1) $$\text{올 인 코스트} = \frac{\text{가산금리} + [\text{수수료}/\text{만기}]}{1 - \text{수수료}} = \frac{0.75\% + [2\%/5]}{1 - 2\%} = 1.17\%$$

그런데 여기에서 원금상환이 만기일시상환이 아닌 분할상환인 경우 계산 방식이 달라진다. 수수료를 연율화 하기 위해서는 만기를 상환기간이 아닌 평균상환기간을 적용해야 한다. 평균상환기간이란 원금 잔액이 100% 남아 있는 기간을 말한다. 예를 들어 $100달러를 5년 만기로 차입하고 5년간 균등분할 상환하는 경우(매년 20%씩 상환) 원금잔액이 $100달러로 남아 있는 기간은 5년이 아닌 3년이 된다.

한편 원금상환이 연 2회 또는 연 4회 등으로 분할 상환방법이 달라질 수도 있는데 평균상환기간 계산식은 다음과 같이 나타낼 수 있다.

(12-2) 평균상환기간 = [(1+총 상환횟수)/2]÷연간 상환횟수

앞의 예에서 $100를 연 2회 균등분할상환 하는 조건으로 차입한다면 2%의 수수료의 연율은 $\frac{\text{수수료}}{\text{평균상환기간}} = \frac{2\%}{2.75\text{년}} = 0.73\%$ 이다. 따라서 총차입비용율(all-in-cost)은 Libor+1.48%가 된다.

이처럼 균등분할 상환하는 경우 총차입비용율은 만기일시상환 때 보다 더 높아진다. 총차입비용율은 역으로 대출자에게는 총수익률이 되므로 균등분할상환은 대출자에게는 총수익률을 크게 만들어 주는 결과가 된다.

3. 리보와 리보 스프레드

3-1. BBA 리보

리보(Libor)란 런던의 은행간 대출금리(London Inter-Bank Offered Rate)의 약자이다.[2] 오늘날 런던은 단연 유로커런시시장의 중심을 이루고 있는데, 리보란 자금의 도매시장인 런던의 은행간 시장에서 결정되는 이자율을 말한다.

2) 한편 싱가포르, 홍콩의 은행간 대출금리를 각각 Sibor, Hibor라 부른다. 은행간 이자율에는 대출금리와 예금금리가 있는데, 런던의 은행간 예금금리(bid rate)를 리비드(Libid)라 부른다. 한편 리보와 리비드의 평균을 리민(Limean)이라 부른다.

리보는 시시각각 변화할 뿐만 아니라, 은행마다 제시하는 수준이 각각 다르다. 그러나 일반적으로 리보라고 하면 영국은행협회(British Bankers Association)가 매일 산정하여 발표하는 BBA 리보를 말한다. BBA는 1986년 1월부터 미국 달러, 유로, 영국 파운드, 일본 엔, 스위스 프랑 등 10개 주요 통화에 대해 각각 오버나이트(O/N)부터 12개월까지 15개 만기에 대한 총 150개의 리보를 조사하여 발표하고 있다.

BBA는 리보를 "런던 시간 오전 11시에 표본은행이 런던의 다른 은행으로부터 적정 규모(reasonable market size)의 자금을 차입할 수 있는 이자율"이라고 정의하고 있다. 즉 리보는 런던 은행간 시장에서 표본은행이 다른 은행으로부터 수백만 달러 이상의 자금을 차입할 수 있는 자금조달 코스트를 나타낸다.

실제 BBA 리보의 산정(fixing)과 발표는 BBA를 대리하여 Thomson Reuters가 맡고 있다. 매 영업일 오전 11시에 각 통화의 표본은행이 해당 통화의 15개 만기에 대한 리보를 제출하면, Thomson Reuters는 이 가운데 상위와 하위 각 1/4씩을 빼고 중간 1/2 은행이 제시하는 리보의 평균을 계산하여 이를 BBA 리보로 발표하고 있다. 계산에 시간이 소요되므로, 리보의 발표는 매 영업일 오전 11시 30분경에 이루어진다.

유로커런시 은행간 시장은 거래규모가 최소 수백만 달러 이상이고, 보통 수천만 달러에서 때로는 수억 달러에 달한다. 리보는 이와 같은 자금의 도매시장에서 결정되는 도매 이자율이다. 유로커런시 대출은 모두 무담보(unsecured)로 이루어지는 신용대출이다. 따라서 리보에는 평균 신용등급 AA 수준인 유로뱅크의 부도위험에 대한 리스크 프리미엄이 포함되어 있다.

3-2. 리보의 이용

리보는 런던에서 만기 1년 미만의 은행간 대출에 적용되는 단기금리이다. 그러나 리보는 단기와 중기의 대고객 대출 등 변동금리 금융상품의 이자율을 결정하는 기준금리(reference rate)로 널리 이용되고 있다. 예를 들어, 신디케이티드 론과 변동금리채(FRN)의 이자율은 대부분 3개월 또는 6개월마다 리보에 일정한 스프레드를 더해 변동하고 있다. 그리고 미국과 영국에서는 만기 10년 이상의 변동금리 모기지(주택담보대출)의 일부도 리보를 기준금리로 이용하고 있다.

리보는 또한 선물금리계약(FRA), 유로달러선물, 금리 캡(cap), 금리플로어(floor), 금리 칼러(collar), 금리스왑 등 금리파생상품 기준금리로도 널리 이용되고 있다.

3-3. TED 스프레드

리보는 통화발행국의 단기금리와 밀접하게 연관되어 변동한다. 예를 들어, 미국 달러

리보(USD Libor)는 미국의 가장 대표적인 단기 이자율인 단기국채 이자율(T-bill rate)과 밀접하게 연관되어 변동하고 있다. 만일 두 이자율의 차가 크게 벌어지면, 유로달러시장과 미국의 단기금융시장 간에 차익거래가 일어나 두 이자율의 차는 좁혀진다.

미국의 단기국채(Treasury bill)란 재무성이 28일, 91일, 182일 등 만기 1년 이하로 발행하는 부채증권을 말한다. 미국 정부는 국채를 상환하기 위해 언제라도 화폐를 더 찍을 수 있어, 미국 국채는 부도위험이 없는(risk-free) 안전한 자산이라고 할 수 있다. 따라서 미국 단기국채의 이자율을 흔히 무위험 이자율(risk-free interest rate)이라 부른다. 한편 리보에는 국제은행의 신용위험(credit risk)에 대한 프리미엄이 포함되어 있다. 따라서 미국 달러 리보는 미국 단기국채 이자율보다 높은 것이 일반적이다.

미국의 3개월 단기국채 이자율은 1960년대 중반까지 4%를 넘지 않았다. 그러나 1960년대 후반 8%까지 올랐다가, 1970년대에 두 차례 오일 쇼크 때 9%와 15%까지 올랐고, 1982년에는 미국의 긴축정책으로 16%를 넘기도 하였다. 글로벌 금융위기가 시작된 2007년 초 6%에서부터 계속 하락하여, 2009년 이후에는 0.5% 이하의 초저금리가 지속되고 있다.

미국 달러 리보와 미국 단기국채의 이자율의 차를 TED 스프레드라고 부른다. 예를 들어, 미국 달러의 리보가 5.40%이고, 미국 단기국채의 이자율이 5.10%이면 TED 스프레드는 30bp가 된다. 리보는 국제은행의 신용위험을 반영하고 있으므로, TED 스프레드의 증가는 국제은행의 부도위험이 높아졌다는 것을 말한다. 따라서 TED 스프레드는 국제은행시장의 자금경색(credit crunch)을 나타내는 지표로 널리 이용되고 있다.

제2절 국제채권시장

오늘날 국제본드의 약 80%는 만기 5년 이상으로 발행되고 있다. 따라서 기업, 금융기관, 정부는 국제자본시장에서 만기 5년 이상의 장기자금은 주로 국제본드 발행으로 조달하고 있다. 한편 만기 1년 이하의 단기자금은 국제은행대출과 유로기업어음(ECP)의 발행으로 조달한다. 그리고 만기 1년에서 5년까지의 중기(medium-term)자금은 신디케이티드 론과 유로 중기노트(EMTN)의 발행으로 조달하고 있다.

1. 외국본드와 유로본드

오늘날 세계 각국이 발행하는 본드는 국내본드(domestic bond)와 국제본드(international bond)로 구분한다. 국제본드는 또 외국본드(foreign bond)와 유로본드(Eurobond)로 구분할 수 있다. 한편 외국본드와 유로본드가 동시에 발행되는 것을 글로벌 본드(global bond)라고 한다.

1-1. 국내본드, 외국본드, 유로본드

일반적으로 국내본드, 외국본드, 유로본드는 본드발행국을 기준으로 발행자의 국적(거주자와 비거주자)과 본드의 표시통화(국내통화와 외국통화)에 따라 다음과 같이 분류하고 있다.

표 12-1 국내본드, 외국본드, 유로본드의 분류

	거주자	비거주자
국내통화	국내본드	외국본드
외국통화	유로본드	유로본드

이제 미국 달러(USD) 표시로 발행되는 본드를 예로 들어 국내본드, 외국본드, 유로본드를 구분해 보면 다음과 같다.

① 미국(뉴욕)의 자본시장에서 거주자(미국 기업)가 미국 달러(국내통화) 표시로 발행하는 본드는 미국의 국내본드이다.

② 미국(뉴욕)의 자본시장에서 비거주자(한국 기업)가 미국 달러(국내통화)표시로 발행하는 본드는 외국본드(양키본드)이다.

③ 영국(런던)을 비롯한 유럽의 여러 나라 자본시장에서 비거주자(한국 기업)나 거주자(영국 기업)가 미국 달러(외국통화) 표시로 발행하는 본드는 유로본드(유로달러본드)이다.

1-2. 외국본드

외국본드는 미국, 일본, 영국 등 주요국 자본시장에서 비거주자가 그 나라 통화 표시로 발행하는 본드를 말한다. 외국본드는 대부분 별명을 가지고 있다. 예를 들어, 미국, 일본, 영국에서 발행되는 외국본드를 각각 양키본드(Yankee bond), 사무라이본드(Samurai bond), 불독본드(Bulldog bond)라 부른다. 한편 우리나라에서 발행하는 외국본드를 아리

랑본드, 그리고 중국에서 발행하는 외국본드를 판다본드(Panda bond)라 부른다.

외국본드는 주요국의 자본시장에서 발행되므로 그 나라 국내본드와 동일한 규제와 관행에 따라 발행된다. 예를 들어, 양키본드를 공모로 발행하기 위해서는 미국 증권감독원(SEC)에 등록하고, 미국법이 정하는 회계준칙에 따라 재무제표를 작성해야 하고, 신용평가기관으로부터 신용등급 사정을 받아야 한다.

일반적으로 외국본드는 발행 절차가 번거롭고, 비용이 많이 들며, 발행 준비기간도 길다. 외국본드의 모집과 판매는 본드 발행국의 금융기관에 의해 주로 본드발행국의 자본시장에서 이루어진다. 1980년대 중반 이전까지 외국본드는 대부분 기명식으로 발행되어 이자소득에 대해 원천세가 부과되었다. 기명식 본드(registered bond)란 발행자가 투자자의 명부를 보관하고, 이자지급일에 투자자에게 이자를 송금하는데, 이자소득에 원천세(withholding tax)를 부과하는 경우가 많다.

1-3. 유로본드

유로본드는 유럽이나 아시아의 여러 나라 자본시장에서 주로 비거주자가 외국통화 표시로 발행하는 본드를 말한다. 유로본드는 표시통화에 따라 유로달러본드(Eurodollar bond), 유로스털링본드(Eurosterling bond), 유로엔본드(Euroyen bond) 등으로 불린다. 유로본드의 유로(Euro)라는 접두어는 유로본드가 1963년 유럽에서 처음 발행되었기 때문에 붙여진 것이고, 유로(EUR)표시로 발행되는 본드를 말하는 것이 아니다.

우리나라에서 발행되는 유로본드를 김치본드(Kimchi bond), 홍콩에서 중국 위안 표시로 발행되는 유로본드를 딤섬본드(Dimsum bond)라 부른다. 한편 일본에서 발행되는 유로본드를 쇼군본드(Shogun bond)라 부른다.

유로본드는 표시통화국의 역외(offshore)에서 발행되므로 표시통화국의 증권감독기관에 등록하는 등 본드 발행에 대한 표시통화국의 규제와 관행을 따를 필요가 없다. 따라서 유로본드는 매우 신속하게 발행할 수 있다. 유로본드는 원래 무기명식으로 발행되어 이자소득에 원천세가 부과되지 않았다. 이와 같이 무기명식으로 발행되어 원천세가 부과되지 않는 것이 1980년대 중반까지 유로본드를 외국본드와 구별하는 가장 중요한 특징이었다.

무기명식 본드(bearer bond)란 발행자가 투자자의 명부를 보관하지 않고 만기까지의 쿠폰을 본드에 첨부하여 발행하는 본드로, 투자자는 이자지급일에 쿠폰을 절취하여 지급대리인에게 제시하고 이자를 수취한다. 무기명식 본드는 이자소득에 대해 원천세를 부과하지 않는 것이 일반적이다. 미국은 1984년 무기명식 양키본드의 발행을 허용하고, 이자소득에 대한 원천과세도 폐지하였다. 이에 따라 오늘날 유로본드와 외국본드의 구분이 점점 모호해지고 있다.

유로본드의 모집과 판매는 여러 나라의 금융기관들로 구성된 국제적인 인수와 판매의 신디케이트에 의해 수개국의 자본시장에서 동시에 이루어진다. 1970년대까지만 하더라도 외국본드와 유로본드는 비슷한 규모로 발행되었다. 그러나 1980년대에 들어오면서 유로본드가 외국본드를 압도하기 시작하여, 오늘날 국제본드의 80% 이상이 유로본드로 발행되고 있다.

이와 같이 유로본드시장이 비약적으로 성장한 것은 유로본드시장이 규제를 받지 않는 자유로운(free of regulation)시장으로, 차입자와 투자자들의 선호에 맞는 금융혁신을 지속적으로 이룩해왔기 때문이다. 그러나 유로본드의 발행이 규제를 전혀 받지 않는 것은 아니다. 독일, 프랑스, 일본 등은 자국통화표시 유로본드의 발행시기나 발행금액 등을 규제하고 있다.

1-4. 글로벌본드

외국본드와 유로본드가 동시에 발행되는 것을 글로벌본드(global bond)라고 부른다. 예를 들어 양키본드와 유로달러 본드가 동시에 발행되면 글로벌 달러본드라 부른다. 1989년 세계은행에 의해 처음 발행된 글로벌본드는 발행액이 매우 커서 보통 5억 달러 이상인데 최근 국제본드의 1/3 이상이 글로벌본드로 발행되고 있다.

2. 국제본드의 발행

2-1. 양키본드의 발행

외국본드의 역사는 1820년대 당시 경제 대국이었던 영국의 자본시장에서 외국 정부와 철도회사들이 본드를 발행함에 따라 처음 형성되었다. 제1차 세계대전까지 런던과 파리가 외국본드시장의 중심을 이루었으나, 양차 세계대전 기간 중에 뉴욕이 새로운 외국본드시장으로 부상하였다. 양키본드시장은 1963년 미국이 이자평형세를 부과하면서 크게 위축되었으나, 1974년 이자평형세가 철폐된 이후 꾸준히 성장하고 있다.

(1) 양키본드의 공모발행

주요국의 자본시장에서 발행되는 외국본드는 발행국의 국내본드와 동일한 규제와 관행에 따라 발행된다. 따라서 양키본드를 공모로 발행하기 위해서는 미국 증권감독원(Securities and Exchange Commission :SEC)에 등록하고 심사를 받아야 하는데, 이를 위해서는 미국의 회계준칙에 맞게 재무제표를 작성해야 한다. 또 공모(public offering)로 양키본드를 발행하기 위해서는 무디스(Moody's)나 스탠다드 앤드 푸어스(S&P) 등의 신용평가기관으로부터 반드시 신용등급 사정을 받아야 한다.

이와 같이 양키본드의 공모 발행은 절차가 매우 번거로워 발행 준비에 비용이 많이 들 뿐만 아니라, 발행에 소요되는 기간도 최소 2개월 이상으로 길다. 그러나 미국은 세계 최대의 본드시장을 가지고 있어 일시에 거액의 자금을 조달할 수 있고, 방대한 유통시장을 형성하고 있어 유동성이 매우 높다. 또 양키본드는 만기가 매우 길며, 발행수수료가 0.75~1%로 매우 낮다. 더욱이 전통적으로 우량차입자의 시장인 양키본드시장 진출에 성공하면 발행기업에 대한 신인도가 크게 높아진다.

외국본드의 인수 신디케이트와 판매그룹은 본드발행국의 금융기관으로 이루어지고, 본드의 판매도 주로 본드발행국의 자본시장에서 이루어진다. 따라서 양키본드는 미국의 유수 투자은행에 의해 인수되며, 본드의 판매는 전국적으로 다수의 금융기관을 통해 이루어진다. 외국본드는 본드발행국의 증권거래소에 상장되는 경우가 많은데 양키본드는 증권거래소에 상장하지 않는 것이 일반적인 관행이다. 따라서 양키본드의 유통은 주로 장외시장을 통해 이루어진다.

양키본드를 비롯한 외국본드는 원래 기명식 본드로 발행되어 투자자의 익명성이 보장되지 않을 뿐만 아니라, 이자소득에 대한 원천세가 부과되었다. 한편 유로본드는 무기명식 본드로 발행될 뿐만 아니라 이자소득에 대해 원천세가 부과되지 않았다. 따라서 개인투자자들은 양키본드보다 유로달러본드를 선호하였다. 이에 따라 미국은 국제투자자들을 유치하기 위해 1984년 무기명식 양키본드 발행을 허용하면서 비거주자의 이자소득에 대한 원천과세도 폐지하였다.

(2) Rule 415와 중기노트(MTN)

양키본드의 공모발행은 절차가 매우 번거롭고 비용도 많이 든다. 이에 따라 미국의 증권감독원은 1982년 일괄등록(shelf registration)에 관한 Rule 415를 제정하여 미국 자본시장에서 보다 신속하게 본드를 발행할 수 있도록 하였는데. 이 규정에 따라 발행되는 본드를 중기노트(Medium-Term Note : MTN)라 부른다. MTN은 SEC에 일괄등록한 일정한 발행총액(예: 10억 달러) 이내에서 일정 기간(예: 3년) 동안 여러 차례로 나누어 발행하는 본드를 말한다.

미국에서 기업이 일반 회사채를 발행하기 위해서는 매번 SEC에 등록하여야 한다. 그러나 MTN은 매번 SEC에 등록하지 않고 만기 270일부터 30년까지의 증권을 연속적으로 발행할 수 있어 매우 편리하고 발행비용을 절감할 수 있다. 일반 회사채는 공모로 발행되어 투자은행이 인수한 다음 다수의 투자자에게 판매된다. 그러나 MTN은 대부분 최선의 노력 방식(best-effort basis)의 사모로 발행되어 소수의 기관투자자에게 판매된다. 따라서 MTN은 매우 신속하게 빠르면 1주일 안에 발행할 수 있다.

이와 같이 MTN은 발행의 신축성, 비용, 신속성에서 공모로 발행되는 일반 회사채보다 유리한 여러 가지 장점을 가지고 있다. 이에 따라 1983년 이후 MTN 시장은 매우 빠르게 성장하여, 오늘날 미국 자본시장에서 발행되는 회사채의 약 20%를 차지하고 있다. 미국의 MTN은 투자등급인 우량기업만이 발행할 수 있는데, 우량기업의 회사채 가운데 MTN이 차지하는 비중은 50%를 상회하고 있다. MTN은 대부분 5년 미만의 노트로 발행되고 있다.

(3) Rule 144A와 사모발행

본드의 발행방법에는 공모 이외에 사모(private placement)가 있다. 사모란 인수 신디케이트나 판매그룹을 구성하지 않고 금융기관(투자은행과 증권회사)의 주선으로 소수의 기관투자자에게 본드를 판매하는 방법을 말한다. 미국의 본드시장은 1980년내에 들어와 기관투자자들이 주도하기 시작하면서, 사모본드 발행이 크게 증가하였다. 사모본드는 SEC에 등록할 필요가 없어 매우 신속하게 발행할 수 있으며 발행비용도 절감할 수 있다. 그러나 사모로 발행된 본드는 유동성이 매우 낮다.

사모발행이 증가하자 SEC는 1990년 Rule 144A를 제정하고 일정자격을 갖춘 기관투자자 간에 사모본드의 유통을 허용하였다. 이에 따라 유동성이 낮아 사모본드를 기피하던 연금펀드와 뮤추얼펀드 등 기관투자자의 사모본드 투자가 크게 증가하였다. 한편 신용등급이 낮아 공모로 양키본드를 발행하기 어려웠던 외국기업들도 Rule 144A를 통해 양키본드를 발행할 수 있게 되었다. 그러나 Rule144A에 따라 양키본드를 발행하기 위해서는 신용평가기관의 등급사정을 받아야 한다.

2-2. 유로본드의 발행

유로본드는 1963년 미국 달러 표시로 처음 발행되었다. 외국본드가 150년이 넘는 역사를 가지고 있지만, 유로본드의 역사는 아직 50여 년에 불과하다. 유로커런시시장과 마찬가지로 유로본드시장은 1960년대에 미국이 도입한 일련의 자본유출 규제정책에 의해 발전하기 시작하였다. 미국은 1963년 미국인의 양키본드 투자에 대해 15% 이자평형세를 부과한데 이어 1965년에는 외국기업과 미국의 다국적기업에 대한 은행대출을 억제하는 조치를 취하였다. 이에 따라 외국기업뿐만 아니라 미국의 다국적기업도 새로운 자금조달 창구로 유로커런시시장과 함께 유로본드시장을 이용하기 시작하였다.

유로본드의 발행은 1970년대 후반부터 증가하기 시작하였는데, 스왑시장이 본격적으로 형성된 1980년대에 들어와 비약적으로 증가하였다. 1985년 이후 국제본드의 80% 이상은 유로본드로 발행되고 있다. 한편 변동금리채는 1970년, 제로쿠폰본드는 1981년에 처음 발행되었다.

(1) 유로본드시장의 특징

유로본드는 본드 표시통화국의 역외(offshore)에서 발행되는 본드이다. 따라서 본드발행을 위해 표시통화국의 증권감독기관에 등록하거나 기타 본드발행에 관한 표시통화국의 규제와 관행을 따를 필요가 없다. 이와 같이 규제가 없는 시장이라는 점이 유로본드시장의 가장 큰 특징이다.

유로본드의 모집과 판매는 여러 나라의 금융기관들로 구성된 국제적인 인수와 판매의 신디케이트가 구성되어 수 개국의 자본시장에서 동시에 이루어진다. 이와 같이 유로본드는 수 개국의 자본시장에서 동시에 판매되므로, 투자자 층이 매우 다양하다. 유로본드시장의 초창기에는 개인투자자의 비중이 높았으나, 최근에는 연금펀드, 보험회사, 투자펀드 등 기관투자자의 비중이 높아지고 있다. 유로본드는 주로 런던이나 룩셈부르크 증권거래소에 상장되는데, 유통시장의 거래는 대부분 장외에서 이루어지고 있다.

유로본드는 공표일(announcement day)로부터 모집일(offering day)까지의 약 2주의 모집기간(offering period)동안에 발행을 끝낼 수 있다. 이와 같이 유로본드는 양키본드에 비해 매우 신속하게 발행할 수 있지만, 발행비용은 양키본드보다 높아 2% 내외에 달한다. 유로본드 발행을 위한 기업정보의 공시요건(disclsosure requirement)은 양키본드보다 느슨하다. 유로본드의 발행을 위해서 반드시 신용평가기관의 신용등급 사정을 받을 필요는 없지만, 투자등급기업만이 유로본드시장에 진출할 수 있다.

유로본드는 모두 무기명식(bearer form)으로 발행되며, 이자지급에 대한 원천세(withholdong tax)가 없다.

(2) 유로본드의 발행과정

유로본드는 전통적으로 간사은행그룹, 인수은행그룹, 판매그룹의 3단계 구조의 신디케이트를 통해 발행된다. 따라서 발행수수료도 간사수수료(management fee), 인수수수료(underwriting fee), 그리고 판매수수료(selling concession)로 구성된다. 유로본드의 발행수수료는 만기에 따라 증가하는데, 만기 10년의 전형적인 유로달러본드의 발행수수료는 약 2%정도이다.

간사은행그룹이 구성되면 주간사은행(lead manager)은 공표일에 본드의 대체적인 발행조건(발행액, 만기, 발행수익률 등)을 발표하고, 인수와 판매 신디케이트에 참여할 은행을 초청한다. 주간사은행은 공표일로부터 약 10일간 시장의 반응을 본 후, 모집일에 최종 발행조건을 확정하고 인수와 판매 신디케이트의 구성을 완료한다. 실제로 투자자에게 본드가 전달되고 발행자가 자금을 수취하는 것은 모집일로부터 약 2주 후이다.

(3) 유로본드시장의 변화

1980년대에 들어와 경쟁이 치열해짐에 따라 유로본드는 점차 3단계 신디케이트를 변형한 형태로 발행되기 시작하였다. 그 대표적인 것이 일괄 매입 방식과 고정가격 재판매 방식이다.

1980년에 도입된 일괄매입(bought deal) 방식은 주간사은행이 발행자와 단독으로 결정한 발행조건(표시통화, 발행액, 만기, 액면이자율, 발행가격 등)으로 발행본드를 모두 인수하는 것을 말한다. 이 방식은 약 2주간의 모집기간이 생략되기 때문에 매우 신속하게 본드를 발행할 수 있다는 장점을 가지고 있다. 그러나 일괄매입 이후에 인수와 판매 신디케이트를 조직하기 때문에 주간사은행의 인수위험은 매우 커질 수 있다.

고정가격 재판매(fixed-price reoffering)방식은 덤핑을 방지하기 위한 목적으로 도입되었다. 유로본드 판매업자는 판매수수료를 받은 브로커의 기능만 수행하고 본드인수의 책임은 지지 않는다. 따라서 발행가격보다 낮은 가격으로 본드를 덤핑하는 관행이 널리 퍼져 있었다. 예를 들어, 발행가격이 1,000달러인 유로본드의 판매수수료가 1.5%라고 하자. 이때 판매업자는 985달러에 이 본드를 매입하여 투자자에게 1,000달러에 재판매하여야 한다. 그러나 발행가격보다 10달러 할인한 990달러로 재판매하더라도, 판매업자는 5달러, 즉 0.5%의 판매수수료를 확보할 수 있다.

이와 같이 유로본드시장에서는 공표일로부터 모집일(가격결정일)에 이르는 약 2주간의 모집기간 중에 판매업자들이 기관투자자를 상대로 본드를 덤핑하는 관행이 광범위하게 행해졌다. 이에 따라 유로본드의 판매수수료는 2%내외로 매우 높지만, 판매자들이 실제로 얻는 소득은 매우 작다. 유로본드시장은 판매그룹에 참여하는 금융기관이 매우 많다. 그리고 유로본드는 무기명식으로 발행되므로, 할인판매로 발행시장을 교란시키는 판매업자를 모니터하는 일은 거의 불가능하다.

미국 자본시장의 오랜 관행인 고정가격 재판매방식은 판매업자들이 투자자에게 발행본드를 할인판매하지 못하고, 일정한 고정가격으로만 재판매하도록 하는 제도이다. 예를 들어 발행가격이 1,000달러인 본드의 판매수수료가 0.6%라면, 판매업자는 간사은행그룹으로부터 994달러로 이 본드를 매입한 다음, 이를 반드시 1,000달러의 고정가격에 투자자에게 재판매하여야 한다. 양키본드시장은 매우 투명하여 이 관행을 어긴 판매업자를 모니터할 수 있다.

한편 1980년대 중반부터 유로본드시장에는 미국의 중기노트(MTN)를 모델로 한 만기 1년~5년의 유로중기노트(EMTN)가 발행되기 시작하였다.

(4) 유로중기노트(EMTN)

유로기업어음(ECP)의 만기는 평균 90일 정도이다. 한편 유로본드는 만기 5년 이상이 80%를 차지하고 있다. 따라서 1980년대 중반까지 국제자본시장에서 차입자는 만기 1년~5년의 중기자금을 주로 은행대출인 신디케이티드 론으로 조달하여 왔다. 유로중기노트는 만기 1년 미만의 유로기업어음과 만기 5년 이상의 유로본드 간의 만기 갭을 연결하는 중기 부채증권으로 1986년에 처음 발행되었다.

유로기업어음이 미국의 기업어음을 모델로 한 것처럼 유로중기노트 역시 미국의 중기노트(MTN)를 모델로 한 것이다.

유로시장에는 증권감독기관이 없어 물론 일괄등록이 필요한 것은 아니다. 따라서 EMTN은 발행자와 은행단(bank syndicate)간에 일정한 발행총액 이내에서 중기노트를 발행하는 퍼실리티를 설정하여 발행하는데, 대부분 비인수 퍼실리티(non-underwritten facility)가 이용되고 있다. EMTN의 절반 정도는 사모를 통해 판매되는데, 사모로 판매된 EMTN은 유통시장에서 거래되지 않는다.

EMTN의 가장 중요한 특징은 은행단과 미리 설정한 발행총액 이내에서 만기, 표시통화, 증권의 형태 등이 각기 다른 다양한 종류의 채권을 연속적으로 발행할 수 있다는 점이다. 즉 EMTN은 발행자의 자금조달 필요에 따라 1년 이상 5년까지의 다양한 만기로, 고정금리채나 변동금리채 또는 제로쿠폰 본드 등 여러 형태로 다양하게 발행할 수 있다. 표시통화는 미국 달러를 비롯하여 30여 개 나라 통화가 이용되고 있다.

EMTN은 미국의 MTN과 마찬가지로 발행의 신축성, 비용, 신속성 등 여러 면에서 유로본드보다 유리한 장점을 가지고 있다. 우선 EMTN은 만기, 표시통화, 증권의 형태 등의 선택이 매우 신축적이다. 다음으로 EMTN은 유로본드를 여러 번 발행하는 경우보다 발행비용을 크게 절감할 수 있다. 그리고 EMTN은 빠르면 수 시간 내에도 자금조달이 가능하나, 유로본드는 우량기업이라 하더라도 최소 1주일 이상은 소요된다.

유로본드의 1회 발행액은 보통 5,000만 달러가 넘지만, EMTN는 500만 달러 이하의 소액으로 연속적으로 발행할 수 있다. 따라서 EMTN은 발행자의 자금조달 필요에 따라 발행되기보다는, 투자자의 자금운용 필요에 맞추어 발행되는 경우가 많다. 예를 들어, 어느 연금기금이 1년 2개월 동안 3백만 달러의 자금을 변동금리로 운용할 필요가 있다면, 발행자는 은행단의 주선으로 이 투자자의 조건에 맞게 EMTN을 발행한다. EMTN은 이와 같이 투자자가 선도하는(investor-driven) 시장이다.

2-3. 글로벌본드 발행

글로벌본드는 미국, 유럽 및 아시아 등 전 세계지역에서 동시에 판매되는 채권을 말한다. 1989년 세계은행(World Bank)가 최초로 발행하였으며 이를 계기로 유로본드와 외국채권이 통합되기 시작하였다.

처음에는 국제적으로 신인도가 높은 초우량 국제기구에 의해서 발행되기 시작하였고, 이후 발행자도 대부분 신용등급 AA이상이었으나 최근 들어 A 또는 그 이하의 발행자도 시장에서 좋은 반응을 얻고 있다.

광의로는 양키본드와 유로본드의 특성을 함께 가지는 채권을 글로벌본드라고 할 수 있으나 협의로는 Rule 144A로 발행되어 미국의 기관투자가에게 판매가 가능한 유로본드도 글로벌본드라고 부른다.

최근 세계 금융시장의 통합이 가속화되면서 글로벌본드의 발행은 급격히 증가하기 시작하였으며 우리나라의 발행자 중에는 1993년 11월 한국전력이 처음으로 발행하였다. 최근에는 수출입은행, 산업은행 등 은행들의 해외 채권 발행 시 보편적으로 활용되고 있다.

발행절차와 발행요건은 양키본드와 유사하나 판매지역의 특성과 관련하여 유로본드의 성격도 가미되어 있으므로 미국시장에서는 미국 내 거래기준, 유로시장에서는 유로본드 거래방식으로 발행된다. 즉 미국시장 내 판매분은 미국의 DTC(Depository Trust Company)를 통하여 결제될 수 있어야 하며, 유로시장 내 판매분은 Euroclear나 Clearstream 등을 통하여 결제될 수 있어야 한다. 글로벌본드는 룩셈부르크, 홍콩 및 싱가포르 등 주요 증권거래소에 상장된다.

글로벌본드는 원칙적으로 미국지역 내 판매분만 SEC에 등록하고 유로지역 내 판매분은 SEC에 등록이 요구되지 않으나 유로지역 내 판매가 여의치 않을 경우 미국시장에 판매하여야 하고 유로본드에 적용되는 판매제한기간의 적용을 배제하고 유동성을 확보하기 위하여 발행금액 전액을 등록하는 것이 관례이다. 글로벌본드의 가격결정방식은 대체로 유로본드와 동일하다.

3. 국제본드의 발행조건

일반적으로 국제본드의 주요 발행조건으로는 ① 표시통화 ② 만기 ③ 발행액 ④ 액면이자율(coupon rate) ⑤ 발행가격 그리고 ⑥ 발행수수료 등을 들 수 있다. 이 가운데 표시통화, 만기, 발행액 등은 주로 발행자의 필요에 따라 결정된다. 한편 액면이자율과 발행가격은 투자자의 수익률을 결정할 뿐만 아니라, 본드의 발행자에게는 차입비용을 결정하는 가장 중요한 요인이다.

3-1. 발행수익률의 결정

일반적으로 본드의 만기수익률은 유통시장에서 결정되는 유통수익률을 말한다. 한편 발행시장에서 본드를 새로 발행할 때 결정하는 본드의 이자율을 발행수익률(issue yield)이라 부른다. 발행수익률은 발행시장에서 본드를 매입한 투자자의 만기수익률을 나타낼 뿐만 아니라, 발행자에게는 차입비용을 결정하는 가장 중요한 요인이다.

국제본드의 발행수익률은 4.307%나 9.13%와 같이 절대적인 수준으로 표시하지 않고, 동일 만기 표시통화국 국채의 유통수익률에 일정한 발행 스프레드를 더하는 방법으로 표시하는 경우가 일반적이다. 이 때 기준이 되는 국채를 흔히 벤치마크(benchmark)라고 부른다. 예를 들어, 10년 만기 양키본드와 유로달러본드의 벤치마크는 10년 만기 미국 국채(Treasury bond)가 된다.

국제본드의 발행조건 가운데 가장 중요한 것은 벤치마크에 대한 발행 스프레드 곧 가산금리를 결정하는 일이다. 발행 스프레드가 결정되면, 발행수익률은 가격결정일(pricing day)의 벤치마크 유통수익률에 발행 스프레드를 더해 구한다. 예를 들어, 10년 만기 유로달러본드를 92bp(0.92%)의 발행 스프레드로 발행할 때, 가격 결정일의 10년 만기 국채의 유통수익률(i_T)이 3.387%라면, 발행수익률(i)은 4.307%로 결정된다. 즉

$$i = i_T + \text{발행스프레드}$$

4.307% = 3.387% + 0.92%

3-2. 액면이자율의 결정

본드의 이자율(i), 즉 발행수익률이 액면이자율(c=C/F)과 같다면, 발행가격(P)은 액면가격(F)과 같다. 즉 아래 식(12-1)에서 P=F가 된다.

(12-3) $$P = \frac{C}{(1+i)^1} + \frac{C}{(1+i)^2} + \cdots + \frac{C+F}{(1+i)^n}$$

따라서 유로달러본드의 발행수익률을 4.307%로 결정했을 때, 이 본드를 액면 이자율 4.307%로 발행하면 발행가격은 액면가격과 같아질 것이다. 그러나 유로본드의 가격결정은 이와 같이 단순하지 않다.

유로달러본드는 미국의 국내본드와 마찬가지로 액면이자율을 0.125%, 즉 1/8% 간격으로만 구분하고 있다. 따라서 발행수익률이 4.307%일 때, 액면이자율은 4.25%나 4.375% 가운데 하나로 결정하여야 한다. 따라서 이 유로달러본드는 할인발행하거나 할증발행하게 된다.

① 만약 액면이자율을 4.25%로 결정하면, 발행가격을 99.541로 할인해야 발행수익률이 4.307%가 된다.

② 한편 액면이자율을 4.375%로 결정하면, 발행가격을 100.17로 할증해야 발행수익률이 4.307%가 된다.

이와 같이 액면이자율이 발행수익률보다 낮으면, 발행가격이 액면가격보다 낮은 할인발행이 이루어진다. 반대로 발행수익률이 액면이자율보다 높으면, 액면가격보다 발행가격이 높은 할증발행이 이루어진다. 이와 같은 이유로 국제본드는 액면발행되는 경우는 거의 없고, 일반적으로 할인발행되거나 할증발행되고 있다.

3-3. 올 인 코스트

본드의 만기수익률은 투자자의 연간 수익률을 나타낸다. 이에 대해 본드 발행자의 연간 차입비용을 나타내는 지표를 올 인 코스트(all-in-cost)라고 부른다. 그러면 국제본드의 올 인 코스트는 어떻게 구할 수 있겠는가?

발행자가 본드발행으로 실제로 조달하는 자금은 발행가격에서 발행수수료를 뺀 것과 같다. 예를 들어 만기 10년, 액면금액 1,000달러인 본드 1매를 액면발행할 때, 발행수수료가 2%라면, 발행자의 순수취액은 980달러가 된다. 한편 만약 이 본드를 990달러로 할인발행한다면, 발행자의 순수취액은 970달러가 될 것이다.

본드를 할인발행 또는 할증발행할 때, 액면가격 F와 발행가격 P의 차인 [F−P]를 발행차액이라 부른다. 예를 들어 액면금액 1,000달러인 본드를 990달러로 할인발행하면 발행차액은 10달러가 되고, 1,010달러로 할증발행한다면 발행차액은 −10달러가 된다. 따라서 본드 발행자의 순수취액 NP는 액면금액에서 발행차액과 발행수수료 IC를 뺀 것과 같다. 즉

$$NP = F - [(F - P) + IC] = P - IC \quad (12\text{-}4)$$

이와 같이 본드 발행으로 순수취액 NP를 조달한 발행자는 매년 이자 C를 지급하고 만기에는 본드의 액면금액 F를 상환해야 한다. 따라서 만기를 n으로 나타낼 때, 올 인 코스트 c는 다음 식에 따라 구할 수 있다.

$$NP = \frac{C}{(1+c)^1} + \frac{C}{(1+c)^2} + \cdots + \frac{C+F}{(1+c)^n} \quad (12\text{-}5)$$

발행수수료가 높으면 발행자의 순 수취액 NP는 감소한다. 따라서 올 인 코스트는 증가한다. 예를 들어 만기 7년, 액면이자율 8%인 본드를 2%의 발행수수료로 액면발행할 때, 위 식에 따라 올 인 코스트를 구하면 8.389%가 된다.

그러나 이 본드를 1%의 발행수수료로 액면발행하면, 올 인 코스트는 8.193%가 된다.

제3절 국제자금조달 계약서

계약서는 거래 쌍방간에 합의한 계약 사항에 관하여 작성한 문서이다. 국제금융은 거주자와 비거주자간의 거래이므로 국내금융과 달리 담보의 효력이나 영향이 제한되므로 계약서가 중요한 채권보전의 수단이 된다. 따라서 대주자나 차입자 모두 계약서 내용에 자신의 이해를 반영하고자 많은 노력을 기울인다. 여기서는 신디케이티드 론의 계약서를 중심으로 계약서에 포함되는 주요 내용에 대해 살펴본다. 국제채 계약서도 이와 유사한 형식과 내용으로 작성된다.

계약서 작성은 주로 대주단이 주도하는데 먼저 대주단의 주간사은행은 대출알선의뢰서(mandate) 접수 후 즉시 법률고문을 선정하여 계약서 작성에 착수하게 되며, 대출자와 대리은행, 표시통화, 차입자의 자산소재지 등을 감안하여 준거법(governing law) 및 재판관할권(jurisdiction)을 선택하여야 한다. 일반적으로 대출계약서는 다음의 단계를 거쳐 확정된다.

- Mandate 접수
- 법률고문의 선정
- 계약서(안)의 작성
- 계약서(안) 검토(간사단, 차입자, 참여은행)
- 계약서(안) 최종 합의
- 계약서의 서명

신디케이티드 론 계약서는 차입자, 법률고문, 준거법 등 제반요인에 따라 많은 차이가 있으나 일반적인 체계는 다음과 같다.

(1) 전문

계약당사자(borrower, lead manager, co-manager, participants, agent, guarantor)가 본 건 대출에 합의하였음을 명시한다.

(2) 용어정의

신디케이티드 론 계약서에서 주로 사용되는 용어 및 정의는 다음과 같다.

- 대출약정(commitment) : 차입자가 인출선행조건(conditions precedent)을 충족하였을 경우 신디케이티드 론 참여은행이 차입자에 대하여 부담하는 대출의무 및 분담비율
- 채무(indebtedness) : 차입자의 채무종류와 범위로 차입자의 주채무, 보증채무, 담보채무 및 리스관련 계약 등을 포함함
- 금리 : 기준금리로 사용되는 Libor 확정방법
- 이자기간(interest period) : 통상 3개월 또는 6개월
- Majority lender : 통상 대출잔액의 50% 이상의 대출참여은행으로 정의하나 중요사항인 경우 2/3 이상으로 정의하기도 함

(3) Loan

Loan 조항은 신디케이티드 론의 용도, 이자율과 이자계산기준, 연체이자, 만기상환 및 조기상환 등에 관한 조항이 기술된다.

(4) 인출

신디케이티드 론의 인출, 선행조건서류, 이자율과 이자계산, 연체이자, 상환 및 조기상환에 대하여 그 방법과 절차를 기술한다.

① 인출조항(Drawdown clause)

통상 차입자는 대리은행으로부터 인출신행조건의 충속여부를 확인받은 후 인출 5 영업일전까지 인출통지서(drawdown notice)를 대리은행에 송부하게 되며 동 기간은 대출자와 차입자간 합의에 의하여 단축 또는 연장될 수 있다. 인출통지서는 다음의 요건을 구비토록 요구하고 있다.

- 인출일자 : 약정기간 내에 영업일
- 최초 이자기간

- 계좌 및 지급장소
- 인출의사의 취소불능
- 진술 및 보증 조항에 대한 차입자의 확인

② **선행조건서류**(Conditions precedent documents)

대출은행은 실제로 대출을 집행하기 전 계약체결시점과 인출시점 사이에 차입자의 재무상태 등에 중대한 변화가 없는지를 확인한 후 대출을 집행한다. 일반적으로 신디케이티드 론에서 요구되는 선행조건 서류는 다음과 같다.

- 차입관련서류 : 정관, 상업등기부등본, 이사회차입결의서, 서명감(specimen signature), 관계당국의 승인서 등
- 송달대리인 수락통지서
- 차입자 및 대출자 측 법률고문의 법률의견서 각각
- 인출통지서

(5) Market Disruption

본 조항은 금융시장의 특별한 여건의 변화 및 관계당국의 개입에 의하여 야기될 수 있는 상황에 대하여 규정하고 있다. 특히 자금의 조달 및 실행이 불법이 되거나 현실적으로 불가능하게 될 경우 또는 대출은행의 수익률이 감소하거나 대출금리의 결정방법이 대출은행의 자금조달비용을 반영하지 못하는 경우가 이러한 상황에 포함된다.

① **대출행위의 불법**(Illegality)

대출참여은행의 국내법 및 제반규정에 의하여 동 은행의 대출의무이행이 적법하지 않게 될 경우이다. 대출은행은 신속하게 차입자 및 대리은행에게 이를 통보하며 대출은행의 의무는 소멸된다. 이를 위해 대출은행은 일정기간의 협상기간을 설정하는 것이 일반적이다.

② **수익보호조항**(Yield protection)

신디케이티드 론 참여은행에게 책임을 지울 수 없는 사유가 발생하여 당초 계약 체결시점에서 기대하였던 대출자의 수익이 감소한 경우 그 손실액을 차입자가 대출자에게 보상한다는 조항이다.

예를 들어 계약서 체결 이후 차입자 소재국의 법 규정이 변경되어 이자 지급에 대하여 새로이 세금이 부과되거나 비거주자 대출에 대하여 지불준비금 의무가 부과되는 경우 또

는 차입자가 대출계약상의 의무를 불이행하여 대출은행에게 손실이 발생한 경우에는 차입자는 당초 대출자가 당해 대출계약에 참여를 결정할 때 기대하였던 수익에 이를 수 있도록 그 차액을 보상하는 것이다.

이와 같은 대출자의 수익보호 조항의 설정과 동시에 차입자 자신이 책임질 수 없는(예 : 차입국의 조세제도 변경) 사항이 발행할 경우 차입자에게도 조기상환할 수 있는 권리를 부과하는 것이 일반적이다.

③ **대체이자율 조항**(Substitute rates clause)

본 조항은 국제금융시장의 교란 등으로 대리은행이 적정 대출금리를 통보하지 못하거나 런던금융시장에서 은행간금리가 고시되지 못하는 경우 또는 대출은행의 자금조달비용을 제대로 반영하지 못할 때를 대비하여 대체이자율 조항을 규정하고 있다.

이러한 상황이 발생할 때 대리은행은 즉시 차입자와 신디케이티드 론 참여은행에게 이를 통보하여야 하며 대리은행, 차입사, 대출은행은 협의에 들어가게 되고 적정 이자율 수준을 결정하게 되며 차입자가 동 이자율이 부당하다고 판단할 경우 일정기간 이내에 조기상환이 가능하다.

(6) 수수료와 비용

약정수수료, 관리수수료, 대리수수료의 요율 및 지급방법 등을 규정하고 부대비용(out-of pocket expenses)의 범위와 보상방법 등을 기술한다. 그러나 관리수수료는 계약서에 요율을 명시하지 않고, 주간사은행과 차입자가 요율에 관한 별도의 문서(side letter)를 교환하며 대외적으로 공표하지 않는 것이 일반적이다.

(7) 진술(Representaion) 및 보장(Warranty)

진술 및 보장조항은 신디케이티드 론 계약의 유효성을 확보하기 위하여 차입자가 자신에게 관련된 여러 사항들에 대하여 기술하고 이의 진실성을 보장하는 조항이다. 이 조항은 다음에 설명하는 서약조항(covenants)와 함께 신용대출에 따른 대출자의 원리금회수위험을 최소화하기 위하여 설정되는 가장 대표적인 이익보호조항이다. 따라서 진술 및 보장 조항과 서약조항은 주간사은행과 차입자가 대출계약서의 확정을 위한 협상과정에서 가장 첨예하게 맞서고 그 타결에 시간이 많이 걸리는 조항이다.

진술 및 보장조항과 서약조항의 차이점은 전자가 현재시점으로 기술되어 차입자의 현재의 사실을 언급하는데 반하여, 후자는 앞으로 어떠한 사항을 이행하겠다거나(affirmative covenants), 하지 않겠다고(negative covenants)하는 미래시점으로 약속하는 조항이라는 점에서 차이가 난다. 통상 다음 사항이 진술 및 보장조항에 포함된다.

- 차입자는 차입자 소재국의 법령에 의하여 적법하게 설립되었음
- 차입자는 본건 계약의 체결과 관련된 차입행위를 할 수 있음
- 차입자는 관계 당국으로부터 본건 계약과 관련된 승인을 얻었음
- 차입자는 채무불이행상태에 있지 않으며, 소송과 중재 등 차입자의 상환능력에 중대한 영향을 미칠 미해결된 법적 절차가 없음
- 차입자의 원천세 부과 여부
- 차입자가 제공한 자료의 진실 및 정확성

(8) 서약

본 조항은 차입자가 계약의 만료시점까지 지켜야 할 의무사항을 규정하며 차입자의 차입행위를 제한하여 채무상환능력 저하를 막으려는 대출은행의 입장이 반영된다.

차입자로서는 본 조항이 차입자의 영업행위에 상당한 제한을 가하는 독소조항이 될 수 있으므로 현재는 발생하지 않고 있으나 향후 발생할 수도 있는 불리한 조항이나 차입자의 일상적 업무수행에 지장을 줄 수 있는 사항에 대하여는 그 선택과 문언정리에 신중을 기하여야 한다. 일반적으로 다음과 같은 내용이 신디케이티드 론 계약서 서약사항으로 포함된다.

- 신디케이티드 론 계약의 비용지급 및 원리금 상환의무이행
- Pari passu 조항[3)]
- 재무제표의 제출의무
- 차입자의 채무상환능력의 상당한 저하를 가져오는 사항이 발생할 경우 대리은행 앞 통지의무
- Negative pledge 조항[4)]
- 대출은행의 사전 동의 없는 인수합병의 금지 등

(9) 채무불이행(Event of default)

차입자가 계약상 채무를 이행할 능력이 없다고 인정되는 경우를 나열하고 대출자가 채무불이행 상태를 선언하면 어떠한 조치를 취할 수 있는가를 규정한 조항이다. 채무불이

3) 본 건 신디케이티드론 계약이 차입자의 여타 채무와 동등하게 취급될 것임을 서약함
4) 채무변제순위에 관련된 조항으로 차입자는 대출은행의 동의 없이 차입자의 여타 채무에 대해 우선 변제를 인정하는 담보권을 설정하지 않겠으며, 만일 다른 채무계약을 담보부로 체결할 경우 본 건에도 동등한 담보권을 부여하겠다고 서약하는 조항

행 상태로 규정되는 일반적 사항들로는 다음과 같은 것들이 있다.

- 대출계약과 관련한 지급(원리금, 수수료, 비용, 연체이자 등)의 연체
- 관계당국의 승인 및 허가사항 등이 무효 또는 불리하게 변경되었을 경우
- 차입자의 여타 채무가 채무불이행 상태가 된 경우[5)]
- 차입자와 보증인의 재무상태가 중대하게 악화된 것으로 판단되는 경우
- 차입자와 보증인이 파산, 회사정리, 해산 또는 청산 등의 신청을 한 경우
- 차입자의 진술 및 보장 조항이 무효 또는 허위로 된 경우
- 각종 서약조항의 불이행
- 중재, 판결 등으로 일정금액 이상의 벌과금을 납부하거나 정부 관계당국에 의한 주요 자산의 압수 또는 몰수 조치가 있는 경우
- 개도국 차입자이 경우 소재국 정부의 대외채무의 상환정지 또는 국제금융기구(IMF와 World Bank 등)로부터의 탈퇴를 선언하는 경우

(10) 기타조항

준거법, 재판관할지, 대출채권의 양도, 통지방법 등 당해 대출계약이 국제금융계약으로 정상적으로 유지되고 각 당사자의 권리의무가 순조로이 이행되는데 필요한 각종 사항을 기술한다.

5) Cross default 조항으로 통상 일정금액 이상의 여타 채무가 디폴트 될 경우 본 건도 자동적으로 디폴트된다는 것으로 하한선을 설정하는 것이 일반적임

연습문제

1. 유로커런시시장이 전통적 국제은행시장에 비해 성장한 이유를 설명해 보시오.

2. 미국 달러 리보, 미국의 단기국채 이자율, 그리고 페더럴 펀드 금리의 관계를 설명해 보시오.

3. 신디케이트 론 구성에서 각 참여은행들의 역할에 대해 설명해 보시오.

4. 국내본드, 외국본드, 유로본드, 글로벌본드를 어떻게 구분하는지 설명해 보시오.

5. 미국채권시장에서 Rule 144A에 의해 발행되는 양키본드를 설명해 보시오.

6. 유로상업어음(ECP)과 유로중기노트(MTN)를 비교 설명해 보시오.

7. 만기 5년, 액면금액 1,000달러, 액면이자율 10%인 채권을 발행가격 990달러와 발행수수료 2%로 발행하였다. 투자자의 만기수익률과 차입자의 올 인 코스트를 구해 보시오.

8. 신디케이트 론 계약서 조항에서 Market Disruption은 어떠한 내용을 말하는 건가?

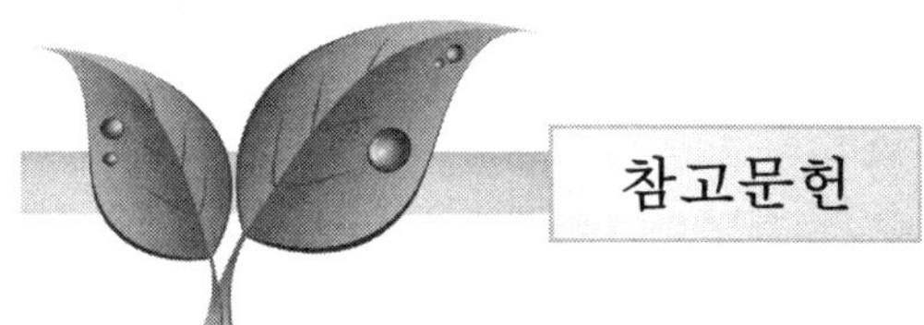

참고문헌

강병호 · 김석동, 금융시장론 (박영사, 2012)

김규림·김수민·문주호, Private Equity Fund (한국금융연수원 2015)

김석진 · 김주현 · 우영호 · 이원흠 · 장범식 · 차명준, 한국자본시장론 (삼영사, 2014)

김인준 · 이영섭, 국제금융론 (율곡출판사, 2013)

박정식 · 박종원 · 이장우, 재무관리 (다산출판사, 2010)

배인성, 국제 프로젝트파이낸스 (범서북스 2014)

안철원, 금융경제학 (한경사, 2013)

이요섭, 금융시장의 이해 (연암사, 2009)

이재민·배인성, 글로벌 무역금융 (두남 2015),

이효구, 국제금융시장 (범한서적, 2012)

정운찬 · 김홍범, 화폐와 금융시장 (율곡출판사, 2018)

한국은행, 한국의 금융시장 (한국은행, 2016)

한국은행, 한국의 외환제도와 외환시장 (한국은행, 2016)

한국은행, 한국의 지급결제제도 (한국은행, 2014)

Jonathan Berk · Peter DeMarzo · Jarrad Harford, 선성훈 · 고광수 · 변진호(역), 기본재무관리 (PEARSON, 2013),

Robert c. Merton · Zvi Bodie · David L. Clecton, 박영석(역), 재무의 이해 (시그마프레스, 2009)

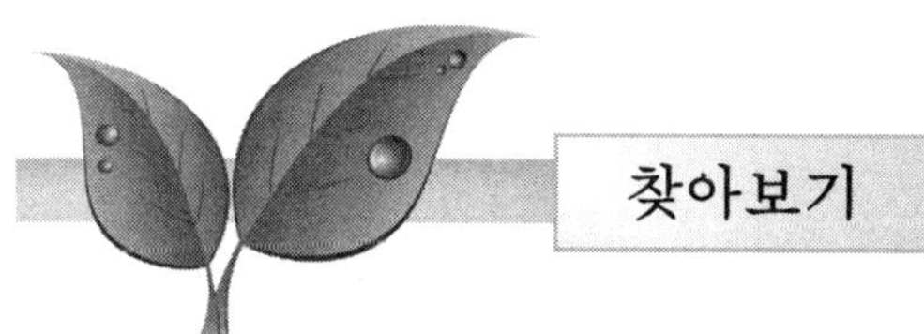

찾아보기

❚ㄱ❚

가상화폐(virtual currency) / 287
가용가액 / 177
가용현금흐름(free cash flow) / 118
가중평균 사본비용(weighted average cost of capital, WACC)가중평균 자본비용(weighted average cost of capital, WACC) / 133
간접금융 / 153
감가상각비 / 100
감정가액 / 176
개방형(open-end) / 256
거래노출(transaction exposure) / 338
거래소시장 / 160
겸업주의 / 273
경개(novation) / 181
경제적 노출(economic exposure) / 338
계약이행보증(performance bond) / 207
고수익채권(high yield bond) / 58
고정비율 / 103
고정환율제도(pegged exchange rate system) / 316
공개시장매각 / 48, 50
공급자금융 / 204
공모발행(public offering) / 243
공모채 / 234
공유경제(sharing economy) / 295
공적수출신용(official export credit) / 202
교차환율(cross rate) / 314
교환사채(exchangeable bond) / 230
구매력평가이론(PPP, purchasing power parity theory) / 319
구매자금융 / 204
국부펀드(Sovereign Wealth Fund) / 271
국제팩터링 / 200
균형포지션(square position) / 315
근보증 / 175
글래스-스티걸법(Glass-Steagall Act of 1993) / 275
글로벌본드(global bond) / 389
금리선도계약(FRA, forward rate agreement) / 353
금리선물 / 360
금리스왑(interest rate swap) / 369
금리옵션(interest rate option) / 364
금리캡(cap or ceiling) / 364
금융리스(financial lease) / 183
금융자문기관(financial adviser) / 213
금융주선기관(mandated lead arranger) / 213
금융투자상품 / 155
금융투자업 / 165
기간프리미엄(term premium) / 64
기계학습(machine learning) 기술 / 296
기대이론 / 62
기업공개 / 243
기업공개(initial public offering : IPO) / 246
기업구매자금대출 / 169
기업금융(corporate finance) / 209
기업어음(commercial paper : CP), 전자단기사채 / 156
기업인수펀드(Buy-out fund) / 266
기한부환어음(documentary usance bill) / 192

▌ㄴ▌

내부수익률(internal rate of return, IRR) / 129
내재가치(intrinsic value) / 366
네크워크론 / 171

▌ㄷ▌

단기금융시장 헤징(money market hedging) / 346
단기금융시장(noney market) / 156
단기외환시장모형 / 331
단순수익률(current yield) / 239
담보대출 / 167
담보인정가액 / 177
당좌대월 / 167
당좌비율 / 103
대부자금공급곡선 / 46
대부자금수요곡선 / 48
대부자금이론 / 40
대체이자율 조항(Substitute rates clause) / 401
대출약정(commitment) / 399
대출의 증권화(securitization) / 182
대출참가(sub-participation) / 181
대출채권담보부증권(collateral loan obligation : CLO) / 231
대출채권매매(loan brokering) / 181
대출한도(line of credit)거래 / 172
도덕적 해이(moral hazard) / 162
동시결제방식(concurrent payment) / 190
디지털 화폐(digital currency) / 286

▌ㄹ▌

레버리지비율(leverage ratio) / 104
로보-어드바이저(robo-advisors) / 296
리딩과 래깅(leading and lagging / 343
리보(Libor) / 383, 384
리스(lease) / 182
리스금융 / 187
리스료 / 184, 186

▌ㅁ▌

마진 콜(margin call) / 358
만기수익률(yield to maturity : YTM) / 34
매도율(offer price) / 314
매도초과포지션(oversold position) / 315
매입률(bid price) / 314
매입청구권 / 361
매입초과포지션(overbought position) / 315
매출액영업이익률 / 103
매출채권회전율 / 105
매칭(matching) / 344
명목이자율(nominal interest) / 64
무기명식 본드(bearer bond) / 388
무다라바(Mudarabah) / 224
무라바하(Murabaha) / 224
무샤라카(Musharaka) / 224
무역금융 / 188
무위험채권(default free bonds) / 57
무이표채(zero-coupon bond) / 34
무한책임사원(General Partner: GP) / 261
물적 담보여신 / 175
미래예상환율 / 331
민감도 분석(sensitivity analysis) / 124

▌ㅂ▌

발행시장 / 158
배당할인모형(discounted-dividend model, DDM) / 251
백분율호가(percentage rate quotation) / 318
베타계수(beta coefficient) / 84
벤처케피털 / 266
변동환율제도(floating exchange rate system) / 316
보고통화(parent's currency) / 339
보장(Warranty) / 401
보장매도자(protection seller) / 373
보장매입자(protection buyer) / 373
보증여신 / 174
보통주(common stock) / 242
복리(compounding) / 15

부대비용(out-of pocket expenses) / 401
부외금융 효과 / 186
부채비율 / 104
분산가능위험 / 82
분산불능위험 / 82
분산원장 기술(DLT: Distributed Ledger Technology) / 284
분산효과(distribution effect) / 82
분할시장이론 / 63
블라인드펀드(blind fund) / 265
블록체인 / 284
비금융투자상품 / 155
비율분석(ratio analysis) / 102
비정규담보 / 176
비체계적 위험(unsystematic risk) / 82
비통화금융기관 / 164
비드코인(Bitcoin) / 284

▌ㅅ▐

사모발행(private placement) / 243
사모집합투자기 / 258
사모채 / 234
사모투자전문회사 / 259
사업주(sponsor/developer) / 212
사전송금방식(payment in advance) / 190
사정가액 / 176
사후송금방식 / 190
사후송금방식(later remittance) / 190
삼각차익거래(triangular arbitrage transaction) / 315
상장 / 247
상환유예기간(grace period) / 172
생산자금융 / 167
선도계약(forward contracts) / 353
선물거래(futures transaction) / 356
선물거래소(future exchange) / 357
선물환거래(forward exchange transaction) / 317, 354
선물환계약 / 354
선박투자회사 / 259
선수금환급보증(advance payment bond, or refund guarantee) / 207
선행조건서류(Conditions precedent documents) / 400
선호처이론(preferred habitat theory) / 64
성장성비율(growth ratios) / 105
소구불능조건(遡求不能條件 : without-recourse basis) / 200
소비자금융 / 167
수시환불요구채권(puttable bond) / 60
수익률곡선(yield curve) / 60
수익성비율(profitability ratios) / 103
수출신용기관(ECA : export credit agency) / 202
수출환어음 매입 / 196
순수할인채(pure discount bond) / 34
순운전자본 / 97, 120
순현재가치(NPV) / 112
스마트계약 / 303
스왑 / 367
스왑률호가(swap rate quotation) / 317
스프레드 방식 / 178
시가발행 / 249
시간가치(time value) / 366
시간선(time line) / 20
시간선호(time preference) / 41
시제법(temporal method) / 341
신디케이티드 론 / 381
신용대출 / 167
신용도 가산금리 / 179
신용여신 / 174
신용연계증권(CLN; Credit Linked Note) / 373
신용옵션(CSO; Credit Spread Option) / 373
신용장(L/C : letter of credit) / 194
신용파산스왑(CDS; Credit Default Swap) / 373
신용파생상품(credit derivatives) / 373
신주인수권부사채(bond with warrants : BW) / 230
신탁업 / 165
실사(due diligence) / 214
실질이자율(real interest rate) / 65

실질환율(real exchange rate) / 315
실효 부채비용 / 136
실효이자율(effective annual rate, EAR) / 17

ㅇ

알고리즘(algorithms) / 296
암호화 화폐(cryptocurrency) / 287
액면가치(face value) / 33
액면발행 / 249
약정수수료(commitment fee) / 172
양도(assignment) / 181
양도담보 / 176
양도성예금증서(certificate of deposit : CD) / 156
어음대출 / 167
어음할인 / 168
여신전문금융회사 / 165
역선택(adverse selection) / 162
역외시장(offshore market) / 381
연금현금흐름(annuity) / 26
연대보증 / 174
영구연금현금흐름(perpetuity) / 27
예비적 동기(precautionary motive) / 50
오픈포지션(open position) / 315
옵션 / 361
옵션가격(option price) / 361
옵션매도자 / 363
옵션매입자 / 363
옵션부사채(bond with imbedded option) / 230
옵션프리미엄(option premium) / 361
외국본드(foreign bond) / 387
외상매출채권담보제도 / 171
외환포지션 / 315
우선주(preferred stock) / 242
운용리스(operating lease) / 183
위탁모집(모집주선, best-efforts basis) / 244
위험관리(risk management) / 72
위험인식(risk identification) / 73
위험자본수익률 / 180
위험전가 / 74
위험조정자본수익률(Risk Adjusted Return on Capital : RAROC) / 180
위험측정(risk assessment) / 73
위험프리미엄(risk premium) / 57
위험회피(risk aversion) / 71
유동비율 / 103
유동성 프리미엄이론 / 63
유동성/비유동성법 / 339
유동성선호(liquidity preference) / 41
유동성선호이론 / 41
유동성프리미엄(liquidity premium) / 59
유동성함정(liquidity trap) / 52
유동화전문회사 / 236
유로뱅크(Eurobank) / 379
유로본드(Eurobond) / 387
유로중기노트(EMTN) / 394
유로커런시(Eurocurrency) / 379
유보금보증(retention bond) / 208
유상증자 / 249
유통금융 / 168
유통시장 / 158
유한책임사원(Limited Partner: LP) / 261
유효담보가액 / 177
은행인수신용장(banker's usance credit) / 194
은행인수어음(banker's acceptance bill) / 195
이스티스나(Istisna'a) / 224
이슬람금융 / 223
이자라(Ijara) / 224
이자보상비율 / 104
이자율 요소(interest rate factor) / 15
이자율평형조건 / 325
이중상환청구권부채권(covered bond) / 156
이표 지급액 / 33
이표(coupon) / 33
이표채(coupon bond) / 34
이행성보증 / 206
인수인도조건(D/A : documents against acceptance) / 192
인터넷 전문은행(direct bank) / 296
일괄등록(shelf registration) / 390
일람불환어음(documentary sight bill) / 192

일람출급어음(sight bill) / 198
일물일가의 법칙(law of one price) / 319
일반관리비 / 186
일일정산제도(marking to market) / 356
입찰보증 / 207

▌ㅈ▌

자기실현적 기대(self-fulfilling expectation) / 335
자기자본수익률(ROE) / 106
자기자본순이익률 / 103
자동상환성 / 168
자본비용 / 65
자본시장법 / 164
자본예산(capital budgeting) / 111
자본이득률 / 51
자본자산가격결정모형(Capital Asset Pricing Model : CAPM) / 86
자본지출(capital expenditures) / 113
자산 · 부채관리(ALM) / 344
자산담보부증권(collateral debt obligation : CDO) / 231
자산수익률(ROA) / 106
자산시장접근방법(asset market approach) / 324
자산유동화증권(ABS) / 156, 230
잔액인수(standby agreement) / 244
장부결제(O/A : open account) 방식 / 191
장외거래'(over the counter market) / 308
장외시장 / 158, 161
재고자산회전율 / 105
재리스 / 185
재무제표 / 95
저당권 / 176
전문사모집합투자기구 / 259
전업주의 / 273
전자외상매출채권 담보대출 / 170
전환사채(convertible bond : CB) / 230
전환사채(convertible bond) / 60
정규담보 / 175
정보수집비용 / 59
정보의 비대칭(information asymmetry) / 162
정크본드(junk bond) / 58
조기상환권리부채권(callable bond) / 59
중기노트(Medium-Term Note : MTN) / 390
증권시장선(Security Market Line : SML) / 87
지급인도조건(D/P : documents against payment) / 191
직접금융 / 153
직접표시법(direct quotation) / 313
진부화 / 185
진성어음(real bill) / 169
진술(Representaion) / 401
질권 / 176
집합투자업 / 165

▌ㅊ▌

차액결제선물환(NDF, non-deliverable forward) / 354
차입인수(Leveraged Buy-out: LBO) / 267
채굴자(miners) / 284
채권가격 / 38
채권담보부증권(collateral bond obligation : CBO) / 231
채권수요곡선 / 42
채무불이행위험(default risk) / 57
청산소 / 357
청산소제도(clearing house) / 356
체계적 위험(systematic risk) / 82
총수익스왑(TRS; Total Return Swap) / 373
총액인수(전액인수, firm commitment) / 244
총자산이익률 / 103
총자산회전율 / 105
추심결제방식 / 191

▌ㅋ▌

캐피탈 콜(capital call) / 265
커버드본드(covered bond) / 232
코리보(Koribor) / 179
콜(call) 옵션 / 361
크라우드펀딩(crowdfunding) / 293
클라우드 컴퓨팅 / 303

▌ㅌ▐

텀론(term loan) / 173
테크핀(TechFin : Technological Finance) / 282
통화금융기관 / 164
통화선물 / 359
통화스왑 / 371
통화안정증권 / 229
통화옵션(currency option) / 364
투기적 동기(speculative motive) / 51
투자매매업 / 165
투자은행(investment bank) / 273
투자일임업 / 165
투자자문업 / 165
투자중개업 / 165

▌ㅍ▐

파생금융상품(financial derivatives) / 351
판매후리스(sale and leaseback) / 188
팩터(factor) / 199
팩터링(factoring) / 199
펀드자본주의 / 254
평균상환기간 / 384
폐쇄형(close-end) / 257
포트폴리오(portfolio) / 75
포페이팅 / 201
풋(put)옵션 / 361
풍선형 상환방식(ballon payment) / 173
프로젝트 파이낸스 / 209
프로젝트 회사(project company) / 209
프로젝트펀드(project fund) / 264
핀테크 / 282

▌ㅎ▐

할인요소(discount factor) / 19
합성담보부증권(Synthetic CDO; Synthetic Collateralized Debt Obligation) / 373
합자회사(limited partnership) / 261
항상배당성장 모형 / 137
행사가격(excercise price or strike price) / 361
헤지펀드 / 270
현가계수 / 19
현금보상비율 / 104
현금흐름표 / 99
현물환거래(spot exchange transaction) / 316
현행환율법 / 339
혼합자본(mezzanine capital) / 217
화폐공급곡선 / 54
화폐성/비화폐성법 / 340
화폐수요곡선 / 54
화환어음(documentary bill) / 198
환거래은행(correspondent bank) / 311
환노출(foreign exchange exposure) / 337
환매조건부채권 매매약정(repurchase agreement : RP) / 156
환산노출(translation exposure) / 338
환위험(foreign exchange risk) / 337
회전한도(revolving credit) / 172
후순위채무(subordinated debt) / 217

▌B▐

bid bond / 207

▌C▐

CLS시스템 / 311

▌L▐

LTV(Loan to value)비율 / 177

▌M▐

Majority lender / 399
Market Disruption / 400

▌N▐

negative carry(negative arbitrage) / 221
Negative pledge 조항 / 402

▌O▐

OECD 수출신용협약 / 203

P

P2P 대출(Peer-to-Peer Lending) / 294
Pari passu 조항 / 402
Private Equity Fund(PEF) / 261

Q

QIB(Qualified Institutional Buyer) / 221

R

Rule 144A / 391

S

SEC Rule 144A / 218

T

TED 스프레드 / 386

1

1차 시장(primary market) / 160

▮저 자 약 력▮

■ **이 재 민**

한국해양대학교 해양금융대학원 교수 (현재)

한국수출입은행 부행장

미국 University of Illinois at Urbana and Champaign 경제학 석 · 박사

연세대학교 응용통계학과 학사

●저 서

글로벌 무역금융 (도서출판 두남) 공저

선박금융원론 (도서출판 두남) 공저

금융의 이해와 실무

초 판 1쇄 인쇄 —— 2019년 2월 20일
초 판 1쇄 발행 —— 2019년 2월 25일
지은이 —— 이 재 민
펴낸이 —— 전 두 표
펴낸곳 —— 도서출판 **두남**
서울시 강동구 성내로6길 34-16 두남빌딩
신 고 : 제25100-1988-9호
TEL : 02) 478-2065~7, 2311
FAX : 02) 478-2068
E-mail : dunam1@unitel.co.kr
http://www.dunam.co.kr

정가 27,000원

ISBN 978-89-6414-831-0 93320